苏州市工商业联合会史事编年

1949—2023

苏州市工商业联合会◇编
李峰◇主编

古吴轩出版社
苏州新闻出版集团

图书在版编目（CIP）数据

苏州市工商业联合会史事编年 ： 1949—2023 / 苏州市工商业联合会编 ； 李峰主编. -- 苏州 ： 古吴轩出版社, 2024. 7. -- ISBN 978-7-5546-2398-5

Ⅰ. D665.4

中国国家版本馆CIP数据核字第20243NM597号

责任编辑：鲁林林
见习编辑：沈　雪
封面设计：白　杨
责任校对：黄菲菲
责任照排：吴　静

书　　名：苏州市工商业联合会史事编年（1949—2023）
编　　者：苏州市工商业联合会
主　　编：李　峰
出版发行：苏州新闻出版集团
古吴轩出版社
地址：苏州市八达街118号苏州新闻大厦30F
电话：0512-65233679　　邮编：215123
出 版 人：王乐飞
印　　刷：苏州恒久印务有限公司
开　　本：787mm×1092mm　1/16
印　　张：31.75
字　　数：515千字
版　　次：2024年7月第1版
印　　次：2024年7月第1次印刷
书　　号：ISBN 978-7-5546-2398-5
定　　价：128.00元

如有印装质量问题，请与印刷厂联系。0512-65615370

苏州市工商业联合会史事编年
（1949—2023）
编纂委员会

目　录

前　言

苏州是享誉中外的历史文化名城，春秋时期为吴国都城，宋代即与杭州并称人间天堂，明清时期成为中国经济文化的中心，这里诞生了中国最早的资本主义萌芽，工商业极其发达，产生了众多行业性的会馆、公所，创造了历史的辉煌。1905年，清季新政中诞生了苏州商务总会，这是近代中国重要的工商社团之一，民国时期先后更名为苏州总商会、吴县县商会，作为苏州工商业的整体代表，有力地促进了传统会馆、公所向近代行业公会的转型，促进了民族工商业的发展。

1949年4月27日苏州解放后，工商业界焕发出了新的生机与活力。在中国共产党和人民政府的领导下，在接管、改造旧商会、同业公会、工厂联合会的基础上，苏州市工商业联合会（简称“苏州市工商联”）于当年筹建，1954年6月正式成立，开启了自身事业的新纪元。苏州市工商联在加强组织建设的同时，积极组织工商界人士学习《中国人民政治协商会议共同纲领》，遵循国家在过渡时期的总路线，制订爱国公约和增产捐献计划，开展抗美援朝运动；配合“三反”“五反”运动，协助政府做好认购公债与税收工作；推动城乡物质交流，协调劳资关系，维护市场供应与稳定，为国民经济的恢复多作贡献。同时，苏州市工商联坚决贯彻党关于工商界人士的政策，加强对私营工商业者的思想政治教育，推动他们自觉进行思想改造，发挥其代表人物的表率作用，在对资本主义工商业的社会主义改造中起到了重要作用，促进了1956年苏州市全行业公私合营高潮的到来，工商联事业随之进入了新的发展阶段。苏州市工商联团结引领广大工商业者参加整风运动、“三个主义”思想教育运动和社会主义教育运动，参加社会主义竞赛和增产节约运动，投身于社会主义革命和建设事业，成绩斐然。

进入改革开放和建设中国特色社会主义新时期后，我国实行以公有制为主体、多种所有制经济共同发展的基本经济制度，及至社会主义市场经济体制逐步建立和不断完善，非公有制经济和非公有制经济人士队伍逐渐发展壮大，工商联工作成为中国共产党的统一战线工作和经济工作的重要内容，工商联事业成为中国特色社会主义事业的重要组成部分。苏州市工商联进一步明确了新形势下的任务，紧密围绕经济建设中心工作，引导支持非公有制经济持续发展，促进非公有制经济转型升级，并广泛团结引导广大非公有制经济人士，参政议政，建言献策，自觉践行“义利兼顾，以义为先”理念，履行社会责任，做爱国、敬业、创新、守法、诚信、贡献的中国特色社会主义事业建设者。同时，苏州市工商联不断拓宽工作领域，促进行业协会商会改革发展，开展组织化、专业化、协作化经济咨询服务和工商专业培训；构建和谐劳动关系，维护会员合法权益，广泛参与精神文明建设，关注老年和妇女儿童工作；推进光彩事业，致力扶贫开发工作，为老少边穷地区发展提供智力支持。加强对外交流，在国内外建立友好商会，加强“三胞”中工商界人士联络工作；开展对外经贸交流与对外经济联络活动，引导和促进民营企业“走出去”，涌现出众多先进典型，社会影响不断扩大。

党的十八大以来，党和政府对工商联工作愈益重视，强调工商联是中国人民政治协商会议的重要组成部分，要坚持统战性、经济性、民间性的有机统一，充分发挥党和政府联系民营经济人士的桥梁纽带作用、政府管理和服务民营经济的助手作用，以促进非公有制经济健康发展和非公有制经济人士健康成长为工作主题，以建设政治坚定、特色鲜明、机制健全、服务高效、作风优良的人民团体和商会组织为目标。苏州市工商联认真贯彻落实党中央的决策部署，深入开展非公有制经济人士理想信念教育实践活动，不断推进“五好”工商联建设，全面推进工商联工作法治化，加强和创新社会管理中的协同作用，指导引导服务商会改革发展，努力提升服务实体经济能力，积极防控风险，成立纠纷调解中心，推进企业群体服务，扎实开展第三方评估工作，促进营商环境优化，引导民营企业适应把握新常态、提质增效转型升级，服务国家“一带一路”倡议和边疆建设，促进光彩事业与村企共建、精准扶贫有效结合，多项改革发展工作都走在了全国各省市的前列，凝聚力、影响力、执行力显著增强，赢得了行业和社会的广泛认同与肯定，成为苏州市的一张亮丽名片。

新时代，我国经济已由高速增长阶段转向新质生产力加快形成的高质量发展阶段，苏州的非公有制经济迎来了新的历史机遇。苏州市工商联要以党的二十大精神为指引，全面贯彻习近平新时代中国特色社会主义思想，坚持政治建会、团结立会、服务兴会、改革强会，坚持信任、团结、服务、引导、教育的方针，充分发挥在民营经济人士思想政治建设中的引导作用、在民营企业改革发展中的服务作用，按照党中央、江苏省委和苏州市委决策部署和稳中求进的工作总基调，贯彻新发展理念，真抓实干，开拓创新，引导苏州市工商业围绕加快发展新质生产力，扎实推进高质量发展的主题和要求，打造苏州品牌，优化苏州模式，为全面推进中国式现代化建设苏州新实践作出更大的贡献。

以史为鉴，可以知兴替。回首往昔，发人深省；展望未来，催人奋进。苏州市工商联作为中国共产党领导的以民营企业和民营经济人士为主体的人民团体和商会组织，它走过的历程，是始终贯彻党和政府的路线方针，围绕大局，服务中心，认真履职尽责，积极发挥作用的光荣历程。今年适值苏州市工商联正式成立七十周年，苏州市工商联与苏州历史文化研究会合作，组织编纂《苏州市工商业联合会史事编年（1949—2023）》。这部浓缩苏州市工商联历史的著作必将发挥资政育人的作用，激励苏州市工商联人士和广大民营经济人士，传承优良传统，与时俱进，行稳致远，在苏州经济社会发展进程中谱写新篇章。

《苏州市工商业联合会史事编年（1949—2023）》编纂委员会

2024年3月

凡　例

一、本书记事断限自1949年至2023年，主要反映苏州市工商业联合会发展的历史进程。

二、本书采用编年记述体，以公历纪年，按年系月，以日分条叙事。无日、无月可考者分别系于该月、该年之末。同一时间如有两条以上记事，首条以下分别标明“是日”“是月”或“是年”。

三、本书原则上不收特定人员在工商联工作之外的具体史事。人名一般采用本名，个别习用字号者从之。若人名有异，经考订后取舍。

四、本书对于有关机构单位和人员职衔身份等，无歧义者酌用简称。

五、本书依据必要性对于某些机构、事件、名词等酌予注释。

六、本书记事主要依据档案，辅以报纸和图书资料，兼参官网和公众号记载，原则上不直接引用原文，简明客观，不加主观评论。

1949年

4月27日 苏州解放。

4月28日 为支持人民政权、维护社会秩序，吴县县商会通知各业，批发和门市部交易均须维持原有价格，不得擅自抬高，维持市场稳定。

4月30日 苏州市军事管制委员会（简称“军管会”）正式成立，韦国清为主任，惠浴宇等为委员。苏南苏州行政区专员公署正式成立，李干成为专员，划苏州市及吴县、常熟县、昆山县、吴江县、太仓县为苏州行政区。中国共产党苏州市委员会、苏州市人民政府同时成立，惠浴宇任市委书记兼市长。根据中共中央“按各系统，整套接收，原封不动，逐步改造”的方针和华东局的指示，接收接管工作开始有秩序地进行。

5月1日—25日 苏州市轮船业同业公会开展支前工作，总计调配轮船43艘，为解放军输送弹药、军粮、卫生药品等，随军前进，杭州、嘉兴、上海等地相继解放。支前期间，海员荣华生因深夜航行时照顾第十兵团指战员而落水牺牲，人民政府发给抚恤金及烈属证。

5月3日 苏州市军管会命令指定财经部经济处接管吴县县商会。苏州工商自卫队奉令解散。7日，财经部经济处接管吴县工厂联合会。自此，苏州工商界接受人民政府领导。

5月6日 因物价波动较大，吴县县商会奉苏州市军管会的指示，通知各业自动迅速平抑物价，明确规定以后各重要日用品价格如有必要调整，必须事先报经市军管会工商局核准。同时通知各业必须遵守市军管会布告，统一使用货币，即一切交易均以人民币为计算单位。

5月11日　苏州市工商界开展支援解放上海献粮献草的宣传动员工作，在全市掀起大厂大业重点献粮献草的热潮。吴县县商会与吴县工厂联合会组织动员各业捐献，截至7月16日结束，共计2700户工商户捐献大米652.34万余斤、火草1163.63万余斤。

6月1日　吴县县商会召开全体理监事暨各业理监事、理事长座谈会。苏州市副市长吴明到会讲话，总结献粮工作，指出上海解放后的革命形势，教育工商界人士摒除自私心理，培养革命思想，要求工商业主尊重劳方地位，贯彻劳资两利，并提醒各业不要按传统习惯在当日端午节解雇员工。

7月14日　因暴雨连日，灾情严重，吴县县商会、吴县工厂联合会积极配合苏州市各界防汛救灾委员会开展捐献救灾动员工作。至10月14日，工商界（包括工厂和银钱业）捐献代金人民币66755624元、大米32000余斤、面粉1065袋和布匹、衣服等物品，以及竹、木、麻袋、蒲包等抢救灾情所需物资。

8月22日　吴县县商会召集各同业公会理事长讨论各业资本数额的正确估价问题，动员各业工商户调整并确定企业8月31日的资本额，向苏州市税务局申报，作为今后企业正确核算盈亏的基础。

8月27日　吴县县商会举行各同业公会理事长会议，开展纳税单位编查工作。编查工作至10月25日全部结束。工商户普遍设置合法账册，作为纳税计算依据，扭转了逃税漏税和负担不公平、不合理的现象。

是月　中共中央颁发《关于组织工商业联合会的指示》，要求各地成立工商业联合会，提出以私营企业为重心，工业较商业的比重逐步增加；公营企业部分参加，不宜太多，旨在教育、团结私营工商业者。

9月19日—22日　吴县县商会、吴县工厂联合会动员各业推选参加苏州市第一届各界人民代表会议的工商界代表，共推选陶叔南、沈泽苍、沈壮声、朱宏涌、施云滨、周广知等代表60人，其中商界代表35人（含公营事业2人），工业界代表25人。

9月27日—10月8日 苏州工商界代表参加苏州市第一届各界人民代表会议，听取苏州市军管会主任惠浴宇作的《关于苏州市五个月来工作概况》报告、中共苏州市委书记周一峰作的《苏州市当前工作方针和任务》报告。吴县面馆业、面粉业、饼馒生面业等同业公会提出减免营业税等提案。会后决定开展苏州市工商业联合会的筹备工作。

9月29日 中国人民政治协商会议第一届全体会议通过《中国人民政治协商会议共同纲领》（以下简称《共同纲领》），多项条文涉及国家经济发展方针和工商经济发展方向，其中：第二十六条指出“中华人民共和国经济建设的根本方针，是以公私兼顾、劳资两利、城乡互助、内外交流的政策，达到发展生产、繁荣经济之目的”；第三十条指出“凡有利于国计民生的私营经济事业，人民政府应鼓励其经营的积极性，并扶助其发展”；第三十一条指出“国家资本与私人资本合作的经济为国家资本主义性质的经济，在必要和可能的条件下，应鼓励私人资本向国家资本主义方向发展，例如为国家企业加工，或与国家合营，或用租借形式经营国家的企业，开发国家的资源”。

10月6日 近万名苏州市工商业者赴三乐湾北营房大广场，参加苏州人民庆祝中华人民共和国诞生、保卫世界和平示威大会。会后参加大游行。

10月17日 为做好成立苏州市工商业联合会筹备委员会的准备工作，苏州市第一届各界人民代表会议工商界代表陶叔南、沈泽苍、沈壮声等60人召开会议，推选沈泽苍等14人为市工商联筹委会临时常务委员会委员，负责市工商联筹委会的筹备工作，如酝酿选举筹委、甄审筹委资格、草拟章程规则、规划财务人事及接收吴县县商会、吴县工厂联合会等工作。会议决定，参加苏州市第一届各界人民代表会议的工商界代表转为市工商联筹委会委员，同时从未产生人民代表的各业中推选产生并经临时常务委员会甄审合格的委员有63人，筹备委员共123人。苏州市市长王东年和市工商局局长徐也平到会并作指示。

11月19日—20日　苏州市工商业联合会筹备委员会在西百花巷举行成立大会。苏州市军管会主任惠浴宇、中共苏州市委书记周一峰、市长王东年等领导到会并作指示。大会明确了苏州市工商联筹委会为发展生产、繁荣经济服务的宗旨，以及当前推动生产、组织学习、完成税收三项中心工作的重大意义。会上修正通过了《苏州市工商业联合会筹备委员会简章》，选举常务委员会委员23人。常委会第一次会议推选陶叔南为主任委员，沈泽苍、王文进、浦亮元为副主任委员，沈壮声为秘书长。张寿鹏等19人为常务委员，徐鸿生等121人为委员。会址设于西百花巷吴县县商会原址。

苏州市工商联筹委会成立宣传照

11月23日　苏州市工商联筹委会常委会举行第二次会议，按照《苏州市工商业联合会筹备委员会简章》要求，成立整理组织、产销计划、劳资调解、学习和税务推进5个专门委员会。常委会内部推定若干人参加并指定1人为各专门委员会主任委员，其余由各委员会在筹备委员中推选产生或聘任会外专门人才，分别负责领导各业开展工作。

11月27日　为加强苏州市工商联筹委会的组织工作，常委会临时会议通过秘书处人事编制，分设总务、调研、组织、学习4个组，办理具体事务。

11月30日　苏州市工商联筹委会副主任委员沈泽苍、王文进分别偕同各委员，赴吴县县商会和吴县工厂联合会接收档案账册等。其中吴县县商会移交档案等各项清册，资金5765912.11元；吴县工厂联合会移交档案等各项清册，资金21835.18元。市工商联筹委会聘任工作人员，正式开始各项工作。

12月8日　苏州市工商联筹委会整理组织委员会开始进行各业编组工作。户数少的行业每业组成1组，每组成立生产、税务、学习3个小组。户数多的行业则按地段编为若干组，每组再设立生产、税务、学习3个小组。每1小组选出小组长1人，负责开展工作。至15日，除工厂另编混合小组外，104个行业中成立365个小组，选出小组长1095人。同时制定工商界学习方案，分4周（4个单元）进行。

12月18日 苏州市工商界第一周学习报告会在开明大戏院举行，市工商联筹委会委员、各业理事长、小组长等1300余人参加学习。主要学习苏州市各界人民代表会议一届二次会议关于物价、劳资、冬防、冬赈四大问题的决议和中央人民政府发行人民胜利折实公债的文件精神，苏州市各界人民代表会议副主席谢孝思和市工商联筹委会秘书长沈壮声作报告。市长王东年到会讲话，要求各业小组长增强为群众服务的光荣感，认识参加学习的重要性。25日，举行第二周学习报告会，到会1300余人，中共苏州地委宣传部部长徐步主讲《共同纲领》的序言和总纲。

12月28日 苏州市工商联筹委会举行第二次全体会议，汇报各业编组、筹建新同业公会情况，计划编制各业公会整理组织方案、收集并研究各业旧业规及调解水灶业纠纷等，并配合社会救济委员会冬赈工作，动员各业募捐，以2亿元为目标。

12月29日 苏州市工商联筹委会税务推进委员会与市税务研究委员会召开年终结账专项问题座谈会，并对年终结账有关所得税等问题逐项讨论，达成共识，做好各业年终结账的同时，推进税务工作。

是月 苏州市工商联筹委会转发《苏南区主要商品市场管理暂行办法》及申请书、保证书，督促各业遵照办法执行。

1950年

1月5日 为了“弥补赤字，减少现钞发行，有计划地回笼货币”，逐渐稳定1950年全国的物价，保证各阶层人民的安定生活和工商业的正常发展，中央人民政府发行1950年第一期人民胜利折实公债。是日，苏州市工商联筹委会全体委员和各同业公会理事长举行庆祝新年联欢大会，筹委会主委陶叔南在致辞中表示工商界支持人民胜利折实公债的发行。市长王东年到会并讲话，希望工商界人士巩固成绩，加强学习，进一步提高自己，成为建设新中国的一分子。

1月8日 苏州市工商联筹委会在开明大戏院举行学习第三周报告会，上海经济专家周有光应邀主讲《共同纲领》中有关经济政策部分的内容。15日，举行学习第四周报告会，市工商局局长徐也平和市政府秘书王纪分别主讲集体合同、工商登记和各业整理组织等问题。

1月14日 苏州市工商联筹委会为协助政府贯彻各业统一会计制度、统一发单和推行印花总贴等税务措施，召开各业负责人座谈会，邀请市税务局局长王琢和各部门负责人到会，对上述问题作详细讲解和指示。

是日 苏州市工商联筹委会发出关于开展各业整理工作的通知，宣布先行整理组织衣着业、粮食业、肉品业、国药业、点心业5个同业公会，推定孔翔生、张嘉春、郭润源、沈继玉、黄柱天分别为指导整理上述公会的召集人，王文进为总指导员。其中粮食业、国药业的整理工作于16日开始，衣着业、肉品业、点心业的整理工作于18日开始。

1月20日—2月2日　苏州市工商联筹委会为贯彻苏南人民行政公署《关于工商业开设与停歇及复业改组迁移解散临时登记办法》，保障正当工商业的发展，取缔非法经营，办理各业工商户临时调查登记。在市工商局领导下，组织各业公会、市场管理委员会和市工商联筹委会70余人，并由6名市工商局干部协同组成34个普查小组，分东、南、西、北、中5个区开展普查工作。其中：登记工作自1月20日至25日，部分行业展期至28日；普查工作自1月30日至2月2日。累计工商户13985户，其中登记的工厂、商店13528户，未登记商店457户。通过登记和普查，全面地了解各业公会会员、非会员和没有公会组织的工商户分布情况，以及各业公会的组织情况，从而制定了整理同业公会的方案，以及产生同业公会筹备委员的方法与方式。

1月23日　苏州市人民胜利折实公债推销委员会工商界分会启动推销工作。2月5日，苏州市工商界推销公债扩大宣传接受任务大会召开，主委陶叔南主持会议，讲解推销公债的性质、意义和任务分配，苏州市军管会主任惠浴宇、中共苏州市委书记周一峰到会讲话。2月14日，认购工作基本完成。5月10日，实交认购数为455279份，占总目标数65万份的70%。各业分配认购公债原则，系按1949年8月底重估资本额之40%和同年7—10月营业额的40%比例计算。

2月　苏州市工商联筹委会制定《整理工商业同业公会初步方案草案》，明确整理原则、整理程序、整理小组任务、筹备会任务等方面的内容，要求以工业同业公会与商业同业公会分开组织为原则，整理委员会邀请全体筹备会委员和工商界人士编成若干整理小组，分别开展对各业整理的初步工作。同时制定《整理本市旧同业公会原则》《苏州市各同业公会组织计划》《整理各业公会工作程序》《各业公会办理交接注意事项》，规范整理工作。

3月1日　苏州市各同业公会的整理与组织工作开始分批进行，对各业公会筹委人选，提出思想进步、作风正派等具体要求。在筹委名额分配上，兼顾大中小工商户，以消除公会内部的矛盾。整组工作正式开始前，苏州市工商联发动工商业者学习新民主主义的经济政策，邀请领导专家作报告，开展小组讨论，提高思想认识。

3月2日　中共中央统战部部长李维汉发表《人民民主统一战线的新形势与新任务》讲话，指出工商联合会是重要的人民团体，并且是我们在私营工商业者中进行统一战线工作的重要环节之一。党和政府要经过它团结教育工商业者执行《共同纲领》和人民政府的政策、法令，尤其是参加工商联合会的公营企业的干部，应当积极开展这方面的工作。但同时必须承认工商联合会是工商界自己的组织，有权代表工商界的合法权益，不能把它当作简单的办差机关。

3月16日　苏州市工商联筹委会制定《苏州市各同业公会筹备会组织规程通则草案》，对各同业公会筹备会的任务、人事、会议等作出具体规定。

4月10日　苏州市工商联筹委会召开常务委员会、整理组织委员会、监选员联席会议，主委陶叔南等24人出席会议。会议讨论苏州市第二届各界人民代表会议工商界代表的产生、各业酝酿代表人选及选举展期内整理组织公会尽可能结合进行等问题。17日，选举产生市第二届各界人民代表会议工商界代表100名，其中正式代表80名、列席20名。

4月26日　第一、第二期整组各业公会筹备会主任委员、工作人员座谈会召开，苏州市工商联筹委会常委黄柱天主持会议。完成前期工作的织布、机械厂等30个行业同业公会筹委会主任委员议定召开苏州市同业公会筹备会联合成立大会，推举沈泽苍为总干事。5月14日，联合成立大会在开明大戏院举行。

4月27日　为了救济苏北及镇江等地区灾民，在苏州市各界节约捐献救灾委员会的领导下，市工商界各业参照1950年1月、2月营业税的平均一个月纳库数及公债任务数两项指标，以税款占70%、公债占30%比例计算分配，捐献代金人民币17902万元，折米898石。

5月3日—8日　苏州市工商界代表参加苏州市第二届各界人民代表会议，听取、讨论市长王东年作的《政府工作报告》和市税务局局长王琢作的《关于税务工作的报告》，箱鞋帽业、酱工业、鲜肉业等同业公会递交营业税征收比例、屠宰税征收、节约用米等提案。

5月12日　苏州市工商联筹委会召开会议，全体筹委和各业公会负责人共150

余人参加。会议传达了苏州市第二届各界人民代表会议对当前提高工商业者信心、克服困难的原则精神，以及调整工商业的公私、私私、店摊之间的关系和劳资关系等问题的要求，使工商业者正确认识人民政府调整工商业的政策和精神。

5月17日 苏州市工商联筹委会召开常委会会议，宣布成立苏州市红五月宣传委员会工商分会，推定沈泽苍、黄柱天、沈壮声等45人为委员，分工领导42个支会，开展宣传活动。主要宣传目前国内外形势、国家副主席刘少奇五一国际劳动节期间在北京干部纪念大会上的讲话、苏州市第二届各界人民代表会议的报告和决议。

7月上旬 为使工商业得到较快的恢复和发展，在国营经济领导下走向计划经济，打好确计算企业盈亏的会计基础，开展全市私营工商业的重估财产、调整资本工作，苏州市工商联筹委会与市工商局、市税务局及会计技术专家联合成立苏州市办理私营企业重估财产调整资本的评审委员会，负责具体工作。

8月20日 苏州市金融业等42个同业公会筹备会在开明大戏院举行联合成立大会，累计成立同业公会筹备会104个。

8月28日 为配合政府贯彻调整工商业政策，苏州市工商联筹委会常委会成立重估资产负债调整资本净值办法研究小组，上海商业储蓄分行苏州分行经理贝祖武担任组长，提出意见与建议供政府参考。31日召开小组会议，讨论关于重估资产负债调整资本的6个问题。同时推派代表参加调整工商业工作的工业小组和商业小组，协助政府开展工作。调整工作首先在染织厂、面粉厂、粮食商、绸布商4个行业开展，树立典型。其次对公会基础良好的造纸、榨油、皂烛、冶铁、茶叶、油饼、酱工、南北货、皮毛油骨、百货、新药、五金12个行业开展调整工作。这次调整工商业，是在政府大力稳定物价、虚假购买力消失、农村丰收在望、工商业趋向好转的背景下开展的，并从掌握的工商户分布情况和资金、营业、利润、税负、开支、生产、运销，以及劳资、公私、私私之间的关系，改善经营管理等情况着手，对存在的问题进行分析研究，明确今后改善经营的方针，避免盲目经营。至年底完成15个行业分会的重估工作，共计工商户679户，账外资产人民币196.72亿元，占重估后资本净值的9.89%。全市130多个行业，除40多个主要行业按行业进行重估外，尚有50户左右的中小行业由各地区分会用比较简易的方式办理资本申报，另有约40户小行业免予办理，整个工作至1952年春完成。

9月18日　苏州市人民政府为贯彻税收合理负担政策，发扬民主办税精神，成立苏州市工商业税民主评议委员会。市工商业税民评会由市工商联筹委会、各行业、各区工商业税推进委员会和市总工会店员工会、市税务局推选代表组成委员会，设主任委员1人，副主任1—3人。

是日　市工商联筹委会举行会议，推举张甸国等35人为市工商业税民评会委员。

9月29日　苏州市工商业税民主评议委员会正式开始工作，公布《苏州市工商业税民主评议委员会暂行组织办法》。明确市工商业税民评会的任务是对尚不具备自报查账条件的工商业户实施自报公议、民主评定，协助政府贯彻依率计征、合理负担的税收政策，具体由市民评会、分业民评会、评议小组三级开展工作。

10月1日　苏州市工商联筹委会向各业传达《苏南区工商业登记暂行办法》，规定“凡领有伪政府所发之登记证件者应一并缴销”，督促各业开展旧登记证件缴销工作。

10月9日—14日　苏州市工商界代表（代表80人、列席14人）参加苏州市第三届各界人民代表会议，听取苏南区党委书记陈丕显作的《为有步骤有秩序地进行苏南土改改革而奋斗》报告、市长王东年作的《五个月政府工作报告》和关于做好秋冬两季生产与拥护土改等重要决议，提出印刷业、粮食商业、草织品工业等同业公会提出调整公私合营方式以维持私营生存，准许织带、针织两个行业按大行情零购棉纱等提案。

10月21日　苏州市工商联筹委会与市工商局筹备组织苏州市工商登记委员会，以各业主委或副主委为当然委员。26日，举行各业登记动员大会。30日，苏州市工商登记委员会常务委员会召开第一次会议，选举黄柱天为主任委员，谢惟安、孔翔生为副主任委员。市工商登记委员会受市工商局领导和市工商联筹委会指导，通过《苏州市工商登记委员会组织规程》，办事处设在北局人民商场，谢惟安为主任，下设工业、商业、总务3个组，分批办理全市各业登记工作。

11月1日 苏州市工商联筹委会动员工商界开展捐献寒衣活动，支援苏北、皖北灾民。截至12月10日，各业捐献寒衣25332套，代金人民币2347.62万元。

11月11日 苏州市工商联筹委会组织全市工商业者进行为期1个月的时事学习，领会外交部部长周恩来的外交声明和全国各民主党派联合宣言的意义。学习自各业委员、组长逐步全面推开，提高广大工商业者对抗美援朝运动伟大意义的认识，激发其爱国主义和国际主义热情。

12月11日 苏州市工商联筹委会召开各业筹委扩大会议，讨论通过工商界爱国公约五项，即：贡献一切力量，支援抗美援朝保家卫国，为世界和平一致行动；坚守工作岗位，保证积极经营，搞好生产，增强战斗力量；坚决支持政府政策法令，保证稳定物价，反对囤积居奇、扰乱市场的一切不法行为；认清敌友，坚定立场，加强时事学习，正确认识美帝的侵略罪行并提高警惕；踊跃纳税，确保国家的财政收入。与会代表169人签名，并在会后向所在同业公会传达会议精神，将爱国公约宣传贯彻到各个同业小组。累计全市125个行业中有117个签订爱国公约，参加户数12301户，占总户数14715的83.6%。全市1400个工商行业小组分别结合尚未参加小组的工商户，全部签订爱国公约。爱国公约的签订肃清了欠税现象，由个别行业带头进行集体缴税，迅速发展成为全市性的集体缴税现象，在稳定物价、积极发展生产经营、支援前线及拥军优属方面起到积极作用。

12月12日 常州市工商业联合会筹委会向苏州市工商界发出挑战书，保证完成本年度各项税收任务。18日，苏州市工商联筹委会接受挑战，表示将结合抗美援朝保家卫国运动，组织力量完成年度各项税收任务。

12月19日 苏州市工商界举行反对美帝侵略代表会议，各业代表和相关领导360余人参加，苏州市工商联主委陶叔南致开幕词，市长王东年讲话。

大会以抗议美帝侵略结合时事宣传为中心，各业代表对美帝侵略罪行提出严正控诉，通过开展时事学习，加强时事教育，支援抗美援朝和全面签订、深入贯彻爱国公约等决议，并向苏州市参加军事干部学校全体青年发出致敬电。大会临时动议，捐献子弹、毛巾慰问中朝两国前线指战员、地方驻军等。会后各业捐献代金人民币19761万元、毛巾1万条（价值2750万元）。

12月21日　苏州市工商界举行抗美援朝保家卫国示威大游行，15000人参加，向全市人民表达工商界的爱国热情和践行五项爱国公约的决心，并向毛泽东主席、中国人民志愿军及地方驻军通电致敬。这次游行队伍分12个大队、37个中队，阵容空前盛大和整齐。

苏州市工商界游行示威阵容

是年冬　苏南地区开展土改运动后，苏州市工商联筹委会发动工商业者学习土改政策，召集各业代表举行座谈会，开展宣传教育，帮助大家了解土改运动的意义，提高对土改运动的正确认识，从而拥护和支持农村土改工作。

1951年

1月10日—20日　为了配合抗美援朝，保证国家财政收入，苏州市工商联筹委会先后发出号召，鼓励各业以集体纳税的竞赛方式，积极报缴1950年12月的营业税，执行1950年8—12月营业税民主评议工作要求，贯彻合理负担原则，做到肃清偷漏。仅10天，已纳库税款达93%以上，营业税评补工作至1月底完成。

1月18日　苏州市工商联筹委会因会务繁忙，将常务委员从23人增至33人，专门委员会更名，并增至6个，即整理组织委员会、产销辅导委员会、劳资协进委员会、宣传委员会、税务推进委员会、财务委员会，黄柱天、张学明、孔翔生、谢惟安、朱宏涌、朱汝鹏分别担任上述专委会主任。

1月19日　苏州市工商联筹委会召开各同业公会筹委员扩大会议，要求各业贯彻爱国公约，保证物价稳定。春节期间，物价如有变动，必须事先由各同业公会筹委会向市工商联筹委会报告，以便掌握具体情况，保障人民生活。油饼业、粮食业、鲜果业、猪行业、茶叶业、酱工业等先后通过同业会员会议作出决议，保证春节不涨价；浴室业表示春节涨价时间缩短为3天，愿意逐渐废除该项陋规。

是月　苏州市工商联筹委会举行各业代表大会，副主委沈泽苍传达苏南土改扩大会议各项报告及会议精神，帮助工商界正确认识土改意义及土改与城市工商界之关系。

是月　苏州市工商联筹委会接受中国人民银行苏州支行的委托，调查各业厂商股东、职工垫款情况。布商等25个行业厂商填送调查表，共垫款61.9亿元，其中股东垫款54亿元，职工垫款7.9亿余元。

是月　为协助中国人民银行举办的有奖储蓄活动，苏州市工商联筹委会两度号召各业结合抗美援朝爱国运动，发动每家每户积极参加。

是月　响应苏南人民行政公署新闻出版处号召，苏州市工商联筹委会发动各同业公会购买新连环图画及其他通俗简易书报，赠给志愿军。

是月　苏州市工商联筹委会协助办理反动党团特务人员登记工作，广泛动员宣传，并分函各业组织规劝队，进行劝导督促。

2月22日　苏州市工商登记工作自上年11月起至此全部结束，累计办理登记的行业166个，工商户12699户，尚有1000余户待补办登记。通过登记工作，政府基本上了解了整个工商业的实际情况，便于更好地领导工商业工作，达到发展生产、繁荣经济的目的，同时也加强了同业公会的组织和同业间的团结，有利于工商联各项工作的开展。

2月23日　抗美援朝保家卫国工业生产展览会在人民商场和救灾联合会预展。自1月始，苏州市工商联筹委会与市工商局、市总工会等单位组织24个工业（含手工业）生产单位及100余家工厂筹备展览会。24日正式对外展览，3月10日闭幕，参观者逾10万人。展览会分两个会场，第一会场有手工业馆、机械业馆，第二会场有公营企业馆、纺织馆、工业教育馆、食品馆、化工馆、特产馆等9个馆，另有丝绢厅、刺绣厅。通过展览，提升了人民群众的民族自尊心和工商业者团结生产的信心。

是月　苏州市工商联筹委会整理组织委员会通过1951年上半年度整组同业公会的组织工作计划草案，并分函各业造具会员登记等表，为各业正式成立同业公会做好前期准备工作。

是月　苏州市工商联筹委会推动各业公筹会动员会员，开展慰劳中朝军队、救济朝鲜灾民及地方拥军优属的捐献工作。至是月，捐献包括子弹、慰劳毛巾等在内的代金人民币4亿元。

是月　苏州市工商联筹委会举行1950年所得税存货调整问题座谈会和1950年所得税征收动员大会，各业公会及分评会正副主委参加会议。会议要求各业以公私兼顾、公平合理为原则，做好调查协商标准原价和标准纯益率的准备工作，积极缴纳所得税，于3月完成纳库。

是月　为了拥护和协助土改工作，苏州市工商联筹委会进行了一系列的宣传教育，动员组织工商界参加土改参观团，了解土改工作中的具体情况，参加土改斗争大会。同时劝导在吴县有土地的地主将土地契单自动送交吴县人民政府，并要求各业提高认识，同情农民，支持土改，及时检举来城躲避和隐匿、转移财物的地主。

3月1日　苏州市工商联筹委会号召各业与金融业合作，贯彻钞票分版平摊，养成爱护人民币的良好习惯，达到节省发行之功效。自是日起，凡工商客户送交各行庄的钞票必须实行分版平摊，否则一律拒收。

3月3日—7日　苏州市各界人民代表会议三届二次会议举行，苏州市工商联筹委会主委陶叔南作《关于苏南各界代表会议协商委员会会议精神的传达》。会议通过爱国公约，作出“关于进一步开展抗美援朝反对美帝武装日本运动”等6项决议。

3月3日　苏州市工商联筹委会动员各业庆祝国际劳动妇女节，女工放假1天，绸布、茶食糖果、百货等14个行业商品打折，妇女购物优惠3天。

3月27日　苏州市工商联筹委会组织刺绣业、纽扣业、丝织业、乐器业、湖笔业、刀剪业和提琴业、国画颜料业等行业参加浙江省土特产展览交流会，征集样品60多种，是日运往杭州陈列展出。

是月　为深入开展抗美援朝、反对美帝武装日本运动，苏州市工商联筹委会动员各区工商界组织行动委员会，传达苏州市各界人民代表会议三届二次会议的决议和精神，推动各业控诉美帝和日寇的各种罪行，并组织工商业者收听苏南反对美帝武装日本广播大会，全市90%以上的工商业者接受爱国主义教育。随后开展宣传拥护世界和平理事会宣言活动和缔结五大国和平公约的签名运动，全市工商界11800余人参加签名。

是月　苏州市工商联筹委会配合中国人民银行苏州支行金融管理科，召开《苏南区私营厂商股东及职工垫款管理暂行办法》扩大传达会议，动员各同业公会向会员传达管理办法精神和详细手续，督促做好股东、职工垫款呈报备案和今后逐月填报，达到既解决私营厂商资金周转的问题，又防止非法吸收存款的目标。

4月5日　苏州市工商联筹委会组织各业公筹会正副主委等250人参加全市各界清明节祭扫烈士墓活动。

4月18日　苏州市工商联筹委会组织各业公筹会正副主委、筹备委员、税务评议委员、小组长和工作人员等千余人，在开明大戏院听取中央劳动部副部长施复亮作报告。

是日　苏州市工商联筹委会因各同业公会筹委会会员地处分散，工作不便，决定按照业务相近、历史相沿、会员多寡等情况，变更基层组织形式，全市100余个同业公会按其性质分别划入相应联合办事处联合办公。同日，市工商业同业公会筹委会第一联合办事处行政委员会举行成立大会，程延龄等21人与会。会议决定设常务委员15人，每家单位至少1人，选举李鸿业为主任委员，冯执中、陆锡翔、马春霖、徐桐生为副主任委员。累计建立10个同业公会联合办事处，联合办事处最多的同业公会有16个，最少的有9个。各同业公会原有组织系统、负责人选不变，各自负责处理专业性工作。联合办事处的工作由参加的各业同业公会筹委会正副主委联合组织行政委员会，互推主任委员1人，副主任委员若干人，每业并推定1人与正副主任委员组成常务委员会，负责主持日常事务。联合办事处内部设总务股、业务股、辅导股，统一调派工作人员配合工作。联合办事处的主要任务是辅导所属各业会员遵守政府政策法令，开展经济性的活动。

是月　华东税务局指定苏州市为稽查分区专责制实验区，苏州市工商联筹委会依据苏州市税务分区的划分，建立临江、平门、东南、西南、东北、西北、金门、山塘、城中等9个区筹备工作委员会。随着苏州市区人民政府的建立，依照行政区域划分，成立东、西、南、北、中5个地区工作委员会，作为苏州市工商联筹委会的派出机构，11月28日基本完成交接手续。各区工作委员会重新聘任委员，每区25人，协商产生的正副主任委员负责主持日常事务，设总务、财务、税务、辅导、组宣5个股，12月1日正式对外办公。联合办事处和5个区的工作人员均由市工商联筹委会统一调配，经费由市工商联筹委会统一收取、统一划拨，提高工作效率，节省行政开支。遇到有关全市性的中心工作，由市工商联筹委会统一部署。

是月　苏州市工商联筹委会响应苏州市郊区土改委员会号召，召开粮食、金融两业会议，动员米行、银行深入检查各户存货、存款，追回不法地主隐匿、变卖、转移多余的粮食财物，更好地支持市郊土改。

是月　苏州市工商联筹委会筹备庆祝五一国际劳动节，组织工商界2万人参加示威游行，10个同业公会联合办事处分成10个联队，和工商联队、摊贩联队组成12个联队，在主要街道上张贴巨幅标语和悬挂宣传横幅，宣传内容主要结合反对美帝武装日本运动和镇压反革命运动。

是月　苏州市工商联筹委会组织工商界1300余人，赴火车站及观前街等处夹道欢迎志愿军归国代表柴川若、董栗辅、窦少毅，并组织11个大队（包括摊贩）听取柴川若等人所作的关于中国人民志愿军英勇作战、协助朝鲜人民开展救济、揭发美帝侵略军的罪行等方面的报告。各同业公会联合办事处包括摊贩业在内，分别捐献各种画刊书籍总计2264册。

5月5日　苏州市工商联筹委会为响应党的号召，宣传土改政策及其与工商业的关系，事先征集各业意见，决定送资金下乡，解决农民生产资料上的困难，支持农业大生产运动。是日，召开常委会会议，号召资力雄厚的行业支持运动。棉纺业、电气公司分别保证承担15亿元、6亿元，其余29亿元由绸布业、油饼业、酱工业、南北货业、粮食业、百货业、茶叶业等30个行业分配指标。会后，棉纺业、电气公司于5月11日、12日全数缴纳，茶叶业、染织业、烧酒业等行业也先后完成指标，酱工业等行业大体均有缺数，破布旧货业、颜料业、绍酒业等行业强调困难而未缴纳，总计完成40.08亿余元，达到所定40亿元目标。市工商联筹委会代表各业与中国人民银行签订协议，规定贷款期限6个月，利息2分，在利息收入中提出十分之一作为办理贷款的各项费用。

5月10日　经中国民主建国会总会批复，成立民建苏州分会筹备委员会，陶叔南、卫楚材、王纪为召集人。7月15日召开筹备委员会成立大会。

5月10日—7月1日　苏南城乡物产交流展览会在无锡举行。苏州市工商联筹委会与苏州专区各县市工商行政机构、人民银行、土产公司和合作总社的代表30人，组成苏州区参加苏南城乡物产交流展览会委员会。苏州区组织的刺绣业、苏锅业、丝织业、织带业、漳绒业、绍酒业、蛋孵业等31个行业的2391件产品，占苏州馆展品的65%。展览期间，工商联筹委会领导组织了两项业务交流，第一集团为乐器业、糖果业等24个行业，分为3个小组；第二集团为煤炭业、木业等9个单位，分为2个小组，在月内初步成交9亿余元。同时组织工商业户6500人分批前往无锡参观展览，领导各业积极开展交流业务。苏州市累计销售金额41.48亿元，染织业占半数以上，针织业次之，丝织业又次之；购进总额7885万余元，以粉麸为主，占半数以上。

5月29日　苏州市工商联筹委会组织工商界人士50人代表团，参加苏北、南京土特产交流展览会，皂烛业、冶铁业、针织业等行业开展业务交流，累计成交金额5亿余元。

6月11日—13日　苏州市工商界代表会议在养育巷救世堂举行，苏州市工商联筹委会常务委员和公营代表、工商界人民代表、各业负责委员、地区基层积极分子、摊贩代表、直属会员代表共计500人出席会议，其中列席代表22人。会议以进一步提高抗美援朝热情、参加镇压反革命运动、响应抗美援朝总会“六一”号召为主要内容，结合传达市各界人民代表会议第二次扩大会议的决议及精神，推动土特产交流，促进城乡经济繁荣，并开展重估财产、调整资本，健全同业公会基层组织，做好1951年上半年所得税估征工作。

6月17日　苏州市工商联筹委会组织动员刺绣业、丝织业、乐器提琴业、茶食糖果业、苏锅业、湖笔业等行业参加上海华东土特产展览会，并通过苏南购销委员会介绍，参加交流业务。至月底，累计购进金额72.17亿余元，销出金额40.31亿余元。

是月　苏州市工商联筹委会整理同业小组工作委员会成立，研究整理行业小组计划，以各地区为单位，按各联合办事处行业系统划分，每区成立10个中心小组，1个综合组，由地区领导各联合办事处及无组织的小组推动各项具体工作。计划以第八联合办事处各业为典型整理，继续分3批完成整理计划。首先动员宣传，各地区召开联席会议和各种小型座谈会，酝酿、产生小组长人选，送交各联合办事处有关行业公会进行初审，经市工商联筹委会和市工商局复审，正式确定。截至月底，全市组织成立小组1392个，完成整理基层工作。

是月　苏州市工商联筹委会鉴于4月下旬开始集中办公，财务上实行统一收支制度，各业会费由市工商联筹委会统一收取，统一划拨各联各区使用，为此制定并施行《工商联整理财经办法》。经过工商界代表会议讨论通过，以“量入为出”为收费原则，确定具体办法：一是直属市工商联筹委会的大业及最小业或个别工厂以民主评定方式确定负担，固定不变，有特殊原因另行协商；二是特殊小行业原则上加以照顾，在原来负担基础上不予增加；三是依定期定额纳税的行业，在原有负担基础上酌情增加；四是其他一般行业依照营业税额平均百分比收取，6月份为营业税额的10%。

是月　1951年上期估征所得税提前完成纳库工作。苏州市工商联筹委会向全国各市县发出友谊挑战书。

7月1日　为庆祝中国共产党成立30周年，苏州市工商联筹委会开展党史学习，帮助工商界人士了解中国共产党成立以来领导中国人民艰苦斗争的曲折过程，自觉学习马列主义、毛泽东思想及中国共产党人为人民服务的崇高精神，服从党的领导，努力建设新民主主义的新中国。

7月5日　苏州市工商联筹委会举行招录工作人员考试，录取26人。招录要求年龄25岁至35岁，文化程度初中毕业，曾在工商界服务1年以上，擅长文书、会计、统计工作。

7月6日　苏州市工商联筹委会召开各联合办事处、各区工商联业务组长工作会议，移交部分纠纷文件，主要涉及机缝与成衣机缝、新衣机缝、帽业机缝、礼品弹花、摊贩之间的纠纷。行业纠纷一般由各联、各区调解，调解不成的交由市工商联筹委会处理，市工商联筹委会无法调解的交由市工商局处理。

7月11日—12日　苏州市工商联筹委会召开各联合办事处主委及筹委、行业小组长动员大会，发动各业学习抗美援朝总会“六一”号召及《人民日报》关于支援前线的社论，推动爱国增产捐献运动。会上动员地区积极分子组织工作队，分批与各厂各业交换增产捐献意见，酝酿订立增产计划。

7月23—24日　苏州市工商联筹委会在宫巷乐群社会堂召开工商界抗美援朝代表会议，出席代表542人，市长王东年作报告，市工商联筹委会副秘书长谢惟安传达了市抗美援朝代表会议的决议和精神，秘书长黄柱天、副主委沈泽苍先后报告关于土产交流、增产捐献的意义。苏纶纱厂、苏州电气公司等单位作为小组代表发言，介绍增产捐献计划，提出于7月25日集体缴纳第一期爱国捐献20亿元。会后，与会代表均在业内进行传达，结合讨论本业增产捐献计划。初步统计，各业增产捐献数为175亿余元，已分一、二两批集体缴纳31.74亿余元。

是月　苏州市各业在评审委员会领导下先后建立组织进行学习，统一思想，以便为开展具体工作创造条件，同时推动金融业、染织业、新药业、酱工业、木商业等14个行业作为第一批准备盘点工作，推动石粉业、油饼业等33个行业为第二批，成立分评会。各地区工作委员会也先后成立分评会。

是月　行商登记工作已告结束，经批准的行商共1046户，其中：山塘区最多有275户，临江区最少有30户；资金最大的一户有8000万元，最小的一户有10万元。登记工作结束后，市工商联筹委会协助组织行商联合会，成立临时筹备处。

是月　苏州市工商联筹委会总结参加苏南、苏北、南京、华东四个地区展览会的成果，总成交金额819.29亿余元，其中：签订合同150份，总值62.46亿余元；协议187件，估值749.45亿余元；现场交易34笔，总值7.38亿余元。

是月 苏州市工商联筹委会开展庆祝八一建军节活动，组织700余名工商业者组成13个慰问队，携带鲜花、红旗、慰问信及文艺节目分赴各康复医院，慰问志愿军伤病员。

8月4日—6日 苏州市工商联筹委会召开市土特产会议，市工商局局长王纪作动员报告，主委陶叔南传达了华东土特产会议的决议和精神，购销委员会负责人报告2个月来协助交流业务的各种情况。与会代表们纷纷表示保证履行协议，个别行业准备制订计划以期完成，同时对改善规格、提高品质、加强联营、废除陋规等问题达成一致认识。针对各行各业有的存在经营方法要改革、有的同业之间矛盾要解决等问题，市工商联筹委会组织生产辅导工作队，协助各业革新业务，并从筹委会及各业各种专门委员会中选出28人组成2个小队。首先以桐柏油饼业、纽扣业2个行业作为典型开展工作，深入各户检查辅导，召开专业会议，协助解决一切问题。桐柏油饼业全体同业决心革除陋规，统一售价，作出了5项决议；纽扣业与生产部门订立了生产协议书，同时决定自9月7日开始一律废除司马秤，改用市秤。

8月10日 苏州市工商联筹委会开始组织工商界积极分子工作队分赴全市各区，对制订出爱国增产计划的工商户进行宣传并检查贯彻情况，推动工商界中空白户订立计划，同时向全国各市县工商界发出挑战书，要求响应开展爱国主义竞赛。至月底，增产捐献计划总数已达195.24亿余元，已缴纳74.64亿余元。

是日 苏州市工商联筹委会在宫巷乐群社会堂召开检查《工会法》动员大会，市劳动局局长孔令宗讲解《工会法》。布置工商界学习《工会法》及相关材料4种，各区同业小组学习情况由各区检查小组随时向市工商联筹委会汇报。30日，市工商联筹委会召开检查《工会法》座谈会，成立了检查《工会法》执行情况委员会，由孔翔生担任主委，李鸿业、陶景媛担任副主委，汪哲夫等12人担任委员。

8月16日 依照苏州市协商委员会决议，苏州市工商联筹委会举行各联合办事处正副主委会议，成立选举委员会，推选陶叔南、沈泽苍、黄柱天、谢惟安、佘民杰、徐仁焕、李鸿业、张甸国、黄安武、丁德昌、殷玟源等11人为委员，负责第四届工商界人民代表的选举工作。9月，对621名工商界代表候选人进行复审，产生代表73人，其中公营6人、摊贩4人、行商1人、私营62人；推举列席代表16人。

是月　中央贸易部派员对苏州20多个手工业行业产销情况进行调研，这是一次对苏州市手工业情况比较系统的调查。

9月3日　在庆祝“九三”抗日战争胜利日，苏州市工商联筹委会发动各业举行座谈会，宣传中国人民在中国共产党的领导下打败日本帝国主义的历史，鼓舞工商界发扬英勇抗击日寇的爱国传统。

9月14日　苏州市工商联筹委会召开革除陋规座谈会，市工商局、市一级工会、各同业公会联合办事处代表参加会议，决议成立苏州市私营企业生产经营改造委员会，推定张廷忠、王和生等17人为常务委员，并以各同业公会联合办事处为单位成立分会，各业成立小组，开始动员，为举办展览会做好准备。

9月19日　苏州市工商联筹委会检查前一阶段签订爱国公约的情况，14715户参加组织且有固定营业场所的工商户中，有12301户签订了爱国公约，占总数的83%。为巩固成绩，克服缺点，是日工商界修订爱国公约座谈会召开，结合搞好重估财产及积极增产、提前和超额完成增产捐献等问题进行具体研究与讨论。人民代表会议的工商界代表、市工商联筹委会常委、评审会处长组长、各联各区评审分会主任委员等200余人参加座谈，市工商局局长王纪、市税务局局长王琢到会指导。会后各区广泛传达会议精神，通过组长以上的各种类型的座谈会，动员工商户提前和超额完成爱国增产捐献计划。至9月29日，累计纳库137.24亿元，完成总计划的91.5%。

9月28日—29日　苏州市工商联筹委会所属各区工作委员会分别召开迎接国庆宣传演讲大会，邀请市劳动局、市人事局、市人民法院领导作报告，使一般工商户更好地了解两年来的伟大成就，累计5270人参加会议。

9月29日　苏州市私营企业生产经营改造委员会制定《苏州市私营企业生产经营改造展览会组织规程》，以及展览会业务处办理交流业务办法、零售商场管理办法、商场租用办法等，设立整理组织、产销辅导、劳资协进、宣传、税务推进、财务等6个委员会，黄柱天、张学明、孔翔生、谢惟安、朱宏涌、朱汝鹏分别担任上述委员会主任，与分会、小组分工负责，统筹展览会各项工作。

10月1日　苏州市工商联筹委会组织工商界2万人参加全市各界庆祝国庆大游行。

10月5日　苏州市工商联筹委会在开明大戏院召开提前完成爱国增产捐献光荣授奖大会，对金融业、马车业、家庭毛巾业、面粉厂、漂棉业、典当业、造船业等7个行业及各业中的1021家光荣户进行颁奖及大会表扬，鼓舞并号召工商界继续发扬爱国主义精神，在12月底基本完成捐献并光荣纳库。

10月17日　苏州市工商联筹委会各联合办事处、各区工作委员会自是日起先后召开委员、组长会议，传达苏州市第四届各界人民代表会议决议和精神，累计8014人参加会议，听取苏州市各界人民代表大会协商会议主席李凌、市长王东年分别作的《目前形势与我们的任务》报告和《七个月来政府工作报告》。

10月23日　苏州市工商联筹委会在新艺剧院举行抗美援朝扩大会议，主委陶叔南报告参加北京国庆典礼经过，各业委员、地区小组长出席会议。与会人员表示会后做好传达，提前完成增产捐献，以实际行动庆祝志愿军出国作战1周年。截至30日，纳库总数达人民币194.97亿元，超过了原定6个月捐献10架战斗机计划的30%。浦亮元代表苏纶纱厂捐献飞机1架，命名为“苏州市工商联第一号”。

是月　苏州市工商联筹委会派员参加市劳动局、市总工会组织的调查组，联合调查江南油厂锅炉爆炸事件。其后又派员调查邵春记火药爆炸事件，并将调查报告呈报市劳动局、市工商局。

11月5日—12月2日　苏州市私营企业生产经营改造展览会举行。展览会旨在宣传私营企业在党和人民政府的正确领导下自我改造、革除陋规、改善经营、扩大城乡交流等方面的工作与成绩。全市130多个工商、手工行业参加，分综合、衣织、食品、营建、交通、百货、万象7个展馆，以图表、漫画、实物与模型等形式，说明陋规存在的不合理及其对发展生产的危害性。展览期间，全市4000余家单位签订了革除陋规决心书；粮食、新药等26个行业举行专业会议，签订革除陋规、改善经营爱国业务公约，并保证贯彻执行；织带、漳绒、针织等25个手工行业举行专业会议，根据新中国成立前后的生产情况，制订了1952年的生产计划。苏州专区各县及无锡、上海、宝山、嘉定等地48个参观团参观展览，观众人数达105949人。大会业务处设立临时商场和业务交易所。临时商场累计交易额18.3亿元。在交易所中完成133笔交易，总额243亿元，各行业与嘉定、昆山、宝山、天津等县市建立了商业关系，同时促进了本市有关行业间在产销业务上的联系，签订协议，提高生产经营计划性。其间，苏州市工商联筹委会先后召开反暴利、反投机及反逃税教育大会，更好地团结正当工商业者，遵照《共同纲领》，发展新民主主义经济。

观前北局新艺剧院展览大会开幕典礼

11月6日　苏州市工商联筹委会召集苏州专区各市县工商联代表举行会议，审查苏南物产展览会苏州馆经费。市工商联筹委会和常熟等5市县共同承担费用163554340元（含补助大会经费1亿元），其中市工商联筹委会承担102049490元。

11月10日　苏州市工商联筹委会成立生产辅导处，对全市手工行业开展调查研究，促进计划生产，为1952年手工业生产铺平发展道路。重点调查针织、毛巾、漳绒、酱工、茶叶、绍酒、土烧酒制造、饴糖、刺绣、丝线、制革、帽扇、文教用品、度量衡、乐器、刀剪匠作、金属制品、纽扣、眼镜、宝素珠、骨伞棕刷、草织、冶铁、竹藤器等25个手工业行业，了解其生产设备、生产情况及存在的问题，并针对当前情况，及时处理投机暴利，动员各个商业性行业彻底暴露陋规，改善经营，签订爱国业务公约，树立新商业道德。

11月12日—15日 苏州市工商联筹委会为加强中苏友好，扩大与深入国际主义的宣传教育，发动各区工商户召开庆祝苏联十月革命纪念大会，提高工商业者对苏联十月革命的伟大成就和加强中苏友好团结、保卫世界和平意义的认识。

11月16日 苏州市工商联筹委会业务组拟定并区时有关业务工作和人事工作方案，在原有工作基础上协助政府做好工商户调查，并挑选能力强的人员充实到各区。

11月20日 苏州市工商联筹委会在第十联合办事处召开反暴利反投机教育大会，宣布政府处理13件投机暴利不法行为的决定。会后各联合办事处召集各同业公会筹委以上人员，各区召集小组长以上人员开会传达，启发工商界人士自我教育改造的自觉性。

11月24日 苏州市工商联筹委会与东吴大学联合举办新民主主义经济学术讲座，累计8个专题。是日，由金融学家杨荫溥首讲《新民主主义经济的历史条件与基本纲领和性质》，400余名工商界人士听讲。

11月28日 苏州市工商联筹委会组织工商界3000人听取志愿军英雄总代表王禹的报告。与会者决心学习志愿军的英雄精神，努力生产，做好抗美援朝支前工作。

11月29日 反逃税教育大会在景德路华东税务学校举行，工商界代表3000余人出席会议。市税务局、市法院代表参加会议，介绍2起店主殴辱店员和逃税并殴打税务干部事件，与会工商业者一致认识到纳税光荣、逃税可耻，要求政府严惩不法分子。

是月 苏州市工商联筹委会为发扬爱国主义教育精神，根除殖民地思想，纠正重洋轻土的错误观念，响应政府号召，反对沿用洋文商标，分别动员各区、各联合办事处收集、统计有关资料，决定更改或销毁处理，并定于下月召开反对袭用外文、根除殖民地思想教育大会。

12月13日　根据苏州市协商委员会关于学习全国政协文件的要求，苏州市工商联筹委会常委会第三十六次会议决定，成立工商界学习分会，推举主委陶叔南等11人为委员，确定各业公会筹委及中心组长为学习对象。是日，召开第一次委员会议，决定各区设立支会，支会下设7个大组，大组下按照参加学习人数分设若干小组。20日，各区支会召开第一次学习座谈会，由分会指派委员分赴各区作动员报告。会后即由各区、各组根据具体情况制订出每周学习计划，原则上规定每周6小时，学习进度自20日起分3周进行，要求阅读文件、小组讨论总结、大组总结。

12月13日—25日　为迎接1952年大生产运动，切实了解全市工商户总数及各项资料，做好调查统计工作，苏州市工商联筹委会制发调查卡，由各地区工作委员会挨家挨户深入调查。调查卡一式两份，一份由地区工作委员会保存，一份送交有关行业联合办事处，由其造具分业明细表两份，分送区人民政府工商办事处和市工商联筹委会。25日，完成调查工作。28日，根据苏南区规定，再划分工业、手工业、商业，分别造具清册，于年底完成。

12月20日　苏州市工商联筹委会孔翔生、刘恂介等6位委员与中国店员工会苏州市筹委会就1951年年终双薪或奖金问题，签订了集体协议。27日，召开了各联合办事处各行政委员会议，要求各商店根据集体协议办理，各产业会员应根据中央财经委员会颁布的关于年终双薪或奖金办法办理。会上各业汇报了已签订协议的情况。

12月21日　为稳定物价，苏州市工商联筹委会在第十联合办事处召集各业筹委举行动员大会，并邀请市店员工会、市民主妇女联合会、民建苏州市委会、市工商局等参加。会后推选委员7人，负责办理稳定年关物价工作，并于28日、31日召开有关行业座谈会，与会代表们保证不会涨价、不牟暴利，尽量供应货物，完成光荣任务。

12月31日　苏州市工商联筹委会对工商组织机构进行统计，共有5个区工商联筹委会和10个同业公会筹委会联合办事处，职工人数291人（含市工商联筹委会）；同业公会127个，会员18107户。

是月　苏州市工商联筹委会举行第三十五次常委会议，通过常委兼副主委冯刚及常委孙奇华、胡志民辞职的决定，增补公营代表惠志方、刘湘为常委，惠志方兼副主委。

是月　鉴于各同业公会筹委会进行筹备已近两年，为进一步配合当前形势，满足广大工商界从业者的要求，苏州市工商联筹委会第三十六次常委会决定，全面发动整组工作，正式成立各业同业公会和工商业联合会，以便配合中华全国工商联筹备及苏南工商联的成立。原来整理组织和宣传两个专门委员会结束工作，推举市工商联筹委会常委兼副主委惠志方等19人成立组织宣传委员会，分设生产辅导、组织宣传、调查研究3个组，下设组宣工作队，作为执行工作机构，谢惟安为队长，冯国祥等2人为副队长，聘请各业积极分子40人参加，分期开展整组。工作队深入各地区工作委员会、各联合办事处进行调研，召开动员会议，使会员在思想上明确整组重要性的基础上，通过行业会员大会，酝酿讨论、民主协商产生新公会委员。第一期整组染织、茶叶、面馆、肉品、帽扇、图书文具、轮运、新药、理发、营造等10个行业，自12月20日开始至月底完成。

是月　苏州市工商联筹委会推派委员参加市文教局召开的会议，讨论成立市广播操推行委员会，并组织工商联足球队参加市体育会举办的元旦小型足球比赛。

是年　截至12月底，苏州市工商户原有17993户，创设267户，转入9户，闭歇46户，暂停10户，转出6户，迁出88户，合计18119户。

1952年

1月4日　苏州市工商联筹委会常委会举行第三十八次会议，重点讨论稳定年关物价及报缴所得税两项议题。会后，与市工商局、店员工会、国营土产公司、摊贩、合作社、妇联等单位代表19人组成稳定年关物价委员会，下设各业小组，具体掌握议价，并开展检查，确保物价稳定，保障人民生活。

1月8日　苏州市工商联筹委会召集各业各级委员、组长举行年度结账宣传动员大会，会议内容为报缴所得税以前的盘点存货结账、动员储税等，要求与会人员会后及时进行传达与贯彻，保证税款及时纳库。

是日　苏州市工商联筹委会召开工作会议，启动第二期整组棉纺业、南北货等30个行业同业公会工作，至20日完成。

1月20日　苏州市工商联筹委会启动第三期40个行业整组同业公会工作，至2月10日完成。计划在元宵节前成立市工商业联合会。其余行业待市工商业联合会成立后，继续整组，直至全面完成。

1月21日、24日　根据苏州市抗美援朝分会召开的春节拥军优属工作各界代表联席会议的决定，苏州市工商联筹委会动员各区工商界代表组成第二慰问队，由贝祖武率队赴齐门外康复医院慰问志愿军伤病员，由戎法琴率队慰问驻军86师。

1月23日　苏州市工商联筹委会全体常委、组宣工作队人员、各区工作委员会委员、各业正副主委等350人参加全市各界干部动员大会，会议主题为开展“反贪污、反浪费、反官僚主义”。次日，市工商联筹委会召开座谈会，向全体筹委、各业正副主委、各区委员传达会议精神。

1月26日 中共中央发出关于开展“五反”斗争的指示，要求向违法的资产阶级开展大规模的坚决彻底的反对行贿、反对偷税漏税、反对盗骗国家财产、反对偷工减料和反对盗窃经济情报的斗争，保障抗美援朝和国家的经济建设。“五反”运动迅速展开，并很快掀起高潮。

是月 苏州市工商联筹委会在《新苏州报》上开辟“工商联通函栏”专栏，发布有关工商业全面性的通函，以便贯彻推行政策法令，加强与各业会员联系，团结全市工商业者，发展新民主主义经济。

2月3日—5日 苏州市工商联筹委会举行常委会扩大会议，初步通过苏州市工商界“五反”运动委员会组织章程，选举产生包括工商联常委、工商联地区委员、民盟、民建、公营企业、摊贩、行商等单位所组成的“五反”运动委员会人选。4日，市工商联筹委会召开市工商界“五反”运动动员大会，各业委员、各地区委员、公营企业、摊贩、行商等代表和各区行业小组长等2693人参加会议，市长王东年作动员报告。大会通过了苏州市工商界“五反”运动委员会组织章程及全体委员名单。5日，苏州市工商界“五反”运动委员会第一次会议召开，讨论具体分工，决定任命陶叔南为主任委员，卫楚材、惠志方、谢惟安为副主任委员，胡光军、浦亮元等31人为委员。下设办公室、检查委员会，卫楚材兼办公室主任，惠志方兼检查委员会主任。市工商界“五反”运动委员会在苏州市节约检查委员会领导下开展工作。

2月7日—8日 各地区工作委员会召开了全区工商户“五反”运动动员大会，卫楚材、惠志方、谢孝思等人分别参加各区动员大会，传达市长王东年2月4日在全市工商界“五反”运动动员大会上的报告，反复说明了“五反”运动的重要意义，详细解释了政府对“五反”运动的政策精神，鼓励工商业者打消一切不必要的顾虑。9日起分批召集各业筹委、组长、会员开会，分组讨论，检查各业会员自身有关“五反”问题的行为。

2月16日　苏州市工商联筹委会召开工商界干部动员大会。19日，动员各业参加苏州市节约检查委员会召开的工商界第一次坦白检举大会。市工商界表示拥护政府对不法奸商的四项规定，并通知各联在行业内检查有无违反四项规定的情况，随时汇报。

3月3日　苏州市工商联筹委会举行常委会扩大会议，决定各级委员、组长在“五反”运动期间的各项工作应服从“五反”工作。

3月5日　苏州市工商联筹委会组织工商界5000余人，在阊门外张家花园听取志愿军归国代表团及朝鲜人民军访华代表团的报告，动员工商业者撰写慰问信1300余封，征集各业使用的抗美援朝的包装商标及有关抗美援朝宣传品，送交代表，转送前线。同时发动各业组织会员集体观看志愿军代表团带来的抗美援朝前线图片。会员王全业、王万太、王永楼把自己的机器脚踏车捐献给志愿军，瓷料器业华甡负责人刘建华捐献银圆40枚支持购买飞机大炮。

3月29日—30日　苏州市工商联筹委会为扩大“三反”政策宣传教育，动员各业组织会员观看“三反”纪录片，两日内茶食糖果业、酱工业、绍酒业等12个行业1088人观看纪录片。

是月　苏州市工商联筹委会动员南北货等25个行业全体会员及私营工厂代表，参加市税务局召开的1951年所得税动员大会。根据征收办法，推动各业提名推选所得税推进委员，报经市税务局审查批准，开始进行等级评定及纯益率调查工作。

是月　苏州市工商联筹委会协助市“五反”运动委员会征集有关“五反”材料，举办“五反”展览会，各地区工作委员会组织工商业者参观展览，累计1万余人。

4月6日　苏州市工商联筹委会组织工商业代表1000余人，参加市节约检查委员会在华东税务学校举行的扩大联席会议，会上阐明政策，宣布纪律，进一步开展“五反”运动。

4月8日　苏州市节约检查委员会举行绸布业、颜料业、新药业、南北货业、油饼业处理大会，5业全体会员及其他各业代表约1200人参加会议。

茶馆书场业、肉品业、照相业、白铁业、纽扣业等个别行业的委员、组长，因不肯彻底交代问题均被撤销职务。

4月20日—25日　苏州区土特产交流大会在人民商场三楼开幕，漳绒、丝织、毛巾等10余个手工行业参加交流大会。大会成交总额为61.81亿元，其中苏州市成交额占总额的57.68%，解决了不少商品滞销的问题。会后，部分行业又参加了苏南土特产交流会。

是月　苏州市各业“五反”工作大部分进入处理阶段。各地区工作委员会于4月上旬分别召开了各业全体会员大会，由各区区长、指挥部负责同志到会作报告。通过大会启发，分组讨论，在小组会上展开互相检查，帮助补充，最后填写“五反”结论表。各区中小工商户先后召开劳资见面会议，按各户坦白程度，作出通过与否的决定。各区分别召开各业大会，处理了一批一、二、三类型的工商户，计东区575户、南区905户、北区700余户、中区1189户。

5月26日　苏州市工商联筹委会完成各业联营调查工作，主要整理核对各业工商户情况，调查各业联营组织，为增产节约运动做好准备。首先，整理各业会员，对尚未参加组织的非会员，分联、分业、分区进行核对补充，制作名册。其次，依照企业性质，分工业、手工业、商业等9种类型，对各业资金（以1951年年底总资金调查为标准）按固定、流动两项统计，并对各业会员和非会员的雇工情况，包括工人、职员、学徒，按照人数标准按户分类，综合调查，完善工商户信息。最后，调查各业联营组织情况，了解联营过程中的优缺点，商业联营有无垄断投机等情况，重点关注牙行性质的联营。经调查，第一联联营、联购、联销性质的有12个，第二联19个，第三联8个，第四联8个，第七联19个，第八联14个，第十联20个。

6月20日—30日　中华全国工商业联合会筹备代表会议在北京召开。会议通过了《中华全国工商联筹备委员会章程》等，陈叔通当选为主任委员。与会代表达成共识：在国营经济领导下发展私营经济；坚决反对并清除“五毒”行为；团结大小工商业，维护少数工商业的正当利益；坚决遵循中华全国工商联征收开办费及经常费的决议。苏州市工商联筹委会主委陶叔南参加会议，并作筹委会成立以来的工作汇报。

是月　苏州市工商界“五反”运动委员会为适应现阶段工作，调整委员会机构，成立检查、生产、学习、会务等4个专门委员会。东、南、中3个地区工作委员会在开明大戏院联合召开“五反”总结大会，适当调整了工商户处理类型。截至7月10日，全面结束“五反”运动。经市节约检查委员会处理定案的工商户15860户，其中：守法户5664户，占35.71%；基本守法户7355户，占46.37%；半守法半违法户2505户，占15.79%；严重违法户266户，占1.68%；完全违法户70户，占0.44%。

7月27日—31日　苏州市工商界代表会议召开，公私营企业、合作社、摊贩、行商代表共计506人参加会议。主委陶叔南传达中华全国工商联筹备代表会议精神和决议，副秘书长谢惟安传达市协商委员会扩大会议的经过及市长王东年关于当前六项中心工作的指示，程延龄汇报参加苏南土特产交流会的经过以及各业交流情况。大会作出四项决议：一是在工人阶级和国营经济的领导下，在国家总的经济计划下发挥生产与经营的积极性。二是继续学习《共同纲领》和政策法令，经常开展批评与自我批评，以求学习与业务相结合，言行一致，坚决反对和清除“五毒”。三是推动和协助各区工商联及同业公会的改组，并使大中小企业团结互助，在某些地区须明确少数民族和华侨工商界的利益。四是厉行增产节约，继续加强保障抗美援朝工作，积极参加各种爱国运动。为适应形势发展，加强组织领导，经与市“五反”运动委员会联系，决定对市工商联筹委会常委会、各地区工作委员会在现有的组织基础上进行适当调整补充，以健全组织。调整以后的常委会委员从原来的33人增至45人，其中国营、公营6人，公私合营3人，合作社、摊贩、行商、工商界民主人士各1人，私营大中小企业32人。市工商联筹委会新常委会内部分工、组织形式仿照中华全国工商联筹委会，并结合苏州实际情况，内部改设秘书处、生产指导部、组织联络部、学习部。

是月　苏州市工商联筹委会组织工商业者参加苏南及余杭、长兴、海盐、南京、淮阴、嘉定、安吉、富阳等各市县城乡物资交流会，工业、手工业、商业等78个行业393人参加交流会，共签订合同协议1492份，成交总额399.85亿元，其中购进219.92亿元，销出179.93亿元。

是月　苏州市工商联筹委会开展中国人民解放军“八一”建军25周年纪念的宣传教育，发动各业工商户向解放军、志愿军伤病员写信慰问。

是月　苏州市工商联筹委会动员组织各业工商户参观爱国卫生展览会，分区推动工商业者签订爱国卫生公约，全面开展清洁卫生运动，并要求食品业等重点行业工商户切实搞好卫生。

8月13日—27日　苏州市工商联筹委会为支持中国店员工会工作，提高工作人员的思想觉悟，开展全员整训，组织172人参加首批脱产集中学习，主要围绕阶级教育、老实交代、思想建设等方面展开。8月31日至9月14日，组织142人参加第二批学习。通过学习，摸清市工商联工作人员的政治面貌、历史问题，团结他们投身新社会的建设。

8月16日　中央人民政府政务院公布《工商业联合会组织通则》，对工商联的性质、宗旨、任务、会员、组织、经费都作出规定。明确工商联是各类工商业者联合组成的人民团体，领导工商业者遵守《共同纲领》和人民政府的政策法令，指导私营工商业者在国家总体计划下发展生产，改善经营；代表私营工商业者的合法利益，向人民政府或有关部门反映意见，提出建议，并与工会协商有关劳资关系问题；组织工商业者进行学习、改造思想和参加各种爱国运动。

8月18日　苏州市工商联筹委会召集全市1951年所得税滞纳户开会，300余人出席会议。会议强调国家税收的重要意义，要求工商业者加强纳税观念，并动员滞纳户设法完成纳库工作。

8月28日　苏州市工商联筹委会召集市、区[1]两级工商联委员和积极分子开会，传达中华全国工商业联合会筹备代表会议精神，主要学习主委陈叔通的开幕词、政务院副总理兼中央财经委员会主任陈云的讲话等。

---

[1] 因后期行政区划有变更，涉及县级市、市级县等不同行政地位，因此后文中市（县）、市（区）、县（市）、县（市）区等说法尊重档案原文，不作统一。

是月　苏州市工商联筹委会为推动各行业参加9月举行的苏南区第三次城乡物资交流大会，分别协助各业组织成立行业性的业务小组，推选业务代表。在已有的业务小组基础上，推动成立中心组，累计成立中心组10个、业务小组86个，推选业务代表623人。组织各业代表209人计191个业次，参加南京、安庆、常州等19个市县的城乡物资交流大会；推动各业组织下乡访问团，两次组团下乡，先后到达23个城镇，成交额达369980万元。

是月　为贯彻执行《苏南区私营工业定期统计报表制度》，苏州市工商联筹委会抽调各联合办事处、各区工作委员会工作人员25人，集中学习3天，布置各联合办事处按照填报说明，分别编制填报表、工厂单位名册，经过初步审查，汇送市财经委员会核定。同时发动各联合办事处调查苏州市9种主要产品1950年6月的出厂价格、批发价格，按照中央规定的产品目录编号造具清册，送市财经委员会审核后报苏南财经委员会核定，作为生产总值不变价格的标准。9月，市工商联筹委会根据市财经委员会的要求，继续召集各工厂会计、统计人员和各联、各区主填报表的工作人员集中学习，分赴工厂指导填写报表，并协助主要行业适当成立互助组，完成填报的有棉纺织等18个重点行业、针织等8个一般行业。

是月　苏州市工商联筹委会举行常委会会议，决定调整机构，加强组织领导。常委会设主任委员1人，副主任委员4人，秘书长1人，副秘书长2人。常委会以下设秘书处、生产指导部、组织联络部、学习部4个部门，各处部以下再按业务性质分别设股。通过各项人事任命：常委会主委陶叔南，副主委浦亮元、惠志方、张甸国、谢惟安；秘书长佘民杰，副秘书长严柏�、彭飞；生产指导部部长程延龄，副部长孙宝冲、田蕴玉；组织联络部部长黄柱天，副部长唐慎志；学习部部长卫楚材，副部长童勤高。为调整与补充各地区工作委员会力量，加强区一级机构领导力量，会议通过决议，各区设主委1人，副主委3人（第一副主委由国营公司派员担任），委员兼秘书1人。同时加强市工商联筹委会对各联合办事处的行政领导，每一联合办事处临时指定驻会负责委员2人。

9月14日—17日 苏州市工商界代表74人、列席代表10人参加苏州市各界人民代表会议四届二次会议，提交各种提案或建议141件，内容有关交流、增产节约、劳资、税务、公私关系、市政建设等方面。市工商联筹委会主委陶叔南当选为市各界人民代表会议协商委员会副主席。会后市工商联筹委会召集与会代表举行座谈会，并于19日至24日分9次向市工商界传达大会精神，累计6045人参加。

9月25日—10月5日 苏南区第三次城乡物资交流大会在苏州市举行。苏州市工商联筹委会动员委员参加筹备工作，组织力量筹建南门商场，负责招待联络、交通运输、物价把控等具体工作，动员各业借出大批家具物资供大会使用，调拨干部参加大会工作。累计93个行业、126个单位和579名交流代表参加交流大会，成交4793笔、金额338亿元。

是月 华北区、北京、上海、苏州、镇江、蚌埠、郑州等35地举行城乡物资交流大会，苏州市工商联筹委会组织有关行业参加交流的有34处，累计成交477件，购销总值335823万元，销出超过购入20%。

物资交流会国营土产公司展销夜景

10月10日 苏州市工商联筹委会为健全组织机构，确定组织编制，明确干部分工，调动各方积极性，召开会议，宣布秘书处下分设秘书、财务、资料、总务4股；生产指导部下分设工业、手工业、商业、综合4股；组织联络部下分设组织、联络、人事3股；学习部下分设学习、宣传2股。同时在各区工作委员会下分设秘书、联络2科，秘书科下分设秘书、生产、组织、学习、财务等股，联络科按照工商户分布情况划区工作，不另设股；在各同业公会联合办事处分设秘书、业务2科，科以下分设秘书、财务、组织、生产、税务、劳资6股。新编制旨在充实区一级的力量，发挥分工作用，规定市工商联筹委会50人、各区工作委员会150人、各联合办事处（包括调派物产促进会工作的10人）150人、会计350人。其中，经调整后升级的24人，降级的29人。

10月14日　苏州市工商联筹委会召开全市清理欠税大会，各级委员、组长等2000余人参会。大会动员工商业者及时纳税，市税务局负责人在会上说明处理欠税原则与程序。主委陶叔南等15人参加苏州市清理欠税委员会，负责欠税清理工作，推动各区成立清理欠税委员会分会，103名委员参加，分会以下成立支会，322名委员于10月9日开始工作。18日，各区宣传进入高潮，推动清缴，统计欠税户达6000户，金额约计90亿元，欠税中以所得税比例最大。24日，开始对欠税大户排队，分为有条件可以照缴户、可以照缴但须照顾分期户、有困难而酌情减免户、刁滑户等类型。至10月底，已纳库现金22亿元，开出支票保证短期内清缴的约10亿元，完成欠税总额的三分之一。清理欠税工作至11月中旬基本结束，各类欠税中除应由政府另行处理的外，完成清欠总数56.8亿余元。

10月18日　苏州市工商联筹委会举行大会，配合市城乡物产交流促进委员会苏州市交流代表团，总结各业交流情况，并对各模范行业、模范小组及模范代表分别授奖。

10月19日　苏州市各界人民代表会议协商委员会《共同纲领》学习委员会工商界分会作为第二分会成立，并在5个区分别设立支会，健全工商界各级学习组织。20日，工商界分会召开学习动员会议，各区依照编组形式进行小组学习与讨论。至11月10日，累计组织各级委员477人，分区学习《工商联组织通则》和中央私营企业局局长薛暮桥《关于〈工商联组织通则〉的说明》。通过学习，学员们了解和明确了工商联的状况与任务，提高了对组织的认识与信心。

10月下旬　苏州市工商联筹委会为帮助私营工厂资方正确认识私营工厂民主改革、生产改革运动的重大意义，会同民建苏州市分筹会召开私营工厂负责人座谈会。苏纶、苏州、源康三家棉纺厂及东吴绸厂分别介绍民主改革典型开展过程，分享经验。

是月　苏州市工商联筹委会组织工商业者参加全市各界庆祝国庆三周年大

会和大游行，推派工商界代表慰问志愿军伤病员、休养员和驻军部队、革命家属。

是月　苏州市工商联筹委会组织面粉厂、榨油厂和织带、帽扇、茶叶、油饼、纽扣等32个行业，参加西安、开封、嘉兴、吴兴、金华、盐城等14个地区的交流大会。至月底，在西安、开封交流大会上成交47笔，购销金额6亿余元。

是月　中苏友好协会工商联支会自3月开始筹备，经筹备会干事会讨论决定，在原有会员144人的基础上，在5个区成立组织，每区推定负责人3人，具体负责基层工作。月内通过宣教活动，吸收新会员38人，推动中苏友协的《保卫和平》周刊的发行工作。

是月　为更好地协助中小行业中的中小企业协商解决劳资纠纷问题，苏州市工商联筹委会要求各区工作委员会推出代表专门负责处理纠纷，并报市劳动局备案，配合有关工会进行协商，共调解劳资纠纷案件42件。

是月　苏州市工商联筹委会开展清理各业欠缴工会费和失业工人救济金工作，推动私营工商业者遵纪守法。通过宣传教育，调查摸底，率先在浴室、旅馆、酱工业、菜饭馆4个行业开展清缴工作。

是月　苏州市工商联筹委会配合市卫生局对国药业伪药、失效药进行登记集中，推动国药业公会执行规定，累计登记伪药71种1353斤又141条，价值994万元；失效药131种，计895斤又969粒1300服，价值1010万元。以上伪药及失效药均被集体销毁。

11月　苏州市工商联筹委会召开各地区组织工作人员业务会议，整理各业会员名册。截至10月底，除马车、民船外，计有国营及地方国营会员30户、私营会员15301户。

是月　苏州市工商联筹委会成立所得税估征委员会，推选委员19人，并召开动员大会，传达贯彻市协商委员会决议，即全市估征率为上半年所得税总数的33%，同时根据各业1952年营业利润及发展等具体情况，研究行业间的增、降估征率，适当调整，于下旬开展1月至9月所得税估征工作。通过协商，增加的有漳绒、丝织、染织等28个行业，减少的有国药、人力车、浴室、漂棉等22个行业，其他一般行业则按33%估征。

是月　苏州市工商联筹委会为配合市劳动就业登记工作，对私营企业目前使用劳动力及今后发展需要增加劳动力情况进行调研，总计各业1953年度需要增加劳动力4582人，其中普通工人1474人、职员102人、学工346人、建筑工人2660人。

是月　苏州市工商界中苏友好月筹备委员会成立，由17名委员组成，领导各区开展中苏友好月活动。

是月　苏州市工商联筹委会按照市财经委员会和市工商局指示，突击调查1952年度手工业产品、产量调查估算工作。累计调查57个行业4个直属小组，4425户，321种代表产品，除成衣、机制、缝纫、印染等行业本月无产品外，基本上做到了手工业的全面调查。

是月　苏州市工商联筹委会召开棉纺、面粉、丝织、榨油、染织、制衣、碾米等行业各工厂座谈会，了解生产情况，专题讨论一般加工业务和工缴问题。与会者提出诸多问题，如要求照顾旺淡季，使旺淡平衡；对加工规格事先计划，避免临时更改，导致加工厂设备改装、短期停工。染织业工缴，苏南区按无锡市100台机之中型厂计算，而苏州厂小，管理费高，希望提高工缴，或采用分级工缴制等。

是月　苏州市工商联筹委会组织各业先后参加无锡、九江、吴江、丹阳和山东等地物产交流，其中无锡成交235笔，总值271477万元；九江成交17笔，总值46400万元。同时为市冬季交流大会做准备，协助动员各业参加下乡访问团，由各业推出代表24人代表28个单位，分为6个小组7条路线下乡访问，成交购销231笔，总值7707万元。

是月　苏州市工商联筹委会根据9月工商户材料，对私营工商业（不含独立劳动户、民船户）资金情况进行统计，合计4169亿元，其中工业2371亿元、手工业633亿元、商业1165亿元。

12月12日　苏州市工商联筹委会举行所得税清欠动员大会，发动各业工商户开展自检互查行动。市工商联筹委会推定委员19人组织自检互查工作委员会，分区推动贯彻，截至24日，各业自检工作大体完成。1951年1—9月估计所得税除10余户重点大厂商由市税务局直接掌握外，其余工商户应交159.39亿元，在20日前实缴税款133.62亿元，至月底基本结束清缴工作。

12月26日 苏州市工商联筹委会与市税务推动委员会联合成立1952年年终盘点结账辅导委员会，组织委员27人负责推动盘点结账工作。各区设辅导大队，大队以下以分管区为界成立中队，在纳税小组方面适当编成小队，吸收工商界委员、税务推进委员会、区人民政府工商股干部，以及会计补习学校学员为骨干，协助各业贯彻落实，要求在1953年1月7日前完成盘点存货工作，1月15日前完成结账工作。

是月 苏州市工商联筹委会与市税务局组织力量集中印刷统一账册，以帮助工商户健全对账册凭证制度，符合纳税要求，先后有7100户工商户预订中式、西式账册23941册。

是月 苏州市工商联筹委会遵照市财委会指示，以10月份工商户材料为依据，对职工人数分类统计，除综合组会员219户、工业12户、手工业1007户、商业1076户因材料不完整，未列入统计外，对12917户工商户进行统计。其中：工业大户98户，小户178户；手工业大户31户，小户1167户，个体手工业2487户，家庭手工业2267户；商业大户408户，小户3516户，独立经营户2765户。人员方面，累计职工38642人，其中工业10306人，手工业12365人，商业15971人；学徒4483人，其中工业309人，手工业3039人，商业1135人。另有资方从业人员20745人，其中工业702人，手工业8929人，商业11114人。大小户标准视行业异同而划分，其中以电动设备为主的工业，职工16人以上为大户，15人以下为小户；手工业31人以上为大户，30人以下为小户，3人以下为个体手工业户，无雇工独立劳动者为家庭手工业户；商业职工10人以上为大户，10人以下为小户，无雇工者为独立经营户。

是月 苏州市工商联筹委会重点了解1952年私营工业主要产品产销加工情况，对棉纱、棉布、绸缎、油、面粉、碾米、火柴、机械、化学用品等行业100余种产品进行调查，要求有关各业分月填报，截至12月，完成60%以上填报手续。

是月　苏州市工商联筹委会正式开展系统学习《共同纲领》活动，第一分会、第二分会总计532人参加学习。

是月　苏州市工商联筹委会征集轻工业、金属制品、医疗器械、纽扣等产品，集中送往南京，参加在苏联举行的中国国民经济展览会。

是年　苏州市工商业有121个行业15108户（含公私营），其中私营工商户15051户（工业404户、手工业5364户、商业8285户、运输业998户），占总户数的99.62%，占资金总额的58.28%。私营资本和手工业个体经营占比重极大。

1953年

1月1日　中央人民政府开始实施修正税制，为及时帮助各业工商户遵守现行税制，苏州市工商联筹委会委员、干部率先研究新税制，并先后召开部分行业代表座谈会，广泛听取意见，了解情况。同时召开各联、各业、各地区委员一级会议，邀请市税务局负责人作报告；各区也分别召开新税制讲解会议，从而上下联动，共同推动工商户以实际行动来拥护修正税制的推行。2月，成立市修正税制推行委员会，委员25人，各区成立分会，各同业公会联合办事处成立小组，健全了各级修正税制推行组织。

1月13日　鉴于工商户“五反”退补款1月第一批如期缴纳者较少，苏州市工商联筹委会召开100余户重点工商户座谈会，推动工商业者重视执行自己所订退补计划，并分区督促到期各户迅速将退补款项如期纳库。

1月14日　根据党中央提出的继续加强抗美援朝斗争，开始执行国家建设的第一个五年计划和巩固人民民主专政，召开全国及地方各级人民代表大会三大任务，苏州市工商联筹委会启动1953年度三大任务的学习，对市长李芸华的有关报告分区进行小组讨论。

1月29日—2月7日　苏州市工商联筹委会与吴县县政府在南门集场联合举办苏州市吴县初级市场交流大会。市工商联筹委会负责各项工作，组织下乡访问邀请团，了解农民需求，召开有关行业代表会议，动员会员踊跃参加，支持各乡镇在春节前举行初级市场交流。大会期间，累计完成批发业务成交768笔、15.8亿余元，零售私营商4.75亿余元，收购成交9930万元；举办宣传《婚姻法》、防治吸血虫病、婴妇卫生3个展览，开展群众性的文娱演出，配合宣传教育。

2月2日　苏州市工商联筹委会第二十二次行政例会通过决议，成立1952年度所得税汇算清缴工作委员会，各联合办事处成立分会，主持领导各业开展学习，对利润情况分级排队，协商纯益率等各项问题。至8月12日，所得税汇算清缴工作基本结束，得到结论的542户，税款50620万元；申请复议的80户，税款24416万元；还有部分税户造册转区税务局协助办理。

2月3日—6日　苏州市工商界代表参加苏州市各界人民代表会议四届三次会议，听取市长李芸华所作《苏州市人民政府四个月来的工作及1953年春季八项工作任务》的报告、副市长吴明《关于开展向坏人坏事作斗争》的发言，中共苏州市委书记刘中作大会总结，号召掀起爱国增产节约运动高潮。苏州市工商联筹委会整理选出提案56件、意见151件，会后指导委员和代表按各联合办事处传达会议精神。

2月23日　苏州市工商联筹委会第二十三次行政例会讨论建区工作，决定先以东区为典型实验区，计划从3月开始，用45天时间正式成立东区工商联，并决议通过成立区工商联总计划。市工商联筹委会副秘书长彭飞、组织联络部部长黄柱天、委员冯国祥为驻区具体负责指导人员。

是月　中国店员工会苏州市工商联委员会成立，范方中任主席，黄德天、周纯炎分别担任第一副主席、第二副主席，蔡恕等10人任执行委员。

是月　苏州市工商联筹委会与国营公司、合作社、行商、摊贩以及市店员工会等单位联合组成市春节物资供应检查委员会，号召私商充分做好物资供应，并发动各区工作委员会配合政府随时调查商品价格，切实保证物资供应和物价稳定。

是月　苏州市工商联筹委会自1月布置手工业月度报表填报工作，至2月底完成，共有针织等41个行业；各业职工人数3人以上的企业一律填报，总计有88个业组，包括1774户。

是月　苏州市工商联筹委会组织部分轻工业品参加出国展览，共定制锣、腰鼓、檀香扇等产品15种，如期运赴北京轻工业部。

是月　苏州市工商联筹委会在生产指导部下成立生产经营研究组，在同行业中聘请23名委员，每周开会2次，介绍情况，进行研究，帮助各业解决生产经营特别是在淡季中出现的问题。

3月3日　苏州市工商联筹委会启动东区工商联筹备工作，由区工商股、外区委员、东区委员及积极分子共59人组成建区工作队。20日，召开东区工作委员和组长、积极分子扩大会议，协商产生华炳麟等35人为区工商联筹备委员。4月1日，成立东区工商联筹委会，选举产生中心组长15人、工商小组长96人。18—21日举行东区工商界会员代表会议，正式成立东区工商业联合会，选举产生以中心组长、小工商业者为主的执行委员35人、监察委员5人，分别组成执委会、监委会。会上讨论了各业提交的提案206件，并分别作出处理。

3月10日　根据《中华全国工商业联合会筹备委员会关于全国各地工商业联合会缴解经费暂行办法》的规定，省辖市、县、镇工商业联合会及同级工商业联合会或筹备会，每月均将其经费预算的2%上交中华全国工商联筹委会，苏州市工商联筹委会上交1.39亿元。

3月上旬　苏州市工商联筹委会成立生产经营小组，组织一批力量，按工业、商业、手工业三大类成立小组，重点对南北货业、百货业、猪行业等14个行业工商户的经营情况和存在问题进行调研，适当协助解决一些具体问题，并将调研情况报送政府相关部门。

3月26日　苏州市工商联筹委会召开摊贩菜市场积极分子会议，主要了解市场情况，解决实际困难。

是月　按照中央统计局颁发的《私营企业统一分类办法草案》第二条规定，苏州市各行各业划分为8大类，其中划归各联合办事处128个行业，划归各地区综合组51个行业。

是月　根据中央人民政府政务院颁布的《工商业联合会组织通则》的精神，苏州市工商联筹委会、市工商局及行商摊贩代表共7人组织成立行商摊贩研究小组，主要围绕生产，结合整顿组织。

是月　苏州市工商联筹委会对苏州市青年工商户进行统计，共有青年工商户1796人，占全市总户数的12.14%，其中：男性1644人，女性152人；工业26人、商业992人、手工业778人。青年工商户中，市工商联青年委员6人，占6%；区工商联青年委员53人，占29.94%；各同业公会青年正副主委37人，占12.8%。

4月2日　苏州市工商联筹委会召开扩大会议，讨论私营工商业者在淡季生产经营中的有关问题，推动他们克服困难，稳定淡季，迎接旺季，进一步提高生产经营积极性。

4月3日　修正税制实施后，原来的收取会费办法已不再适用，苏州市工商联筹委会通知各业工商户自4月起按新办法收取会费。规定一般工业、商业、手工业按每月营业额的2‰、2.5‰、3‰缴纳会费；加工收益按5‰缴纳，佣金收益按10‰缴纳；每月营业额不满90万元或收益不满60万元者，每月缴纳会费1000元。

4月17日　苏州市工商联筹委会开展学习毛泽东主席在全国政协四次会议上重要指示的活动，并围绕继续加强抗美援朝斗争和学习苏联两个问题展开讨论。为加强领导，搞好学习，撤销市工商联学习分会，成立联络组，一部分学员划归第一分会（各界市一级代表人物），各区支会直属总会（市协商会）领导。

4月下旬　由苏州市工商局领导并派干部，苏州市工商联筹委会推派委员与土特产交易所等组织工作组，着手协助整顿针织等8个联营组织。累计17个行业加强组织，其他14个办理归并或清理撤销机构。

5月4日　佘民杰等37名工商界青年代表出席苏州市青年代表大会。6月2日，苏州市工商联筹委会举行与会工商界青年代表座谈会，讨论各区传达市青代会会议精神和今后工商界青年如何开展活动等问题。

5月14日　苏州市工商联筹委会第四次常务会议通过筹委会《办事细则暂行规

则》《服务规则和办公制度》，加强行政和业务管理，更好地为工商业者提供服务。

5月15日—7月17日 苏州市工商联筹委会组织开展《选举法》的学习，共分3个单元，举行1次报告、9次小组讨论，理论联系实际。通过学习讨论，工商业者普遍认识到中国选举制度的优越性，对普选的政治意义、选举法具体内容均有了较深的理解。

5月23日 民船业公会筹备会正式停止活动，并登报通告撤销经过。由于民船业会员流动性颇大，不易掌握，情况特殊，苏州市工商联筹委会上报市工商局，经江苏省商业厅同意，对民船业公会筹备会予以撤销。

6月10日 《各级工商业联合会使用图记规定》出台，规定全国、省级、市级、县级工商业联合会一律使用长方形、木质、楷书、阳文、全称图记，作为正式图记。

6月20日 苏州市工商联筹委会基本结束对油饼、手工、染织等11个重点行业生产经营情况的调查，对工商户4年来的变化情况、经营信心及其对国家政策的看法和认识分别进行研究、综合，提供给有关部门参考，并组织会议解决一些问题，提高他们的生产经营积极性。

是月 苏州市工商联筹委会各联合办事处选定30个重点行业的66家工商户，建立关系，每月按典型了解生产经营情况，争取主动发现问题，为生产指导提供参考材料，并通过按月积累资料，了解各主要行业生产经营上的变化及其经营状况。

是月 为便利工商户报缴工会费、失业救济金，苏州市工商联筹委会研究决定工会费、失业救济金收取、代解工作由各联合办事处转至各区办理，月内完成各项转移准备工作，自7月起各区开始经收代解。

7月8日 经中共苏南区苏州市委员会决定，成立苏州市工商联党组，加强党对工商联的领导，任命萧放为书记、王纪为副书记，陈晖、惠志方、时立德、冯友勇、梁柏浩、王德纯为党组委员。

7月16日 苏州市工商联筹委会派出3名干部，专门办理市私营肉商每日报缴屠宰税税款预储的收取代缴工作。

7月20日　苏州市工商联筹委会征集有关中华全国工商联首届会员代表大会的意见和建议96件，经整理补充、分类研究，其中20件转请江苏省工商联送交中华全国工商联，其他意见、建议转苏州市有关部门办理。

是日　苏州市工商联筹委会开始对干部思想情况、特长、工作态度、学习情况及当前具体工作的表现，有计划地分批调查了解，并建立人事档案，便于合理调配工作干部力量。8月，行政例会通过《本会各级干部奖惩试行制度草案》《奖惩试行办法草案》。

7月21日　苏州市工商联筹委会召集各业负责人及重点用电工作代表开会，传达市政府颁布的6项用电措施，配合电能分配研究委员会，着重帮助各业解决生产上的用电问题。

是月　苏州市工商联筹委会根据市劳动局的指示，在6月份各业暨工厂填报劳资登记表的基础上，对职工人数50人以上的工厂和30人以上的手工业、商业等单位进行调查，为正式成立劳资协商会议作准备。

是月　为了便于辅导各业生产，推动各业参加城乡交流，使各同业公会筹备会发挥组织作用，苏州市工商联筹委会整顿同业公会筹备会内部组织，经调查发现，同业公会筹备会内部组织健全者20个，尚健全者40个，不健全者64个，共有会员15094户。

是月　苏州市工商联筹委会在北区试点开展整组行商工作，解散原有行商联合会北区分会的组织，行商改以个人身份集体加入北区工商联为会员，并建立基层组织。至8月底，各区行商的整顿工作基本结束，9月17日市行商筹委会作出正式解散的决议。

是月　苏州市工商联筹委会出台《各级工作干部考勤考绩奖惩试行办法》（草案），旨在鼓励和教育工商联系统各级干部热情地为人民服务，忠于职责，发挥积极性和创造性，改进工作，提高效率。

8月14日　根据苏州市税务推进委员会在工商界开展整饬纳税纪律教育工作的决定，苏州市工商联筹委会召开各业委员、组长以上人员的动员大会，号召全体人员认识整饬纳税纪律的重大意义，自觉协助政府，认真检查，带头推动普通工商户遵章纳税。27日，苏州市工商联筹委会召开常委会扩大会议，决定成立工商界整饬纳税纪律工作委员会，陶叔南等25人为委员，各区成立分会，具体领导与推动工作。会后对1601家欠税户进行研究，将欠税面广的刺绣业等18个行业作为重点行业，以拖欠所得税较大的378户为重点户，组织力量，深入基层，分工包干，督促欠税户制订计划，分期纳库。

8月26日　苏州市工商联筹委会召开有关行业和市场负责人会议，传达市工商局宣布的对6种主要粮食的6项管理办法，开展督促宣传教育工作。

是月　苏州市工商联筹委会为加强对各业生产的辅导，开展重点行业（组）生产经营情况的调研。各区工商联分会分别选择与国计民生有关及经济比重较大的23个主要行业、10个行业组作为重点对象，围绕基本情况、生产经营情况、存在问题及其建议等方面展开调研。

是月　为迎接旺季交流，苏州市工商联筹委会行政例会通过各业成立交流委员会的组织章程，发动组织本年度第一次下乡交流访问团，推定代表16人，涉及20个行业。

9月26日　苏州市各界人民代表会议协商委员会举行全体委员会议，苏州市工商联筹委会主委陶叔南参加会议并传达了江苏省协商委员会扩大会议的精神，会上就开展增产节约运动展开讨论。

是月　苏州市工商联筹委会协助各选区开展工商界的普选活动，要求各所属单位注意听取工商界参加普选情况汇报，提供各区工商界委员、积极分子名单，并以座谈会等形式对工商户进行宣传教育。

是月　苏州市工商联筹委会调查了解手工行业产品与规格，开展技术与经验交流，以改进产品规格质量，并加强对履行合同的教育，从检查乐器业着手，逐步推向全行业。

10月5日—11日　苏州市工商联筹委会按联合办事处和业别召开扩大会议，陶叔南、程延龄分别传达江苏省协商委员会扩大会议的精神，推动增产节约运动。

10月16日—19日　苏州市工商界代表参加苏州市各界人民代表会议四届四次会议，听取了市协商委员会主席鲁琦、市长李芸华分别作的《在本市开展增产节约运动》报告、《八个月来政府工作报告》等。会后向全体工商业者传达会议精神与决议，各业贯彻增产节约精神，制订指标，改进操作，使用替代原料。

10月20日　苏州市政府宣布恢复棉纱管理办法，制定原料申请和存纱登记办法，市工商联筹委会动员存有棉纱的非用纱户向政府申请登记。

10月23日—11月12日　中华全国工商业联合会第一届会员代表大会在北京召开，筹备委员会主任委员、大会主席陈叔通致题为《为实现国家总路线、正确地发挥私营工商业的积极性而奋斗》的开幕词，政务院财经委员会副主任、中共中央统战部部长李维汉到会作重要报告，传达了毛泽东主席对国家过渡时期总路线的指示，阐明了人民政府对私营工商业所采取的利用、限制和改造的政策，以及通过国家资本主义的道路，逐步完成其由资本主义转变到社会主义的各种途径。苏州市工商联筹委会主委陶叔南参加会议。

10月24日　苏州市政府召开粮食等25个有关行业全体会员及各同业公会筹委会正副主委大会，宣布对粮食等4项物资23种商品进行管理，并颁布6项管理规定。市工商联筹委会组织力量进行宣传，动员有关会员进行登记，各区成立5个工作组，下设48个小组。组织市区委员41人、工作干部166人，深入各商号，做好宣传动员和协助盘点申报工作，至27日申报工作基本结束。

11月15日　苏州市工商联筹委会在开明大戏院召开“继续贯彻整饬纳税纪律教育，开展反偷漏斗争动员大会”，市税务局局长梁柏浩作当前税收情况报告，指出偷漏税行为严重影响国家经济建设，要求各业分批开展自查补报工作。会后市工商联筹委会组织工作队编组，税务局干部给予协助，丝织业、酱工业等第一批6个行业于12月3日前开展自查补报工作，第二批于12月25日完成自查补报工作。

11月23日　江苏省服务厅、江苏省工商联等单位联合发出《关于各市县工商联多余房屋移交房管机构接管的联合通知》，苏州市工商联筹委会按通知要求，将166处多余房屋全部移交。

是月　苏州市工商联筹委会以国家过渡时期总路线为主要内容开展学习活动，听取市长李芸华的报告，开展小组讨论，敞开思想，适当分析，并组织3—4人的互助小组，给予辅导，活动历时5个多月。

12月1日　为整顿药房配方部分暴利严重的现象，苏州市工商联筹委会组织有关会员评议，将80%的药品价格降低10%—15%，是日起正式执行。

12月7日　继苏州市政府对粮食实行统购统销后，全市粮食业于是日改为粮食经销店，经批准经销之粮店（包括8户面粉贩卖商）达136户，并调整店址及供应地区，实现分区分店，粮食凭证供应。食油业私营户也与国家油脂公司建立经销关系。

12月25日　苏州市工商联筹委会在市整饬纳税纪律工作委员会领导下召开大会，成立1953年度年终盘点结账工作队，由各联各区的负责委员、专职委员等34人组成，推定张甸国、严柏筠、牟汉英、冯国祥担任分队长。各区分别成立年终盘点结账工作分队，共有381人参加，组成125个小组；各联成立行业盘点结账工作组，共有746人参加，组成102个组。27日、28日，分别召开市、区两级年终盘点结账工作队全体队员会议。

是月　鉴于一般副食品规格和议价多数不统一的现象，苏州市工商联筹委会与市工商局组织力量进行纠正，整顿各区副食品业，逐步推向各区副食品有关行业，并在市场与摊贩的配合下，进行了明码实价、分斤准足的宣传教育与督促整改。

1954年

1月8日　为做好1953年年终盘点结账工作，苏州市、区两级工商联组织227个工作组1127人进行辅导，是日各业盘点结账全部结束。

1月中旬　苏州市工商联筹委会常委扩大会议召开，传达和贯彻中华全国工商业联合会第一届会员代表大会精神，推动委员（代表）以彻底敞开的方法进行国家过渡时期总路线、总任务的学习。

1月28日　苏州市工商联筹委会常委扩大会议通过了本市出席江苏省工商联会员代表大会代表，共21人，其中：国营企业代表胡光军等5人，私营企业代表陶叔南等13人，列席代表范世雄等3人。

1月30日　为做好推销1954年国家经济建设公债工作，经苏州市工商联筹委会常委会讨论决定，市工商界推销公债分会召开成立会议。市工商联筹委会主委陶叔南、副主委浦亮元、常委徐粹清及程延龄等109人为分会委员，推选41人为常务委员，推选卫楚材为秘书长，张甸国、余民杰为副秘书长。各区成立6个支会，各联成立11个推销小组，支会下按同业区域成立工作小组。2月15日起组织工商界人士学习相关公债推销文件，并听取报告，开展讨论。3月6日下午召开了工商界认购公债大会，开展认购。全市108个行业认购约共13054户，另2063人，占全部行业的90%，认购数为3050696万元，占完成额18.66%。

是月　苏州市工商联筹委会开展副食品行业遵守政府政策法令、端正经营作风的教育检查工作，召集13个有关行业代表及摊贩、行商开会，通过报告及讨论，与会者自觉制定爱国公约，保证贯彻守法。在此基础上同时开展春节供应工作，加强了全市28个主要菜市场的管理工作。

3月6日　中共苏州市委对苏州市工商联党组进行调整，任命惠志方为书记，胡光军、靳震嘉为副书记，惠志方、胡光军、靳震嘉、彭飞、胡平、刘玉坤、董德堂、计新民、时立德、郭熙炜、刘锦荣为党组成员。

3月19日　绸布业新昌等18户、百货业人民商场袜衫部12户、图书文具东吴等2户分别与国营公司签订了供销合同，使企业生产经营开始纳入国家计划轨道。

3月26日—4月3日　江苏省工商业联合会第一届会员代表大会在南京召开，陶叔南、程延龄、浦亮元、谢惟安、徐粹清等苏州代表参加会议。大会通过《江苏省工商业联合会章程》，决议以具体行动贯彻国家在过渡时期的总路线总任务，改造个人，改造企业。大会推选钱孙卿为主任委员，陶叔南等9人为副主任委员，徐粹清等人为常委，浦亮元、谢惟安等人为执委。

5月14日　转业工作是对私营工商户进行社会主义改造的具体内容之一，为此苏州市工商联筹委会八次例会决议，成立转业辅导委员会，由程延龄等11人为委员，设转业辅导接待室，指定15名干部负责工作，了解研究有关辅导转业户情况，分类排队，确定重点，并召开各型会议推动工作。至10月底，要求转业的私营工商户118家，资产总值1304925万元，从业人员857人，其中职工648人，资方209人；批发商62户，零售商40户，手工业13户，工业3户。上述申请转业的工商户中一些已失去作用，一些并不需要转业，经批准转业的有18户，其中批发商10户、零售商8户。

6月3日　苏州市工商联筹委会为召开正式会员代表大会做好前期准备，经过5月19日至6月3日的各项会议准备，分别组织代表资格审查委员会、提案审查委员会，秘书组着手进行工作，按照“工业为主，照顾全面；大业大户为主，照顾一般”的精神推选代表。是日上午举行筹委会结束会议，下午即正式进入大会准备会议，通过主席陶叔南等会员的名单及组织成立起草委员会、财务审查委员会等。

6月6日—12日 苏州市工商业联合会第一届会员代表大会在救世堂召开，市工商业联合会正式宣告成立。与会代表257人，列席代表162人，共419人（统战部总结为413人），包括国营企业、合作社、公私合营、私营企业的代表和特邀代表。大会的主要任务是继续深入学习国家在过渡时期的总路线总任务及有关各项政策，贯彻江苏省工商联会员代表大会决议和精神，通过《江苏省苏州市工商业联合会章程》《关于继续加强学习以具体行动贯彻国家过渡时期总路线的决议》及提案审查报告、财务审查报告。市长李芸华、副市长惠廉到会作指示。大会继续运用彻底敞开和适当分析的方法，开展讨论，并召开关于转业和批购问题的座谈会，组织小组和大会现身说法，以此推动与会者积极讨论生产经营。选举陶叔南为主任委员，惠志方、浦亮元、程延龄、张甸国、朱汝鹏为副主任委员，叶元铮为秘书长，卫楚材、沈泽苍、贝祖武等14人为常务委员，陆锡翔、高吉甫等80人为委员。

苏州市工商联第一届会员代表大会代表合影

6月15日 苏州市工商联常委会第一次会议通过组织系统及常委名单、各处室人选与《江苏省苏州市工商联各种专门委员会组织规程》《江苏省苏州市工商联常务委员会工作规程》。市工商联下设学习委员会、税务工作委员会、转业辅导委员会、劳资关系研究委员会、财务委员会等专门委员会及办公室、调研室、工业辅导处、手工业辅导处、商业辅导处、组织处、宣教处等处室。

6月29日 民建苏州市第一次会员大会召开，选举产生了民建苏州市第一届委员会。陶叔南当选为主任委员，卫楚材、惠志方当选为副主任委员，王纪等11人当选为委员，内设秘书、组织两个处和工商研究、宣传教育两个专门委员会。共有会员69人。

是月 由于国营公司的扶助，漳绒销量剧增、生产扩大，机台数从1949年180只增至625只，但存在技术保守、自满情绪浓厚、产品规格不一、不重视提高产品质量等问题。经苏州市工商联与市工商局等单位的督促和协助，漳绒业全体会员230户，按地区组成31个资方技术研究小组，推选技术经验丰富的职工担任组员，端正他们对技术改进的态度，经常与劳方组员交流技术经验，次货率逐步降低，改进了习惯上认为不易或不可克服的断经路、篾经路、刀锋等缺点，达到90%以上产品没有上述瑕疵。

7月上旬 自《中华人民共和国宪法》草案公布后，苏州市工商界开展宣传活动，成立《宪法》草案讨论委员会工商界分会，领导与掌握全市工商界代表人物的学习，300余人参加学习。自7月13日起每周举行一次学习，每次4小时，至9月中旬已进入“怎样迎接宪法的公布”的讨论。通过学习，认识到《宪法》与工商业者的密切关系，只有爱国守法，真诚接受改造，才是正确的选择。

7月31日 苏州市工商联例会第二次会议，议决委员分工，明确5个处室、5个专门委员会的正副职、委员，其中程延龄担任转业辅导委员会主任委员，朱汝鹏、佘民杰、牟汉英、叶国桢为副主任委员，陆锡翔等15人为委员。

是月 苏州市绸布业、茶叶业进行改造，绸布业46户除9户与国营公司建立批购关系外，余者均宣布为经销店；茶叶业批准13户为经销店，13户凭证批购。

夏季　由于水患，若干副食品产量减少，市场一度出现“青头菜”供不应求的现象，苏州市工商联、市工商局等指导各有关副食品行业成立业务小组，并派驻干部，集中办公，进行爱国守法教育，制定制度，统一价格，发动各业根据历史资料，结合本市情况，对62种主要商品排队摸底，并以国庆、中秋需求大的27种商品为重点，召开专业会议115次，组织货源，满足人民生活的需要。

8月10日　中华全国工商联根据各地报送的有关私营批发商转业问题的材料，经整理后印发《关于辅导私营批发商转业问题的几点综合意见》。

8月12日　苏州市工商联加强转业辅导委员会力量，吸收有关行业负责人为委员，并在转业辅导委员会下设各专门辅导小组，全面了解情况。是日，召集煤油、瓷器、油饼、南北货等20家重点户举行座谈会，听取各户对转业情况的汇报，成立3个转业研究小组，指定专职委员辅导，加强思想教育工作，推动工商户有序转业。

8月20日　苏州市工商联召开以绸布、茶叶为主的24个行业的行业会议，传达江苏省工商联于7月29日—30日召开的12个城市秘书长会议精神，听取各业经营情况和存在的问题。

是月　苏州市工商联自上旬起成立10个税务工作组和1个机动工作组，分批对所有行业的查征户与民评户开展调研，组织督促有关会员做好1954年度所得税估征税款的预储工作。截至9月底，完成118个行业7752户的调研工作，预储税款146.33亿元，完成储税计划的93.96%。

9月11日　苏州市政府同意苏纶纺织染厂、苏州纱厂申请公私合营及合并的要求，签订合营协议。这对苏州市资本主义工商业进行社会主义改造起了推动、鼓舞和示范作用。

9月中旬　苏州市工商联财务委员会建立并健全财务制度，整理、接管各同业公会公有财物，清理积欠会费，召开重点欠费户会议，丝织、染织等51户工商户参加会议。据统计，从1950年至1954年9月，会员拖欠会费达12亿元以上。

是月　中秋节、国庆节期间，苏州市工商联商业辅导处事先做好准备工作，组织货源，召开有关行业会议，保障市场供应。中秋节3日，市工商联临时调配45名干部，成立临时工作组，协助各区工作。

10月7日　苏州市工商联举行会议，传达国务院总理周恩来在全国政协会议上的报告和第一届全国人民代表大会第一次会议的精神，开展工商业者爱国守法的学习。29日，苏州市工商联组织市级学员361人听取关于爱国守法的启发报告，并分17个小组进行学习，明确爱国守法的意义及其与私营工商业接受社会主义改造的特殊关系，有重点地作出改善经营管理的具体打算。11月26日至12月30日进入检查阶段，至次年1月24日结束。

10月27日　苏州市工商联会员单位振亚丝织厂、光华水泥厂、苏嘉湖汽车运输公司、第一染织厂、华盛造纸厂、源康纱厂等7家单位正式签订公私合营协议，并举行签订仪式。

11月10日　苏州市工商联领导各区工商联成立行商换证临时办事处，开展换证工作，至26日基本完成。全市共有行商1066户1082人，登记资金27.8亿余元，涉及33个行业，竹材业、茶叶业、柴草业3业的户数、资金比重较大，食品业、鲜果业、百货业、牲口业等业较为分散。市工商联以往对行商管理较为松散，经过登记工作，加强了业务上的管理。

是月中旬　苏州市工商联召集绸布业、茶叶业、粮食业、面粉业4业已改造行业的资本家会议，会议历时7天，主要检查自经销以来执行合同和守则的情况，以及他们自己制订计划的执行情况，推动他们继续改善企业经营管理，进一步接受社会主义改造，并推行合并工作。

是月　苏州市工商联根据《工商联组织通则》精神，参照中华全国工商联相关问题解答，加强对各同业公会财物的管理，制定《江苏省苏州市工商业联合会接管各业公会公有财物暂行办法》。

12月28日—29日　苏州市工商联召开批发商第一批资本主义改造会议，12个行业的30户批发商出席会议，有关行业的资本家骨干分子也应邀参加会议，便于协助推动和贯彻会议精神。会上听取了市商业局局长胡光军关于对私营批发商改造政策的报告，与会人员讨论改造的必要性，并根据各自的情况，调整编组，分别就转业户、歇业户进行专业讨论。

是年　苏州市共有61个手工业行业，264个组（包括工商业中的手工业组），经过国营公司、合作社的帮助和扶持，在业务上获得较快发展。其中，已经纳入国家计划接受中百公司或其他国营公司、合作社加工订货收购的有37个行业，包括95个组1915户，已纳入国家计划的行业占总行业的60.6%，占总户数6418户的29.84%，社会主义因素在手工业行业中占有一定的比重。

1955年

1月7日—8日　苏州市工商联根据配合国营商业、合作社做好1955年春节物资供应工作的指示，召开春节供应会议，有关供应行业的全体会员和部分行业的筹备委员会委员参加会议。会上要求各业积极经营，组织货源，修订爱国义务公约，组织同业检查，确保人民群众安度节日。

1月29日　苏州市工商联全面开展所得税预储工作，建立经常制度，根据上年第四季度的营业额，参照市工商联提出的各业预储率结合企业实际情况，制订储税计划635616万元，至是日完成71.67%。

2月11日　苏州市工商联开始恢复每周一次的学习，制订学习计划，学习时政，讨论解放台湾等问题，市级工商联学员340人参加学习。

2月19日　苏州市工商联在市协商委员会和保卫世界和平委员会的统一领导下，组织工商业者参加反对使用原子武器的签名运动。

是日　召开反对使用原子武器签名大会，市工商联系统313名干部签名，截至25日，共有10745名工商业者签名。

2月21日　为辅导并教育私营工商业户以实际行动拥护新人民币的发行，苏州市、区二级工商联分别开会。苏州市工商联于是日上午举行大会，600多名各级委员参会，听取市商业局局长胡光军关于国务院发行新人民币、收回旧人民币的报告，要求各级工商联组织广泛开展宣传教育工作，进一步做好明码标价，加强市场管理。下午成立以商业辅导处处长朱汝鹏为首的市检查组，各区工商联、各同业公会、摊贩联和郊区各乡镇工商联分别成立检查组，共计134个，成员达1573人。市检查组主要领导各检查组开展工作，各同业公会、摊贩联检查组主要负责业内统一价格、统一标价和价格审查，开展业内检查。各区和乡镇工商联检查组主要负责区内的全面检查。自2月27日至3月5日开始检查，3月30日停止旧币使用，4月2日各区各业总结工作，并宣布撤销各业检查组。

是月　苏州市共有21个行业327户批发商，从业人员1710人（职工10321人，资从678人），流动资金1181085万元。其中夫妻店137户，资从人员281人，流动资金157849万元。1954年12月28日启动第一批批发商改造工作，至1955年2月完成。涉及南北货、腌腊、油饼、茶叶、绸布、颜料、煤油、药材、皮毛油骨、土特产、瓷器、什粮、鲜果等13个行业45户，从业人员中职工299人，资方91人。通过调查摸底，并根据实际情况，将14户改造为转业户、31户改造为歇业户。

是月　苏州市工商联为完成1955年国家经济建设公债推销任务，加强与扩大推销小组，根据各业的营业与利润情况，分配推销数字，提出“领导排队与自觉认购相结合”方案，确定完成推销公债指标190万元。截至10月底，15796户工商户、1157人认购公债2101374元，完成交款2081100元。

是月　苏州市政府开始对私营工商业采取统筹兼顾、全面安排的具体措施，除绸布、粮食、茶叶3个行业在上年已作全业安排外，又先后对百货、新药、南北货、五金、瓷器等12个主要零售业分批安排。至5月，共安排1169户，其中包括代销店97户，经销店206户，批购店214户，签订业务合同114户，临时代销店12户，专柜代销店5户，代批店1户，肉品供应店7户，一般安排513户。

3月9日　根据1954年7月江苏省人民政府的决定，将原来吴县管辖的木渎、枫桥等15个郊区乡镇划归苏州市领导。是日由吴县工商联筹委会将上述各乡镇工商联组织移交苏州市工商联，并办理交接手续。

3月25日—26日　苏州市工商联组织营造、髹漆、竹藤器等行业会员400余户学习有关建筑工人工资改革的文件，听取市劳动局相关科室负责人报告，提出建筑业在国家基本建设中符合又好、又省、又快、又安全的要求，加强技术革新，提高工程质量。

4月3日　苏州市工商联全体执委、民建苏州市委全体成员和市、区两级学员等到上海参观苏联经济及文化建设成就展览会。5月15日，苏州市工商联又组织一批工商业者赴上海参观展览会。

4月5日　根据中华全国工商联关于宣传与学习《公私合营工业企业暂行条例》的指示精神，苏州市工商界学习分会组织工业企业的主要负责人57人参加学习班，提高他们对公私合营优越性的认识，进一步明确社会主义改造的必要性。学习班每周集中学习2天，计划学习6个月。

4月22日　苏州市工商联举办的苏州市私营批发商资方实职人员学习班开班，绸布、皮毛油骨、腌腊等11个行业的41名学员参加，主要学习国家对农业、手工业、工商业进行社会主义改造等方面的内容，并组织学员参加市工商联有关会议，听取市人代会扩大会议关于肃反决议精神的传达。

4月25日　苏州市工商联制定《江苏省苏州市工商业联合会资料工作规则》。9月制定《江苏省苏州市工商业联合会文书处理规则》，加强文书处理、档案资料的收集与管理工作。

5月14日　苏州市纺织管理局与市地方工业局联合召开以丝织、染织工业为主及重点工业生产会员座谈会，宣布东吴绸厂、大中绸厂等6家企业为1955年首批公私合营企业。20日，苏州市工商联召开上述企业资方从业人员座谈会，共19人，与会者就公私合营工作展开深入的交流。

6月18日　苏州市工商联召开各业议价组工作会议，要求各业于19日至21日在业内开展全面检查，主要检查是否遵守同业议订的价格等。

6月27日　苏州市工商联行政例会第十一次会议通过《江苏省苏州市工商业联合会干部福利委员会关于工作干部生育疾病医疗办法》《江苏省苏州市工商业联合会工作干部申请临时补助金办法》《江苏省苏州市工商业联合会各级工作人员请假规则》《江苏省苏州市工商业联合

会各级工作人员患病期间待遇办法》等系列办法，加强对机关干部的考勤考绩，提高他们的组织性与纪律性，同时解决其实际困难。

7月 苏州市工商联召开全市行商会员大会，动员换证登记。18日，各区成立行商换证临时办事处，负责办理换证工作。换证前，苏州市登记行商443户，资金156275元，分布在22个行业，以竹材、柴草、山地货所占户数、资金为多。至8月5日，换证行商291户，登记资金94725元，另外尚有41户在申请中，外埠归来者27户，未办理者63户。行商流转于外埠采购或运销商品，流动性大，市工商联通过换证工作，全面掌握行商的基本情况，加强对行商的组织领导和管理，以及社会主义思想和爱国守法的教育，强化行商服从国营公司领导的观念，服从市场管理而进行交易，同时建立并健全各项制度。

是月 为配合全市开展全面节约、反对浪费运动的中心工作，苏州市工商联率先在内部开展节约粮食和行政经费的活动。至12月，节约公务费、会议费、业务辅导费、购置费等8010元。

8月5日—9日 苏州市工商联会员代表大会一届二次会议召开，出席代表405人，听取副市长惠廉作《全面节约，反对浪费和肃清一切暗藏反革命分子的报告》和浦亮元副主委作一年来的工作报告。大会通过《关于动员全市私营工商业者积极投入全面节约、反对浪费运动和肃清一切暗藏反革命分子的斗争的决议》，与会代表表示要加强学习，提高认识，克服各种错误思想，制订计划并认真执行，以身作则，影响并推动全市工商业者投入运动。其间，召开公私合营厂私方座谈会、有关改进制订和执行进销货计划、费用计划的专题座谈会。

8月22日 苏州市工商联举行工商界市、区人民代表会议，主要讨论贯彻苏州市人民委员会扩大会议关于粮食以人定量的决议。

9月2日 为规范管理、推进工作，苏州市工商联制定《江苏省苏州市工商业联合会工作汇报方法》，对会议汇报、书面汇报作出了具体规定。

9月5日 为顺利推进1954年所得税估征工作，苏州市工商联举行第一次工作组会议，制订工作计划，动员工商户自觉预储税款。10月21日，各行业召开工作组会议，确定行业协商代表，协商纯益率；23日，各联召开行业全体成员大会，布置工作，确定纳库日期。全市应纳库工商户548户，应纳税款1677036600元；如期纳库514户，滞纳34户，实际纳库税款1542269700元。至12月1日，有20户应纳税款为134766900元，计纳库户数完成应纳税的96.35%，欠税户中已储税款71254200元。

9月16日　为协助政府做好工商业普查，全面了解工商户的经营、财产情况，苏州市工商联抽调40名干部参加普查工作前期的学习，召开有关行业代表人物座谈会，听取反映并收集意见。29日、30日分别召开市、区两级动员大会，听取市商业局局长张百超的报告。组织282人的普查队伍，开展第一批普查工作，会员于10月15日完成填表工作。第二批普查到10月底结束。

9月19日　苏州市工商联临时代表会议召开，传达苏州市人委第八次（扩大）会议上副市长刘裕嘉所作《全市人民团结起来，行动起来，为坚决、彻底、干净、全部地肃清一切反革命分子而斗争》的报告和决议。全体代表表示坚决拥护政府为巩固人民民主政权，保障社会主义建设和人民生命财产安全，肃清一切反革命分子的斗争，通过了《苏州市工商界爱国公约》。

10月31日　苏州市工商联执委会一届三次扩大会议召开，出席成员1233人。会议主要总结前三季度工作，提高工商业者对增产节约运动的认识，推动积极接受社会主义改造的教育。

11月1日—21日　中华全国工商联执委会一届二次会议在北京举行，会议传达10月29日毛泽东主席关于对资本主义工商业者进行社会主义改造的重要指示。苏州市工商联主委陶叔南出席会议。25日，苏州市协商委员会学习委员会工商分会主持了有4299人参加的学习运动，有计划地学习本次会议有关文件及《人民日报》社论。

11月8日—25日　苏州市工商联召开棉布业专业会议，陶叔南主委出席会议。会议结合市工商联执委会第三次扩大会议精神，通过对该业全体资方实职人员的教育和对公私合营的检查，进一步提出爱国守法、端正态度、接受改造等要求，搞好旺季供应工作。

11月26日　为适应国家对资本主义工商业实行社会主义改造新形势的发展，对工商业者进行广泛的思想政治教育，苏州市工商联开展系列学习活动，副主委浦亮元作学习动员报告，各小组开始学习《人民日报》25日社论及全国工商联执委会一届二次会议精神、有关方针政策文件，通过小组讨论、交流心得，进行阶段性总结，学员们对国民经济发展的新形势有了新的认识。

12月5日　苏州市工商联组织相关人员参加市政协召开的大会，听取中共苏州市委书记吴仲邨作《关于对资本主义工商业者实行社会主义改造工作》的报告。8日、10日、13日举行三次小组讨论，与会者充分认识到国家的光明前途和工商业者的命运是一致的。15日，市级学员参加大组交流，各组学员则分别参加工业、商业的两个大会。

是日　国务院出台《关于私营企业实行公私合营时财产清理估算的若干规定》（草案）和《对公私合营企业实行定息的初步意见》等文件。

12月28日—29日　为做好对工商业者家属的团结和教育工作，积极推动私营工商业者接受社会主义改造，发挥工商业者家属应有的作用，苏州市工商联、市妇联联合召开苏州市工商界家属代表会议。近500名与会代表听取中共苏州市委书记吴仲邨作的报告，以及市工商联副主委张甸国传达中华全国工商联执委会一届二次会议精神，组织现身说法，以具体事例教育工商业者，消除其思想顾虑，并组织典型代表，着重进行思想交流。

12月29日—30日　苏州市工商联配合苏州市民主青年联合会（简称“苏州市民青联”）召开工商界青年拥护社会主义改造代表大会，与会代表400人。会后青年骨干带头申请公私合营，组织工商青年突击队，对广泛团结和带动本市工商业者积极接受社会主义改造起到了一定的作用。

是月　中国店员工会苏州市工商联委员会向市工商联、区工商联、联合办事处的25名工作人员发放1956年元旦前夕生活困难补助，共计棉衣13件，人民币355.20元。

1956年

1月3日—13日 江苏省工商联执委会召开一届二次（扩大）会议，传达学习毛主席指示和贯彻中华全国工商联执委会一届二次会议精神和决议，苏州市工商联主委陶叔南等苏州市工商界代表30人参加会议。20日，市工商联执委会召开一届四次（扩大）会议，传达省工商联会议精神。

1月4日 苏州市64家丝织厂、28家绸店、38家人民商场内的私营商店被批准筹备全行业全商场公私合营。

1月14日 苏州市工商联召开各行业骨干核心分子会议，继续动员各业申请公私合营，成立苏州市工商界参加资本主义工商业社会主义改造工作队。下设工业、商业两个大队，大队下分别成立8个工业分队、28个商业分队，动员委员383人、干部95人参加各队工作。同时建立公私双方碰头座谈会制度，以了解各业情况和交换意见，推进合营工作。出席中华全国工商联会议的陶叔南、浦亮元、徐粹清在会上表达了见到毛主席的激动心情，表示要在改造事业中发挥骨干作用。

1月16日 苏州市工商青年700人呈文苏州市工商联，表示国家对资本主义工商业的社会主义改造已进入高潮，决心成为改造运动的突击队伍、核心力量。22日，苏州市工商青年突击队成立大会召开，250多人参会。是年，工商青年突击队在苏州市民青联的领导下，协助政府做好对私改造中的清产核资、经济改组、人事安排等工作，发挥突击作用，人数发展到600人。

1月17日 苏州市召开公私合营批准大会，副市长惠廉宣布批准私营工业59个行业725户，私营商业78个行业3138户，以及交通运输业43户全部公私合营；批准全市228个行业组，19635名手工业者，78个行业的13303户小商小贩，以及560艘木帆船（在港）全部实行合作化。

1月25日 苏州市工商界接受社会主义改造行动大会在开明大戏院举行，1800余名工商业者及其家属参加会议。工商青年、家属代表和骨干分子介绍具体事例。大会通过了向党和政府递交关于切实做好清产核资、人事安排、经济改组、生产经营及积极进行个人改造等工作的决心书和保证书。

是月 苏州市工商联工作队于下旬成立，协助政府完成公私合营中的清产核资、盈余分配和定股定息等工作。各业盈余总额6297653万元，按“四马分肥”规定（指企业利润分配包括国家、企业、出资人、职工四个方面），资方得830186万元。人事安排方面，私方人员总人数6243人，安排局长、副局长、公司副经理及科长、店主任以上职务者占47.34%。

是月 苏州市民主青年联合会工商青年工作委员会成立，余民杰任主任委员，牟汉英、王蕲、张荣骏、毕炳林（一作毕炳麐）为副主任委员，金声等14人为常务委员，李和清等24人为委员。下设业务组、宣教组、文体组、组织组。

2月3日 苏州市工商联常委扩大会议上通过了春节前后规划。结合当时全市私营工商业均已实现全行业公私合营，专业公司正在组建的情况，市工商联制订计划，通过工商界改造工作队的形式，发挥各级组织作用，并加强对会员的思想教育。

2月22日—29日 全国工商青年积极分子大会在北京举行，余民杰等7名苏州市工商青年参加会议。大会肯定了全行业公私合营高潮的胜利和工商青年发挥的作用，分析了工商青年关心的问题，指出了他们前进的方向。会后，苏州市工商青年900余人听取会议精神的传达。

2月23日—26日 苏州市民青联与苏州市工商联举办工商青年骨干短期训练班，参加对象为在前阶段对资本主义工商业社会主义改造高潮中涌现出的172名积极分子。学员们听取了苏州团市委统战部负责人所作《巩固成绩，继续前进，争取做一个优秀突击队员、先进分子》的报告，中共苏州市委统战部副部长马崇儒到会作了指示。

2月28日 苏州市工商联执委会一届六次（扩大）会议召开，以坚决贯彻国务院《关于目前私营工商业的社会主义改造若干事项的决定》（八项决定）为中心议题，主委陶叔南作报告，与会人员400余人分组进行讨论。会上指出了某些私营工商业者合营后消极、依赖、等待、畏难等错误思想，要求他们积极负责搞好企业生产，推动全体成员制订个人规划，行业负责人和骨干制订行业规划。

是月 中国民主建国会工商业会员接受社会主义改造经验座谈会在北京举行，交流、研究工商业会员在国家对资本主义工商业进行统筹安排、按业改组、全行业公私合营的政策措施中，进一步接受社会主义改造和爱国守法，发挥骨干作用的经验。

3月中旬 苏州市工商联召开第三次工商界人士家属会议，通过胡敏等出席全国工商业者家属和女工商业者代表会议人员名单（共10人，其中工商业者1人、资方从业人员2人、家属7人）和苏州市第二届妇女代表大会的人员名单（共33人，其中家属25人）。

胡敏等代表赴京开会前合影

3月27日 为更好地开展苏州市工商联机关肃反工作，市工商联党组决定成立肃反材料组，开展调查工作，由张正华任组长。

是月 为适应新形势的要求，苏州市工商联所属组织机构进行调整：撤销同业公会联合办事处，原有同业公会组织形式仍保留；工业、商业辅导处按照全体行业分别成立工业第一、第二辅导工作组，商业第一、第二、第三辅导工作组，作为处的附属机构，配合各业对资改造工作分队工作；成立工商青年工作委员会、工商家属工作委员会，并调配干部，做好日常工作。

4月9日—11日　苏州市工商联执委及工商界参加对资改造工作总队联席会议举行，包括部分工商青年、家属骨干在内共600人参加会议。会议研究了贯彻、执行市工商联第六次执委会决议和国务院八项规定情况，着重帮助培养行业和个人通过积极推销商品，增加花色品种，克服淡季困难，提高产品质量。

4月22日—24日　苏州市工商青年代表会议召开，正式代表170人，列席代表30人。大会贯彻全国工商青年积极分子大会的指示和加多、加快、加好、加省的精神，听取王蕲作《上一阶段工商青年工作和今后任务》的报告，交流在生产经营和自我改造的经验与体会，表扬一批在社会主义改造与建设中做出成绩的工商青年，29人登上市民青联的光荣簿，51人登上光荣榜。会议激发广大工商青年做好以贯彻国务院八项规定为中心的生产、经营与业务工作，掀起学习先进、赶上先进、超过先进的高潮，为提前和超额完成第一个五年计划贡献力量。会上正式成立苏州市工商青年工作委员会，张荣骏任主任委员，毕炳林、周根生、王蕲为副主任委员，牟汉英等13人为常务委员，丁汝生等20人为委员。

4月23日　苏州市工商联召开清产核资工作动员大会，听取市人委对资改造办公室主任梁柏浩的动员报告，了解并认识清产核资的政策方针及其重大意义。市工商联结合经常性的业余学习，开展相应的辅导工作，解决清产核资中具体的账务问题。

4月25日—7月27日　苏州市工商联、民建苏州市委为适应社会主义建设和社会主义改造新形势的发展，满足工商业者政治理论学习的迫切要求，决定举办苏州市工商界政治讲习班，计划2年内对全市工商业者及部分小业主和家属骨干2600多人分期分批进行短期脱产学习。第一期政治讲习班历时3个月，学员301人，其中工业114人，商业172人，家属骨干

15人，主要学习《当前阶段社会发展规律的基础知识》《企业改革的基础知识》《当前重大的时事政策》等课程。通过学习，学员们初步了解社会主义企业经营管理的基本原则，提高了爱国主义思想觉悟，明确了进步核心分子的标准与作用，提高了接受改造的自觉性，为破资立社的变革打下了思想基础。

是月 因各业已经批准公私合营，苏州市工商联精简机构，向各专业公司和基层厂矿输出干部138人。

5月18日—19日 苏州市工商联召开第四次工商家属代表会议，传达并贯彻全国工商业者家属及女工商业者代表会议上全国妇联副主席邓颖超、国务院副总理陈云、中共中央统战部副部长许涤新的报告及告全国工商界姊妹书，正式宣告成立苏州市工商联家属工作委员会。据1956年2月统计，公私合营企业中私方人员家属有2800人左右，年龄在30—50岁之间，初小以上文化程度的人员占50%，文盲占50%。家属骨干分子占10%。大多数人在公私合营前已参加社会活动，她们对推动家人接受社会主义改造起着积极作用。有10人参加全国工商业者家属及女工商业者代表会议。部分家属参加工商界政治讲习班脱产学习。

5月31日 鉴于工商业实行全行业公私合营和合作化后，会费收取对象逐渐减少，苏州市工商联提出以国营、合作社、公私合营包括其他团体会员和未合营合作的会员为交纳对象，按照国务院《关于工商联经费负担办法的若干决定的通知》规定收取，制定会员负担和收费办法。

6月30日 苏州市工商联与民建苏州市委会举行有关工商业者交流参加社会主义竞赛情况的座谈会，石粉业、粮食加工业、酒坊业等10名代表参加会议。7438名工商界私方人员中，3841人参加社会主义劳动竞赛，431人得到先进生产者称号和物质奖励。

7月9日—13日 苏州市工商联全体成员学习中共中央统战部部长李维汉在全国人民代表大会一届三次会议上有关统一战线方针问题的发言，并对工商联工作和干部关系进行检查，加强干部团结，发挥他们的作用。

7月中旬 苏州市工商联与民建苏州市委联合成立工作组，深入染织工业系统的大众、福利厂和绸布商业系统的久泰、荣泰进行调研，摸清今后在“人的改造”辅导工作方面的方向和内容。调查发现公方干部群众与私方人员之间存在纠纷与意见，私私方面也存在成见等问题，联合组形成情况汇报，提出今后工作的建议。

是月 根据中华全国工商联关于《工商界生活互助金办法草案》的指示和江苏省工商联常委会座谈会精神，苏州市工商联执委会一届五次会议决定筹集生活互助金，按工商定息10%的标准收取。

8月10日 苏州市工商联召开执行委员会改造工作兼联席（扩大）会议，讨论并通过《苏州市工商界生活互助金暂行方案（草案）》，旨在发扬团结互助的精神，解决部分工商业者目前生活上的暂时困难，使他们更好地发挥创造性，做好生产经营。草案规定，公私合营企业私方在职人员按每月实得工资的1%交纳，自8月起算，9月交纳；公私合营的经代销户、自营户的资方在职人员和未参加合作社的个体手工业者，可按自愿原则交纳，但不得超过每月收入的1%；公私合营企业私股股东按实得定息10%交纳，自第一次发放定息时交纳。成立苏州市工商联生活互助金筹备小组，制定《苏州市工商业联合会举行工商界生活互助金实施细则》和工作制度。10月，召开市工商联执委与工作队联席会议，讨论试办工商界生活互助金工作，按照专业与系统建立福利小组28个，民主产生组员351人和福利干事313人。制定《苏州市工商界生活互助金试办方案》和管理委员会、福利小组的组织章程。结合第一季度、第二季度定息的发放开始收取互助金，于9月18日始开展补助和借贷工作。至年底，收到互助金95567.69元，其中定息部分互助金收入85412.88元，工资部分互助金收入9700.29元，利息收入454.52元；收到补助、借贷申请书4305份，其中经审核批准的补助2561份36025元，借贷1198份24995元。

9月7日 苏州市工商联与民建苏州市委会向全市工商业者宣传即将成立的苏州市工商界政治学校的教育方针，号召大家积极报名参加各类学习。截至17日，共有2347人报名。

9月29日 苏州市工商界政治学校正式成立，陶叔南任校长，卫楚材、惠志方、浦亮元、张甸国、程延龄、朱汝鹏为副校长，卫楚材等41人组成校委会，总校部务主任为程延龄。学校设政治讲习班、业余分校、时事讲座三种教学类型。政治讲习班属于脱产学习；业余分校属于工商业者业余理论学习，每星期学习6小时，下设工业分校、商业分校、青年分校、家属分校；时事讲座以时事政策教育为内容，每周举行2次。是日，苏州市工商界政治学校第二期政治讲习班举行开学典礼，学员324人，其中工业系统135人，商业系统173人，工商界家属骨干16人，成立25个小组，并建立73个互助组；群团组织民建会员46人建临时支部，青年学员62人成立工商青年工作组。主要学习《我的祖国》《中国革命与中国共产党》《国家过渡时期的总任务》《五种生产方式》等内容。1957年1月23日举行结业典礼。截至12月，业余分校有学员1005人，时政讲座有学员1059人。

是月 整组纺织工业同业公会筹备委员会，自此全市分批进行同业公会整组工作。至年底，全市按专业公司归口划分全面改组建立29个同业公会、1个同业公会的筹备委员会，有56个中心组和542个同业小组。

10月5日 在苏州市劝募寒衣委员会领导下，苏州市工商联成立工商界劝募分会，发动各业捐献。至18日，收到寒衣6744件、代金47559元。

10月25日 苏州市工商青年工作委员会在市工商青年突击队《队讯》基础上，创办《工作与学习》半月刊，每月10日、25日出版。自1957年4月起改为不定期出版。

11月10日 苏州市工商界俱乐部在观前街施相公弄民智里3号成立。

11月16日—20日 苏州市工商联会员代表大会一届三次会议召开，围绕社会主义改造以来的工作，推动私方人员积极开展生产经营等方面进行交流。

11月28日 苏州市工商联、民建苏州市委以推动私方人员搞好公私关系为中心，结合交流经验，钻研业务，探索民建、工商联发挥基层组织作用和辅导工作方面的办法，制定《民建工商联工作组工作方案》（草案），确定振亚丝织厂、中国医药公司苏州市公司为调研工作对象。

11月下旬 苏州市工商联与苏州市民青联合作举办青年修养讲座，讲座内容包括“共产主义的道德品质”等，有120人参加。

是月 苏州市工商联调整内部机构，撤销工业、手工业、商业3个辅导工作处和劳资关系研究、税务工作、转业辅导3个委员会，对各委员会和各处内部委员人事进行相应调整，以保证各项工作的顺利开展。

12月 苏州市工商联与民建苏州市委联合成立临时性的辅导工作组，选择苏州振亚丝织厂为重点，深入基层，围绕推动增产节约工作，结合解决公私共事关系，了解同业公会基层活动方向和私方人员参加社会主义竞赛等内容，为辅导个人改造及全面开展增产节约运动扫除思想障碍。

是月 苏州市工商联开展原私营工商业者基本情况调查，制定方案，训练骨干，进行调查，动员填表，共调查171人。

是月 苏州市工商联自下旬组织青年工商业者围绕增产节约，将认识做好工商青年工作与解决当前主要矛盾、孙中山的奋斗精神、做好工商青年工作等分成3个单元进行系统学习，至1957年春节结束。

是年 苏州市工商联组织私方人员参观日本商品展览会，搜集工商界青年在社会主义改造中的优秀事例，参观江苏省工商青年成绩展览会。

是年 苏州市工商联贯彻国务院指示，退还了私方在社会主义改造高潮中增加的投资，并纠正个别骨干动员私方继续投入的偏差。同时，动员会员对经济改组提建议，并对重点行业的改组进行辅导；组织1003名各业骨干向政府和企业提建议。

1957年

1月11日　经中共苏州市委统战部研究决定，任命朱武秀为苏州市工商联党组书记，彭飞、张振华、张定荣为党组成员，并报中共苏州市委。

1月17日　为庆祝全市全行业公私合营一周年，苏州市工商青年在工商界俱乐部举行会议，200余人参会。副市长王纪到会并讲话，要求与会青年加强团结，虚心向工商界老前辈学习业务知识。

3月15日　苏州市民青联与苏州市工商联联合召开苏州市工商青年向祖国汇报大会，各专业系统和合作商店的202名青年参加会议。副市长王纪到会并讲话，要求发挥青年朝气蓬勃的精神和爱国主义精神，积极带头遵守五项准则，进一步改造自己，为社会主义建设事业贡献力量。8位青年汇报过去1年来的工作，并按同工种、同服务小组交流。

3月25日—8月20日　苏州市工商界政治学校举办第三期政治讲习班，学员353人，其中工业者143人、商业者192人、家属18人。除常规课程外，主要传达和学习毛泽东主席所作的《关于正确处理人民内部矛盾的问题》。

4月10日—15日　苏州市工商业联合会第二届会员代表大会召开。大会深入贯彻中华全国工商联第二届会员代表大会决议精神，对全市工商界人士进行赎买政策和爱国主义思想教育，以五项准则作为自我改造的努力方向，把才能贡献给社会主义建设事业，逐渐改造成自食其力的劳动者。大会肯定1956年组织推动全市工商业者申请全行业公私合营的工作，要求会员继续接受社会主义改造，投入以增产节约为中心的社会主义竞赛，搞好公私两方共事关系及与职工群众的关系，搞好中老年之间的团结。市长李芸华到会并作报告。大会选举陶叔南为主任委员，朱武秀、浦亮元等8人为副主任委员，叶元铮为秘书长，王建言等50人为委员。

5月2日—23日　苏州市工商联成立由民主人士与党内负责人组成的肃反学习委员会，开展肃反运动。工商界肃反运动采取先骨干后群众的办法，组织52名骨干集中学习，以半天工作半天学习的方式带领群众投入运动，分阶段开展肃反意义和目的、肃反方针政策、忠诚老实等教育，要求骨干撰写自传。通过肃反运动，贯彻肃反政策和统战政策，发挥民主人士的作用，改善党群关系，扩大积极分子队伍。

6月13日　苏州市工商联以量出为入、合理负担为原则，将原按营业额计算会费的方法，改为定额征收，以1956年全年实交会费的每月平均数为基数，一律减收20%，个别特殊情况者另行协商。至年底收到会费340138.35元。

6月24日　苏州市工商联开展反右派运动。

7月8日　苏州市工商联与民建苏州市委召开联席会议，对参会的右派分子进行斗争。11日，市工商联与民建苏州市委成立临时工作委员会，在各行业系统成立5个工作组，深入开展反右派运动。

7月17日—18日　苏州市工商联召开工商家属代表会议。会上选补了家属工作委员会委员，听取了副市长王纪关于当前形势的报告，传达了主委陶叔南在市工商联和民建苏州市委执委会联席会议上所作报告，组织与会者开展讨论。

8月8日　苏州市工商联家属工作委员会执委扩大会议举行，与会的62人多数为家属骨干，部分为民建会员。市妇联主任柳德珍到会讲话，分析当前形势，希望工商界人士家属通过反右斗争更好地改造自己。

9月24日　中共苏州市委同意统战部《在工商界全面开展整风运动的计划》，

即在苏州市工商界上层的反右斗争第一阶段基本结束的基础上，深入开展以反右斗争为中心的工商界全面整风运动。

10月13日—15日　苏州市工商联与民建苏州市委会召开联席会议，先后听取主委陶叔南传达民建中央委员会一届三次全体会议、中华全国工商联第二届执行委员会第二次会议联席会议精神和决议，副主委程延龄传达民建江苏工委、江苏省工商联执行委员会联席（扩大）会议精神和决议。决定成立工商界整风工作委员会，陶叔南任主任委员，朱武秀、浦亮元任副主任委员，程延龄任秘书长。下设办公室，内设秘书组、宣教组、材料组等7个工作组。会议通过了《关于在全市工商界全面开展整风运动的决议》和《全面开展整风运动的工作规划》，根据全市工商界具体情况，对不同对象提出不同要求，将6848名工商界人士分为3种类型。

是年　按照民建中央和中华全国工商联指示，苏州市工商联与民建苏州市委会合署办公，简称“两会”。两会工作与活动开始一体化，实现人事、经济、行政三方面的统一领导。[1]

〔1〕“文革”结束后，两会恢复活动，直到1989年9月下旬分署办公前，绝大多数活动仍然是联合或交叉举行的，本编年据档案和惯例，将中国民主建国会、工商业联合会的各级组织简称为“××市（中央、省）两会”。这与1989年9月以后各级人民代表大会、政协委员会议简称“两会”完全不同，提请读者们特别注意。

1958年

1月28日　苏州市推销国家经济建设公债委员会工商界分会召开推销动员大会，成立各级推销组织。至年底，共认购948092元，占全市认购总数968489元的97.89%，超额完成原定900422元的目标。

1月29日　鉴于苏州市工业、财贸两块绝大部分公私合营企业已划归各区区委领导，苏州市工商联请示恢复其所属平江、沧浪、金阊、北塔4个区工商联业务工作。各行业公私合营社会主义改造结束后，各区工商联管理的工商业户均划归各专业公司统一管理，区工商联工作几近停顿。根据上级工商联“各县、市所属区工商联不宜撤除”的指示，4个区工商联干部除留一二人外，其余均调往市工商联。3月4日，中共苏州市委同意恢复成立区工商联，其任务由市委统战部、市工商联党组会同各区研究决定。

3月9日　苏州市工商联、民建苏州市委会召开执委联席会议，通过《关于掀起两会成员加速自我改造大跃进的决议》。要求工商业者、民建会员积极投入整风运动，服从党组织和公方代表的领导，虚心向工人阶级学习，养成艰苦朴素、勤俭节约的习惯，制订奋斗目标和个人改造计划，用2年时间，改造成为名副其实的劳动者。

3月10日　苏州市工商界召开加速自我改造向社会主义跃进誓师大会，1700人参加会议，主要贯彻市两会《关于掀起两会成员加速自我改造大跃进的决议》。是日晚，全市工商界青年举行誓师大会，提出“把心交给党，把青春交给社会主义”等口号，递交开展比改造、比劳动、比干劲、比学习、比勤俭的“五比”社会主义竞赛保证书。12日，再次举行苏州市工商界加速自我改造“大跃进”誓师大会，5000余人参加大会，并递交保证书，会后大游行。至4月10日，全市6848名私方人员中有5645人制订个人改造规划或集体规划。

4月4日—5月14日 苏州市工商联对工商业者家属开展破资立社政治教育，186人参加整风学习，制订个人改造规划。

5月9日 苏州市工商青年立志上山下乡决心大会召开，传达全国青年代表大会精神，强调报名上山下乡与加速自我改造关系的重大意义。苏州市工商联青年工作委员会贯彻上级要求，深入重点基层单位开展动员工作。23日，召开1700人参加的大会，俞钟桢等37名工商青年获准首批上山下乡，赴市郊上方山果园参加劳动。其中厂长级4人，科长级3人，店主任级18人，一般行政职务11人。

工商青年在上方山劳动场景

5月17日—18日 苏州市工商业联合会第三届会员代表大会召开，会议代表384人，列席142人。会议中心议题为“以促进自我改造大跃进为中心，以报名上山下乡为实际行动，在本市工商界掀起加速自我改造的新高潮”。会议明确工商联必须在党和政府以及上级组织的领导下，切实执行党的方针路线，协助政府完成对资本主义工商业进行社会主义改造，以及推动工商业者进行破资立社的自我教育、自我改造的历史任务，要求工商业者彻底改变立场，搞好公私共事关系。推举陶叔南为主任委员，胡光军、浦亮元等6人为副主任委员，张甸国为秘书长，王缄三等28人为委员。市工商联迁往长春巷22号办公。

是月　苏州市工商界贯彻“以企业为改造基地”的方针，采取选择典型、先走一步、吸取经验、全面推开的方法，所有市属企业在企业党支部的直接领导和市工商联的配合下，开展向党交心的运动。至8月底，工商界4371人参加交心运动，其中工业1567人，商业2804人，占全市私方人员的63.97%。

9月11日—12日　为响应中共苏州市委支援市钢铁生产大跃进的号召，苏州市工商联与其他机关一样，组织80%以上共计52名干部参加钢铁工业生产。

10月31日　在城市公社化由点到面逐步进入高潮的阶段，苏州市工商联分别了解区属、市属企业私方人员对城市公社[1]的看法，并先后组织两会常委、执委、促进工作组组长等进行学习漫谈，是日形成情况汇报。

11月　苏州市工商联启动撰写十年简史工作，次年4月完成初稿。

12月8日　中共苏州市委同意统战部关于改组区工商联和民建基层组织的意见。改组区工商联，撤销同业公会，在各企业内成立促进私方人员加速改造小组；撤销民建各专业系统支部，以区为单位成立基层支部，便于区委加强领导。

12月28日　苏州市工商联上报自1957年6月起至1958年12月开展整风工作的总结。市工商联系统整风运动采取集中的办法，分类分批，自下而上，由市到区，逐步扩大，全市参加整风的资本家、小业主和私营商贩共计9236人。整风运动至1959年5月基本结束。其中除部分右派分子陆续摘帽外，216名右派分子直至1978年起才陆续改正，恢复名誉与待遇。

12月31日　苏州市工商联接到江苏省工商联指示，自1959年1月起，各级工商联停收各业会员会费，工商联经费纳入国家预算，人员列入行政编制。所有会费结余暂不动用，如有需要报当地财政部门审批。

---

〔1〕城市公社，即城市人民公社的简称。1958年9月—11月，“大跃进”和人民公社运动期间，苏州市金阊区、沧浪区、平江区相继成立人民公社，形成城区政社合一体制。1962年6月撤销城市人民公社，恢复区、街道办事处的建制。

1959年

1月17日　苏州市工商界加速自我改造检查评比工作委员会召开第一次会议，市工商联副主委程延龄主持会议。会议主要讨论骨干训练方案、个人之间和单位之间评比的参考条件等。

是月　苏州市工商界政治学校改名为苏州市社会主义学校，3月20日启用“苏州市社会主义学校”印章。

3月5日　为推动和帮助工商业者继续加强政治立场的根本改造，苏州市社会主义学校举办第一期学习，工商界306人参加。主要学习国际形势、社会主义建设总路线、自我改造等方面的内容。其间组织学员参加建校、夏收夏种、修建道路等义务劳动，共达25天。

3月18日—20日　苏州市工商联和民建执委会联席（扩大）会议举行。主委陶叔南传达全国两会中央会议、执委联席（扩大）会议决议和精神，副主委程延龄作《关于贯彻以企业为改造基地，推动两会成员加强自我改造的总结》，与会成员围绕“五不变”、改造与服务等问题展开讨论，发表看法。

3月28日　苏州市沧浪区工商联召开会议，要求全区工商业者贯彻以政治思想改造为统帅、以劳动实践为基础、以企业和工作岗位为基地的方针。

4月16日—6月5日　苏州市工商联常委贝祖武赴北京参加中华全国工商联史料档案工作座谈会。会后，苏州市工商联按照中华全国工商联发布的《工商联系统档案材料保管期限表》，加强档案材料的收集与管理，着重整理旧商会档案和工商联档案，至9月底共计整理档案3760卷。

5月19日 苏州市工商联、民建苏州市委会常委联席（扩大）会议召开，通过《关于动员全市工商业者积极投入增产节约运动的决议》。两会常委、工作组组员等104人参加会议，表示坚决拥护两会中央常委联席（扩大）会议号召全国工商业者投入增产节约运动、积极为社会主义服务的决议，接受中国共产党的领导，热爱社会主义，学习本厂本店职工苦干、实干、巧干的精神，加强自我改造。

5月23日 苏州市地方建设储蓄推进委员会工商分会传达市推进委员会的报告，提高各支会对认储意义的认识，推动其积极认储，支援地方建设。

是月 苏州市工商联停止办理会员借贷工作，推动各基层单位自行成立私方人员互助储金会，并停收会员工资部分1%的互助金，使各单位以此作为筹集互助储金的来源。下半年，市工商联全面整顿互助金工作，清理、核对历年互助金的欠交与会员借贷金额，改进工作方法，健全制度，加强管理。

6月10日 苏州市工商联、民建苏州市委会召开苏州市工商业者积极投入增产节约运动交流促进大会。主委陶叔南讲话，要求工商业者鼓足干劲投入这场全民运动。大会通过了工商业者向党递交的保证书。

主委陶叔南在大会上讲话

6月14日—26日 江苏省工商联第二届会员代表大会召开，苏州市工商联主委陶叔南等23名苏州代表参加会议，陶叔南与姚叔威、严庆禄等苏州代表作大会发言。大会主要任务是进一步贯彻两会中央中常委联席（扩大）会议精神，提高工商业者对自我根本改造的必要性和长期性的认识，交流服务与改造相结合的经验，确定今后任务。陶叔南回苏州后开会传达会议精神，要求与会者结合实际开展讨论。

7月15日　苏州市工商界第一批上山下乡劳动锻炼的37名青年调回原单位工作。是月17日—8月7日，他们在苏州市工商联集中学习，总结一年来劳动锻炼对自我改造的影响与变化，通过正确的自我评价与相互评价，树立不断革命的思想，明确努力方向，制订自我改造规划。

是月　苏州市工商联、民建苏州市委会制定两会《各级干部工作方法》，要求各级干部接受中国共产党领导，忠于社会主义事业，明确两会的工作任务是在党的领导下，尽心竭力、细致入微地帮助和教育两会成员，在劳动和实践的基础上，破除资产阶级立场和思想，建立工人阶级立场和思想，积极地进行自我改造，为社会主义建设服务。方法共26条，涉及领导分工、请求汇报制度、深入基层时间、培养骨干、抓思想、抓服务等各个方面。

8月3日　苏州市工商联主委陶叔南在苏州市社会主义学校作自我改造问题的报告。报告围绕关于当前工商业者改造的形势、对服务与改造相结合方针的认识、关于党的领导和对社会主义企业的过渡问题等三个方面展开。

9月15日　经苏州市青联常委会四届四次会议通过，决定成立苏州市工商青年工作委员会。30日，苏州市工商联常委会通过决议。苏州市工商青年工作委员会由59人组成，由张荣骏、曹镇枢等5人担任正副主任。市区成立5个青年工作组，由83人组成。市工商青年工作委员会是在市青联与市工商联双重领导下的青年工作专门委员会，围绕各项中心工作，根据市青联与市工商联的具体任务，结合工商青年的特性，组织开展各项辅导活动，推动他们积极服务，加强改造。

是年　苏州市工商业者（包括不在职股东）有定息收入的11139人，金额1386058元。及至传达“五不变”精神后，一部分人觉得拿定息可耻，一部分人认为对改造有利，一部分人不用定息贴补生活，因此自1959年第一季度开始不拿定息的有579人，金额16349.96元。

是年　苏州市工商联、民建苏州市委会以贯彻全国两会“上海会议”精神和与张家口市签订的竞赛协议为中心，组织工商业者检查修订改造规划，开展“六比”（比政治立场、比贡献、比守职尽责、比劳动、比生活作风、比学习）竞赛，结合健全基层组织，为贯彻以工作岗位和企业为改造基础，协助党和政府进行工作，提供了组织条件。市区建立促进工作组114个，以便于基层党委的直接领导为原则，所属基层组织的私方人员6381人中有5510人修订规划，企业之间、个人之间开展竞赛活动，掀起找对手订合同、相互学习、共同提高的热潮。

1960年

1月19日　苏州市工商联根据1959年讨论意见，上报苏州市社会主义学校编制初步意见，新编制人员19人，原编制23人，减少4人。

3月7日—17日　苏州市工商联、民建苏州市委召开两会委员、基层骨干及部分工商家属座谈会10次，出席人员287人次，一般采取上午座谈、下午参观工厂的方式，初步了解“神仙会”[1]的精神，在联系思想时贯彻和风细雨的精神。

4月13日　为向全市工商界逐层逐级传达中国民主建国会、中华全国工商联两会全国代表大会的精神，中共苏州市委统战部提出贯彻意见，采取“先党内后党外，先骨干后一般”的顺序进行传达。首先在党内分别召开三个区和财贸部、纺工、重工等单位负责人和工矿企业基层统战会议，传达“神仙会”的精神和中央负责同志的有关报告，统一领导层的认识，明确在工商界传达的要求和步骤；在外部召开10次座谈会，向300多个代表性人物进行初步传达。经过充分准备，4月20日起在苏州市工商联、民建苏州市委两会第四届会员大会上继续传达，6月12日至16日组织报告会77场，召开座谈会和小组会921次。7月7日起，根据市区市郊13个分社实际，由参加会议的党员和部分代表组成13个工作组，向全市工商界全面传达两会全国代表会

〔1〕神仙会指通过和风细雨的自由交谈、讨论和辩论来提高认识、统一思想的一种会议。

议精神，围绕“关于进步还是改造的问题”“顾一头，一边倒的问题”“当前形势和任务问题”等举行3次报告会，5167人听取报告，累计参加讨论的达45495人次。传达以企业生产为中心，发动私方人员检查自我改造规划的执行情况，开展批评与自我批评，并以“顾一头，一边倒”为中心内容修订自我改造规划，初步掀起积极服务、加强改造的高潮。至8月初完成传达工作。

4月20日—6月30日 苏州市工商联、民建苏州市委两会第四届会员代表大会召开。出席代表449人，主要是苏州市工商联与民建苏州市委常委、执委，以及市、区属基层私方自我改造促进组组长等，其中党员46人、家属37人。大会分三个阶段进行：第一阶段组织工商界理解“神仙会”精神，消除疑虑、端正态度，引导大家讲真心话；第二阶段摸清动向，深入暴露问题，进行正面教育，提高认识；第三阶段举行正式会议。大会主要内容是传达两会全国代表大会的精神，学习国家主席刘少奇《顾一头，一边倒》的报告，继续加强改造。与会人员听取了题为《国内形势和任务问题》的两会代表大会报告，讨论了工商界2年来接受社会主义改造方面的变化情况和问题等。陶叔南当选为主任委员，王玉龙、浦亮元、张甸国、程延龄、朱汝鹏、孙奎俊当选为副主任委员，张甸国兼任秘书长，王缄三等28人为常务委员，丁庆田等68人为委员。

5月9日 经中共苏州市委常委会研究决定，撤销苏州市工商联党组，王玉龙担任市工商联副主委，胡光军兼任苏州市社会主义学校副校长、校务办公室主任。

6月12日—16日 苏州市工商联家属代表会议召开。出席会议的家属代表265人，其中居家的144人、在职的121人。会议贯彻“神仙会”的精神，采取听听、看看、想想、读读的方法，传达中国民主建国会、中华全国工商联两会全国代表大会精神，以及中共中央统战部部长李维汉在家属代表座谈会上的讲话，听取劳动模范先进事迹的报告等。

7月 苏州市工商联与民建苏州市委会常委、执委应邀参加中共苏州市委统战部召开的座谈会，畅谈思想和世界观的改造。

9月　苏州市工商联与民建苏州市委会深入基层抓改造规划、抓促进组活动，培养私方人员中服务与改造好的典型，组织交流，并检查市两会代表大会期间所签竞赛协议与合同执行情况，600人参加交流。

10月26日—27日　苏州市工商联与民建苏州市委会常委、执委举行全体会议，交流执行自我改造规划情况和体会。

10月28日　为进一步推动工商业者进行政治立场和世界观的改造，苏州市社会主义学校组织部分在职工商业者和少数家属举办第二期短期脱产学习，260余人参加。学习内容以学习毛泽东主席著作为纲，以国内外形势为中心，要求学员认清形势，纠正错误认识，树立国民经济以农业为基础的思想和克服暂时困难的信心，继续加强改造，为社会主义事业服务。学习时间长达104天，至次年2月8日结束。

11月17日　苏州市工商联与民建苏州市委会开展政治理论学习，主要学习毛泽东著作和时事政策。两会常委、执委和部分工商青年、家属参加学习，计划每周学习一次。

1961年

1月18日　苏州市工商联举行工商界被摘帽右派分子座谈会，徐玉书等11人出席会议。

2月1日　苏州市工商联、民建苏州市委举行两会常委扩大会议，各促进组组长以上成员和工商业者家属骨干200多人参会。主委陶叔南强调了支持江苏省地方建设储蓄的意义，并和中国人民银行苏州分行副行长汪效良一起动员。会上成立苏州市地方建设储蓄推进委员会工商分会，浦亮元担任主委，下设平江、北塔、沧浪、胥江、金阊、桃坞6个支会，另有浒关直属小组。会后各支会连夜开会，发挥骨干作用，层层动员，深入基层抓思想、抓落实，抓进度，至2月9日完成储蓄认购工作，超额完成工商界预订120万元的目标。

2月11日　苏州市各界代表人物春节座谈会举行，苏州地专机关、中共苏州市委和市人委、部队等领导参加，市工商联副主委浦亮元、朱汝鹏、程延龄、张甸国参加座谈。

2月21日　苏州市工商联、民建苏州市委向江苏省工商联、民建江苏省委汇报组织有关人员业余学习的阶段情况。自1960年11月16日以来，组织工商业者委员、部分市人大代表、市政协委员，以及青年、家属骨干137人，每周四下午集中进行业余学习，已连续进行12周。学习内容以历史唯物主义为中心，认真研读毛泽东主席著作，着重围绕国内形势，要求在肯定大好形势的前提下，认识困难的性质，端正态度，振奋精神，增强信心，自力更生，树立“顾一头，一边倒”的观点，改造资产阶级世界观，为持续跃进贡献力量。

3月　为了解苏州工商界贯彻国家主席刘少奇关于党对工商界“包一头”政策的情况，苏州市工商联和民建苏州市委深入基层调研，针对部分私方人员在职务安排方面普遍降级、私方人员病假工资和医疗待遇差异较大、老年私方人员工资待遇较低等问题，提出改进建议。

4月12日—5月19日　苏州市工商联和民建苏州市委召开两会常委联席扩大会议。会议以传达贯彻民建中央、中华全国工商联两会“西安会议”精神，学习党的八届九中全会公报，就工商界对形势、党的政策和改造等方面摆问题、摆情况，开展讨论。会议强调贯彻“和风细雨”“三自”（自己提问题、自己分析问题、自己解决问题）“三不”（不戴帽子、不打棍子、不抓辫子）的方针。同时教育两会专职委员，注意和克服“整人”思想，树立正确的态度，既做好工作，又改造自己。中共苏州市委统战部部长孙维国围绕形势、改造、阶级关系、政策问题及两会的工作作了报告。会议期间，组织与会人员赴沪参观张庙一条街、工业展览会、大办农业大办粮食展览会等。

7月10日—8月26日　苏州市工商联、民建苏州市委召开两会委员（执委）联席扩大会议，两会委员和有关促进组组长、代表性人物、工商界家属骨干共245人参加。会议采取“神仙会”方式，自始至终贯彻和风细雨、自我改造的方针，传达全国工商联两会“西安会议”上中共中央统战部副部长许涤新的报告和苏州市委书记王人三在市人委第二次扩大会议上所作《当前形势和有关工作任务》的报告。浦亮元围绕必须认清大好形势、必须正确领会全国工商联两会“西安会议”要求、必须自始至终运用“神仙会”的方法、必须发挥自觉性增加责任感等方面发表讲话。经过敞开思想、反复讨论，查摆问题，使与会者受到一次深刻的形势教育、政策教育和前途教育。与会人员对当前形势和放慢速度、工业贯彻“八字”方针，以农业为基础和农村贯彻六十条，市场供应和人民生活，对私改造、公私关系方面等提出意见和建议。

10月　为正确贯彻党对资产阶级工商业者“包下来，包到底，安排使用，教育改造”的根本政策，团结一切可以团结的人为社会主义事业服务，中共苏州市委统战部制定《关于加强公私合作共事的规定》（草案）。

11月4日　苏州市社会主义学校举行第三期学习，142名工商业者参加，其中女工商业者4人、家属8人。学习内容以党的八届九中全会公报为中心，学习党的方针政策和毛泽东主席著作，了解国内外形势，认清大好形势、困难性质和光明前途。学习至1962年1月13日结束。

是年　苏州市工商界互助金收支情况：全年收定息部分互助金128324.29元，利息收入7661.8元，共计135986.09元；全年补助支出37492.7元、文具印刷4.67元，共计37497.37元。累计结余98488.72元。

1962年

1月12日 江苏省工商联为帮助部分经费比较困难的市县做好对生活困难的工商业者春节临时补助工作，经与苏州市工商联协商，从苏州工商界生活互助金积余款项上调拨15000元，作为省工商联统一调剂的春节补助经费。6月30日，省工商联为开展省内地区之间生活互助金的调剂工作，同意省互助金委员会建议，由省内工商界生活互助金结余较多的11个市、县地方组织上调984300元，要求苏州上调160000元。7月6日，苏州市工商联扣除1月上调的春节补助经费，再上调145000元。

1月15日—27日 苏州市工商联贯彻中华全国工商联的指示精神，对全市生活上确有困难的工商业者和工商界骨干分子进行一次临时性春节补助。市区各级工商联分工负责，通过调查了解、审核平衡和发放复查等三个步骤，确定向940名工商业者发放春节补助金计11980元，占全市工商业者总数的14.36%。加上1月份平时补助459人次、5153元，合计补助17133元。

2月 为进一步贯彻党对工商业者进行社会主义改造的“三以”（以政治思想改造为统帅、以劳动实践为基础、以企业或工作岗位为基地）方针，整顿工商联的基层组织，建立私方人员加强自我改造促进组，对其开展思想教育，解决生活困难，加强改造。累计全市工商业者6296人，分别建立191个促进组和促进委员会。

4月4日　香港中华总商会常务会董、香港五行商会主席叶若林率香港中华总商会沪杭旅行团一行22人来苏州参观游览，广州市工商联、上海市侨联等相关负责人陪同。苏州市工商联副主委程延龄等人到火车站迎接，陪同参观虎丘、留园、西园、拙政园、狮子林和苏州工艺美术研究所。市工商联主委陶叔南与中共苏州市委统战部副部长马崇儒设宴招待，并邀请他们观看电影《苏州盆景刺绣》《乔老爷上轿》。

是月　苏州市工商联重视互助金管理工作，健全财务制度，加强统计与复核工作，建立应收未收定息互助金分户卡和每季度定息互助金汇总表，做好清理旧欠、正常借贷工作。首先，加强调查研究，了解一般工商业者家庭的开支，根据现实情况适当放宽补助标准。其次，逢年过节主动关心会员的工作与生活，春节期间发放临时性补助，帮助有困难的工商业者安排生活，合理使用互助金。自1961年到1962年3月底收回和清理借款7211元，收回之前拖欠的互助金13544.35元。1962年第一季度收到定息部分互助金41047.80元，平时补助支出14288.79元，除去春节临时性补助与文具印刷杂支费用，结余14737.12元。

5月28日—6月1日　苏州市工商联、民建苏州市委举行基层工作会议，市区企业单位（系统）私方人员促进委员会（促进组）负责人和两会专职委员等224人参加。会上传达了国务院总理周恩来在全国人民代表大会二届三次会议上所作的报告，听取苏州市副市长陈晖关于“精兵简政”的讲话和中共苏州市委书记王人三对全市民主党派成员所作的报告，并对如何加强基层工作提出了初步意见。会议按系统（区）分13个小组对上述报告、讲话进行讨论，贯彻“神仙会”精神，与会者广泛联系当前形势及今后方针、任务，对发扬民主、民主集中制原则及两会的工作作风与互助金等都提出了意见与建议。

6月5日—7月21日　苏州市社会主义学校举行第四期学习，工商业者122人与知识界31人参加。学习内容以全国人大二届三次会议的新闻公报及国务院总理周恩来所作工作报告为中心，有重点选读毛泽东主席著作。自第四期始，苏州市社会主义学校开展学习的对象不局限于市工商联，扩大到知识界、其他民主党派。

6月　苏州市工商联上交市文管会书画作品共计34件，包括人物中堂1件、立轴1件、花鸟屏条4件、书法屏条16件、墨竹屏条4件、对联4件等。

7月10日—8月26日　苏州市工商联、民建苏州市委召开委员（执委）扩大会议，两会委员、促进组组长、家属骨干等400人出席会议。与会代表学习文件，听取传达中共苏州市委书记王人三在市人委第二次扩大会议上所作《当前形势和有关工作任务》的报告、市人委关于贸易集市的报告，以及中共中央统战部副部长许涤新在“西安会议”的报告精神等，查摆问题，反复讨论，分析工商业者改造的成绩与问题。

7月16日　为妥善安置年老体弱、多病或完全丧失劳动能力的资产阶级工商业者，根据国家既定政策和工人职员退休的相关规定，国务院颁发《关于处理资产阶级工商业者退休问题的补充规定》，要求各级工商联参照执行。苏州市工商联、民建苏州市委两会在常委、执委中进行传达和学习，并分条线分地区召开基层促进组组长会议，基层骨干在企业党组织的领导下向全体成员进行宣传教育。

8月21日—24日　苏州市工商联、民建苏州市委召开执委联席会议。会议传达苏州市人民代表大会四届二次会议和市政协三届三次全体委员会议精神、决议和江苏省两会主委（扩大）会议精神，着重传达并学习中共中央统战部副部长许涤新在两会中央精简座谈会上的讲话，国务院《关于处理资产阶级工商业者退休问题的补充规定》及《关于在精简中妥善安置资产阶级工商业者的若干具体规定》，以精简工作为中心，讨论提出下半年的工作重点。

8月22日　苏州市工商联为了响应党和政府提倡民办教育事业的号召，满足部分高小毕业生和社会青少年继续升学的需要，制定创办民校的工作方案。23日，推定市两会副主委浦亮元等13人组成工商界民办学校董事会，浦亮元为董事长，中共苏州市委统战部副部长胡光军、民盟副主委钱辉唐、市工商联常委严庆禄为副董事长，钱辉唐和市教育局中教科科长唐仲勋董事负责了解与检查学校的教育工作，董事陶景媛负责经费的审核保管工作，日常工作由市工商联指定2名干部负责。市工商联以自觉自愿、量力而行的原则，募集办学经费，16位工商界人士捐资210500元；同时强调“谁读书，谁出钱”的原则，适当收取学杂费，每学期收取10元，略高于公办学校，对家庭生活确实困难的学生适当给予照顾。9月10日至14日，城东、白塔、中街路、百花洲、爱河桥、三元坊及三元坊分院等六所一院民办初级中学相继开学上课，学生832人（含工商界子女60人），列入工商联编制的教师43人（正式教师18人，代课教师16人，试用教师9人），另有兼课教师5人、临时工友3人。校舍部分租用民房，部分由政府拨给；学生采用国家规定的课本，学校接受教育行政部门的领导，至第一学期结束，学生各科的基本知识水平普遍提高。

9月19日　根据中共中央精简小组、中共中央统战部6月11日发出的《关于成立工商界方面精简小组的通知》和中共江苏省委统战部的指示精神，中共苏州市委统战部和苏州市工商联、民建苏州市委共同组成工商界精简工作小组，成员有市委统战部副部长胡光军、市劳动局局长邓汝梅、市工商局局长刘湘，苏州市工商联、民建苏州市委副主委浦亮元、朱汝鹏、程延龄，市工商联副秘书长孙德川、陶景媛，胡光军担任组长。下设办公室，程延龄任主任，陶景媛、孙德川任副主任，从市工商联调配干部3—4人，处理日常工作。苏州市工商界精简工作小组的主要任务是在苏州市委精简小组的领导下，协助有关部门了解和检查对资产阶级工商业者精简政策的执行情况，反映问题，提出处理意见，并推动市工商联、民建苏州市委做好对工商界的宣传教育工作，必要时请政府有关部门参加小组会议共同协商。

9月19日—11月29日　苏州市社会主义学校举行第五期学习，学员153人，其中工商界101人、知识界52人，以政治理论和形势政策教育为中心思想。

11月15日—22日　苏州市工商联、民建苏州市委会两会先后召开常委联席（扩大）会议，主要学习中共八届十中全会公报，研究市两会会员代表大会的筹备工作。

11月21日 苏州市工商界精简工作小组召开会议，贯彻国务院关于在精简工作中妥善安置资产阶级工商业者和处理资产阶级工商业者退休问题的有关规定。会后苏州市工商联、民建苏州市委立即召开执委会会议，传达精简工作会议精神，并分条线分地区召开基层促进组长会议，开展排队摸底、小型座谈会、串门访问等，协助政府贯彻落实政策。

12月30日 苏州市工商界精简工作小组在国营、合营企业中全面开展老年私方人员退休工作，11月下旬起率先对全市老年私方人员进行调查统计。截至是日，全市国营、合营企业中老年私方人员（无定息的从业人员和社会主义改造高潮以后的合营人员不在内）总计642人，根据实际情况，对不宜工作的410人进行思想动员、政策宣传和耐心启发，已有306人申请退休，已批准退休的有256人，另有20人待批，30人尚待研究。

1963年

1月2日　为贯彻江苏省工商联有关通知精神，苏州市工商联和有关部门、企业单位开始分头联系，进行1963年春节临时性补助摸底调查工作。至19日，共补助1215人次，补助金额15113元。

3月23日　苏州市社会主义学校举办的第六期学习班自1962年12月10日起至是日结束，学员114人，其中工商界55人、知识界48人、宗教界11人。学习以中共八届十中全会公报为纲，以反对修正主义为中心，对学员们开展国际主义、爱国主义和社会主义教育。

4月9日—12日　苏州市工商联、民建苏州市委召开两会正副主委（扩大）会议，两会常委、专职处长和参加两会代表大会的小组长共61人参加。会议的主要任务是明确两会会议的重要性，提高认识，统一思想；研究分析当前本市工商业者的政治思想情况和对国内外形势认识存在的普遍性问题。两会副主委浦亮元传达两会中央、江苏省两会会议的主要精神和个人关于反对现代修正主义的体会，提出周密统筹，培养骨干，为召开苏州市两会代表大会做好组织和思想上的准备。

4月16日—5月4日　苏州市工商联、民建苏州市委两会第五届会员代表大会预备会议召开，出席代表235人，列席代表60人。会议主要开展以反对现代修正主义为中心的爱国主义、国际主义和社会主义（简称“三个主义”）的思想教育，传达了中共中央统战部副部长许涤新在两会中央会议上的指示，听取了中共苏州市委宣传部部长凡一作的《反对现代修正主义及国际形势问题》报告，帮助工商业者认清形势、增强信心。

5月5日—8日　苏州市工商业联合会、民建苏州市委两会第五届会员代表大会召开，与会代表235人，列席代表60人。大会以党的八届十中全会精神为指导思想，积极推动全市工商业者和家属认真接受“三个主义”的思想教育，加强破资立社的根本改造，鼓足干劲，在增产节约运动中作出贡献。大会期间传达贯彻民建中央、中华全国工商联两会关于国际形势、阶级斗争及自我改造等问题的决议精神；以“神仙会”的方法，学习文件，开展批评与自我批评，并听取中共苏州市委常委、副市长茅於一作的《阶级斗争和增产节约问题》报告。陶叔南当选为主任委员，王玉龙、浦亮元、张甸国、程延龄、朱汝鹏、孙奎俊、严庆禄、姚叔威当选为副主任委员。张甸国为秘书长，王缄三等26人为常务委员，高光彩等68人为委员。新一届委员会下设学习、工业、商业、联络、家属工作、青年工作委员会和工商联互助金管理等机构。

7月中旬—10月中旬　苏州市工商联、民建苏州市委组织约1000名工商界人士，听取市人委领导关于正确对待子女升学、就业问题的报告。8月中旬，组织200多人参加市政协举办的关于动员知识青年到农村去的报告会，9月中旬召开两次动员大会。10月中旬，召开有子女符合参加农业生产条件的工商业者、基层组长、民建苏州市委成员会议，听取市人委领导报告；组织300多名工商业者家属参加市妇联召开的动员大会；组织380多名工商业者子女参加团市委召开的动员大会；组织已参加农业生产的工商业者本人和子女现身说法，发动基层党委召开座谈会；民建苏州市各支部组织3次学习讨论会；两会各处室、各区组织、联络委员会、家属工作委员会对工商业者及其家属召开60多次座谈会，或个别恳谈、个别登门动员等。经调查，经过1963年度入学考试没有录取且年满16周岁留在家中的工商业者子女861人，有744人适合支农。至年底前后，陆续报名批准上山下乡的273人，其中分配到农村插队的17人，分配到省内各国营农场的256人。

7月30日—8月6日　苏州市工商联副主委程延龄、副秘书长胡敏等参加南京、苏州、无锡三地赴苏联、匈牙利、保加利亚、罗马尼亚等6个社会主义国家自费旅行活动，游览各国名胜古迹、工厂、农庄、学校、医院、教堂、博物馆等，撰写了旅行日志。

8月23日—29日　苏州市工商联、民建苏州市委召开主委扩大会议，两会正副主委、正副秘书长，部分常委、执委等61人参加。会议着重研究分析两会成员接受社会主义改造和为社会主义服务的情况，以及当前工商界阶级斗争中的动向，为深入开展“三个主义”的思想教育打下基础。

是月　为更好地贯彻江苏省人民委员会关于人民来信来访工作会议精神，加强与人民群众的密切联系，发扬民主，克服官僚主义，更好地发挥“政治气象台”的作用，苏州市工商联、民建苏州市委制定《关于处理人民来信来访工作暂行办法》。

是月　苏州市工商联、民建苏州市委为加强管理，提高行政效率，关心职工生活，制定《关于工作人员请假的暂行规定》。

9月1日　经苏州市工商界民办学校校董会研究决定，从本学年（7月1日）起，每学年经费的管理、审批、使用全部委托市教育局代管，并于是日办理交接手续。工商界6所民办学校，原有16个班级767名学生，新学年增扩一倍，设32个班级。民办学校贯彻《江苏省全日制中学若干问题的暂行规定（草案）》，坚持以教育为主、全面安排、勤俭办学、提高质量为原则，改进教学办法，定期开展教研活动，教育秩序比较正常，教学质量得到提高。同时加强对学生的思想政治教育，但存在学生学习目的性不明确、语言水平较差，体育和劳动教学困难较大等问题。

9月23日　苏州市社会主义学校举行第七期学习，根据“学习毛主席著作，逐步改进世界观”的要求，以学习毛泽东主席著作为重点。学员102人，其中工商界49人、知识界53人。学习历时4个月，至1964年1月25日结束。

9月29日　苏州市工商联、民建苏州市委会向中共苏州市委统战部报送《关于本市工商业者近一年来在工作岗位上服务情况的汇报》。为准确评估工商业者的服务与改造表现，市工商联、民建苏州市委会选择红旗布厂、医疗器械厂、第二米厂、人民商场、东吴酒厂、振兴木行等单位进行调查。调查显示，工商业者能在工作中贯彻党委指示，服从安排，完成工作指标，发挥才能和业务经验；同时也存在技术私有、工作疲沓、欺骗顾客、买空卖空等现象。

10月22日—23日　香港中华总商会会长高竹雄夫人率香港同胞自费旅行团一行11人来苏州参观游览，广州市工商联、上海市工商联相关负责人陪同。苏州市工商联副主委王玉龙、姚叔威等到车站迎接，陪同游览网师园、拙政园、狮子林、留园、西园和观前街，介绍苏州情况，并请他们观看苏剧《古城斗虎记》。

11月7日—8日　苏州市工商联和民建苏州市委会召开基层工作会议，两会委员、各促进组组长参加。主要交流上一阶段调查研究、修订活动规则、动员工商业者子女参加农业生产等工作，研究今后的任务，并就各自的工作和思想认识交流发言。

11月13日—12月11日　苏州市工商联与民建苏州市委会召开领导层会议，正副主委、秘书长、专职处长、各区工商联主任24人参加。会议要求贯彻江苏省两会常委扩大会议精神，对工商业者近两年来的思想动态进行研究分析，开展以阶级斗争为中心的“三个主义”教育，创造条件，摸索经验。

12月7日　江苏省工商联下发《关于印发下拨“四种人”因生活困难的补助调剂款有关使用、保管、报核的“暂行办法”的通知》，办法于1964年1月施行。苏州市工商联按照通知要求，对工商业者等候安置、退休、请长假和家属精简回家的的情况进行调查，并上报省工商联。1963年，市工商联对生活困难的“四种人”补助17598元，这是党和国家对工商界“包一头”政策的具体措施，体现了对工商业者的关心和照顾。

12月22日—25日　苏州市合作商贩联合会筹备委员会第一届会员代表大会第二次会议举行，市、郊区合作商贩代表133人，特邀代表75人，列席代表36人，以及各区商业科负责人参加会议。市商贩联合会筹委会副主委沈继玉致开幕词，中共苏州市委财贸部副部长孙维国、市商业局局长陶挥分别作《当前形势和合作商业地位、作用和改造问题》《几年来合作商业的概况和领导合作商业走社会主义道路的问题》的报告。会上讨论学习了《苏州市合作商店合作小组管理工作条例》。

是年 苏州市工商界生活互助金工作进展顺利，对一部分生活上确有困难的工商业者进行适当补助，对他们克服困难、调动积极情绪、促进自我改造起到良好的作用。全年收到定息部分互助金139637.98元，利息收入9511.89元，累计收入149149.87元。对生活困难的工商业者补助7152人次，84857元；春节临时补助1144人次，14325元（不包括对“四种人”的春节临时性补助71人次，788元），其他支出390元，累计支出99572元。

1964年

1月21日—23日 苏州市工商联和民建苏州市委会举行第二次常委联席（扩大）会议，与会67人，均为出席或列席市政协四届一次委员会议的成员。会议传达和学习两会常委决议，结合苏州市工商业者情况，研究两会1964年工作。

3月20日—6月16日 苏州市社会主义学校举行第八期学习，主要为更加广泛、深入、系统地开展“三个主义”的思想教育运动培训骨干，苏州市和各区县工商界、知识界人士176人参加学习，其中工商界132人、知识界44人。

4月1日—6月10日 苏州市工商联和民建苏州市委会共60人参加第一阶段的“五反”运动学习。学习分四个阶段：一是明确学习目的和要求，端正态度；二是学习文件，提高认识；三是在学习理论提高认识的基础上，联系实际，大揭矛盾，大摆材料；四是小结学习体会，进行交流提高。第一阶段的学习，贯彻以阶级斗争为纲，以中央“五反”指示和两个“十条”文件精神等为准绳，正面教育为主，强调理论联系实际，切实解决问题。

4月10日 苏州市工商联和民建苏州市委会致函民建中央常委会、中华全国工商联协作委员会，汇报苏州市两会办学经费筹措和使用情况。自1962年9月至1963年6月，第一学年使用37210.6元；1963年9月起，根据每一学年的财务预算，在学年开始时一次性交苏州市教育局代管和掌握使用；至1964年4月收到经费206500元。

4月30日　港澳工商界旅行团一行31人由南京来苏州考察，参观拙政园、留园、虎丘等风景名胜和市容，赞美新中国新气象。苏州市工商联副主委王玉龙等陪同游览。

是月　苏州市工商联、民建苏州市委会机关开始社会主义教育学习。

5月22日　中共苏州市委统战部发布《关于对资产阶级工商业者深入开展爱国主义、国际主义和社会主义教育的意见》，决定今后两三年内对民族资产阶级继续深入开展“三个主义”的教育运动，以阶级斗争为纲，以反对现代修正主义为主要内容，以毛泽东思想为武器，以自我改造为目的。苏州市工商联、民建苏州市委会按照《意见》精神，对基层工商业者开展“三个主义”的思想教育，着重学习《中共中央关于目前农村工作中若干问题的决定（草案）》《中共中央关于农村社会主义教育运动中一些具体政策的规定（草案）》《关于国际共产主义运动总路线的建议》等文件和其他重要的反对修正主义的文章。

6月24日—30日　苏州市工商联、民建苏州市委会举行“五反”运动学习，主要讨论“神仙会”方针、民主与集中两个问题，首先学习文件，然后进一步排问题、揭矛盾，最后解剖“麻雀”，分清是非，树立典型。

7月2日　苏州市工商联、民建苏州市委会召开正副主委会议，讨论第三季度工作计划，传达市五届二次人民代表会议要求，继续号召知识青年下乡支农，做好一颗红心多种准备；继续开展比学赶超增产节约运动。

7月16日—18日　苏州市工商联、民建苏州市委会召开执委联席扩大会议。副主委浦亮元传达市五届二次人民代表会议精神，着重传达动员知识青年参加农村社会主义建设的精神，组织参观江苏省知识青年参加农业劳动展览会。与会人员围绕知识青年参加农业劳动开展分组讨论，交流体会，并联系实际情况，对支农工作表态发言。至12月底，工商业者子女339人、老年工商业者55人，主要到吴江、太仓、昆山、吴县和苏州郊区支农。

7月27日—8月1日　苏州市工商联家属工作委员会召开扩大会议，传达苏州市两会执委联席扩大会议精神，继续动员和组织知识青年参加农村社会主义建设，进一步做好对家属的宣传教育，提高家属的思想认识，推动他们以实际行动响应党的号召。

9月1日 苏州市社会主义学校举行第九期学习，以毛泽东主席关于社会主义社会阶级、阶级矛盾、阶级斗争的学说为主要学习内容，对学员进行“三个主义”教育。苏州市和各区县工商界、知识界人士137人参加学习，其中工商界97人、知识界40人。学习历时4个多月，至1965年1月25日结束。

10月9日 根据1964年国家机关行政、事业、企业机构编制调整方案及中共苏州市委的要求，苏州市编制委员会重新核定苏州市工商联编制，行政编制仍为54人。

11月20日—12月11日 苏州市各区工商业者家属分期开展学习10次，以阅读文件、漫谈讨论的方式进行，主要学习共青团中央书记胡耀邦报告“为我国青年革命化而斗争”的第二部分。12月4日，苏州市工商联家属工作委员会组织家属骨干开展学习，以便领会文件精神，统一思想，回到群众中发挥作用。

是年 苏州市工商联上半年收到定息部分互助金68546.91元，补助共计2617人次，补助支出共计31002元，其他支出671.69元，结余36873.22元。与1963年同期相比，补助人数（4870人次）减少46.26%，补助金额（58975元）减少47.43%。下半年收到定息部分互助金77212.38元，补助2435人次，补助支出共计31679元，其中支农临时性补助269人次、5635元，其他支出（半脱产家属委员津贴）470元，“四种人”补助7161元。累计全年收到互助金145759.29元，补助5052人次，补助支出共计62681元。

1965年

2月20日　苏州市工商联发出《关于进一步加强生活互助金审批工作并对现有补助户进行一次全面审查的通知》，要求各基层促进组加强调查研究，认真做好审批工作，及时纠正填报不实、弄虚作假、骗取补助等问题。

2月27日　苏州市工商联向江苏省工商联报送有关互助金生活困难补助标准及互助金会审工作情况的汇报。1961年6月前，市工商联对在职私方人员与“四种人”采取相同发放标准，参照职工的补助标准执行，每人每月生活费按本人12元、家属8元、13岁以下子女6元作为内部掌握的参考标准。1961年下半年，适当调整发放标准，以家庭人口平均10元左右的标准发放。1964年11月、1965年1月，2次对互助金补助工作进行会审，及时发现问题并予以纠正。

3月　苏州市工商联贯彻国务院《关于处理资产阶级工商业者退休问题的补充规定》，自1962年至1965年3月办理退休和请长假的工商业者达1050人，其中退休971人，请长假79人。这对企业改善劳动组织，提高劳动生产率及妥善安置年老体弱的工商业者都十分有益。据不完全统计，1965年符合退休条件的工商业者有283人。

4月6日—9日　苏州市工商联、民建苏州市委会恢复定期学习，对学习对象进行适当调整，在职的由7个组99人缩减至3个组44人，增加退休工商业者3个组45人、工商业家属1个组22人。中共苏州市委统战部部长马崇儒作动员报告，与会者分组讨论，研究解决学习存在的问题。

4月中旬　苏州市工商联、民建苏州市委会机关的“社教”学习暂告一段落，随后转入学习毛泽东著作、中共中央文件及报刊社论的阶段。

5月27日、31日　苏州市工商联、民建苏州市委会召开工商界市人大代表、市政协委员座谈会，分老年和在职成员两次开会。副主委程延龄传达即将召开的市人大、市政协会议的目的和要求，要求与会者充分酝酿，做好准备。

是月　苏州市工商联、民建苏州市委会机关的社会主义教育学习，自1964年4月开始至此告一段落。

6月1日　苏州市工商联、民建苏州市委会召开常委联席会议，主委陶叔南主持会议。副主委程延龄汇报当前市工商联成员服务与改造的情况，要求与会人员以实际行动响应全国人大常委会的号召，支持越南人民抗美救国的正义斗争，积极投入社会主义教育运动和生产新高潮。

6月3日、10日　苏州市工商联、民建苏州市委会两次召开部分工商界先进生产者（工作者）座谈会，来自工业、商业领域的祝泉源、周维善、顾谦慎等人出席会议，就如何在企业党委的领导下开展工作交流心得体会。

8月9日　苏州市工商联、民建苏州市委会举行报告会，旨在推动工商业者鼓励和支持子女响应党的号召，报名到新疆等边远地区或农村参加农业生产。与会人员主要是子女往届毕业后居家、有条件支边的工商业者，部分子女应届毕业的工商业者及有关促进组组长等，共443人。会议听取了市人委精简办公室负责人的报告、新疆工作组李明媛的新疆情况介绍，市纺织机械厂生产课副课长王德丰、退休工商业者戚伯夫夫妇等表态发言，支持子女支边支农，子女们表示愿意走革命化道路，到边疆、到乡村工作。

9月15日　苏州市社会主义学校举行第十期学习，教学以备战为中心，以阶级斗争为纲，以毛泽东思想为武器，以改造为目的，对学员进行国内外形势大好和党的方针政策的教育。苏州市和各区县工商界、知识界人士106人参加学习，其中工商界79人、知识界27人。学习至1966

年1月12日结束。

10月下旬—11月中旬　苏州市工商联、民建苏州市委会22名两会成员在市政协的组织下，与各界人士一起，分两批到娄葑公社联合大队第一、第八生产队参加秋收秋种，并参观农村和访问贫下中农。

12月31日　苏州市工商联上报单位人员编制情况，编制数55人，实有51人，其中主任办公室4人、组宣处4人、辅导处16人、办公室（含食堂公勤员）14人、家属工作委员会2人、平江区工商联4人、金阊区工商联4人、沧浪区工商联3人。另有5人参加社教工作队，实际工作人员56人。

是年　苏州市工商联、民建苏州市委会成员于下半年先后到华盛造纸厂、东吴丝织厂、铸造机械厂、人民商场、金阊纺织品站等，就生产和两会成员工作、劳动、生活、思想等情况进行调研。从第四季度起，两会除了组织有代表性的退休、请长假工商业者、工商业者家属在各区学习外，其他人员到街道参加各项活动。

是年　苏州市工商联收到定息部分互助金129625.77元，存款利息12540.79元，共计142166.56元。补助支出共计45566.76元，其中经常性补助1649人次、20567元，临时性补助1379人次、15561.76元，拨交“四种人”补助专户8538元，其他支出（半脱产家属委员的津贴）900元。由于部分困难户家庭经济情况有所好转，以及加强了对补助金的会审及对补助家庭全面调查，补助支出比上年同期明显下降。

1966年

3月24日—28日 苏州市工商联和民建苏州市委会召开委员联席扩大会议，两会委员与工商界别的市人大代表、市政协委员122人参加。会议主要传达、学习市人大六届一次会议、市政协五届一次会议的决议精神，交流服务与改造的情况。

4月12日 苏州市工商联向江苏省工商联上报人员配备情况，截至1965年年底，属于国家编制的工作人员有51人，驻会委员3人，有一定时间参与家属工作委员会工作但不属于国家编制的有3人。1966年抽调走工作人员1人，3月底实有工作人员50人。

6月15日 苏州市工商联、民建苏州市委会在中共苏州市委统战部的领导下，开展无产阶级“文化大革命”学习运动，参加学习的有49人，其中干部21人，专职委员28人。

8月8日—21日 苏州市工商联、民建苏州市委会组织政治学习，学习内容以中共中央决定的“十六条”为主，以及中共八届十一中全会公报和《掌握文化大革命的思想武器》《学习十六条，熟悉十六条，运用十六条》《无产阶级文化大革命的纲领性文件》《全国都应该成为毛泽东思想的大学校》等社论。

9月8日 苏州市第三中学红卫兵20余人在苏州市工商联召开会议，苏州市工商联、民建苏州市委两会专职干部27人，民建会员37人，其他民主党派机关干部7人参加会议。会议内容为批判资本家，责令撤销民建组织，陶叔南宣布撤销民建，退出民建，辞去民建苏州市委主委职务。与会的59名民建会员宣布退出，会后联系未参会的会员85人退会，共计144人退出民建组织。

11月7日　苏州市工商联小组进行学习，倪惠楚等15人参加，主要学习《解放军报》11月3日社论《提倡一个“公”字》等。

12月1日　苏州市工商联机关干部捍卫毛泽东思想革命战斗队成立，成员22人，其中队委5人、队长1人、副队长4人。陶继珍为队长，倪惠楚为副队长。

1967年

1月17日 苏州市工商联机关干部捍卫毛泽东思想革命造反队由原战斗队改组成立。共有队员24人，陶继珍等5人为队委，其中陶继珍为队长，倪惠楚为副队长。同日，中共苏州市委统战系统各战斗队成立联合组织——苏州市统战系统革命造反团，市工商联陶继珍、张振华被推为该团团委。

2月 鉴于江苏省工商联、南京市工商联均不再办理生活困难补助，苏州市工商联宣布不再办理补助，冻结苏州市工商界互助金695837元。

3月6日 苏州市工商联革命干部和工商联机关干部捍卫毛泽东思想革命造反队全体队员到市体育馆参加苏州市、区两级机关干部大会，听取毛泽东思想苏州市革命委员会（简称“革委会”）负责人作《关于当前本市革命形势和任务及正确对待干部》的报告。

3月9日 苏州市工商联机关干部捍卫毛泽东思想革命造反队向苏州市革委会请示，提出在职的私方成员确实存在生活困难的由其所在单位酌情补助，不在职的生活困难确需补助的则由市民政局先行垫付，一个季度后再向市工商联结算，并自是月起执行。

3月13日 苏州市工商联机关干部捍卫毛泽东思想革命造反队和工商联机关工作人员革命造反队（原统战系统机关工作人员革命造反队工商联分队）合并，改名苏州市工商联捍卫毛泽东思想革命造反队。

3月15日　苏州市工商联捍卫毛泽东思想革命造反队全体队员，市工商联干部张振华、市工商联副秘书长孙德川参加苏州市革委会在市体育馆召开的市、区干部大会，听取向孝书副主任作关于“革命的三结合”的报告。

4月11日　苏州市工商联捍卫毛泽东思想革命造反队更名为苏州市工商联机关工作人员捍卫毛泽东思想革命造反队，全体队员同意本队加入苏州市党群机关革命联络站组织。

4月12日　苏州市工商联与苏州市工商联机关人员捍卫毛泽东思想革命造反队联合向苏州市革委会打报告，提出凡在职的私方人员生活困难由所在单位给予补助，市工商联对这部分人士不再进行补助；已退休、退职或者长期请假的工商业者在生活上确有困难的，或者是没有工作岗位、生活来源并无依靠的资产阶级分子的家属，由本人申请，经居委会签字提出意见，市工商联革命造反队审核后，暂时仍由市工商联按照实际情况办理补助。宣布不再冻结工商界生活互助金的结存款，改由市工商联革命造反队监督，从严控制，从实际出发，妥善使用经费。

1968年

3月14日 苏州市统战系统造反组织全体成员大会召开，宣布大联合协议达成。大联合委员会（简称“大联委”）由支派与踢派[1]双方各推委员5人组成，市工商联支派黄思农、踢派戴根荣成为大联合委员会成员。

3月15日 苏州市工商联召开全体人员大会，经协商即席宣布本单位实现大联合，支派、踢派双方各推定3人为大联合小组成员。

3月26日—4月9日 苏州市统战系统举办第一期毛泽东思想学习班，学员24人，苏州市工商联戴根荣等7人参加学习。

4月16日 苏州市工商联举办毛泽东思想学习班，全体成员参加学习，学习内容以中央两报一刊社论《革命委员会好》为主。

5月6日 苏州市工商联除“当权派”外，全体成员在东方红剧场参加市级机关大联委举办的毛泽东思想学习班开学动员大会，听取苏州市革委会主任向孝书作动员报告，主要内容是当前本市阶级斗争形势和任务以及促进思想革命化。至17日，学习班第一期结束学习。

5月23日 苏州市工商联大部分成员在东方红剧场参加苏州市军民坚决支持法国、欧洲、北美人民正义斗争大会，并示威游行。

---

〔1〕支派：“文革”时期支持苏州市革命委员会的造反派别。踢派：“文革”时期踢开苏州市革命委员会的造反派别。

6月11日　苏州市工商联全体成员参加市级机关大联委召开的市级机关学习毛主席著作讲用会。

6月13日—17日　苏州市工商联大部分成员赴三元大队，向贫下中农学习，支援夏收夏种。

6月27日　苏州市工商联大联合小组向市级机关大联委上报人员情况，共有成员28人，其中20人在工商联学习、工作和搞批斗，5人调到外单位工作。

7月18日　苏州市工商联参加市级机关大联委举办的毛泽东思想学习班，了解各战线关于“排敌情、反右倾”的学习情况。

7月9日　苏州市工商联机关工作人员无产阶级革命派忠字军战斗队成立，工商联革命造反队与串联会两个组织实现倒旗联合。

7月23日　苏州市工商联20人参加市级机关大联委在江苏师范学院举行的毛泽东思想学习班集中学习。

1969年

是年　苏州市工商联长春巷会址被占用，留守人员先在宜多宾巷组织学习，随后上山下乡。多数专职人员下放至苏北盐城地区各县公社安家落户，会务全面停止。

1972年

11月13日　“文革”期间，苏州市工商联、民建苏州市委会两会中的专职私方脱产成员22人被扣减和停发工资，每月只发40元生活费。苏州市革委会人事局根据中央有关规定，贯彻统战政策，请示市革委会政治工作组，要求恢复他们的工资待遇并补发。12月1日，市革委会政工组同意全部恢复和补发统战对象被扣减的工资（自调出工商联之月起，由调入单位补发工资），一般资本家被扣减的工资，按规定幅度恢复，暂时不补发，将1969年10月调出工商联之前扣减的工资转至现在的工作单位，下乡落户的暂时不转。

1973年

4月22日 原苏州市工商联党派机关工作人员学习小组就中日友好协会访日代表团赴日本友好访问进行交流。与会者对这次访问团的人选、作用、目的及统一战线工作对民主党派、资产阶级的政策进行讨论。代表团体具有一定的广泛性，包括了工农、文化、科学、教育、医务等各个方面的代表。

8月24日 苏州市革委会统战组向市各民主党派、工商联等机关干部传达中共中央30号文件，江苏省工商联原执委、苏州市工商联原副秘书长张秀娟参加会议，表示感激党中央对上山下乡知识青年的关心。

是月 苏州市下放农村的私方人员共有671人，其中带薪下放的125人，已办理退休的51人，办理退职的495人。不少人因下放后生活困难，来信来访要求政府给予帮助解决，实行相同的带薪政策。

1974年

1月17日　苏州市举行部分爱国人士春节座谈会，中共苏州市委书记曲言斌等苏州党政领导和27名各界爱国人士出席。苏州市工商联、民建苏州市委会原副主委浦亮元，江苏省工商联原执委、苏州市工商联原副秘书长张秀娟等工商界代表参加座谈会并发言。

1977年

10月7日　经中共苏州市委批准，苏州市纺织工业局原局长，市工商联、民建苏州市委会原副主委浦亮元调整到苏州市各界爱国人士学习班学习和参加工作，其行政、工资关系仍在人民纺织厂（苏纶纺织厂）；苏州市原副市长，市工商联、民建苏州市委会原主委陶叔南调回市政协，自1977年9月起发放全额工资，因市政协的机构尚未正式恢复，行政工资关系暂转民主党派机关。

10月9日　苏州市原副市长，市工商联、民建苏州市委会原主委陶叔南病逝，享年80岁。13日在火化场举行追悼会，由市工商联、民建苏州市委会原副主委浦亮元主持，市政协副主席陈志安致悼词，中共苏州市委常委、市革委会副主任梅村，市委办公室副主任李尧南，以及市委统战组负责人和市纺工局、红卫丝织厂（振亚厂）代表参加追悼会。民建中央、中华全国工商联送花圈，江苏省政协副主席刘国钧等发来唁电。

1978年

3月8日　中共苏州市委统战部举行各界爱国人士纪念周恩来八十周年诞辰座谈会，苏州市工商联、民建苏州市委会原副主委浦亮元出席座谈会，回忆三次见到周恩来总理的情景及其讲话，表示要牢记周总理的教导，活到老学到老，改造到老，为社会主义事业多作贡献。

5月15日　苏州市各界爱国人士学习班邀请市计委负责人作关于《苏州市国民经济发展规划设想》的报告，苏州市工商联、民建苏州市委会原副主委浦亮元参加学习并发言。

7月上旬　中华全国工商联、民建中央两会负责人胡子婴、孙晓村、孙起孟等在南京召开江苏省部分市工商联、民建两会负责人座谈会，会期5天。会议重点是落实经济政策，要求工商界正确对待定息取消问题，做到“三个不影响”（不影响社会、不影响子女、不影响自己改造）。苏州市工商联、民建苏州市委会原副主委浦亮元与市工商联原副主委兼秘书长张甸国参加座谈会。

7月27日—8月1日　江苏省工商联、民建江苏省委负责人张敬礼、程秉文、陈邃衡等一行6人到苏州考察。先后参加苏州市政协组织的工商界座谈会，苏州市工商联、民建苏州市委会原副主委浦亮元，市工商联原副主委兼秘书长张甸国传达了两会中央负责人胡子婴、孙晓村、孙起孟在南京座谈会上的讲话精神。又召开了工业、商业、退休人员、家属方面的5个小型座谈会，与苏州市两会负责人研究当前工作和有关问题，走访工商业者家庭。最后与中共苏州市委统战部负责人就工商界座谈会情况交换意见。

11月 中国民主建国会苏州市委员会恢复组织活动。[1]

12月18日—22日 中国共产党第十一届中央委员会第三次全体会议召开。全会冲破长期“左”的错误和严重束缚，彻底否定“两个凡是”的错误方针，高度评价关于真理标准问题的讨论，重新确立党的实事求是的思想路线；全会决定停止使用“以阶级斗争为纲”的口号，将全党的工作重点和全国人民的注意力转移到社会主义现代化建设上来，作出了改革开放的重大决策，标志着当代中国进入一个新的历史时期。

〔1〕“文化大革命”结束后，率先恢复活动的是民建苏州市委。由于民建苏州市委与苏州市工商业联合会是合署办公，因此，在苏州市工商业联合会正式恢复活动之前，本编年对民建苏州市委的有关活动予以适当介绍。同时，为反映苏州市工商联是在中国共产党领导和上级组织指导下开展活动的，本编年对中共中央及江苏省委、苏州市委关于工商联活动的重大决策及全国、江苏省工商联的重要决定也作了适当介绍。

1979年

1月22日—24日　中共中央统战部召开落实对民族资产阶级政策问题座谈会。乌兰夫部长提出党对民族资产阶级落实政策的八项措施：（1）所有爱国人士和工商界人士过去蒙受的假案、错案和冤案，必须逐个平反、纠正和昭雪；（2）工商业者在“文化大革命”中被抄走的财物和被占用的私人房产应该发还；（3）过去被扣减的薪金应该补发；（4）以前应领未领的定息可以补领；（5）人事安排不适当的要进行调整；（6）为了调动积极性，应该组织工商业者和职工一起参加劳动竞赛和评比；（7）工商业者的病假工资根据实际情况发给50%—70%，医疗待遇参照职工待遇办法办理；（8）关于工商业者子女入党、入团、升学、招工等问题，要坚持“重在表现”原则，不得歧视。

6月15日　中共中央副主席、全国政协主席邓小平在全国政协五届二次会议开幕词中指出，我国资本家阶级有劳动能力的绝大多数人已经改造成为社会主义社会中的自食其力的劳动者，正在为社会主义现代化建设贡献力量。

6月19日—7月1日　全国五届人大、五届政协二次会议宣布：资本家阶级已经不再存在，这个阶级中有劳动能力的绝大多数人已经改造成为社会主义社会中的自食其力的劳动者。

8月25日　民建苏州市委会召开第五次委员（扩大）会议，宣布成立工商界生活互助金管理领导小组，张甸国任组长，徐鹤亭、薛国杰任副组长。31日，苏州市工商界生活互助金管理领导小组召开第一次会议，讨论通过《苏州市工商界生活互助金暂行办法》，对设立工商界生活互助金的目的、组织领导、资金来源、补助对象及范围、补助标准、审批和发放手续等作出明确规定。

10月19日 中共中央副主席、全国政协主席邓小平在中华全国工商业联合会第四届会员代表大会和民建第三次全国会员代表大会上指出：各民主党派和工商联是中国共产党的亲密战友，在新的历史时期仍然具有重要地位和不容忽视的作用；原工商业者中不少人有比较丰富的管理、经营企业和做经济工作的经验，在调整国民经济、搞好现代化建设中可以发挥积极作用。

是日 中共中央统战部举行茶话会，招待各民主党派中央常务委员和全国工商联常务委员。乌兰夫部长在讲话中指出，资本家阶级已经不再存在，原工商业者应该与职工干部一视同仁，不能再把他们当资本家看待。

11月15日 中共中央转发中央统战部等6部门关于把原工商业者中的劳动者区别出来的请示报告，同意将“三小”（小商、小贩、小业主）从资产阶级工商业者中区别出来，划入个体劳动者范畴。

1980年

1月17日 民建苏州市委会召开第六次全体会议，总结1979年所做的四个方面的主要工作：（1）学习和宣传党的方针政策；（2）协助党贯彻落实有关各项政策；（3）推动成员积极为“四化”建设服务；（4）组织建设和思想建设。

2月22日 民建苏州市委会召开第七次（扩大）会议，学习邓小平《目前的形势和任务》的报告，讨论1979年的工作总结报告，酝酿出席江苏省两会（民建江苏省委会、江苏省工商业联合会的简称，下同）会员代表大会的代表名额分配。

4月 经中共江苏省委批准，苏州市工商业联合会组织恢复，5月开始组织活动。

6月中旬 苏州市两会委员联席会议决定筹备召开市两会会员代表大会，设立文件起草、组织工作两个小组。会议还通过了《关于召开市两会代表大会的决议》和《关于召开两会代表大会的方案》。

7月14日 中国民主建国会苏州市第六次会员代表大会、苏州市工商联第六届会员代表大会开幕，距上一次两会召开时隔17年。江苏省两会发来贺词，中共苏州市委主要领导作《形势和任务》的报告。浦亮元致开幕词，江善先作《关于中国民主建国会苏州市第六次会员代表大会、苏州市工商业联合会第六届会员代表大会筹备工作的报告》，张甸国作《坚定不移跟党走　尽心竭力为“四化”》的工作报告。17日，浦亮元当选为民建苏州市委会、苏州市工商业联合会执行委员会主任委员，惠志方、叶元铮等6人当选为副主任委员，叶元铮兼任秘书长。

8月30日　苏州市两会召开第一次主委办公会议，讨论、决定两会举办为“四化”服务汇报展览会、贯彻中共中央1980年第95号文件、成立两会各专门委员会及人事安排等问题；决定任命陶景媛、张秀娟、严柏筠、贝祖武为副秘书长，孙宝冲、贝祖武、张秀娟、陶景媛、王绒三、叶元铨分别为工商研究委员会、联络委员会、妇女工作委员会、文史资料委员会、退休人员委员会、互助金管理委员会主任。

9月初　苏州市两会召开第二次主委办公（扩大）会议（会议记录未标注具体时间），对出席市第七届人民代表大会[1]、市政协第六届委员会的建议代表、委员名单作出安排。

10月10日—22日　中国民主建国会第三届会员代表大会、中华全国工商联第四届会员代表大会在北京召开，浦亮元、叶元铮、金培元、张秀娟、贝祖武、王恭杰作为苏州代表出席大会。

12月27日—1981年1月8日　苏州市两会举办为“四化”建设作贡献展览会，共展出87名原工商业者和家属的300多件实物、资料和照片等，500多名两会成员，200多名市党政机关、企业领导及其他民主党派成员前往参观。昆山县政协和湖南省衡阳市政协代表也参观了展览。

是年　苏州市两会按照中共中央1980年第95号文件的要求，采取请上来、跑下去、接待来访、请行业骨干反映情况等办法，从8月底开始调研在职成员安排问题，向中共苏州市委统战部汇报调研情况，提出处理意见。至年底，290名在职工商业者中，8人被安排为副厂长、医药站副主任，17人被安排为工厂科长，5人被安排为局、公司科长，13人被安排为店主任，5人被安排为车间主任；261人加入工会组织。

〔1〕苏州市第七届人民代表大会因故没有召开，1981年1月召开了苏州市第八届人民代表大会。

是年　据统计，苏州市两会成员中94人有“三胞”（指台湾同胞、港澳同胞、海外侨胞）亲友431人，其中台湾同胞60人，香港同胞154人。海外侨胞中，美国155人、巴西17人、日本15人、新加坡8人、加拿大7人、德国3人、印度尼西亚3人、澳大利亚2人，瑞士、英国、卢森堡、比利时、瑞典、秘鲁、尼日利亚各1人，[1]其中联合国官员5人、工商界人士161人，学者、科技人员81人，军政人员34人（含已退休），其他150人。全年共有103人次来大陆交流，协助外贸成交的有铜包锁、漆刷、珍珠、罐头等。

是年　苏州市两会成员和沧浪区府前街道筹资5万元创办漳绒丝织厂，两会家属集资支持人民桥街道创办人民工艺编结厂，为两会成员发挥余力、安排待业青年、发展地方经济等搭建平台。

是年　苏州市两会共向原工商业者及其家属327人次发放生活补助金5340元，其中春节临时补助73人、1185元。

---

〔1〕另有材料称，两会成员中香港同胞121人、台湾同胞57人，有海外关系的共51人，其中美国112人、日本11人，其他地区35人。见苏州市工商业联合会：《商会志·苏州市工商业联合会志》（铅印本），1994年6月，第112页。

1981年

1月16日　中共中央统战部、组织部联合印发全国工商联、民建中央常务委员会1980年9月16日作出的《关于协助党和政府做好对原工商业者的安排使用工作的决议》，主要有四项内容：（1）各地两会组织要将全部在职的原工商业者及尚能工作的退休人员，有计划有步骤地就其安排使用情况进行周密的调查研究；（2）分析存在的问题，找出主客观原因；（3）提出具体的落实到每个人的解决方案，并将落实结果通知到本人；（4）安排问题解决后，要注意使用过程中可能发生的问题，继续协助有关部门妥善处理。

1月18日—29日　全国工商联、民建中央召开为社会主义现代化建设服务经验交流会，苏州市两会成员周伯钧、陈德义、张秀娟出席会议，周伯钧作大会发言。

3月8日—9日　苏州市两会召开常委联席（扩大）会议，260多人与会，传达、贯彻两会中央为社会主义现代化建设服务经验交流会议精神，并提出1981年工作要点。

4月下旬　苏州市两会先后召开供销、生产、基建、动力设备科长及厂长、店主任等专业座谈会，相互交流经验、沟通情况、取长补短，向有关部门提供12项书面建议。

是月　苏州市两会妇女骨干响应中共中央书记处关于“全党全社会都要重

视少年儿童健康成长”和全国妇联“为少年儿童做件好事”的号召，本着“出心、出钱、出力”的精神，自筹经费，自备原料，自己设计并动手做了100条涤棉围涎和20件腈纶套衫、开衫，赠给2所幼儿园作为节日礼物。

6月27日 苏州市两会召开第四次常委联席（扩大）会议，传达江苏省两会组织工作座谈会精神，讨论发展成员等问题。

是月 根据江苏省两会要求组织丝绸、纺织工业成员围绕生产和经营排问题、出主意的通知，苏州市两会工商研究委员会写出书面建议，配合市政协经济建设工作组，在调查研究的基础上，提交《关于改善苏州市吃饭难建议》的报告，其中的部分内容经市商业局推荐，在10月3日的《中国财贸报》上以《恢复苏州饮食特色》为题发表。

7月下旬 苏州市两会领导应邀出席市纺织品公司召开的绸缎和复制品洽谈会，来自港澳、东南亚、日本等地区和国家的60多家客商参加洽谈会。

8月25日 全国工商联和民建中常会向各地组织发出《关于各地劳动服务公司和民主建国会、工商联密切配合广开门路、搞活经济、扩大城镇就业的通知》，中共中央统战部于同年9月18日、中共中央办公厅和国务院办公厅于1982年2月19日转发该通知。

8月29日 苏州市编制委员会发文，核定苏州市工商联行政编制14人。

9月5日—10日 江苏省两会副主委程秉文率工作组来苏州，听取苏州市两会为“四化”建设服务的工作汇报，并召开两会在职、退休和有海外亲友成员3个座谈会。

9月26日 苏州市两会召开第五次常委联席（扩大）会议，讨论下半年工作要点，审批新会员入会，决定工商联设一室二处（办公室、组宣处、工商业务处），建立两会协作办公机构。

10月3日 苏州市两会主委浦亮元和副主委张甸国、曹镇榕接待来苏的青岛市各民主党派、工商联参观团，并进行工作交流。

10月6日 苏州市两会工商研究委员会配合市政协经济建设工作组召开咨询服务座谈会，就市第一轻工业局系统如何（超额）完成年度生产计划，以及下一年度的增产增收、节支节能、技术革新、科研等提出建议和意见。

10月27日 苏州市两会召开有300多人参加的为“四化”建设服务经验交流大会，介绍华盛造纸厂曹镇榕、黄天源糕团店冯秉钧、苏州肥皂厂孙宝冲、第二米厂严柏筠、轻工金属材料厂陈德义、印刷二厂朱鸿奎、光明丝织厂朱剑敏、红叶造纸厂叶元淦、嘉美克纽扣厂孙连元、食品公司薛国杰、民丰锅厂祝三多、日用杂品公司陈寿彭、退休成员陈焕章和潘宜平、苏州市工商联顾问张寿鹏等人的先进事迹。

11月4日—7日 常熟县工商联召开第四次会员代表大会，选举49人组成执行委员会，其中21人为常务委员，毛柏生为主任委员。

11月9日 全国工商联、民建中央常委会向全国各地组织印发国家经济委员会《关于进一步加强设备管理工作的通知》，以推动工商联、民建成员围绕设备管理和保养维修问题，积极为企业开展咨询、建议活动。

11月10日 苏州市两会召开第六次常委联席（扩大）会议，推荐苏州肥皂厂副厂长孙宝冲等10人参加江苏省两会为“四化”建设服务经验交流会。

11月13日 苏州市两会副主委张甸国等接待来苏参观的南宁市两会副主委蒙大任、谭津等人。

12月2日 苏州市两会召开第七次常委联席（扩大）会议，传达贯彻江苏省两会为“四化”建设服务经验交流会精神。

12月13日 苏州市工商联副主委、华盛造纸厂副厂长曹镇榕应常州市两会邀请，向260多名财会人员作了《怎样做好财务管理工作》的报告，14日又与部分财会人员座谈交流。

12月14日 苏州市两会率先在市粮食系统成立经济咨询服务小组，重点就下列问题进行咨询服务：发展食品工业生产的设想；食品花色品种增加、生产扩大后，产、供、销渠道的开拓；增产节约、增收节支、技术革新、节能等改善经营管理和企业的整顿；多余物资、设备的调剂余缺等。

是年　在落实政策方面，苏州市在职的原工商业者共有255人，其中158人在“文革”前担任各级领导职务（其中厂长24人、科长41人、车间主任13人、公司副经理4人、店主任46人、在主管局内任科长30人），除了主动要求退休者外，有126人被重新安排领导职务，占需要重新安排人数的92.65%，其中局长级3人、科长级6人、厂长级21人，公司科长、车间主任、中心店主任级52人，公司经理级3人、店主任级41人。苏州市两会在区别“三小”，改正错划右派分子、平反冤假错案，发还“文革”中被冲击、占用的私有房屋及被查抄物资等方面，也做了不少工作。

是年　苏州市工商联共征集成稿文史资料3篇，即贝祖武撰昆剧史料，姬允奎撰《谈“典当”概况及在苏州的盛衰变化》，陶景媛撰《辛亥革命、“五四”“五卅”反帝爱国运动中的苏州工商界》。市两会开始编辑《工作简讯》，年内共出版6期。

是年　苏州市工商联共向378人次发放工商界生活互助金7201元，其中春节期间向123人发放2655元。

1982年

1月4日　全国工商联和民建中常会向各地组织发出为有专长成员建档立卡的通知。这些成员包括：（1）机关、工业企业、事业单位相当于副处长、副厂长以上，商业、服务业相当于区级机构副经理以上的管理人员；（2）机关、工商企事业单位相当于工程师以上的科技人员；（3）行政职务或技术职称虽没有达到以上两条标准，但在经营管理或生产技术上有较丰富的经验和知识或有特殊技艺，并做出一定成绩的人员；（4）高等院校讲师以上的教师，以及有编译著作或其他专长的人员；（5）具有以上四种情况之一，还可以工作的退休人员。

1月5日　中共中央总书记胡耀邦在全国统战工作会议上指出，在新的历史时期，统一战线仍是中国共产党的一大法宝，要认真抓好全国工商联主任委员胡子昂、民建中央主任委员胡厥文1981年12月28日在写给中共中央统战部部长乌兰夫并转报中共中央、国务院领导信中所提出的四条建议[1]的落实工作。

1月8日　全国工商联、民建中常会向中共中央、国务院办公厅报送《关于贯彻执行〈中共中央、国务院关于广开门路，搞活经济，解决城镇就业问题的若干决定〉的请示报告》，表示两会将协助有关方面，着

〔1〕四条建议的内容是：加强统战工作理论、政策的再教育；尊重和听取各方面代表人士的意见，必须做到经常化、制度化；充分发挥和运用民主党派、人民团体的力量，做好落实政策工作；为民主党派、工商联创造工作条件。

重做好以下工作：发展城镇集体和个体经济，并为之提供咨询服务；在党委和政府有关方针、政策指引下，接受劳动服务公司委托举办或与有关部门联合举办各种专业训练班；根据需要和可能，自筹资金或与有关方面共同集资，举办独立核算、自负盈亏的集体企业；采取“扶上马，送一程”的方式，推荐合适的人员为集体企业的生产和经营管理工作当参谋、做顾问。

1月31日 《新华日报》报道原工商业者、苏州市两会成员高吉甫（新苏丝织厂原副厂长）、丁庆田（光明丝织厂原副厂长）、林焕文（东吴丝织厂工程师）、范广德（光明丝织厂）、朱剑敏（光明丝织厂技术科副科长）、马寿民（光明丝织厂经纬车间副主任）、潘宜平（市漳绒联营处原主任、新光漳绒厂私方厂长）等为发展苏州丝绸业所作的贡献。

是月 苏州市两会蔬菜咨询服务小组于月初成立，主要就下列问题提供咨询服务：改革产、供、销的经营环节、体制和结构；改善企业经营管理、做好市场供应；开源节流、提高经济效益，使国家少赔钱、不赔钱；改进商品储存、保管措施，减少霉烂损失，做到物尽其用。方法上采取先易后难、小处着手、大处着眼，量力而行，抓准问题，讲究实效。

2月15日—20日 苏州市两会组织全体委员、民建苏州市委会会员及妇女骨干观看彩色纪录片《拼搏》，学习中国女排敢于拼搏、为国争光、振兴中华的爱国主义精神。

2月16日 苏州市工商联参与发起成立苏州市儿童少年基金会，民建苏州市委会、苏州市两会领导的家属及女性成员先后捐赠5.27万元。

3月5日 苏州市两会眼镜业咨询服务小组成立，主要就下列问题提供咨询服务：在销售上如何进行适合市场的竞争；根据传统产品情况，对照国内外行情，要设计什么样的产品；结合企业整顿，对经营管理、组织机构提出改进意见。

3月16日 苏州市两会召开委员（执委）联席会议，学习全国统战工作会议精神和中共中央总书记胡耀邦关于统一战线工作的讲话，审议市两会1981年工作总结和1982年工作要点。

3月19日　全国工商联和民建中央常务委员会向各地组织发出《关于对两会举办投资服务公司情况进行调查研究工作的通知》，要求各地对两会及成员创办投资服务公司的情况和存在的问题，进行调查研究，提出解决意见，并将书面材料报送两会。

4月4日　苏州市工商联与各民主党派召开为“四化”建设服务经验交流会，700多人出席。会议通过了为“四化”建设服务的倡议书。中共苏州市委副书记潘林儒到会并讲话，肯定了市工商联和各民主党派所做出的成绩。

是月　苏州市工商联副主委、华盛造纸厂副厂长曹镇榕及市工商联常委、苏州针织总厂计划调度科科长王仁彪获1981年度市先进工作者称号，市工商联常委孙宝冲在市人大八届二次会议上被补选为常务委员。

5月11日—14日　苏州市两会妇女委员会主任张秀娟出席在南京召开的部分省、市妇女工作调查会，并分享苏州市两会妇女委员会配合开展“三胞”联络工作的经验。

5月12日　苏州市两会主委浦亮元、常务副主委张甸国等参与会见来苏州参观访问的镇江市政协、各民主党派和工商联代表团一行11人。

5月18日　苏州市两会常务副主委张甸国接待来苏州交流的昆明市工商联常委汤坚华一行，市两会工商业务处介绍开展咨询服务及协助街道办企业等方面的工作及体会。

是日　苏州市两会丝绸咨询服务小组配合市丝绸公司，邀请上海丝绸纹样设计专家丁庆龄举行丝绸设计专业讲座，并即席进行指导，60多人参加。19日，丁庆龄参加丝绸设计人员座谈会，并当场进行辅导。

5月27日　苏州市两会机械工业经济咨询服务组成立，主要就改进生产技术、经营管理、挖潜革新、产品升级换代、安全生产、三废治理等提供咨询服务。

是日　天津市工商联副主委万国权一行7人来苏州，苏州市两会主委浦亮元、常务副主委张甸国等介绍了两会的工作。

5月29日　全国工商联副秘书长汤从列等在苏州调研，苏州市两会常务副主委张甸国介绍了两会开展的经济咨询服务工作。

6月7日　徐州市工商联一行11人来苏州，苏州市两会常务副主委张甸国、江善先等予以接待并进行交流。

6月26日　苏州市两会纺织工业经济咨询服务组召开第二次会议，决定就如何开拓市场、改革产品结构、解决产品滞销，如何结合企业全面整顿、增产节约、增收节支、提高经济效益，如何解剖“麻雀”、找出亏损原因等问题开展咨询服务工作。

是日　苏州市两会丝绸工业经济咨询服务组召开第一次全体会议，决定对产品积压的原因及改进措施、推销处理办法等提供咨询服务。

是月　苏州市两会按照“扬长避短，实事求是，量力而行，讲究实效”原则，以专业、小型和提建议为主，截至是月，市蔬菜公司、眼镜总厂、机械工业局、丝绸工业公司、纺织工业公司经济咨询服务小组共提出80项建议，其中被完全采纳的有52项（已实施42项），被部分采纳的有7项，尚待研究的有15项。

7月6日—9日　苏州市两会妇女工作委员会主任张秀娟参加江苏省两会妇女工作委员会会议，听取对中央两会七省一市妇女工作调查会议精神的传达，交流工作经验，研讨两会妇女在“两个文明”建设中如何发挥作用。

7月14日—27日　两会中央召开经济咨询服务工作经验交流会，叶元铮、曹镇榕、毕炳林等作为苏州的两会代表出席会议。出席会议的中共中央、国务院有关部门的领导人一致表示要大力支持两会的经济咨询服务工作。《人民日报》7月21日发表《发展经济咨询服务》的评论员文章，肯定咨询服务工作对国民经济的调整、改革、整顿是很有用的，是为“四化”服务的有效形式之一。

7月21日　苏州市两会召开第八次主委办公（扩大）会议，传达中共苏州市委统战部负责人关于落实政策等问题的意见，并就两会成员的政治安排等问题进行讨论。

8月5日　苏州市两会妇女工作委员会召开第三次委员（扩大）会议，传达全国两会妇女工作委员会在南京召开的部分省、市妇女工作调查会议精神和江苏省两会妇女工作委员会第三次委员会议精神。苏州市两会主委浦亮元等应邀参加会议并讲话。

8月6日　苏州市两会邀请部分常委及两会成员中的市人大代表、市政协委员进行座谈，推动他们与在台湾亲友加强联系，为祖国和平统一大业作出贡献。

8月21日　苏州市两会召开委员会、执委会联席（扩大）会议，两会主委浦亮元、常务副主委张甸国分别主持会议，工商业务处处长毕炳林传达两会中央召开的经济咨询工作经验交流会精神，叶元铮副主委传达全国政协副主席刘澜涛、中共中央统战部部长杨静仁在会议上的讲话，曹镇榕副主委传达国务委员、国家经济委员会主任张劲夫的讲话，石高才副市长、中共苏州市委统战部副部长惠志方在会上讲话，两会机械工业经济咨询服务组虞钧培、机械工业局顾问陶松华、饮食服务公司唐慎志先后发言。

9月11日　苏州市两会苏州茶厂经济咨询服务小组成立。

9月18日　苏州市两会饮食服务公司经济咨询小组成立。

9月23日　苏州市两会召开第九次常委联席（扩大）会议，学习中共第十二次全国代表大会文件，传达江苏省两会主委办公会议精神，筹备成立咨询服务工作中心组。

9月25日　苏州市两会医药公司经济咨询服务小组成立，中共苏州市委统战部副部长惠志方、市两会常务副主委张甸国到会并讲话。

10月7日　苏州市两会机械工业经济咨询服务组全部成员及工商业务处工作人

员赴市红旗电表厂进行调研。11日，针对该厂存在的问题和薄弱环节提供咨询建议。

10月9日　江苏省两会联络处副处长薛增义等来苏州了解两会的联络工作。12日，召集在台湾地区和海外有亲友的两会部分成员进行座谈。

10月14日　苏州市工商联副主委钱小铮、两会妇女工作委员会主任张秀娟等组织20名妇女骨干赴江阴县华西大队参观学习。

10月30日　苏州市财贸办公室邀请市两会经济咨询服务中心工作组和工商业务处部分成员，就新村商业网点配套问题进行座谈。

11月1日—5日　呼和浩特市工商联一行7人来苏州参观访问，苏州市两会主委浦亮元、常务副主委张甸国出面接待，并就开展经济咨询服务、组织和妇女工作等进行交流。

11月中旬—12月中旬　苏州市两会工商业务处处长毕炳林先后向来苏州参观交流的响水县、嘉兴市、大丰县、蚌埠市政协参观团介绍两会开展经济咨询服务工作的情况。

11月27日　苏州市两会主委浦亮元、常务副主委张甸国接待来苏州参观交流的大连市政协、两会代表团一行14人。

11月29日—12月2日　江苏省两会副秘书长胡敏等调研苏州市两会经济咨询服务和妇女工作，并征求对省经济咨询服务工作经验交流会的开法、名额分配等问题的意见。

12月6日　苏州市两会邀请经济咨询服务中心工作组和丝绸等9个专业咨询小组的组长及17名常委举行座谈会，对机构改革提出建议。

12月28日　苏州市工商联邀请部分常委及两会成员中的市人大代表、市政协委员举行学习新宪法座谈会。

是年　苏州市工商联按照两会中央7月召开的经济咨询服务工作经验交流会提出的“三化”（组织化、专业化、协作化）“四个方面的结合”[1]要求，一年中先后在机械、蔬菜、眼镜、纺织工业、丝绸工业、茶厂、饮食服务、医药等系统建立8个经济咨询服务组，并于10月份建立两会经济咨询服务中心工作组；就挖潜增产、修旧利废、堵塞漏洞、节约开支、降低成本等方面，共提出198项建议，已被采纳127项，部分被采纳的10项；“文革”前有职称、被安排的158名原工商业者中，除9人退休外，其余149人均已被重新安排。

是年　苏州市两会委员及以上级别人员中，24户共1141平方米在“文革”中被冲击、占用的房屋被发还，部分被查抄的文物、字画也被发还。

是年　苏州市两会联络委员会、妇女工作委员会密切配合，广泛宣传党对“三胞”的方针政策，消除疑虑。两会成员中有海外关系的共114人，“三胞”总数为686人，分布在19个国家和地区，来苏州市工商联洽谈者99人、函电联系者196人次。

是年　苏州市两会妇女工作委员会推动和帮助两会妇女积极投入创建“五好家庭”和“五讲四美”活动，有8位成员及其所在家庭被评为市、区一级“好家庭”“好家长”“好邻居”等。两会妇女工作委员会向市儿童少年福利基金会赠款51740元，分别被授予江苏省和苏州市的儿童少年工作先进集体荣誉称号。

是年　苏州市两会对工商界生活互助金的生活费计算标准与申请手续进行调整和改进，全年共向327人次发放困难补助5860元，春节临时补助173人、4045元。

---

〔1〕即要把主动争取党政领导的支持同充分发挥两会组织和成员的积极性紧密地结合起来，把对经济方针政策的咨询服务同具体业务的咨询服务紧密地结合起来，把物质文明建设同精神文明建设紧密地结合起来，把当前的咨询服务工作同传、帮、带和工商专业培训紧密地结合起来。

1983年

1月7日　苏州市两会召开经济咨询服务经验交流会，市两会常委、执委及9个经济咨询服务组成员等200多人与会。

1月10日　苏州市两会经济咨询服务组中心组召开全体会议，讨论江苏省两会转发的内蒙古自治区昭乌达盟请求经济咨询的项目。

2月22日　全国工商联和民建中常会向各省、市、自治区两会发出《关于开展工商体制改革咨询服务工作的通知》，要求各地两会成员：（1）协同进行工商体制改革的调查研究和咨询服务工作，并注意总结经验；（2）对零售商业和饮食服务业推行的经营承包责任制，开展专题调查研究，提出咨询建议；（3）研究以承包为中心的经营责任制在实践过程中出现的诸如承包形式、内容和工资制度等政策性问题，提出意见和建议。

3月8日前　苏州市两会妇女委员会要求两会妇女成员响应市妇联号召，投入“全民礼貌月”活动，学习先进人物，广泛开展绿化植树种草栽花，打扫卫生，创造优美工作和生活环境；为孤寡老人送温暖、做好事，以实际行动纪念“三八”国际劳动妇女节73周年。

3月10日—12日　苏州市两会经济咨询服务中心工作组组织丝绸、机械、粮食、饮食服务、中百等咨询服务组的代表，去常州市学习企业改革工作和实行多种形式经济责任制的经验。

3月17日—23日　苏州市两会机械工业经济咨询服务组部分成员应邀到苏州互感器厂开展咨询服务活动，在深入车间进行实地观察的基础上，提出改进意见。

3月25日　苏州市两会食品工业公司经济咨询服务小组成立。

4月10日　江苏省两会负责人带队来苏州，就协商、落实支援少数民族地区的经济咨询项目和恢复、发展传统食品进行调研。

4月12日　全国工商联和民建中常会发出《开展少数民族地区经济咨询服务工作座谈会纪要》，提出继续贯彻“实事求是，尽力而为，拾遗补缺，讲求实效”的工作方针，具体帮助少数民族地区制订宏观经济发展规划、培训专业技术人才、改革管理体制和经营体制、进行文明经商和职业道德教育等。

是日　天津市河西区两会参观团一行8人来苏州参观，与苏州市两会就开展经济咨询服务和培训工作等进行座谈交流。

5月中旬　夫子庙青年商场相关人士由南京市两会介绍来苏州，就沟通货源渠道、扩大商品销售等事宜与苏州市两会进行商谈。经苏州市两会联系，共成交商品3万多元。

5月16日—18日　苏州市两会粮食咨询服务组部分成员在市粮食局党委领导下，赴昆山县就粮食系统的质量问题进行调研，并开展咨询服务。

5月19日　两会中央在苏州召开传统食品专业咨询座谈会，苏州市两会成员朱家元、陈路易出席会议，市两会还向会议提供《关于苏州市“传统糕点”的情况调查》《苏州风味食品“卤菜”情况》《关于苏州著名地方小吃情况汇报》等材料，其中部分内容由两会中央综合报送中共中央和国务院。

是日　苏州市两会联络委员会以开展经济咨询服务为重点，通过“三胞”联络，提供咨询服务，并与市科技情报所挂钩，互通科技情报资料。

6月10日　苏州市两会推荐叶元铮、胡小弟参加江苏省两会经济咨询服务代表团，前往广西壮族自治区百色地区，开展“智力支边”活动。

6月11日　苏州市两会食品公司经济咨询服务小组成立，提供4项咨询服务：（1）对猪、禽、蛋的生产情况估计面临的问题如何采取措施；（2）经营管理方面如何搞好责任制；（3）恢复传统风味食品如何培养接班人；（4）如何合理增设网点。

6月27日　苏州市两会召开正副主委、秘书长会议，着重讨论长春巷22号房屋落实政策问题及委托市政协营建两会办公用房等事宜。

7月11日　苏州市两会召开第十三次主委（扩大）办公会议，着重讨论施相公弄民智巷3号房屋收回后进行大修理和部分翻建等事宜。

7月21日　苏州市两会经济咨询服务中心工作组召开（扩大）会议，12个专业经济咨询服务组[1]的全体成员，两会正副主委、各处（室）及联络、妇女工作委员会的负责人共100多人与会，市政协、市商业局、市协作办等单位也派人参加会议。

7月23日　民建江苏省委会副主委、省工商联副主任陈邃衡来苏州，传达全国政协六届一次会议精神，并检查和了解苏州市两会工作情况。

7月25日　江苏省两会副秘书长陶可立来苏州，与苏州市两会研究组织第二批“智力支边”人员。26日，邀请有关人员进行座谈，就广西百色地区再次要求组织力量开展经济咨询服务进行讨论。8月10日，苏州市两会组成赴百色地区东笋、德保和田阳3个造纸厂的咨询服务组。

是月　苏州市两会苏州茶厂经济咨询服务小组上报《关于确保花源供应，以完成国家计划的紧急建议》获分管经济工作的副市长批示：请经济咨询服务小组再听听农业方面的意见，得出一个合理的解决办法。

8月18日　苏州市两会召开食品工业、食品商业饮食经济咨询服务小组负责人会议，传达国务院办公厅向各省、市、自治区人民政府及有关部门转发两会中央“关于恢复和发展传统食品建议”的通知。

---

〔1〕即丝织、纺工、医药、饮食服务、烟糖、供销、中百、粮食、机械、轻工、妇女工作、浒关地区咨询服务组。

8月25日、27日　苏州市工商联分别邀请部分在职和退休的常委、执委及有代表性的“三小”业主、两会机关干部等，召开多次座谈会，讨论《中华全国工商业联合会章程修改草案（讨论稿）》，充分肯定修改草案符合实际，明确全国工商联在新的历史时期的性质与任务，有利于开创工作新局面，同时对部分内容也提出了一些修改意见。

9月22日—25日　苏州市工商联副主委叶元铮、王震瀛等率领两会经济咨询服务组赴杭州参观学习，经济咨询服务中心组、12个专业组与杭州咨询服务组进行对口交流。

9月23日　苏州市两会有关领导出席市政协召开的落实统战政策检查组会议，并从27日开始，对落实私房政策和清退查抄文物情况进行检查。

10月14日　苏州市两会和市丝绸工业公司联合举办的婴幼儿保教人员培训班开学，11月12日结业。

10月25日　苏州市两会召开经济咨询服务工作经验交流会，两会委员、各经济咨询服务组成员、各行业的骨干和家属代表共200多人出席会议。中共苏州市委、市政府有关部门，有关局、专业公司，中共常熟市委统战部、吴县县委统战部，江苏省两会、常熟市两会等26个单位的负责人莅会指导。

11月8日—19日　苏州市两会负责人浦亮元等出席全国工商联第五届会员代表大会和民建第四次全国代表大会。浦亮元、叶元铮分别当选为民建中央常务委员会委员、全国工商联执行委员会委员。

12月15日—19日　苏州市工商联副秘书长张秀娟出席江苏省第六次妇女代表大会，副主委钱小铮当选为省妇联六届执委。

是年　苏州市两会经济咨询服务组成员增加到148人，除积极参加江苏省两会组织的“智力支边”活动外，服务组还受民盟苏州市委的委托，帮助吴江县庙港公社开弦弓（江村）丝织厂改善经营管理，处理积滞产品，提高技术水平，使其恢复生机；应彩香浜街道办要求，推荐退休成员协助创办彩香商场；配合“地市合并、机构改革”，提出6份共32项122条建议供有关部门参考；提出75项168条经济方面的建议（已落实43.2%），取得130多万元的可计算经济效益；配合市政协工商工作组对蔬菜的产、供、销进行调研，形成报告，供有关部门参考；积极开展工商专业培训，为合肥市培训了生产苏式、广式糕点的青年工人，并协助筹建了南方食品厂。

是年　经苏州市两会协商、推荐，共有28名成员当选为江苏省和苏州市、区人大代表，其中1人任市人大常委会副主任、1人任副局长；48人任省、市政协委员，其中省政协常委1人、市政协常委8人。

是年　34名苏州市两会市级委员在“文革”中被冲击、占用的133间、2570平方米房屋，已归还122间、2390平方米；被查抄文物的34户中，有21户归还原物或作折价处理。

是年　苏州市两会成员中，有“三胞”亲友的有132人，共联系857名亲友[1]，109人次回来探亲访友、观光旅游或洽谈业务。

是年　苏州市两会妇女成员中，共有33户被评为市、区“五好家庭”；配合市政协妇女工作组开展维护妇女、儿童合法权益的调查研究，关心下一代的健康成长。

是年　苏州市两会组织力量，查阅历史档案2400多卷，摘录60多万字，写出15篇主要行业的同业公会史、企业史、工商人物小传的初稿。

是年　苏州市两会全年共补助困难成员677人次，比1982年增加35.4%，补助金增加38.1%。

〔1〕一说为867人。见苏州市工商业联合会：《商会志·苏州市工商业联合会志》（铅印本），1994年6月，第112页。

1984年

1月9日　全国工商联发布工作要点：加强组织建设；做好对会员的调查了解；积极开展联络服务工作；继续协助政府贯彻落实政策；继续做好生活互助金补助工作等。

1月16日　江苏省两会领导陈邃衡、施宪章等来苏州调研，听取苏州市两会的工作汇报和开展经济咨询服务情况，并召开有市两会部分常委、执委等参加的4个座谈会。

1月18日　苏州市工商联副主委王震瀛应邀列席民建苏州市委会第十一次全体委员会议，听取两会主委浦亮元传达民建第四届全国代表大会精神，副主委张甸国传达民建中央文件内容。

2月10日　苏州市两会中百经济咨询服务组文化用品小组举办商品知识讲座，以帮助职工提高业务技术水平。

2月25日　苏州市两会饮食经济咨询服务组召开全体会议，就将太监弄建成“饮食一条街”，增设网点，恢复五芳斋、乐口福、小有天等著名小吃店等问题进行讨论。

2月27日　苏州市两会纺织工业经济咨询服务组应郊区长青乡经济联合委员会、工业公司、长青织布厂要求，到该厂进行调研。

3月28日　苏州市两会成员中出席市人大九届二次会议、市政协七届二次会议的代表、委员，围绕中共十二大确定的总目标、总任务，讨论进一步全面开创苏州市社会主义建设新局面，共商进一步推进经济建设、社会发展和“两个文明”建设大计。

3月29日　苏州市两会丝绸工业经济咨询服务组部分成员前往光明丝织厂扶持的知青厂、新明丝织厂考察调研。

4月12日　苏州市工商联常委、两会纺织工业经济咨询服务组副组长、苏州针织厂计划科科长王仁彪，在全国纺织工业劳动模范、先进集体代表会议上被纺织工业部、中国纺织工会授予全国纺织工业劳动模范称号。

4月21日　苏州市两会机械工业经济咨询服务组首次接受苏北地区的经济项目咨询，派员参加由江苏省两会组织的咨询服务组赴盐城市考察调研。

4月24日　苏州市两会联络委员会邀请有“三胞”亲友的两会成员举行座谈会。5月5日、12日，又召开2次座谈会，以加强与“三胞”亲友的联系与沟通。

5月10日　苏州市工商联、民建苏州市委会与中国农工民主党苏州市委会联合组织的中药专业咨询服务组正式成立。

5月21日　江苏省工商联副秘书长胡敏、组织宣传处副处长余锦祥率工作组来苏州，了解苏州市两会协商推荐出席省两会会员代表大会代表的情况，并听取苏州市工商联组宣处、业务处的工作汇报。

5月31日　苏州市两会召开第十四次联席（扩大）会议，传达江苏省两会关于出席会员代表大会代表名额及产生办法的意见，汇报苏州市出席省两会会员代表大会代表的协商推选工作情况，协商、讨论决定出席省两会会员代表大会的代表人选。

6月30日　苏州市工商联与市各民主党派联合召开为“四化”建设服务经验交流大会。会议的目的是：总结经验，明确任务，表彰和学习先进，进一步推动和促进广大成员解放思想，实事求是，锐意改革，团结奋斗，为实现经济翻两番的总目标，为“两个文明”建设和20世纪80年代的三件大事作贡献，向新中国成立35周年献礼。中共苏州市委、市政府、市人大、市政协和有关部、委、局及各县县委、县政协、各区区委的负责人莅会指导，市工商联与各民主党派的全体成员（委员）和经济咨询服务组的全体成员出席会议，共有1000多人。

7月28日 广西壮族自治区德保县经济委员会、轻工业局领导率队来苏州参观考察学习，在苏州市两会协助下，与苏州市香料厂举行2次会谈。

8月8日 苏州市两会经济咨询服务小组第三次赴广西百色进行考察、指导。

8月27日 苏州市两会召开二十五次主委第办公（扩大）会议，着重讨论组织工作、筹建苏州工商经济服务公司、举办市政协表彰大会等问题。

8月30日 苏州市工商联常委会召开第十五次全体会议，讨论与协商筹建苏州工商经济服务公司、推荐市政协表彰大会的表彰人选、开展“老年之家”活动等问题。

9月17日 江苏省两会妇女工作委员会副主委、苏州市两会妇委会主任张秀娟参加省两会妇委会正副主委（扩大）碰头会，就如何发挥两会成员中女性会员的作用进行讨论。

9月17日—19日 常熟市工商业联合会召开第五次会员代表大会，选举产生由57人组成的执行委员会，其中25人为常务委员，毛柏生为主任委员。

9月26日 苏州市两会“老年之家”正式开放。

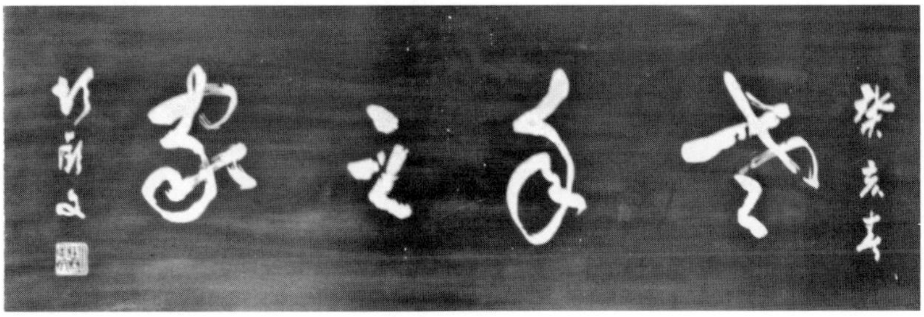

民建中央主委胡厥文题“老年之家”匾额

9月27日 全国政协常委、两会中央副主席孙起孟等来苏州考察调研，听取苏州市两会有关学习、咨询、培训、妇女等工作的汇报，会见、看望市两会负责人、部分干部及两会机关工作人员，并发表讲话。

10月15日 苏州市两会召开第二十六次主委（扩大）办公会议，着重讨论、确定市政协表彰大会人选等问题。

10月19日 苏州市两会筹建的苏州工商经济服务公司正式成立。

10月27日 中共苏州市委统战部邀请苏州市工商联和各民主党派负责人座谈、协商，提出《关于市各民主党派、工商联召开代表大会的意见》。

11月1日 苏州市两会召开第二十七次主委办公会议，传达、学习中共苏州市委统战部《关于市各民主党派、工商联召开代表大会的意见》，讨论、研究召开大会的打算、代表名额及产生办法，成立文件起草、组织和会务3个工作组等事项。

11月3日 苏州市两会常委会召开联席会议，传达《关于市各民主党派、工商联召开代表大会的意见》。

11月20日 苏州市工商联邀请工商界代表性人士召开座谈会，传达市两会常委会联席会议精神，并就酝酿协商推选出席代表广泛听取意见。

11月24日 苏州市两会推荐的市两会经济咨询服务中心小组、江苏省两会赴广西经济咨询服务组苏州小组与市两会纺织工业经济咨询服务组、两会机械工业咨询服务组、两会妇女工作委员会等5个先进集体和2位先进个人，出席江苏省政协召开的表彰先进大会。

11月26日 苏州市工商联副主委叶元铮、王震瀛会见盐城市郊区政协赴苏南两会回访组全体成员，并进行座谈。

12月17日—19日 民建苏州市第七次会员代表大会、苏州市工商联第七届会员代表大会召开。中共苏州市委、市人大常委会、市政府、市政协及市委统战部、致公党苏州市工委、市归国华侨联合会、市台湾同胞联谊会的负责人到会祝贺。苏州市两会主委浦亮元致开幕词，副主委张甸国作《坚定不移跟党走，尽心竭力为“四化”，奋力开创市两会工作新局面》的工作报告。大会选举第七届委员（执委）会，叶元铮当选为主任委员，毛柏生、毕炳林等8人为副主任委员，毕炳林兼秘书长。

是年 苏州市两会市级委员“文革”期间被冲占的房屋基本归还，普通成员被冲占的房屋在陆续清退；多名历史上被错判、重判的两会成员被落实政策；接待处理125人次要求落实政策的来信来访活动。

是年 编印《咨询动态》26期、《市场信息》32期，共提供173篇信息，反映市场动态、交流商品行情、研究消费变化、预测市场趋势、提供改善经营管理的意见或建议，与中国社会科学院的《经济参考》、江苏省经委的《江苏经济信息》、杭州人民广播电台信息组、南通市纺站信息科、湖南工商信息中心、《无锡信息报》、《苏州报》经济部、吴县供销社信息组等建立业务联系。

是年 苏州市两会工商史料组从旧商会档案资料中共摘录100多万字（本年度摘录40多万字）的材料，制成从清末到新中国成立前夕的档案索引卡2000多张，接待30多个单位、100多人次前来查阅；完成市方志办下达的24个行业的初稿写作任务；编写了自光绪三十一年（1905）至1937年的《国内部分大城市商会和东南亚地区若干华侨商会的创建历史资料》；编写了工商史、人物传等12篇，两会工商史料工作委员会获市政协表彰的先进集体荣誉称号。

是年 苏州市两会妇女工作委员会获市政协表彰的先进集体荣誉称号。

是年 苏州市两会全年动用工商界生活互助金，共向920人次提供困难补助，比上年增加37.93%，金额为20232元，比上年增加47.95%。

1985年

1月9日　中共中央总书记胡耀邦在一份文件上批示：工商联办企业可以放宽。

1月14日　苏州市两会工商界生活互助金管理委员会举行换届后第一次全体会议，市工商联副主委、生活互助金管理委员会主任薛国杰主持会议。

2月4日　苏州市两会经济咨询服务中心组召开会议，讨论上年度工作总结及本年度工作打算，市政协和中共苏州市委统战部均派人参加会议。

2月5日—7日　苏州市工商联主委叶元铮与副主委王震瀛、毕炳林等先后到常熟市、吴县、昆山县、太仓县、沙洲县，为工商联常委及工商界代表性人士送上春节慰问。

2月6日　苏州市工商联工商史料工作委员会举行换届后的第一次全体会议，就今后的工作安排等问题进行讨论。

2月7日　苏州市两会妇女工作委员会举行换届后的第一次全体会议，对上一年度的工作进行总结，提出本年度的工作打算。

2月8日　苏州市两会召开第四次主委联席（扩大）会议，讨论新办公大楼部分用房的产权问题。

2月9日　苏州市工商联主委叶元铮、沈鹤寿等看望寓居上海的市工商联顾问姚轩宇等人。

2月12日 苏州市两会“老年之家”工作委员会举行第一次委员会议，汇报“老年之家”的筹建情况，提出本年度的工作打算。

2月16日 苏州市两会迁入新址五卅路89号办公。

是月 江苏省两会在苏州市召开经济咨询服务工作经验交流会。苏州市两会经济咨询服务中心工作组、纺织工业咨询服务组、丝绸工业经济咨询服务组进驻吴江开弦弓丝织厂提供咨询服务的吴同希等人在会上作交流发言。

3月3日 中共中央统战部副部长平杰三、李定在南京主持召开苏锡常两会座谈会，就两会的组织发展、干部老化等问题进行交流。

3月15日 苏州市两会联络工作委员会召开换届后的第一次全体会议。

3月16日 苏州市两会召开第五次主委联席（扩大）会议，主要听取主委叶元铮传达江苏省两会第四次主委联席（扩大）会议及中共中央统战部副部长平杰三、李定主持召开的苏锡常两会座谈会精神，包括两会参与经济活动的规范经营、对外联络、组织建设、落实政策等内容。

3月21日 苏州市两会七届常委会召开第二次联席（扩大）会议，传达两会中央、江苏省两会关于学习贯彻《中共中央关于经济体制改革的决定》的有关会议精神，审议市两会工作汇报及打算，讨论和决定苏州工商经济服务公司有关事项。

3月27日 苏州市工商联主委叶元铮在市政协九届四次会议上被增选为副主席。

4月6日—9日 江苏省两会在苏州召开全省经济咨询服务工作座谈会。

5月5日 根据江苏省编制委员会、财政厅通知，苏州市工商联机关工作人员编制由14人增至20人。

5月8日 在两会中央召开的支援少数民族地区经济发展经验交流会上，叶元铮作为先进个人出席会议，并作题为《响应党号召，咨询到边疆》的交流发言；冯国祥作为苏州市两会支边造纸咨询小组先进集体的代表参加会议。

6月3日　苏州市两会召开第七次主委联席（扩大）会议，就发展组织等问题进行讨论。

是日　民建江苏省委会主委陈邃衡、江苏省工商联主委程秉文等来苏州就组织发展等问题进行调研。

6月10日　苏州市两会召开为“四化”服务工作经验交流会，市工商联主委叶元铮主持会议，200多人出席。

7月1日　全国工商联和民建中常会转发《中共中央统战部〈关于民主党派、工商联引进新人，加强领导班子问题的几点建议〉的通知》。[1]其后，又相继发出《关于认真贯彻中共中央统战部〈关于民主党派、工商联引进新人，加强领导班子问题的几点建议〉的意见》（8月6日）、《关于进一步抓紧做好引进新人，加强领导班子工作的通知》（10月31日），要求各级组织做好引进新人、加强领导班子建设的工作。

是日　苏州市工商联副主委、常熟市两会主委毛柏生成为中共预备党员。

7月2日　苏州市工商联副主委、秘书长毕炳林与中共苏州市委统战部负责人等赴江阴县参观学习。

7月4日　江苏省人民政府批复同意恢复市、县工商联组织。此前，部分县的工商联组织已恢复活动。

7月15日　苏州市两会召开第八次主委联席（扩大）会议，听取常委冯国祥汇报出席两会中央召开支援少数民族地区经济咨询表彰大会、副主委毕炳林汇报参观江阴县恢复县工商联的情况。

7月17日　全国工商联向中共中央办公厅、国务院办公厅报送《关于工商联办企业的请示报告》，认为工商联成员一般都具有一定的经营管理企业的经验和生产技术才能，与港、澳、台和国外工商界有较多联

〔1〕中共中央统战部《关于民主党派、工商联引进新人，加强领导班子问题的几点建议》提出，在对各民主党派、工商联原有领导成员不作变动的前提下，在1985年6月底前，各级民主党派和工商联领导机构都要适当增加一些40—50岁（中央一级可到55岁）的新人（全国增加编制2000人），并在几年内逐步形成梯队。

系，各级工商联响应中共中央和政府关于广开门路、搞活经济、解决城镇就业的通知，办了一些企业，对经济发展起到了一定作用。8月10日，中办、国办批复同意工商联将该报告下发。

7月29日　苏州市两会领导、成员出席市经济和社会发展战略讨论会，就发展丝绸、造纸工业和旅游事业等提出建议，并和市政协经济工作组联合提出《恢复传统食品、振兴苏州食品工业》建议。

9月18日　苏州市两会召开第九次主委联席（扩大）会议，传达中共中央统战部《关于民主党派、工商联引进新人，加强领导班子问题的几点建议》和江苏省两会主委（扩大）会议精神，确定出席省民主党派、工商联为"四化"服务经验交流会议代表名单，讨论通过《生活互助金补助工作试行细则》。

9月20日　苏州市两会召开全体干部会议，民建苏州市委会副主委曹镇榕和市工商联副主委毕炳林分别传达民建江苏省委会、江苏省工商联组织工作会议精神。

9月24日　民建江苏省委会副主委施宪章、江苏省工商联副主委陶可立检查、指导苏州市两会工作。

10月5日　全国工商联等发出《关于进一步加强协作、大力开展职业技术培训的联合通知》，要求各地工商联与中国民主建国会、劳动部门合作，不断扩大职业技术培训的规模，尤其要因地制宜，多层次、多形式开展对城镇待业青年的就业培训。

10月25日　根据苏州市两会第十次主委联席（扩大）会议决定，民建苏州市委会七届五次、苏州市工商联七届三次常委联席（扩大）会议召开，审议两会1—9月工作汇报及今后工作打算；传达江苏省两会第五次主委联席（扩大）会议精神及组织工作会议精神；追认两会选拔新人工作领导小组名单等。

10月30日　中共中央统战部政策研究室副主任华毅等和中共江苏省委统战部调研处有关人员召集苏州市各民主党派、工商联负责人举行座谈会。

11月2日　民建广西壮族自治区委员会、区工商联机关干部来苏州，与苏州市两会就开展经济咨询、专业培训、组织、宣教及档案等工作进行交流。

11月13日　全国工商联转发《各民主党派中央、全国工商联关于中央和省级机关专职工作人员离休退休工作的几点意见》，强调民主党派、工商联机关专职工作人员的离休退休工作应按中共中央、国务院的有关规定执行。

是日　苏州市两会召开第十一次主委联席（扩大）会议，着重讨论工商界生活互助金的发放问题，认为新入会的成员不属于发放范围。

11月15日—19日　江苏省各民主党派组织、省工商联为“四化”服务工作经验交流会在南京召开，苏州市工商联代表吴同希等4人出席会议，并作《我是如何开展驻厂咨询的》交流发言。

12月6日　苏州市两会召开第十二次主委联席（扩大）会议，对传达省各民主党派、工商联为“四化”服务工作经验交流会，庆祝民建成立40周年，加强“老年之家”管理等进行讨论与部署。

12月18日—19日　太仓县工商联正式恢复，并召开第五届会员代表大会，朱丹初当选为执委会主任。

12月20日　苏州市两会正副主委及副秘书长以上负责人出席中共苏州市委召开的年内第六次民主协商会议。会议通报苏州市委六届三次全体（扩大）会议情况，并征求对市委1986年工作要点的意见。

12月26日—28日　苏州市政协召开统一战线理论研究会第一次会员代表会议，苏州市工商联主委叶元铮当选为研究会顾问。

是年　苏州市工商联经济咨询服务工作由“一点多面”转向“以面带点，以点促面”，在一些市内企业设立咨询点，将19个乡镇企业咨询点调整为8个；采用驻厂咨询、定人定点等办法，为太仓县娄东针织厂、吴县胥口丝织厂、涟水县丝织厂等提供咨询服务，帮助乡镇企业与大厂挂钩，提供业务和技术支援。后将12个咨询服务组改为老会员联络组，活动内容主要是学习党和国家方针政策，介绍会务工作，交流思想生活，反映行业的意见与情况。

是年　苏州市工商联各专业咨询服务组共提供调查报告20份，其中食品工业咨询服务组提出的《关于恢复老字号名牌特色的建议》，饮服咨询服务组提出的《关于发展黄天源传统糕团点心的建议》，蔬菜咨询服务组就搞好蔬菜购销体制改革、开放问题的多次献计献策，“两会一党”中药咨询服务组提出的《关于恢复王鸿翥药店的建议》等，均被有关方面接受。在支援少数民族地区发展方面，为广西百色地区锻压厂铸造工业的发展提供技术帮助。年内，共编印《咨询动态》19期；编印《市场信息》35期，提供信息175篇，反映市场动态、交流商品行情、研究消费变化、预测市场趋势、对改善经营管理提供意见和建议；每期印发200份，被《经济参考》《江苏经济信息》《无锡信息报》《苏州报》《服务与学习》等转载62篇，产生较大的社会影响。咨询服务工作受到江苏省政府表扬，并被苏州市政协授予先进集体荣誉称号。组织会员撰写《试探新时期工商联的性质、对象和作用》等理论文章，在市统战理论研究会第一次代表会议上宣读。

是年　苏州市工商联共处理有关落实政策的来信来访案件82件，其中落实私房政策26件、已落实6件，落实“文革”中被查抄财物的17件、已落实9件，复查“文革”前老案6件，另有恢复干部身份等33件，都得到了解决。

是年　吴县、昆山县、太仓县、吴江县、沙洲县相继建立工商界联合会筹委会（组）。

是年　在史志资料编研方面，苏州市工商联列出《商会简史》的纲目，对商会、工商联简史的资料分类、摘录工作基本结束；陆续完成丝织、粮食、南北货、绸布、茶叶、眼镜、肉品等同业公会史的编写工作。

是年　苏州市工商联共向生活困难成员补助585人次、13962元，另在春节期间向460人提供补助1.4万元。

1986年

1月6日 苏州市两会工商业务处组织部分人员赴常州、无锡两会学习取经。

1月10日 苏州市两会工商业务处有关人员赴上海，参观该市第一商业局两会组织的信息交流场所，学习取经。

1月15日 苏州市两会召开第十三次主委联席（扩大）会议，汇报、通过1985年工商界生活互助金收支情况和1986年春节补助、走访、慰问的安排，举办迎春联欢会的打算，听取工商经济服务公司代经理严柏筠关于一年来公司经营情况的汇报，听取两会1986年工作要点汇报。

2月3日 苏州市两会召开第十四次主委联席（扩大）会议，讨论新时期工商联的性质、任务和吸收新会员的工作。

是日 苏州市工商联副主委毕炳林向专程来苏州调研的中共江苏省委统战部职能部门负责人汇报吸收新会员的意见及吴县、吴江县、昆山县、沙洲县恢复工商联组织的打算。

2月25日 苏州市工商联副主委王震瀛、毕炳林参加市两会经济咨询服务中心工作组召开的全体会议，两会工商业务处汇报1985年的咨询服务工作及1986年的工作打算，饮服、中百、丝织、蔬菜、茶厂等咨询服务小组介绍各自的活动计划。

2月27日 苏州市工商联主委叶元铮和其他民主党派负责人出席中共苏州市委

举行的民主协商会议，由市委书记戴心思主持，主委叶元铮在会上发言。

3月1日　苏州市两会召开第十五次主委联席（扩大）会议，传达江苏省各民主党派、工商联关于干部离退休问题的文件内容，讨论两会工作总结及打算，汇报国外及台湾、香港部分商品展览会的筹备情况。

3月6日　苏州市两会妇女工作委员会举办法律讲座，邀请周味绅主讲《中华人民共和国继承法》。

3月7日　苏州市两会召开委员、执委联席会议，汇报1985年工作小结和1986年工作要点。

是月　由苏州市政协、民建苏州市委会、苏州市工商联等8个单位联合举办的国外及台湾、香港部分商品展览会于下旬开展，来自日本、美国、英国、法国、德国、瑞士等18个国家及台湾、香港等地区的厂家，展出电子、家电、小五金、玩具、塑料制品等9大类1200多件商品，其中由两会成员提供的有427件，参观者达1.2万人次。

4月8日　苏州市两会在江苏省首次召开的民族团结表彰大会上荣获民族团结先进集体称号，赴广西百色东笋纸厂提供咨询服务的叶元淦作为先进集体的代表出席表彰大会。

4月10日—11日　吴江县工商联召开第二届会员代表大会，苏州市工商联主委叶元铮出席大会并致辞，王雨生当选为吴江县工商联主任委员。

4月30日—5月7日　全国工商联召开企业工作会议，制定《关于工商联办企业暂行规定》，对指导思想、生产经营、资金筹集、收益分配、职工培训、企业管理等都作了具体规定。

5月14日　苏州市工商联所属苏州工商经济服务公司举行第三次董事会会议，王震瀛被任命为经理。

5月19日　苏州市两会举办经济合同法讲座，为期20天，听讲的厂矿、公司及下属单位的领导、街道办分管工商企业的负责人共200多人次。

5月24日 苏州市两会召开第十六次主委联席（扩大）会议，听取副主委曹镇榕对举办国外及台湾、香港部分商品展览会工作小结的汇报，主委叶元铮关于苏州工商经济服务公司第三次董事会情况的汇报，副主委毕炳林关于太仓县、沙洲县、吴江县先后恢复工商联情况的汇报。

6月4日 全国工商联下发《关于机关干部管理暂行办法》的通知，要求各级工商联必须严格执行党和国家的干部政策和人事制度，任人唯贤；根据“三个梯队”精神，实现干部革命化、年轻化、知识化、专业化；建立干部考核、考勤、奖惩制度；健全干部任免的审批、调配制度，落实干部的各项政治、生活待遇，做好离休、退休干部的工作。

6月25日—26日 昆山县工商联召开第三届会员代表大会，李慕萱当选为主任委员。

6月28日 苏州市两会妇女工作委员会在“两会一党”中药专业咨询服务组的配合下，在娄门街道开展小儿保健咨询服务活动。

6月30日 吴县工商联召开第四届会员代表大会，姚泳平当选为主任委员。至此，苏州市6个县的工商联组织全部恢复，其中太仓县、沙洲县、吴江县、昆山县、吴县共有老会员1760人，在职350人；陆续发展一批新会员，其中太仓县发展企业会员65家、团体会员2家、个人会员12人，沙洲县发展企业会员109家、团体会员2家、个人会员2人，吴江县发展企业会员88家、团体会员2家、个人会员11人，昆山县发展企业会员77家、团体会员2家、个人会员20人，吴县发展企业会员80家、团体会员2家、个人会员19人。

7月9日—15日 苏州市两会主委浦亮元参加民建中常委四届四次会议、全国工商联常委会五届四次会议。根据这次会议上的《关于新时期工商联性质、任务和组织结构问题的汇报》，工商联是具有多种所有制形式的工商企业团体和经营工商业的成员联合组成的统一战线性质的人民团体，任务有：为建设具有中国特色的社会主义服务；为推动“一国两制”的实施服务；为社会主义民主建设服务，发挥政治协商、民主监督作用；为广大会员服务，关心会员的生产经营、工作、生活，协调会员之间及会员与其他部门之间的关系；反映会员的意见和要求，代表会员的合法权益；发扬自我教育的优良传统，加强思想政治工作，督促会员遵纪守法，树立职业道德，保证产品和服务质量。会员包括：老会员、“三小”、原工商业者；部分符合对外活动和国内经济工作需要的国有企业及与工商联有密切关系的国家机关、事业单位；城镇集体企业、合作企业与工商联自办企业；中外合资、合作企业和外资企业；具有一定经营规模、能力和代表性，遵纪守法的个体工商户；城镇企业协会、各类行业协会、供销合作社、手工业合作社等有关团体；个人会员，包括与工商联有密切联系的工商经济工作者、工商经济理论工作者、工业企业家、原工商界知名人士及第二、三代。

7月25日　苏州市两会经济咨询服务中心工作组召开（扩大）会议，就如何开展支援新疆发展经济问题进行研讨。

8月12日　苏州市两会召开第十七次主委联席（扩大）会议，讨论下半年的工作要点、会员发展问题，传达中共中央办公厅、国务院办公厅《关于充分发挥经济特区和沿海开放城市人民政协和各民主党派、工商联作用的意见的通知》及中共中央办公厅转发《中央统战部关于海外统战工作座谈会情况的报告》。

8月26日　苏州市两会召开常委联席（扩大）会议，专题学习、座谈中共中央（86）19号文件《关于新时期党对民主党派工作的方针任务的报告》。9月23日，民建苏州市常委会七届八次会议、苏州市工商联七届常委会第四次会议召开联席（扩大）会议，副主委沈鹤寿传达中共中央（86）19号文件内容，100多人与会。

8月29日—30日　苏州市工商联召开县工商联工作交流座谈会，市两会的驻会正副主委和处、室、委以上负责人及各县工商联主要负责人出席。

9月12日　苏州市两会妇女工作委员会举行理想、事业、家庭交流汇报会。

10月6日　苏州市两会召开第十八次主委联席（扩大）会议，传达江苏省工商联召开的市、县工商联工作会议精神和全国工商联《关于工商联办企业暂行规定》，介绍举办经济实体、建立调研小组等情况等。

10月29日 

为“四化”服务经验交流会场景

苏州市两会召开为“四化”服务经验交流会，200多人出席，江苏省工商联副主委胡敏参加会议。

11月10日 苏州市两会召开第十九次主委联席（扩大）会议，就吸收新会员、《苏州市工商业联合会吸收新会员工作方案（草稿）》、支持沙洲县工商联举办企业及两会有关职能部门负责人调整等问题进行讨论。

11月22日 苏州市工商联及各民主党派、侨联、台联、各民族宗教团体负责人应邀出席中共苏州市委召开的第六次双月座谈会。

12月29日 苏州市两会召开第二十次主委联席（扩大）会议，传达江苏省两会组织工作会议精神，讨论市工商界生活互助金的春节补助问题。

是年 苏州市工商联所属苏州工商经济服务公司引介成交762.7万元、收入12.39万元，分别比上年增加29.62%、33.33%，税后利润45768.86元。

是年 苏州市两会各咨询服务组共开展活动41次，280多人次参加咨询服务工作；机械、蔬菜、食品工业和“两会一党”中药咨询服务组提供5份调查报告，其中《蔬菜经营体制改革进一步放开、搞活的意见》《就改革中药管理体制的意见》等受到市政府有关方面的重视。

是年 苏州市工商联支援少数民族地区发展经济，在帮助广西百色东笋纸厂改善经营管理、改进操作技术、提高产品质量的同时，还帮助该厂设计浇铸了1500×1960烘缸，制造了百色地区第一台多缸多网纸板机，填补了该地区造纸机械工业的空白，使该厂年产量由4500吨增至近万吨，主要产品240—350克牛皮箱纸可供出口创汇。

是年　苏州市两会组织和成员共接待台港澳同胞及外籍华人62人次。两会成员中有“三胞”关系的143人，在台港澳和国外的联系对象共574人。

是年　苏州市工商联共收到80封来信，接待13人来访，其中补发“文革”中下放苏北期间的工资问题18件，发还“文革”中被冲占的私房问题21件，处理查抄财物的遗留问题6件。

是年　苏州市工商联编辑《市场信息》33期，提供信息164篇，被报刊转载73篇。重点编纂商会志，撰写概述、沿革等纲目及各公所改组同业公会沿革简史11万多字；编印《工商经济史料》第一辑。会员朱宏涌撰写的《试论苏州商务总会所起的作用及其社会影响》，入选在苏州召开的中国商会与资产阶级学术讨论会。

是年　到本年底，苏州市两会工商界生活互助金为74.16万元，1979年解冻时为78.87万元。当年共补助27555元，其中春节补助444人、13685元。

是年　苏州市（含6县）工商联有会员2271人，其中新会员511人。

1987年

1月29日 苏州市工商联副主委毕炳林等接待来苏州考察的香港联力中国投资有限公司常务董事刘学进（已故江苏省副省长、省工商联主委、民建江苏省委会主委、全国工商联副主委刘国钧之孙）一行。

2月5日 苏州市两会召开第二十一次主委联席（扩大）会议，讨论两会共同及各自的年度工作总结及打算。因两会虽有交叉，但工作重点有所不同，为加强相互间的联系与协作，决定成立两会工作协作组，由市工商联副主委沈鹤寿任组长。

2月7日 民建苏州市常委会七届九次会议、苏州市工商联常委会七届五次会议召开联席（扩大）会议，汇报、讨论两会1986年的共同工作报告及1987年打算，审议通过《苏州市工商业联合会吸收新会员工作方案（草稿）》，追认两会组宣处、协作组负责人调整的决定，传达江苏省工商界生活互助金管委会会议纪要。《苏州市工商业联合会吸收新会员工作方案（草稿）》提出，为增强组织实力和活力，继续发挥工商联在新时期的独特作用，加强与多种经济成分、多种所有制形式的工商企业的联系，吸收新会员已成为工商联“紧迫而重要的工作”。新会员包括企业、团体和个人3类，企业会员包括有涉外贸易和社会影响的能反映苏州市经济特点的老字号、有经营特色的代表性工商企业及中外合资、合作和外资企业；团体会员包括市区劳动者协会、城镇企业协会、同业公会、行业协会及供销合作社等；个人会员包括港澳同胞、海外华侨中的工商界知名人士，与工商联有密切联系的工商经济工作者，工商经济理论工作者及其他有关人士，政治上有代表性、经济上有稳定性、业务上有专业性、遵纪守法、文明经商的工商和个体劳动者。

2月16日　苏州市两会工商业务处召开经济咨询服务组组长（扩大）会议，研讨如何响应党和国家号召，投入增产节约、增收节支（简称“双增双节”）运动等问题。

3月4日—5日　苏州市工商联负责人出席中共苏州市委召开的全市统战工作会议，听取全国、全省统战工作会议精神的传达及下一步统战工作部署。

3月12日　苏州市工商联与市计委经济信息管理中心联合召开日用工业品“工商对话”信息交流会，60多家市县工商企业的近百名代表出席。

4月3日　苏州市工商联主委叶元铮当选为苏州海外联谊会副会长。

4月9日　苏州市两会召开第二十二次主委联席（扩大）会议，传达《江苏省各民主党派、工商联关于市级机关专职工作人员离休退休的几点意见》及中共苏州市委组织部、市人事局《关于严格干部离退休制度的通知》文件精神，通过《关于免去退休干部机关行政职务的决定（草稿）》。

4月12日　两会中央妇女工作委员会副主任黄织偕、袁曰英在江苏省工商联副主委胡敏等陪同下，到苏州了解妇女工作情况，并就做好中青年女会员工作进行调研。

4月24日　中共苏州市委统战部邀请市经济委员会、对外贸易经济委员会、商业局、轻工业局、丝绸工业公司、纺织工业公司、医药公司等7家单位举行茶话会，苏州市工商联副主委、秘书长毕炳林介绍准备通过试点由少到多、积极慎重发展新会员的设想和方法。

4月28日—5月4日　苏州市工商联副主委毕炳林出席全国工商联、民建中央在北京举行的经济咨询工作会议。会议决定：深入开展经济技术咨询服务，推动企业进行技术改造和革新，改善经营管理，提高产品质量；有组织有计划地开展宏观经济咨询服务，对某些地区和行业经济发展规划、经济体制改革、资源利用和开发进行调查研究，提出意见和建议；利用工商联、中国民主建国会及其成员同港澳及海外工商社团、工商界人士广泛联系的优势，协助一些地区和企业引进资金、人才和先进技术设备，扩大出口创汇；发展经济信息网络，开发信息资源，逐步形成具有工商联、中国民主建国会特色的信息服务系统；努力为社会培训工商专业人才。5月27日，市两会召开第二十三次主委联席（扩大）会议，听取副主委毕炳林传达此次会议精神，决定成立经济咨询服务公司。

5月16日　苏州市两会副主委曹镇榕、朱丹初等赴上海徐汇区、长宁区两会，学习开展“三胞”联络工作的经验。

5月20日　苏州市两会联络委员会组织32名有“三胞”联系的成员赴吴江县盛泽、平望两镇参观学习。

6月1日—21日　苏州市两会经济咨询服务中心工作组为广西壮族自治区靖西县引进、养殖太湖鹅，加快脱贫致富步伐的工作提供咨询服务。

6月5日—6日　苏州市工商联负责人分两组到常熟市等4个县（市）调研，为召开县（市）工商联工作交流会作准备。

6月10日　广西壮族自治区工商联副主委梁焕文等来苏州市工商联交流工作。

6月15日—23日　苏州市工商联主委叶元铮、中共苏州市委统战部副部长蒋任仁率队前往浙江省杭州、宁波、绍兴3市，就发展新会员、开展经济咨询服务和培训工作、发展经济实体等学习取经。

7月12日—17日　苏州市工商联主委叶元铮、副主委毕炳林等出席江苏省工商联第十一次主委（扩大）会议，听取全国工商联执委会五届三次会议精神的传达。

7月28日—10月22日　苏州市两会妇女工作委员会举办3期早期教育知识讲座。

8月6日、11日　苏州市工商联先后邀请部分骨干和机关工作人员举行座谈会，征求对全国工商联章程修改的意见。

8月20日 苏州市两会召开第二十四次主委联席（扩大）会议，由民建苏州市委会副主委曹镇榕汇报两会上半年工作情况及下半年打算，市工商联副主委毕炳林汇报江苏省工商联正副主委（扩大）会议精神，着重讨论工商联发展新会员等问题。

9月22日 苏州市两会召开第二十五次主委联席（扩大）会议，汇报吸收新会员，参加中共苏州市委召开的各民主党派和工商联负责人双月座谈会，以及两会常（执）委会议准备情况。

是日 苏州市对外经济贸易委员会与苏州市工商联联合召开中外合资（合作）企业中方经理座谈会，9家企业应邀出席。

9月25日 苏州市两会妇女工作委员会举办法律知识讲座，讲解民事诉讼法。

9月28日 民建苏州七届五次委员会、苏州市工商联七届三次执委会举行联席（扩大）会议，听取民建苏州市委会副主委曹镇榕关于两会1月至9月工作报告及第四季度工作打算的汇报，通报两会专职干部的退休情况及王镐森任两会联络委员会副主任的决定。

是日 苏州市两会召开常委联席（扩大）会议，审议、通过两会1月至9月工作报告及第四季度工作打算。

10月15日—16日 中共苏州市委统战部组织市各民主党派、市工商联负责人赴无锡参观学习。

10月17日 苏州市两会联络工作委员会接待台湾华裕实业公司吴文挚先生。

10月24日 苏州市两会经济咨询服务中心工作组组织部分会员赴吴江县庙港乡铸件二厂开展咨询服务活动。

11月25日 全国工商联和民建中央发出《关于做好接待台胞来祖国大陆探亲工作的通知》，要求各级组织及与台胞有联系的成员，以热情欢迎的态度，切实做好对台胞的接待工作，使他们感到温暖；教育成员掌握关于“和平统一、一国两制”方针的基本点，向台胞介绍大陆改革开发的新形势、新成就和对台方针政策；利用会刊、报告、演讲、座谈等活动做好对成员的宣传教育工作；对接待工作要实事求是，避免弄虚作假；对接待中遇到的问题及台胞反映的有关问题和意见，要及时向全国工商联、民建中央和当地有关部门汇报。

11月26日 苏州市两会召开第二十六次主委联席（扩大）会议，市工商联主委叶元铮传达江苏省两会正副主委会议精神，民建苏州市委会副主委曹镇榕传达民建江苏省委会组织工作会议精神，市工商联副主委毕炳林汇报吸收新会员情况。

12月8日—11日 苏州市工商联组织6家企业代表参加由全国工商联和中国工商经济开发总公司举办的各地工商联首届企业商品展览交易会。

是年 苏州市工商联围绕“增产节约、增收节支”、经济体制改革、加强市场管理、工艺系统技艺人员外流等问题，组织蔬菜、食品工业、机械、医药、中药咨询服务组和中药行业组、工艺行业组开展专题、专业经济咨询服务活动，形成16篇调查报告，提出111条建议；对中百公司所属的娄门、葑门、齐门、盘门百货店租赁承包后的经营情况进行调查，形成书面意见，供有关部门参考；应郊区集体商业公司、市蔬菜公司、金阊区生活服务部等邀请，为开办集体企业提供咨询服务，获得“良谋嘉惠、繁荣金阊”的好评。全年共编印《市场信息》34期、提供信息225篇，被苏州地区的报纸和广播电台、《华东信息报》《江苏信息报》等转载53篇。此外，市工商联还和市计委信息中心联合举办了一次日用工业品市场工商对话信息交流会。

是年 苏州市两会159名成员中有“三胞”联络对象618人，建立联络活动日和联络委员会负责人例会制度，年内共召开各种座谈会16次；推荐5名成员参加11月中共苏州市委统战部等召开的三胞及其亲友为统一祖国、振兴中华服务经验交流会；共有90人次“三胞”人员回来探亲、访友，从事贸易、讲学活动。

是年 苏州市工商联完成商会志、工商联志的初稿撰写工作，向市政协文史资料委员会出版的经济史料特辑提供10篇稿件，为外地商业局、人民银行、劳动局等10多个单位提供查阅资料的线索。

是年　苏州市工商联全年共收到来信来访65件，另有上年未处理完的19件，除尚待落实和明确性质的27件还在与有关方面联系外，其他均已处理完毕；共向384名“文革”期间退职下放苏北的原工商业者发还被扣的工资101.99万元。

是年　苏州市两会工商经济服务公司引介、代销商品10696461.81元，获得服务费248923.49元，分别比上年增加40.24%、100.84%。工商界生活互助金收入34813.51元，支出60998.99元，结余895790.13元。

是年　苏州市工商联新增会员45家，其中企业38家（内国营商业13家、集体企业19家、中外合资/合作企业6家），特邀苏州市政府经济研究中心和中国银行、工商银行、交通银行苏州分行负责人及原市轻工业局领导等7人为个人会员；新会员的企业法人代表和特邀个人会员的平均年龄为49岁，较老会员的平均年龄下降22岁；新会员企业的资金总额为8440万元、5697万美元、480万元港币，职工14678人。

1988年

1月4日—9日 苏州市两会联络工作委员会主任委员、民建苏州市委会副主委曹镇榕出席全国两会联络工作会议。

1月5日 苏州市工商联主委叶元铮、副主委王震瀛和各民主党派负责人应邀出席中共苏州市委召开的双月座谈会，就市人大、政府、政协新一届领导班子的人事安排进行协商。

1月13日—15日 苏州市工商联主委叶元铮等参加江苏省工商联召开的南京、无锡、苏州、常州、南通5市工作研讨会。

2月25日 苏州市工商联8家工艺企业会员举行活动，就外汇使用及进一步改革等问题进行研讨。

3月29日 苏州市两会召开第二十八次主委联席（扩大）会议，讨论两会委员（执委）扩大会议议程及昆山、太仓县工商联负责人选等问题。

是月 苏州市工商联组织部分会员企业赴上海参加华东六省一市工商联首届商品交易会。

4月25日—30日 原红叶造纸厂副厂长叶元淦经民建中央执行局、全国工商联会务局决定，出席全国民族团结进步表彰大会，被授予全国民族团结进步先进个人荣誉称号。

4月26日 苏州市政协经济科技工作委员会与苏州市工商联联合召开关于三资

企业[1]情况通报、座谈会。

4月29日 苏州市两会召开第二十九次主委联席（扩大）会议，讨论《苏州市两会经济技术咨询部章程》和理事人选、引进干部及退休留用人员等问题，决定撤销原两会经济咨询服务中心工作组。

是月 苏州市工商联组织国药行业组赴宁波学习承包和改革经验。

5月14日 苏州市两会联合举办的苏州工商经济技术咨询服务部理事会召开第一次会议，叶元铮、叶元铨、毕炳林、沈鹤寿、周伯钧、阎楚琴、曹镇榕等两会负责人出席会议。

5月16日 苏州工商经济服务公司召开全体董事会议，叶元铮、朱丹初、王震瀛、贝祖武、孙宝冲、毕炳林、张令德、严柏筠、沈鹤寿、钱小铮、施家琛、曹镇榕、虞钧培、薛国杰等出席会议。

5月19日 全国工商联组织处原副处长余伯雄等来苏州，就经济体制改革中存在的问题进行调研。

5月25日 苏州市工商联主委叶元铮与副主委沈鹤寿、毕炳林等会见台北市工商界人士张守墨先生。

6月13日—15日 苏州市工商联在张家港市召开县（市）工商联第二次工作会议，主委叶元铮，副主委沈鹤寿、王震瀛、毕炳林，有关处室负责人及各县（市）工商联负责人出席会议。

6月18日 江苏省工商联副主委胡敏等来苏州，就举办华东六省一市工商联第二届商品交易会的准备工作与苏州市工商联等有关方面负责人进行磋商。

是日 苏州市两会联合成立建联经济技术咨询服务部。

6月27日 苏州市两会召开第三十次主委联席（扩大）会议，讨论吸收第二批企业会员、工商联第七次常委会召开时间及议程、人事安排等问

[1] 三资企业，指中外合资经济企业、中外合作经营企业和外商独资企业。

题，汇报工商经济技术咨询服务部第一次理事会、县（市）工商联第二次工作会议情况。

7月5日　苏州市工商联工商业务处赴常州市、吴县工商联学习为新会员服务的经验。

7月8日　苏州市两会有关负责人赴常熟市工商联“老年之家”学习取经。

8月8日　中共苏州市委批复同意苏州市工商联开展适当吸收国营工厂为企业会员的试点工作。28日，苏州市委统战部邀请轻工、丝绸、电子、纺织系统4个单位的负责人举行座谈，就该项试点工作听取意见。

8月30日—31日　苏州市工商联第七届常委会召开第七次（扩大）会议，正副主委、常委、顾问和各处、室、委负责人，与县（市）工商联负责人共37人与会，传达全国工商联常委会五届九次会议精神，协商产生出席全国工商联第六届会员代表大会的代表人选，审议吸收第二批企业会员及下半年工作打算等。

是月　苏州市工商联组织部分百货业会员参加常熟羽绒制品厂供货会。

是月　苏州市工商联组织部分会员企业赴南京参加华东六省一市工商联第二届商品交易会。

11月8日—9日　苏州市、无锡市、常州市工商联在苏州召开第一次协作工作会议。

11月27日—12月3日　全国工商联第六届会员代表大会召开。中共中央书记处书记阎明复宣读中共中央贺词。孙孚凌作《坚持改革开放，团结工商界，发挥新时期工商联的积极作用》的工作报告。六届一次执委会议选举荣毅仁为全国工商联主席，胡子昂被推选为名誉副主席。叶元铮、陆锦南、薛国杰、周勤德作为苏州市代表出席会议。

12月30日　苏州市工商联召开第三十五次主委联席（扩大）会议，主委叶元铮主持会议，传达全国工商联第六届会员代表大会、江苏省工商联常委会议精神，讨论春节补助问题。

是年　苏州市工商联就经济体制改革、工艺系统技艺人员外流、物价上涨对企业承受能力的影响，以及在治理经济环境、整顿经济秩序和全面深化改革中丝绸业所遇到的共性问题等，进行专题调查，形成书面报告，供政府及有关部门参考；积极参加地方经济社会发展规划的通报会、研讨会，先后组织工艺、小五金、三资等行业、企业的专题研讨，为振兴地方经济、发展外向型经济出谋划策。

是年　苏州市工商联共编印《市场信息》32期，提供信息263篇，其中被报纸、杂志选载77条；通过举办行业小组活动、召开信息发布会，向市政府提交关于苏州人民商场扩建的建议，为会员企业提供服务。

是年　春节期间，苏州市两会向241名80岁以上的老年成员发放慰问金7230元，向455人发放生活互助金17.2万元；年内向354人次提供生活补助9875元，向219人次提供临时补助921.1元；工商界生活互助金年终结余779413.12元。

是年　苏州市两会共收到45封来信，其中18封要求落实政策，已有12件得到落实，20封转给有关方面处理，一些政策无法落实或解决的，向来信者加以解释。

是年　苏州市两会建联经济技术咨询服务部通过提供人才支持和项目咨询，获得收入17534元。苏州工商经济服务公司全年销售总额12494154.65元，比上年增加116.81%；获得服务费和销售收入64855.16元，比上年增加260.54%；上缴所得税151209.71元，比上年增加217.22%；获净利润147095.67元，比上年增加179.02%。

是年　苏州市工商联新增会员120位，其中企业会员112家（包括国营工业7家、商业38家，集体工业37家、商业7家，三资企业8家），特邀个人会员8人，有行业小组11个，成为由多种经济成分组成的企业、经济团体和工商界人士组成的人民团体，商会特点更加鲜明。

1989年

1月7日　苏州市工商联主委叶元铮及副主委沈鹤寿、王震瀛、毕炳林出席中共苏州市委统战部召开的各民主党派、工商联工作座谈会，听取市委统战部的工作安排，并与各民主党派交流工作打算。

1月16日、19日　苏州市工商联分别邀请工艺、百货部分企业会员就建立同业公会进行座谈和讨论，主委叶元铮及沈鹤寿、副主委毕炳林参加座谈。大家一致认为，建立同业公会是经济发展的需要，在现有行业组的基础上发展、建立同业公会也是可行的，条件已经成熟。

是月　苏州市工商联主委叶元铮、副主委毕炳林和其他在苏州的全国政协委员、江苏省政协委员，一起视察、了解苏州清理整顿工作和农业生产、乡镇企业发展等情况。

2月18日　江苏省工商联秘书长谈成祥等来苏州，了解组织企业会员参加在新加坡世界贸易中心举行的国际“工商展览会1989”的情况，主委叶元铮、副主委沈鹤寿接待谈成祥一行。

2月22日　苏州市工商联主委叶元铮、副主委毕炳林和其他在苏州的全国、江苏省人大代表和政协委员，一起听取市政府及有关部门负责人关于清理整顿在建项目、压缩投资规模，清理整顿公司、税收、财务、物价大检查及外向型经济发展等情况的汇报，为即将召开的全国及江苏省人大、政协会议做准备。

2月22日—24日 苏州市工商联主委叶元铮、副主委毕炳林与常委孙宝冲、严柏筠等出席市政协常委会八届六次会议，冯大江副市长向会议通报将提交市人大十届二次会议审议的《政府工作报告》（征求意见稿），会议讨论通过《政协苏州市委员会工作规则》《政协苏州市委员会专门委员会组织通则》等。

2月28日 苏州市工商联邀请部分常委召开座谈会，酝酿、协商出席江苏省工商联第五届会员代表大会的代表、常（执）委候选人等。

3月8日—16日 苏州市工商联副主委沈鹤寿等参加江苏省工商联、中共江苏省委统战部联合组织的赴浙江杭州、宁波、余杭等地学习参观活动。

3月17日 苏州市工商联副主委钱小铮出资设立的“严裕棠教育奖学基金会”在苏州市纺织工业学校正式成立。中共苏州市委副书记周治华，市委统战部部长葛晋德、副部长金铁峰及市工商联副主委毕炳林等出席成立仪式。周治华在讲话中对钱小铮热心社会事业的精神表示赞赏，希望社会各界人士都来关心和支持教育事业的发展。

3月19日 江苏省工商联副主委、香港工商界知名人士刘汉良等来苏州，苏州市工商联副主委毕炳林接待并陪同游览苏州部分园林和名胜古迹。

4月1日 苏州市工商联主委叶元铮与副主委沈鹤寿、王震瀛前往无锡出席国药业同业公会成立大会，并表示祝贺与学习。

4月3日 苏州市工商联茶食糖果业企业会员举行活动，着重对能源、价格、股份制、优质优价及检验、卫生等问题，向有关方面提出建议。

4月15日 苏州市工商联工商界生活互助金管理委员会召开第十一次会议，提出《有关生活互助金平时补助若干问题的意见》。

4月29日 苏州市工商联召开驻会正副主委办公会议，学习《人民日报》4月26日重要社论。

是月 苏州市工商联丝织、工艺、百货等企业会员在中下旬相继组织活动，对生产经营活动中所面临的问题进行分析，并提出建议。

5月15日—20日　江苏省工商联召开第五届会员代表大会，苏州有41名代表出（列）席。省工商联副主委、苏州市工商联主委叶元铮在会上传达全国工商联第六届会员代表大会精神。叶元铮再次当选为省工商联副主委，王震瀛等5人当选为常务委员。

5月31日　苏州市工商联召开第九次常委（扩大）会议，叶元铮主委主持会议，着重讨论召开第八届会员代表大会相关问题。中共苏州市委统战部副部长徐炳清就市、县（市）工商联换届工作发表讲话。

6月10日　全国工商联重新印发1956年12月23日中华全国工商业联合会第二届会员代表大会通过的《工商界生活互助金暂行方案》、1957年6月24日全国工商联二届二次常委会议通过的《“关于工商界生活互助金暂行方案”（草案）的说明》《关于工商界生活互助金若干问题的决定》及《中华全国工商业联合会关于工商界生活互助金工作的几点意见（修改草案）》，供各地参考执行。

6月21日　《苏州日报》发表《紧紧围绕经济建设这个中心，工商联在改革开放中发挥民间商会作用》一文，对苏州市工商联自七届会员代表大会以来，围绕经济建设中心，在沟通与海外经济界人士联系，在改革开放和发展社会主义商品经济中所发挥的作用给予充分肯定。

6月22日　苏州市工商业联合会第八届会员代表大会开幕，叶元铮致开幕词，中共苏州市委副书记周治华、江苏省委统战部副部长周维高讲话，江苏省工商联副主委陶可立致贺词；钟士瑞代表中国国民党革命委员会、中国民主同盟、中国民主促进会、中国农工民主党、中国致公党、九三学社苏州市委会致贺词，曹镇榕代表民建苏州市委会致贺词，周仲芳代表市总工会、共青团苏州市委、市妇联致贺词；中共苏州市委统战部部长葛晋德传达邓小平在接见首都戒严部队军以上干部时的讲话，薛国杰传达全国工商联第六届会员代表大会和江苏省工商联第五届会员代表大会精神，沈鹤寿作题为《坚持改革开放　加强自身建设　发挥新时期工商联的积极作用》的工作报告。大会选举产生第八届执行委员会，叶元铮当选为主任委员，王震瀛等9人当选为副主任委员，毕炳林为秘书长（兼）。常务委员会由41

人组成，市经委、外经委及市委统战部负责人担任副主委，体现其对内对外商会的性质；推举浦亮元为主委顾问，张寿鹏、贝祖武、虞钧培、朱丹初为副主委顾问，王缄三等11人为常务委员会顾问。大会通过决议及给老同志的致敬信，叶元铮致闭幕词。

7月26日 苏州市两会联络委员会召开“三胞”亲友座谈会，就如何开展海外联谊工作进行讨论，提出可以写信给海外亲友，消除其顾虑，欢迎他们回来、到苏州旅游探亲、开展贸易等。

是日 苏州市工商联转发苏州振亚丝织厂开展“双增双节”的做法与经验，供会员企业参考。

8月7日 苏州市工商联召开八届一次主委（扩大）会议，决定设立经济调研、对外联络、老会员、生活互助金、工商史料等5个专门工作委员会。主委叶元铮通报同业公会的筹建情况，副主委毕炳林传达江苏省工商联于7月中旬召开的组织工作会议情况。

8月14日—15日 苏州市工商联召开第六次县（市）工商联工作会议，副主委毕炳林传达江苏省组织工作会议精神，中共苏州市委统战部有关部门负责人传达江苏省委统战部领导关于换届工作的意见，各县（市）工商联负责人交流换届准备工作及打算，就指导思想、民主协商、领导班子建设等问题进行讨论。主委叶元铮作会议小结。

8月19日 苏州市工商联邀请常委、执委，各级顾问，部分老会员，对外联络组和妇女工作委员会成员举行工作汇报会，听取濮涛珍参加江苏省内各市和省级机关清理整顿公司抽查工作、朱剑敏参加苏州市组织的对市、县（市）公司进行清理整顿情况的汇报。

9月2日 苏州市工商联塑料工业同业公会筹备委员会举行首次会议，市工商联主委叶元铮，副主委沈鹤寿、毕炳林等和中共苏州市委统战部负责人出席。叶元铮通报全国同业公会试办情况及苏州市的试点决定。会议决定，筹备工作分三步走：一是起草、制定同业公会章程（草案）；二是确定发展首批会员对象；三是召开成立大会。

9月4日 苏州市编制委员会批复同意苏州市工商联设立秘书科、总务科、组宣部、经济部和对外联络部等5个职能部门。秘书科负责文秘、文印、文史工作和文件收、发、传阅、归档，收集和储存党和政府以及上级组织有关政策、法令、领导讲话等资料，做好归案、立卷、保管工作，编辑、分发工作简讯。总务科负责总务、财务、交通、来宾生活安排等行政事务及图书馆管理。组宣部负责人事调动、政治安排和学习，办理工作人员的离退休手续，劳动工资、培训考核、落实政策，来信来访接待，组织老会员行业联络组及家属骨干的活动、为老会员服务，互助金审批，领导“老年之家”。经济部负责发展企业会员，帮助组织同业公会或行业组并开展活动，为企业会员服务，收集、编辑、提供经济信息，牵头进行专题调研。对外联络部负责“三胞”联络工作，包括发展和组织三资企业会员活动，进行发展外向型经济专题调研和牵线搭桥等工作。

9月20日　苏州市工商联召开八届二次主委（扩大）会议，副主委沈鹤寿通报市编制委员会对市工商联内部机构设置请求的批复内容，决定设立秘书、总务两科及组宣、经济、对外联络三部。沈鹤寿还汇报了筹建同业公会试点工作的情况。

9月27日　苏州市工商联召开八届一次常委（扩大）会议，通过秘书科等5个内设机构及对外联络等5个专门委员会的负责人及组成人员名单。[1]因与民建苏州市委会分署办公，民建苏州市委会主委曹镇榕、副主委汪仁彪辞去苏州工商经济服务公司董事会董事职务，原两会合办的建联经济技术咨询服务部拟改组为工商联经济技术咨询服务部。江苏省工商联副主委胡敏出席会议，就工商联创办经济实体及全国工商联于8月上旬召开的同业公会经验交流会等内容作讲话。杨高霖副秘书长汇报塑料工业、百货业、金融业三个同业公会的筹建试点工作，一般分为“搭架子”（成立筹备组）、“铺摊子”（吸收骨干企业入会）、“梳辫子”（理顺关系，明确职责）、“明路子”（探索发挥作用的途径）4个步骤。

〔1〕各科（部）、委员会负责人如下：濮涛珍为秘书科副科长；庄忠烈为总务科副科长；程国华为组宣部部长，谢国树为副部长；杨高霖为经济部部长，冯明圣为副部长；对外联络部负责人暂缺，其职能由经济部兼。吴思齐任对外联络委员会主任，沈鹤寿、朱丹初、贝祖武、高吉甫、李鸿业为副主任；沈同文任经济调研委员会主任，陆咸、徐耀亚、杨高霖为副主任；薛国杰任工商界生活互助金管理委员会主任，周伯钧、徐仲龛、谢国树、干永熙为副主任；施家琛任工商史料工作委员会主任，朱宏涌、俞启溏、周味绅、濮涛珍为副主任；毕炳林任老会员工作委员会主任，虞钧培、黄柱天、张秀娟、程国华为副主任。

是月　苏州市工商联分别对丝绸、塑料、五金特别是对工艺行业的企业进行思想政治工作调查，并向中共苏州市委、市政府专题报告调查结果；工商业务处对部分三资企业的现状和问题进行调查、分析，并将调查结果向有关方面汇报。

10月13日　苏州市工商联老会员行业联络组召开组长会议，总结前一阶段的工作情况，商讨如何进一步开展工作，丝织、粮食、纺工、机械、医药、饮服、中百纺站、烟糖、食品、眼镜等组的组长参加会议，市工商联副主委施家琛主持会议。

10月18日　苏州市工商联召开八届三次主委（扩大）会议，学习中共中央总书记江泽民的庆祝国庆讲话，副主委毕炳林汇报参加中共江苏省委统战部组织的各民主党派、工商联负责人第二期学习班的体会及有关领导人的讲话精神。

10月25日　全国工商联下发《中华全国工商业联合会关于加强和改进宣传教育工作的意见》，要求各级工商联组织加强领导，不断改进方式方法，做好宣教工作。

10月27日　苏州市工商联召开八届四次主委会议，副主委沈鹤寿汇报塑料工业、百货业、金融业筹建同业公会的试点情况，讨论了建联经济技术咨询服务部变更隶属关系和董事会改组事宜、企业会员入会等问题。

是月　苏州市工商联与杭州市工商联联系，安排国药行业组派代表参观胡庆余堂药厂、上城区中药总店等单位。

11月2日　苏州市工商联百货业同业公会获批准成立，30日召开成立大会。刘炳生当选为首届理事长。

11月4日　苏州市工商联塑料工业同业公会成立，乐和清当选为首届理事长。

11月6日　苏州市工商联召开八届二次常委（扩大）会议，同意吸收百货业、塑料工业2个同业公会为团体会员；同意吸收百货业的友谊商店等25家、塑料工业的苏州市塑料公司等14家、金融行业的工商银行等21家成为企业会员；讨论建联经济技术咨询服务部变更隶属关系和董事会人选问题；推荐副主委薛国杰继续参与江苏省工商界生活互助金管理组。

11月8日 苏州市工商联召开大会，分别向百货业、塑料工业2个同业公会和第三批入会的60家企业颁发团体和企业会员证书。全国工商联副主席、江苏省工商联主委张绪武，中共苏州市委副书记周治华到会祝贺并讲话，中共江苏省委统战部、江苏省工商联，苏州市人大常委会、市政府、市政协和市委统战部、市工商联及有关部门负责人，以及在苏州参加全省工商联组宣工作会议的各市工商联负责人出席会议。

11月30日 全国工商联下发《关于做好清理整顿公司工作的通知》，要求坚决贯彻中共中央、国务院《关于治理整顿公司的决定》，抓好违法违纪案件查处工作，加强对公司的管理，做好建立健全规章制度工作。

苏州市百货业同业公会成立大会现场

是月 苏州市工商联与民建苏州市委会正式分署办公。

12月5日 苏州市工商联经济部协助百货业同业公会举办首次工商联企业会员购销联谊会，37家工业企业、50多家商业企业共400多人参加活动，旨在密切工商关系，做好元旦、春节的市场供应工作。苏州市政协、中共苏州市委统战部负责人到会祝贺，共有30多家工业企业提供700多种产品参加展出。

12月7日 苏州市工商联召开八届五次主委（扩大）会议，副主委王震瀛主持会议，副主委沈鹤寿传达全国工商联六届二次执委会议精神，副主委毕炳林汇报换届后的工作总结及1990年的工作打算。

12月14日—16日 苏州市工商联副主委王震瀛、沈鹤寿出席在常州召开的苏、锡、常三市工商联第三次工作会议，交流对外联络工作。

12月15日　苏州市工商联副主委毕炳林出席中共苏州市委纪律检查委员会召开的邀请各民主党派、工商联建立专人参加的联系制度第一次会议。会议明确联系制度的内容、联系工作的方法及联系人的任务，主要是通过定期召开会议通报情况，加强联络、沟通渠道，提出批评和建议，发挥监督作用。

是月　苏州市工商联副主委毕炳林于中旬起参加市政协组织的到工业、商业、农业、文化、教育、卫生、城市建设等系统的51个单位的视察活动，历时1个月结束。

是年　苏州市工商联于下半年出版《市场信息》14期，刊发165篇稿件，其中22篇为有关报刊转载文章。

是年　苏州市两会邀请市物价委员会领导参加座谈会，并转发江苏省丝绸公司关于丝绸原料供应问题的提案答复，与企业会员进行情况沟通；向有关方面反映《关于禁止用铜产品的规定》下达后的情况与建议；对部分食品行业存在的掺杂使假问题提出整改意见，帮助企业呼吁解决困难；先后召集纺织、丝绸、工艺、五金、国药等行业组进行座谈，将经营活动中出现的困难向有关方面反映；举行菜馆行业组活动，商量改善服务方法以走出经营低谷。

是年　苏州市两会建联经济技术咨询服务部共完成23个项目的咨询服务工作，其中危房技术鉴定6项、企业管理咨询1项、设备维修2项、技术咨询11项、翻译2项、商业咨询1项。

是年　苏州市两会共接待“三胞”人员30人，通过江苏省工商联帮助眼镜厂与新加坡客商建立联系。

是年　苏州市工商联有老年会员约3000人，成立纺工、丝织、机械、轻化工、粮食、烟糖、食品、饮服、供销、医药、中百等11个老会员联络组，有520名老会员领取“老年之家”活动证，下半年举办换届后的首次象棋友谊比赛。

是年 苏州市两会共接待来访11人次、来信9件，涉及落实房屋政策7人（件），已落实3件；遗属补助2人（件），工龄问题1件，皆获解决；对其他问题也作了答复。

是年 苏州市工商联先后接待无锡市、山东省、临沂市、锦州市、宁波市等省、市工商联负责人，交流会务工作。

是年 苏州市工商联企业会员总数达184家。

1990年

1月4日　苏州市工商联团体会员百货业同业公会举行物价座谈会，市工商联副主委沈鹤寿、百货业同业公会理事长刘炳生、中共苏州市委统战部副部长徐炳清和市物价委员会有关负责人出席会议。会议商定，日用工业品价格中心以百货业同业公会的自然行业小组为议价小组骨干力量，从平衡衔接到协调指导、合理定价、稳定物价，充当政府物价部门的助手。

1月5日—6日　苏州市工商联召开八届四次常委（扩大）会议，副主委王震瀛主持会议，副主委沈鹤寿传达邓小平讲话及全国工商联六届二次会议精神，副主委毕炳林汇报换届后工作总结及1990年工作打算，副主委沈同文作《关于当前经济工作情况以及明年全市经济工作设想》报告，中共苏州市委统战部副部长徐炳清作国际形势报告。

1月13日　苏州市工商联副主委沈鹤寿参加“严裕棠教育奖学基金会”首次授奖大会，苏纶小学13名教师、47名学生获奖。

2月3日　苏州市工商联副主委王震瀛、沈鹤寿、毕炳林出席中共苏州市委召开的双月座谈会，听取《中共中央关于坚持和完善中国共产党领导的多党合作和政治协商制度的意见》的传达。

2月8日—12日　江苏省工商联召开五届二次执委会议，苏州市20多位执委出席会议。苏州市工商联提交《发展同业公会在治理整顿、深化改革中的有益作用》，市工商联会员企业振亚丝织厂、人民商场分别提交《外拓内挖发挥优势　促进效益稳步提高》《坚持经理负责制　正确处理三者关系[1]》等交流材料。

3月13日　苏州市工商联副主委王震瀛、毕炳林应邀出席中共苏州市委召集的各民主党派、工商联主要负责人谈心会，就学习贯彻《中共中央关于坚持和完善中国共产党领导的多党合作和政治协商制度的意见》进行座谈。江苏省工商联副主委陶可立等来苏州，了解学习情况。

3月20日　苏州市工商联百货业同业公会组织企业会员与市消费者协会负责人召开座谈会，就处理消费者投诉问题进行沟通。

3月23日　苏州市工商联召开八届八次主委（扩大）会议，汇报学习《中共中央关于坚持和完善中国共产党领导的多党合作和政治协商制度的意见》情况，就进一步深入学习进行部署，并审议吸收新会员名单，传达苏州市“双增双节”表彰大会精神。

4月7日　苏州市工商联向中共苏州市委统战部报送《苏州市私营企业的有关情况反映》。截至1989年底，全市（县）共有私营企业180家，其中独资企业129家、合伙企业46家、具有法人资格的有限责任公司5家；城镇私营企业注册资金478.22万元，农村893.92万元，单个企业注册资金最高的37.5万元；地域分布上，农村占82.8%、城镇占17.2%；行业分布上，工业、手工业占82.2%（苏州市区为51.1%），建筑业占2.8%，交通运输业占1.1%（苏州市区为3.2%），商业、饮服业、修理业等占13.9%（苏州市区为45.2%）。

4月9日　苏州市工商联副主委毕炳林和经济部及百货业、塑料工业同业公会负责人一行7人赴杭州、宁波、绍兴学习同业公会工作和会务工作。

4月23日　苏州市工商联召开全体工会会员大会，选举产生由程国华、庄忠烈、濮涛珍组成的市工商联首届工会委员会，程国华被推为工会主席。

是日　苏州市工商联团体会员百货业同业公会开展柜组长、营业员和后勤

[1] 三者关系，分别指党政、行政指挥，思想政治、经理负责与民主管理三者之间的关系。

人员三种同工种竞赛，并纳入企业组织的正常竞赛一起进行，以实际行动响应学雷锋、“创一流服务，树商业新风”倡议。该同业公会还对会员企业反映的江阴第二染整厂所产平绒的自然回缩、短码现象进行调查处理。

5月23日 苏州市工商联副主委沈鹤寿、毕炳林赴上海参加1990年江浙沪部分工商联协作地区例会。

是日 苏州市工商联副主委毕炳林被市监察局聘为特约监察员。

5月23日—6月3日 江苏省工商联副主委谈成祥率苏州、无锡、常州、盐城、淮阴、镇江、扬州等市工商联联络工作部赴厦门、泉州、福州3市工商联学习取经，苏州市工商联经济部副部长冯明圣参加活动。

5月31日—6月3日 苏州市工商联组织会员企业参加在福州举行的华东六省一市工商联第四届商品交易会，成交额23万多元。

6月6日 苏州市工商联团体会员百货业同业公会、塑料工业同业公会联合召开日用塑料制品工业座谈会，就发展地方日用塑料制品进行探讨。在苏州了解同业公会试点工作的江苏省工商联副主委胡敏、市工商联副主委毕炳林到会并讲话，市轻工业局、市百货站有关负责人应邀出席会议。

6月8日—9日 苏州市工商联召开第七次县（市）工商联工作会议，苏州市及县（市）工商联的正副主委和中共苏州市委统战部副部长徐炳清等出席会议，江苏省工商联副主委胡敏传达省工商联五届三次主委（扩大）会议精神，各县（市）工商联交流会务工作。

6月9日 苏州市工商联向市政府报送题为《办好现有三资企业，努力改善投资环境》的调研报告，提出如下建议：进一步健全董事会制度，认真落实有关优惠政策以取信于外商，按国际惯例管理三资企业以减轻其负担，加强三资企业工会、党团组织建设，认真解决好职称评定、档案工资等三资企业职工的切身利益等问题。该报告得到中共苏州市委的重视，副书记周治华作批示。

6月14日—16日　苏州市工商联副主委沈鹤寿、毕炳林与常委严柏筠出席市政协八届十六次常委会议，协商苏州市产业结构和工业产品结构调整问题。会前，王震瀛、沈鹤寿、毕炳林副主委及常委严柏筠等参加了市政协组织的有关调查考察活动。

6月16日　苏州市工商联形成两篇调查报告，分别为《调整结构　扩大创汇——关于苏州市外贸产品结构情况的调查》《关于流通领域对调整产品结构若干问题的建议》。前一篇调查报告提出如下建议：（1）制订出切实可行的产品结构调整规划；（2）帮助纺织、丝绸等出口创汇大户行业解决具体困难；（3）重视和加强技术改造和装备更新；（4）落实和兑现对出口企业的差价补贴、退税、资金信贷、能源和原材料供应等优惠政策；（5）及时提供信息服务、加快商检速度、避免同业恶性竞争、重视产品包装、完善售后服务等。后一篇调查报告提出：（1）在调整产品结构的过程中，必须将立足点放在适应市场和满足消费需要上，要处理好产品生产与销售中的大小关系、国内外两个市场间的关系，努力实现由初级加工向形成低、中、高档产品特别是名优、尖端产品合理结构的转变，从片面追求高产值向产值、效益和质量同步提高转变，从过分重视发展外向型经济向内外并举转变，从小而全、大而全的分散型生产布局、单一型产品结构向专业化分工协作的集团型生产布局、系列型产品结构转变；（2）加快产品升级换代和花色品种的翻新步伐；（3）稳定和提高产品质量；（4）生产与流通部门紧密配合。

7月5日　苏州市工商联向市政府报送《发挥传统优势，扶助小商品生产——关于苏州市区小五金企业的有关情况的调查》，提出如下建议：（1）对集体企业要研究制定相应政策，确立其法律地位，引导其健康发展。（2）实行优惠政策，辅助小五金商品生产：对超基数部分利润，继续实行减半缴纳所得税的规定，对亏本、微利企业，实行优惠税收政策；对社会效益好的五金小商品微利企业，在技术改造的贷款额度、利息、还贷方式和时间等方面，应给予照顾；设立新品开发专项基金，提高企业开发新品能力；确保小五金生产计划原材料的落实。（3）加强引导，把苏州建成全国小五金商品出口生产基地。（4）加强企业集团对行业的管理。

7月9日 苏州市工商联企业会员苏州锁厂厂长、苏州五金集团董事长孟忠兴代表苏州五金集团赴北京，参加应全国工商联之邀而来的台湾“大陆工业考察团”的洽谈合作活动。

7月10日 苏州市工商联向市政府报送《关于市区塑料加工工业的有关情况反映》调研报告，认为市区塑料工业发展中存在如下问题：（1）在全市工业中没有摆到一定的位置；（2）缺乏发展的长远与总体规划；（3）缺乏行业管理；（4）企业领导班子不稳定，有些企业短期行为严重；（5）缺少拳头产品、出口产品，日用塑料制品生产日益萎缩。针对上述问题，调研报告提出，除要分别采取相对应的措施外，还应使国营塑料工业企业能够与乡镇企业在同等条件下进行竞争。

7月23日 苏州市副市长冯大江对苏州市工商联报送的《发挥传统优势，扶助小商品生产——关于苏州市区小五金企业的有关情况的调查》《关于市区塑料加工工业的有关情况反映》两份调研报告，分别作批示，要求有关部门给予扶持。

8月1日 苏州市工商联举行第八次市县工商联工作会议，苏州市及常熟等6县（市）工商联正副主委、市工商联经济部成员参加会议。市工商联副主委毕炳林传达全国工商联会员企业名特优新产品博览会筹备会精神，经讨论，落实了参展单位、产品和展位。

8月13日 苏州市工商联副主委毕炳林等应邀出席中共苏州市委召开的第五次双月座谈会。市委副书记周治华传达中共中央有关文件，与会者就市委《关于贯彻中共中央关于坚持和完善中国共产党领导的多党合作和政治协商制度的通知》（征求意见稿）进行讨论，副主委毕炳林等发言。

8月15日 苏州市工商联副主委沈鹤寿参加市政府、市规划局就新区的进一步建设与规划问题与市政协举行的协商会。

是日 苏州市工商联副主委毕炳林参加市科委就《机关工作人员评定职称方案（初稿）》及“科技兴市”问题与市政协举行的协商会。

8月18日　苏州市工商联召开八届十次主委（扩大）会议，副主委王震瀛介绍苏州革命博物馆的筹建情况；副主委毕炳林汇报参加全国工商联会员企业名特优新产品博览会的筹备情况，以及市工商联1月—8月的工作情况和今后的工作打算。经讨论，同意吸收15家企业为会员，捐款5000元[1]用于筹建革命博物馆，要求精心组织并积极参加全国工商联会员企业名特优新产品博览会。

8月21日—25日　苏州市工商联副主委沈鹤寿参加中共苏州市委召开的工作会议。会议中心议题是传达中共江苏省委工作会议精神，统一对当前经济形势的认识，探讨苏州经济的发展方向和思路。

8月29日　苏州市工商联副主委王震瀛、沈鹤寿、毕炳林出席中共苏州市委召开的人事协商会议，就增补市政府副市长人选问题进行协商。

9月5日—6日　苏州市工商联召开八届四次常委（扩大）会议，听取中共苏州市委统战部部长葛晋德传达全国统战工作会议及江泽民总书记讲话精神，市工商联副主委沈鹤寿传达中共中央10号文件内容，审议市工商联工作情况和今后打算。会议提出：要围绕经济工作中心，为治理整顿、深化改革、加强调查研究献计献策；为克服市场疲软，积极促销，搞活流通，促进生产；发挥商会优势，扩大对外联络；进一步搞好同业公会试点工作，同时加强自身建设。

9月17日—18日　苏州市工商联副主委沈鹤寿等出席中共苏州市委召开的统战工作会议。会议主要内容是传达学习全国、全省统战工作会议精神，开创苏州统战工作新局面。

9月24日—27日　苏州市工商联组织全市包括6县（市）在内的33家企业，参加全国工商联和江苏省工商联在南京联合举办的全国工商联会员企业名特优新产品博览会，成交额达5000多万元。

9月30日　苏州市工商联召开座谈会，向专程来苏州采访全国工商联会员企业名特优新产品博览会的《人民日报》、新华社、中央人民广播电

[1] 实际捐款3000元。

台、中国新闻社和《人民画报》《经济日报》《中华工商时报》《中国工商杂志》等新闻单位14名记者介绍百货业、塑料工业同业公会的试点工作情况。中共苏州市委副书记周治华到会讲话，市委宣传部、统战部和市商业局、市物价局、市体改委、市政府经济研究中心等单位的负责人参加座谈会。其后，上述单位相继报道百货、塑料工业两个行业建立同业公会的试点情况。

11月2日 苏州市工商联召开八届十二次主委（扩大）会议。副主委王震瀛主持会议，副主委沈鹤寿通报市物价会议精神，副秘书长杨高霖汇报参加全国工商联和江苏省工商联联合举办的全国工商联会员企业名特优新产品博览会、《人民日报》等新闻媒体采访同业公会等情况。

是日 苏州市工商联百货业同业公会召开成立一周年大会，刘炳生理事长作工作报告。中共苏州市委统战部、城工部，市人大财经委员会，市工商联、商业局、消费者协会等单位领导应邀出席大会，鼓励同业公会发挥优势，做好服务工作，探索行业管理新道路。

11月21日—22日 苏州、无锡、常州3市工商联在苏州市召开第四次联谊会，3市工商联正副主委及中共苏州市委统战部负责人参加会议，江苏省工商联副主委陶可立、胡敏及杭州市工商联副主委吴春达等应邀出席会议。会上交流同业公会工作经验，并就如何为企业会员服务、后备力量的推荐等问题进行讨论。

12月10日 苏州市百货业同业公会向市政府报送《关于苏州市区百货行业基本情况的调查报告》，指出市区百货业存在如下问题：（1）经营范围和方式上存在过多过乱和名不符实等问题，专业特色少，综合经营和批零兼营多。（2）经营思想不正，从业人员素质下降。（3）行风不正，经营伪劣假冒商品屡禁不止。（4）经营网点多渠道审批，缺乏统一规划，布局不够合理。针对上述问题，调查报告提出如下建议：（1）加强调控，强化管理。具体包括市政府应设立或明确一个部门对社会商业的网点布局、地方政策、服务规范等实行统一领导；经济执法部门之间要加强协调配合，充分发挥行政部门的监督职能；充分发挥同业公会在制订行规行约、加强自我管理、贯彻政策法令、维护会员合法权益、反映会员要求与意见、协助政府管理等方面的作用。（2）治理整顿，调整结构。具体包括进一步整顿各类商业批发公司，从严管理批发企业；对零售商店的主营、兼营商品应有明确规定，对经营范围过杂过滥的企业应进行调整，除招商场外，商店不宜租柜经营，全民所有制企业更应杜绝；应由市统一规划营业网点的布局，区工商局不宜跨区审批布点。（3）搞活流通，繁荣市场。具体包括逐步引导和形成多种商业销售集团，加强工商协作，强化地方产品销售；有规划地发展零售商店，鼓励到居民区、新开发区设点，对国家规定的商业附收费，应真正用于商业网点设施建设；在闹市区除综合商场外，应有专业商店；积极培育发展百货商业专业市场。

12月11日—12日　苏州市工商联在吴江县松陵镇召开第九次县（市）工商联工作会议，苏州市及六县（市）工商联的正副主委及苏州市工商联各部（科）负责人出席，中共苏州市委和吴江县委统战部负责人应邀参加。市工商联副主委毕炳林主持会议，各县（市）工商联交流1990年的工作情况及1991年的工作打算。

12月18日—19日　苏州市工商联副主委王震瀛、沈鹤寿、毕炳林出席市政协八届十八次常委会议，就贯彻实施国务院批准的城市总体规划和1991年拟办实事进行专题协商。市建委负责人通报苏州市城市总体规划贯彻实施情况和1991年拟办实事的打算。

12月27日　苏州市工商联和各民主党派负责人应邀出席中共苏州市委召开的民主协商会，征求对市委书记王敏生在中共苏州市委七届三次全会上所作《坚定信心，奋发努力，继续前进，为夺取1991年各项工作的新胜利而奋斗》报告的意见。

是年　针对经济发展中出现的困难形势，苏州市工商联加大调查研究、为经济发展排忧解难的工作力度。市工商联参加市政协组织的关于调整外贸产品的调查报告，被新华社电讯报道提及，并被写进市政府的重大决策之中。在市政协召开的全会上，市工商联常委、振亚丝织厂厂长彭世涛作题为《摆脱困境，走出新路——浅析当前丝绸行业的困境及其对策》的发言。市工商联先后向江苏省、苏州市政协提交10多份提案，其中对丝绸行业的重点企业和高创会企业实行倾斜的提案被江苏省政府采纳，有关企业被列入江苏省必须、优先保护的行列。

是年 苏州市工商联老年工作委员会召开3次全体会议，11个联络组每月都举行学习、宣讲等活动；“老年之家”共发出509张活动证，相继成立书画、评弹组，改组京剧组，定期举行活动；先后举办7次医药卫生知识讲座，参加者600多人次，组织17次医疗咨询，87人次前来咨询；生活互助金收入158917.84元，加上上年结余，共887765.02元，支出96996.4元，其中“五一”和中秋、国庆期间，给部分骨干或遗孀发放生活补助费；春节期间，向247名80岁以上的老会员发放7410元慰问金，向484名生活困难者发放27970元补助费。

是年 苏州市工商联除接待来苏州访问的“三胞”人员外，还为眼镜一厂引进台资，合资创办苏州华京光学有限公司；圣诞节前，向会员的海外亲属及新加坡、泰国、马来西亚等总商会，台湾等地的同业公会，本市三资企业发出70多张贺年卡。

是年 苏州市工商联共接待20多人次的来信来访，除配合有关部门做好协调工作外，还依靠老会员骨干做好宣传解释工作。

是年 苏州市工商联苏州工商经济服务公司年营业额450多万元，盈利（税前）14万元，建联经济技术咨询服务部略有盈余。

是年 苏州市工商联先后接待黑龙江、江西、上海等省、直辖市工商联负责人及江阴、济南、合肥、兴化、江都、深圳、南昌、景德镇、九江、新余、吉安、杭州、萍乡、宜春、上饶、宝鸡、包头、镇江、常州等地工商联负责人，就会务及组建同业公会等工作进行交流。市工商联文史委员会先后接待江苏省方志办、济南市工商联史料工作组的工作人员，提供有关史料，被市方志办评为修志工作先进单位。

是年 苏州市工商联企业会员总数达207家，新增企业会员29家，其中三资企业、百货行业会员23家。

1991年

1月19日—22日　苏州市工商联副主委、江苏省政协委员毕炳林参加省政协组织的对苏州市工业结构调整情况的视察活动。省政协委员一行6人视察了振亚丝织厂、长城电扇总厂以及常熟市的一些工厂和乡镇企业。

是月　苏州市工商联百货业同业公会参加全市鞋子质量大检查。7天共检查126户，查封“三无”商品1268双，涉及24户，当场判明伪劣假冒商品3户（2户个体、1户乡办）。一同参加检查的有市计量局、市工商局和市消费者协会的工作人员。

2月11日　苏州市工商联召开三资企业迎春茶话会，市政府副秘书长徐洪斌和市经委、中共苏州市委统战部的有关领导及15家三资企业的中方负责人应邀参加。与会者就如何办好三资企业交流经验，并就简化出国培训、参加国际学术会议的手续审批，放宽企业用人自主权，精简会议、文件、报表，由企业自主决定工资标准，协助解决企业合资经营前的“三角债”，改善外企员工医疗条件，加强对出租车辆和营运管理等进一步改善苏州市的投资环境问题提出建议。副秘书长徐洪斌和市工商联主委叶元铮在听取大家的发言后分别讲话。

2月21日　苏州市工商联顾问、江苏省政协委员，太仓县工商联名誉主委、原太仓县政协副主席、利泰纱厂副厂长朱丹初因病逝世，终年74岁。26日，苏州市工商联主委叶元铮和副主委、顾问以及太仓县有关领导等300余人参加朱丹初的遗体告别仪式。

2月25日—27日 江苏省工商联举行五届三次执委会议，苏州市工商联主委叶元铮，副主委王震瀛、沈鹤寿等出（列）席会议。会议学习中共十三届七中全会和中共江苏省委八届三次全会（扩大）会议精神；传达全国工商联六届三次执委会议精神；审议并通过省工商联常务副主委陶可立代表常委会所作的工作报告；同意张绪武、周维高因工作调动分别辞去省工商联主任委员、副主任委员职务，选举徐英锐为省工商联第五届执委会主任委员、叶铭伍为副主任委员。

2月28日—3月5日 苏州市政协八届四次委员会议召开，市工商联主委叶元铮作题为《加强调控，搞活流通》的大会发言。市工商联提交《关于制定优惠政策，鼓励到新区（村）开设网点》《关于对个体服装经营加强管理》等提案9件。

3月8日—15日 苏州市工商联副主委毕炳林出席江苏省政协六届四次委员会议，提交《为了使省的经济再上一个新台阶，要从片面注重速度产值转到全面重视质量、效益上来》《原工商业者工龄问题》等提案。

3月23日 苏州市工商联经济部会同百货业同业公会走访人民商场、南门商业大楼、交电商场、工业品商场和余昌、亨达利等市区有影响的商场（店），重点了解苏州市“四大名旦”（孔雀牌彩电、香雪海牌冰箱、春花牌吸尘器、长城牌电扇）和登月牌手表的销售情况及销售信息，后通过一定的形式向有关主管局和生产单位反映。

4月12日 苏州市经委、市商业局和苏州市工商联联合召开地产名牌产品工贸座谈会，交流“四大名旦”及登月牌手表在苏州市场的销售信息。百货业同业公会12家商场、商店的负责人与厂方负责人应邀参加。会议探讨如何提高地产名牌产品质量、扩大销售市场的措施。市工商联主委叶元铮、副主委沈鹤寿、毕炳林和经济部有关人员出席会议。

4月19日一21日 1991年江浙沪部分工商联会务工作研讨会在杭州召开。会议着重探讨工商联如何发挥以统战性、经济性、民间性为特征的民间商会作用，更好地为国家经济建设服务，为社会服务、为会员企业服务的路子和经验。全国工商联副主席叶宝珊、副秘书长王德宽专程参加。苏州市工商联主委叶元铮与副主委沈鹤寿、毕炳林参加会议，毕炳林代表苏州市工商联在会上作题为《发挥商会职能，为深化改革多贡献——苏州百货业同业公会工作启示》的发言。

4月21日 苏州市工商联召开八届十五次主委（扩大）会议。会议议程共3项：（1）常委严柏筠汇报工商经济服务公司1991年业务以及历年来的经营情况。（2）协商产生工商经济服务公司第三届董事会人选。名誉董事长浦亮元，董事长叶元铮，副董事长王震瀛、沈鹤寿，董事毕炳林、严柏筠、薛国杰、张令德、钱小铮、虞钧培、施家琛、贝祖武。（3）副秘书长杨高霖汇报组建食品同业公会的进度和今后打算，审议批准吸收苏州迅达电梯有限公司、苏州横河电表有限公司、苏州捷嘉电子有限公司、苏州赛马克电机有限公司4家三资企业为市工商联企业会员。

5月10日—11日 吴县工商联召开第五届会员代表大会。五届一次执委会选举王连元为主任委员，冯贵岚、姚洪生、周国仁、谈维明为副主任委员，冯贵岚兼秘书长。江苏省工商联副主委、苏州市工商联主委叶元铮参加开幕式，并代表省、市工商联致贺词。

5月18日 苏州市工商联工商史料工作委员会召开八届五次会议。朱宏涌副主任汇报近期根据市方志办要求，完成旧商会尤先甲、庞天笙、程干卿传的情况，提请委员们审稿并获一致通过。会议对下一步工作进行讨论，王震瀛副主委出席会议并讲话。

5月21日—24日 江苏省工商联调研工作会议召开。11个省辖市、14个县级市工商联负责人和调研部门的负责人出席这次会议。有14个市工商联委员在会上交流开展调研工作的情况和经验，并就调研工作中存在的问题和今后工作方向，重点进行分组讨论。苏州市工商联副主委毕炳林参加会议，并作题为《加强调查研究，发挥商会作用》的交流发言。

5月29日—31日 苏锡常工商联第五次工作研讨会在江阴召开，苏州市、无锡市、常州市、南通市、江阴市工商联围绕各自工作及体会作交流发言。会议还围绕新时期工商联的性质、地位和作用进行分组讨论。苏州市工商联主委叶元铮与副主委沈鹤寿、毕炳林和中共苏州市委统战部副部长徐炳清参加会议。

6月8日　苏州市纠正行业不正之风、治理“三乱”领导小组召开“纠风治乱”检查员队伍成立大会。这次检查分别在执法监督部门、经济管理部门和公用事业单位分段进行。市工商联副主委毕炳林参加会议，自11日起参加商业组对有关企业的检查。

6月13日—15日　苏州市工商联第十次县（市）工作会议在常熟召开，主要议程是：交流工商联参政议政，围绕“质量、品种、效益年”开展活动和今后打算；交流工商联自办企业的经验和设想。苏州市及6县（市）工商联正副主委、统战部负责人出席会议。常熟、昆山、张家港、吴江、太仓5县（市）工商联交流开展调查研究及会办企业的情况和经验。会议就如何抓住选题加强调研、提高参政议政的质量和如何办好会办企业进行分组讨论。市工商联主委叶元铮在会议开始时讲话。

6月28日　苏州市工商联邀请上海精品商厦与苏州市部分三资服装企业举行业务座谈会，帮助其产品进入上海市场。由苏州市工商联牵线引荐本市及各县生产各类中高档服装的三资企业30余家，上海精品商厦定于7月中旬与这些三资企业进一步洽谈，为8月8日开业典礼上的三资企业精品大联展组织货源。

7月1日　苏州市工商联原顾问张寿鹏病逝，终年84岁。5日，在市殡仪馆举行遗体告别仪式。中共苏州市委副书记周治华等送了花圈，市政协副主席徐星钊、市委统战部部长葛晋德和市工商联等有关方面负责人及生前好友参加了悼念活动。

7月6日　中共中央下发［1991］15号文件《中共中央批转中央统战部〈关于工商联若干问题的请示〉的通知》。该通知根据社会主义初级阶段和建设有中国特色社会主义理论，确定工商联作为中国共产党领导下的以统战性为主，兼有经济性、民间性的人民团体；要求工商联当好党和政府联系非公有制经济代表人士的桥梁和助手，工商联负有做非公有制经济代表人士思想政治工作的任务；工作方针是团结、教育、引导、服务；吸收会员的对象除原工商业者外，包括私营企业、个体工商户、“三胞”投资企业和部分乡镇企业。

是日　苏州市工商联与市经济信息协会、市经济信息管理中心联合召开苏州市经济形势信息发布会，由市经济信息管理中心主任丁亚成主持。会议邀请市计委、经委、外经委、农业局等有关负责人，就上半年全市工业、农业、外贸、财政、金融和市场等方面的情况和下半年的预测进行信息发布，参加会议的企业有关人员近200人。市工商联主委叶元铮与副主委王震瀛、沈鹤寿、毕炳林及有关科室人员参加会议。

7月10日　来苏州视察水灾的中共中央总书记江泽民会见苏州市有关方面负责人，市政协副主席、市工商联主委叶元铮应邀参加。

7月15日　苏州市工商联召开八届十七次主委（扩大）会议。会议议程共3项：（1）主委叶元铮传达副市长府培生在领导干部会议上通报的全市抗洪救灾情况。（2）副主委沈鹤寿传达中共苏州市委书记王敏生在领导干部会议上通报的江泽民总书记来苏考察灾情的经过和所作指示精神。（3）对正在抗洪救灾的领导、解放军、群众表示衷心的感谢和慰问。决定以苏州市工商联全体老会员的名义捐款1万元，工商经济服务公司捐款2000元。全体工作人员捐款600元。

7月25日　为支援苏州市抗洪救灾，宝鸡市工商联及其会办企业和全体干部职工寄来慰问信和人民币1000元，由苏州市工商联转交市救灾捐赠办公室。

8月1日　苏州市工商联邀请人民商场、南门商场、商校、百货业同业公会负责人召开座谈会，就百货行业的网点布局、经营批零范围和多头审批等问题，再次献计献策。市政协提案办公室负责人到会听取意见和建议。会议由副主委毕炳林主持，主委叶元铮与副主委王震瀛、沈鹤寿参加。意见和建议最后汇总到市政府办公室。

8月10日　苏州市商业局副局长吴吉生等来苏州市工商联，就市工商联提交的增设钟表维修网点、纠正行业回扣不正之风、商场出租柜台等3个提案的处理过程和采取的措施通报情况，并进一步征求意见，市工商联正副主委和经济部负责人听取通报，并进一步商讨落实措施。

是日　苏州市工商联百货业同业公会召开创“三优”（优秀柜长、优秀营业员、优秀后勤人员）同工种竞赛表彰交流经验会议，经企业会员行政推荐，行业小组民主评议，同业公会理监事联席会议讨论，决定分别授予杨咏雪等61人优秀柜长、优秀营业员、优秀后勤人员和合理化建议积极分子的荣誉称号。会上有5人作经验交流发言。会议由百货业同业公会理事长刘炳生、副理事长汪孝炎主持，市工商联副主委毕炳林发言，该公会监事长解恒修作小结。

8月12日 苏州市工商联召开全体机关工作人员会议，传达市政府会议精神，动员全体人员再次伸出援助之手，为苏北兴化、盱眙等重灾区定向捐款。副主委钱小铮从上海寄来捐款2000元，由市工商联转交市救灾捐赠办公室。

8月17日 苏州市工商联副主委钱小铮捐款设立的“严裕棠教育奖学基金会”管委会举行全体会议，讨论通过第二次获奖名单，纺织工业学校有8名教师、14名学生，苏纶职工子弟小学有6名教师，以上人员分别获一、二、三等奖，小学有51名三好学生获纪念品奖。市工商联副主委沈鹤寿参加会议。

8月22日 苏州市政协召开八届五十七次主席会议，对征求的《苏州市国民经济和社会发展十年规划和“八五”计划纲要》中“社会事业”和“城市建设”等部分提出修改意见和建议。苏州市工商联主委叶元铮、副主委沈鹤寿出（列）席会议。此前，市工商联正副主委分别多次参加座谈会，对“城市建设”等部分提出修改意见。

9月9日 苏州市消费者协会召开第二届代表会议，苏州市工商联副主委王震瀛、沈鹤寿应邀参加，沈鹤寿当选为市消协第二届理事会副会长。

9月12日—13日 苏州市政协举行八届二十三次常委会议。会议围绕发挥苏州优势、发展苏州旅游事业进行专题协商。苏州市工商联参加大力开发旅游商品、促进旅游事业发展专题调查组，进行2个多月的认真调查，为这次协商做了充分准备。沈鹤寿副主委在会上作专题发言，建议：调整产品结构，大力开发具有地方特色的旅游产品；适应多层次需要，积极开发国内外旅游商品市场；制定优惠政策，充分调动企业生产经营旅游商品的积极性；加强综合管理，促进旅游商品生产经营的健康发展。毕炳林副主委出席会议。

9月19日 苏州市工商联副主委沈鹤寿应邀参加1991年中国苏州国际丝绸旅游节开幕式。

9月20日 苏州市工商联对外联络委员会召开中秋茶话会，副主委王震瀛、沈鹤寿、毕炳林和顾问贝祖武等出席茶话会。沈鹤寿传达苏州市政府《关于鼓励发展外向型经济的若干意见的通知》。与会老同志畅谈对海外亲友宣传党的方针政策及通过当年抗洪救灾宣传社会主义优越性等工作，提出要与海外亲友第二、三代增进联络的打算。

是日 苏州市工商行政管理局召开廉政建设义务监督员座谈会，苏州市工商联副主委毕炳林出席，并继续受聘为廉政建设义务监督员。

9月27日—28日 苏州市工商联举行八届五次常委（扩大）会议，正副主委和常委、县（市）工商联负责人及苏州市工商联机关干部共60余人出席会议，副主委王震瀛主持会议。中共苏州市委统战部副部长徐炳清作关于《江泽民总书记在纪念中国共产党成立七十周年大会上的讲话》的辅导报告；副主委沈鹤寿传达市政府领导关于抗洪救灾和恢复生产情况的报告；会议审议通过毕炳林副主委所作的今年1月—8月工作汇报和9月—12月工作打算。副主委沈鹤寿作小结。

10月14日 中共苏州市委统战部、苏州市统战理论研究会举行统战理论研讨会，市工商联副主委毕炳林作交流发言。

10月19日 苏州市政府部署今年税收财务、物价大检查工作，苏州市工商联副主委施家琛应邀参加检查工作。

10月23日—25日 江苏省工商联召开五届五次常委（扩大）会议，传达《中共中央批转中央统战部〈关于工商联若干问题的请示〉的通知》及全国工商联六届七次常委（扩大）会议精神。中共江苏省委统战部部长沙人麟、副部长张艳到会讲话。会议通过关于学习贯彻中共中央［1991］15号文件等决议。苏州市工商联副主委王震瀛、沈鹤寿、毕炳林和张秀娟及常熟市工商联陈振国、周士敏参加会议。

11月5日—7日 江苏省工商联第三次企业工作会议在泰州市举行，苏州市工商联副主委王震瀛、工商经济服务公司副总经理薛国杰参加。会议总结两年来全省自办企业的情况和经验，提出今后工作的初步设想，通过《江苏省工商联关于自办企业的几点意见》。

11月6日 中共苏州市委统战部副部长徐炳清、苏州市工商联副主委毕炳林等赴常州市，学习贯彻中共中央［1991］15号文件及开展私营企业调查工作等经验。中共常州市委统战部和常州市工商联负责人接待介绍，陪同参观私营企业。

11月11日—13日 苏州市工商联第十一次县（市）工作会议在太仓召开，副主委王震瀛、毕炳林分别主持，苏州市工商联驻会副主委及各部（科）负责人，6县（市）工商联驻会正副主委及统战部分管领导参加。会议主要内容为传达学习中共中央［1991］15号文件和全国工商联六届七次常委（扩大）会议、江苏省工商联五届五次常委（扩大）会议精神。

11月15日 中共江苏省委统战部副部长张艳来苏州市工商联检查工作，了解学习贯彻中共中央［1991］15号文件的情况，市工商联副主委沈鹤寿、毕炳林汇报工作。

11月21日 苏州市工商联副主委沈鹤寿率负责对外联络工作人员赴无锡市工商联，学习开展对外联络特别是对三资企业会员工作的经验。

11月26日 中共苏州市委统战部召开各民主党派、工商联负责人会议，交流今年工作和明年打算，苏州市工商联副主委王震瀛、沈鹤寿、毕炳林参加会议，毕炳林作发言。

12月2日 苏州市工商联召开八届二十次正副主委（扩大）会议。沈鹤寿副主委传达关于苏州市国民经济和社会发展十年规划与“八五”计划纲要（草案），与会者进行认真讨论。通过吸收4家港、台独资企业为企业会员，分别是苏州梵谷动画有限公司、南康圣诞树厂、皇鼎动画有限公司、海泰新型工程材料有限公司。

12月5日—6日 苏州市政协八届二十四次常委会举行，围绕苏州市制定的国民经济和社会发展十年规划与“八五”计划纲要（草案）进行决策前协商。苏州市工商联副主委王震瀛、沈鹤寿、毕炳林参加会议，毕炳林代表市工商联围绕深化企业改革等问题作发言。

12月19日　苏州市工商联召开吸收新会员暨“三胞”独资企业会员小组成立茶话会。中共苏州市委统战部副部长徐炳清、外经委外资管理科科长邱惠琴与市工商联副主委沈鹤寿、毕炳林出席会议并讲话。经推荐协商，启立科技事业有限公司总经理傅仁熙担任市工商联“三胞”独资企业会员小组组长。

12月23日　由台湾万利营造有限公司负责人黄铭丰率领的台北县坪林乡乡民代表会一行28人（工商界人士）由沪来苏，苏州市海外联谊会副会长徐炳清，苏州市工商联副主委沈鹤寿、毕炳林和联络部负责人前往雅都饭店会见黄铭丰等，介绍苏州的自然地理和投资环境。28日，黄铭丰一行参观苏州茶厂后赴上海，副主委沈鹤寿、毕炳林等陪同参观并送行。

是年　苏州市工商联负责人根据中共中央［1990］14号文件的规定，积极参加中共苏州市委、市政府、市政协、市委统战部及有关部、委、局举行的双月座谈会、人事协商会、工作座谈会、专题协商会、专题通报会等活动，并发表意见；担任各级人大代表、政协和政府职务的工商联成员，本着“肝胆相照”的精神，履行建言献策职责，就国家和地方发展的大政方针等进行专题协商；市工商联领导和成员还先后参加江苏省政协组织的对苏州市工业结构调整和市政协组织的关于搞好搞活大中型企业、开发旅游行业、抗洪后农业生产和建设社会主义新农村、部分乡镇工业的视察活动。

是年　苏州市工商联将参政议政与专题调研结合起来，与民建苏州市委会共写出11份调查报告、8份专题情况反映，分别报送中共苏州市委、市政府与江苏省工商联和有关部门；中共中央15号文件下发后，对6县（市）工商联的学习情况以及非公有制经济代表人士的基本情况进行调查，提出90多条建议，被采纳80多条，产生可计算经济效益290多万元。

是年　苏州市工商联与苏州市市场经济信息协会、市经济信息管理中心联合召开经济形势发布会，邀请市计委、经委、外经委、农业局等部门负责人就工业、农业、外贸、财政、金融、市场等的发展情况及趋势，进行信息发布；共出版《市场信息》23期，塑料工业同业公会、百货业同业公会分别编印《塑料同业之友》《工作简讯》，为会员企业提供信息服务；做好参加华东六省一市工商联第五届商品交易会和江苏省新潮礼品展销会工作，帮助各县（市）工商联或企业落实参展摊位。

是年　春节期间，工商界生活互助金管理委员会向543人补助26050元，向244名80岁以上老人发放慰问金7320元。

是年　苏州市工商联共接待150多人次来信来访，涉及解决生活补助、医药费、工资改办、遗属补助、历史遗留问题、归还私房等方面，与有关部门进行协调，有的得到解决，有的作了解释、说明。

是年　苏州市工商联百货业、塑料工业同业公会《关于对市商品质量抽样测试工作的情况反映》的调研报告，得到江苏省、苏州市有关方面的重视。省计量局发文，对流通环节的商品质量抽验及收费作了规定；中共苏州市委、市政府在12月份召开的“纠风治乱”会议上，将其列为下一年度重点要抓的6个热点、难点之一。

是年　苏州市工商联接待郑州市、西安市、上海市、上海市静安区、上海市徐汇区、上海市普陀区、景德镇市、福州市、启东县、长春市等地工商联负责人的来访、交流工作。

是年　苏州市工商联下属企业工商经济服务公司年营业额3997101.34元，盈利92571元；建联经济技术咨询服务部略有积余。

1992年

1月15日　苏州市政府召开有关部门与市各民主党派、工商联对口挂钩负责人会议，贯彻《中共中央关于坚持和完善中国共产党领导的多党合作和政治协商制度的意见》，落实市政府及有关部门与市各民主党派、工商联建立联系制度的具体措施，要求有关部门积极支持各民主党派、工商联开展工作。苏州市工商联副主委沈鹤寿、毕炳林应邀出席。与市工商联对口联系的单位是：市经委、外经委、轻工局、商业局、供销社、工商行政管理局。

1月17日　苏州市工商联召开部分私营企业座谈会，苏州秋艳时装有限公司等7家私营企业的负责人参加。副主委沈鹤寿传达中共中央［1991］15号文件精神并介绍工商联的性质和当前工作重点。各私营企业负责人介绍私营经济的情况，对工商联今后工作提出建议。副主委王震瀛、毕炳林参加座谈并发言。

1月28日　苏州市工商联召开八届二十一次主委（扩大）会议，讨论八届四次执委会议上的工作报告（草稿），同时讨论传达贯彻全国工商联六届四次执委会议精神等问题。市工商联经济部会同百货业同业公会对本市5个全民商场、3个集体商场的用工情况进行调查，并将调查情况报江苏省工商联等有关部门。

2月13日—14日　江苏省工商联在常州市召开工作会议，主要内容为传达全国工商联六届四次执委会议精神，研讨中共中央［1991］15号文件如何由学习、提高认识阶段转入贯彻、落实、平稳过渡、分步到位阶段，讨论召开省工商联五届四次执委会议方案，征求对省工商联两年工作规划的意见。苏州市工商联副主委毕炳林参加会议。

2月18日　接到中共苏州市委通知：经中共苏州市委常委会决定，建立中共苏州市工商业联合会党组，由葛晋德、徐炳清、沈鹤寿等组成，葛晋德任党组书记（正部级）。

2月18日—20日　苏州市工商联召开八届四次执委会议，主要议程是：（1）传达中共中央统战部领导在全国工商联六届七次常委（扩大）会议上的讲话；（2）市工商行政管理局、市外经委负责人通报有关情况；（3）传达全国工商联六届四次执委会精神和中央领导讲话；（4）审议通过市工商联1991年工作总结、1992年工作打算；（5）增补葛晋德为苏州市工商联副主委。市工商联八届二十二次主委（扩大）会议和八届六次常委（扩大）会议同时举行，通过选举一致同意增补葛晋德为执委、常委、副主委。

2月24日—29日　苏州市政协召开八届五次会议，苏州市工商联主委叶元铮与副主委王震瀛、沈鹤寿、毕炳林、薛国杰等出席。27日，副主委毕炳林代表市工商联作题为《改善投资环境，扩大对外开放》的大会发言。会上，市工商联提交提案15件，被授予提案先进集体称号受到表彰。

3月1日—12日　江苏省政协六届五次会议在南京市召开，苏州市工商联副主委毕炳林出席会议并提交提案2件。

3月12日　苏州市工商联“三胞”独资企业小组举行会议。会议商量今后活动形式，交流有关情况，并对三资企业用电优惠政策、邮电局国际长途电话有关问题等提出希望和要求。副主委沈鹤寿在会上讲话。会后，市工商联联络部人员到市经委等有关部门通报会议情况，并了解三资企业用电优惠政策落实情况，受到企业欢迎。

3月15日一17日　苏州市工商联主委叶元铮与副主委王震瀛、沈鹤寿、毕炳林及江苏省工商联常委张秀娟等出席省工商联五届四次执委会议。会议传达学习邓小平关于建设有中国特色社会主义的一系列论述、中共中央对工商联工作的指示，传达贯彻全国工商联六届四次执委会议精神，听取和审议省工商联一年来的工作报告。

3月21日　苏州市工商联召开八届二十二次主委（扩大）会议。会议传达国务院副总理田纪云、中共中央宣传部部长丁关根在全国工商联六届四次执委会议上的讲话及会议精神，提出市工商联贯彻会议精神的工作打算；增补葛晋德为工商经济服务公司董事会董事。

是日　江苏省工商联副主委叶铭伍、中共江苏省委统战部处长范衡标陪同广东省委统战部副部长林晓亭及梅州市民间企业家公会会长、深圳文达发展有限公司董事长刘桂云到苏州参观，了解苏州市工商联会务工作。

是日　苏州市工商联经济部对王鸿翥药店重视企业管理、开展特色经营进行调查，并综合汇总成《特色服务便群众、百年药店展新貌》的调查报告上报有关部门。

4月6日　江苏省工商联副主委陶可立等来苏州了解学习贯彻中共中央［1991］15号文件的情况，苏州市工商联副主委毕炳林、副秘书长杨高霖陪同参观培蒙服装厂等私营企业。

是日　苏州市工商联工商经济服务公司召开三届二次董事会议。中共苏州市委统战部副部长徐炳清应邀参加会议。会议由董事长叶元铮主持。与会董事听取副总经理薛国杰汇报1991年工作总结和1992年计划指标，总经理王震瀛汇报自1984年6月创办以来总的营销情况和税利情况。会议同意王震瀛辞去兼任总经理职务，改由副董事长沈鹤寿兼任，聘任刘炳生为第一副总经理，薛国杰、吴家荪继续担任副总经理，并讨论今后分配问题。市工商联党组书记、公司董事葛晋德在会上讲话。

4月22日—23日　台湾“中华工商业联合会”秘书长、台湾休闲旅游发展协会副主任委员黄光辉一行3人，在江苏省工商联副主委谈成祥陪同下来苏州市考察投资环境，洽谈有关事宜。苏州市工商联主委叶元铮与副主委沈鹤寿、毕炳林会见客人，并陪同游览虎丘等名胜古迹。省工商联与台湾工商联达成今后进一步联系的协议。

是月　苏州市工商联负责人参加市政协加快发展苏州市外向型经济专题调查，视察昆山开发区，广泛听取部分三资企业有关外向型经济的企业和有关方面的意见，并对照邓小平论述，联系实际情况，认真进行分析、讨论，在市政协八届二十七次常委会议上发言。

是月　在苏州市区企业推行“四放开”（放开经营、价格、分配、用工）改革中，百货业同业公会根据理监事会议精神和会员企业的要求，在市物价局、市商业局领导下，配合有关部门，选择进口录像机的8个牌号26个品种的商品和进口手表的5个牌号35个品种的商品，先后进行同行议价。

5月9日　苏州市政府召开政府有关部门与苏州市工商联协调会，就贯彻落实中央关于工商联政策的重大调整，政府有关部门如何支持工商联实现职能和任务的转变，为其开展工作创造条件进行研究。市工商联主委叶元铮与副主委沈鹤寿、毕炳林等出席会议。讨论中，一致同意中共苏州市委统战部提出的贯彻中共中央［1991］15号文件、做好协调配合工作的建议。

是日　苏州市工商联机关被市政府目标管理办公室评为1991年度目标管理表彰单位，由中共苏州市委、市政府授予奖状。

5月13日—15日　1992年江浙沪部分工商联协作区会务工作研讨会在苏州市工商联举行。23个市、县工商联出席会议，12个市、县工商联在大会上作专题交流发言，2个县工商联作书面交流，并分小组进行讨论。江苏省工商联主委徐英锐、副主委胡敏，中共江苏省委统战部副部长张艳，上海市工商联秘书长顾永熙，中共苏州市委统战部副部长徐炳清等应邀莅会指导。中共苏州市委副书记周治华、市政协副主席范廷枢、市委统战部部长盛家振到会并讲话。与会代表于15日参观昆山经济技术开发区和私营企业等。会议由苏州市工商联和无锡市工商联联合筹办。

5月30日　苏州市工商联召开八届二十四次主委（扩大）会议，听取副主委沈鹤寿传达《中共江苏省委、江苏省人民政府关于加快改革开放和经济发展若干问题的决定》并进行讨论。副主委王震瀛主持会议，党组书记、副主委葛晋德做讲话。

6月11日—13日　江苏省工商联联络工作会议在镇江市召开，苏州市工商联副主委沈鹤寿在讨论会上作题为《关于苏州市区“三胞”投资企业的情况及下一步的工作打算》的发言。

6月15日　甘肃省工商联副主委朱果言和甘肃省工商联经济开发公司负责人等来苏州，苏州市工商联主委叶元铮，党组书记葛晋德，副主委王震瀛、毕炳林，副主委、工商经济服务公司总经理沈鹤寿，工商经济服务公司副总经理刘炳生等接待，双方就会务工作和自办企业业务进行交流和洽谈。

6月23日—24日　中共苏州市委统战部与苏州市工商联联合召开私营企业、个体工商户代表座谈会。统战部部长盛家振、副部长徐炳清分别讲话。

6月27日　苏州市工商联举行私营企业、个体工商户首批新会员入会大会，市四套班子及有关方面领导参加。大会由市工商联党组书记葛晋德主持，中共苏州市委副书记周治华讲话。会议结束后，私营企业会员和个体工商户会员分别进行小组活动。

是月　苏州市工商联受市外经委委托，对市区轻工、医药、丝绸、纺织、机械、电子、工艺等系统部分企业出口创汇等情况进行调查，完成《正确处理内外销关系，努力开拓国际市场——关于市区出口创汇的有关情况调查》的专题报告，并报送政府及有关部门。

7月4日　苏州市物价协会成立，市工商联副主委沈鹤寿当选为副会长。

7月16日　苏州市工商联就8位老会员来信问题举行座谈会，由叶元铮主委主持。毕炳林副主委就工商联性质、任务、民主集中制组织原则、自办企业性质、资金人事、经营情况、工商界互助金性质、使用范围和原则、管理等作说明。

8月6日—11日　苏州市工商联党组书记、副主委，苏州海外联谊会副会长葛晋德，与中共苏州市委、市政府有关领导赴深圳蛇口，举行中外合资（新加坡）苏州南新水泥有限公司合同章程签字仪式，来自新加坡以及中国香港的周文轩、郭次仪、王惟馨、钟汉诚先生参加签字仪式。

8月20日 苏州市工商联举行信息交流座谈会，特邀金阊区政府领导及区有关部门领导介绍筹建金阊区专业市场的设想、政策、经营信息等。座谈会由副主委毕炳林主持，金阊区区委、区政府领导，市工商联领导经济部全体工作人员，部分私营企业和个体工商户会员参加。

8月21日—22日 苏州市政协举行八届二十八次常委会议，围绕贯彻邓小平南方谈话精神，充分发挥科技人员积极性，加快苏州经济发展问题进行协商。中共苏州市委、市政府及有关部门负责人到会听取大会发言。苏州市工商联主委叶元铮、党组书记葛晋德和副主委王震瀛、沈鹤寿、毕炳林参加会议，并就进一步调动和发挥科技人员积极性问题，提出意见和建议。

8月27日 苏州市工商联个体工商户会员组就城区改造、房屋拆迁的有关政策问题举行专题座谈会，市政协分管领导及中共苏州市委统战部、市建委、市法制局、市工商局、部分区政府动迁办公室的有关负责人，市个协、各区个协的负责人应邀参加会议。市工商联党组书记葛晋德与副主委王震瀛、毕炳林参加会议。与会人员对加快旧城改造和市政府有关城市房屋拆迁管理的政策表示支持，同时联系国务院、江苏省政府分别颁布的《城市房屋拆迁管理条例》提出建议，各有关动迁职能部门负责人介绍拆迁安置、补偿政策，各区个协介绍动迁工作中私营个体经营户的反映和要求。市政协分管领导与市工商局副局长孙茂钧、市工商联党组书记葛晋德在会上讲话。

8月29日—30日 印度尼西亚lUNGGal集团主席朱祖慰伉俪、爱利特香港有限公司董事总经理郭次仪先生一行4人访问苏州，苏州市工商联党组书记、副主委，苏州海外联谊会副会长葛晋德参加接待，陪同参观考察市百一店、苏州医疗器械厂、刺绣研究所和河西新区，并就苏州刺绣工艺品到印尼举办展销会达成意向。

9月5日　苏州市工商联副主委毕炳林应邀参加市地方志编纂委员会和市计委联合召开的《经济综述》评审会。

9月8日　苏州市工商联对外联络部举行中秋座谈会，主委叶元铮及副主委沈鹤寿、毕炳林参加。老委员们表示，要在接待国外的亲友时，积极宣传国内的改革开放政策及各方面的巨大变化，协助他们在国内开展经贸活动，把联络工作做到实处，增加工商联的吸引力。

9月18日—19日　苏州市工商联召开八届七次常委（扩大）会议，主要议题是：传达全国工商联、江苏省工商联组织工作会议精神和《中共江苏省委批转省委统战部关于做好工商联工作的意见的通知》；审议上半年工作总结和下半年工作打算，商讨在新形势下，如何使工商联工作上个新台阶，一致认为要在学好邓小平南方谈话的基础上，坚持以经济建设为中心，把握党的“一个中心，两个基本点”，抓住重点，带动全面，充分发挥工商联统战性、经济性、民间性的优势，重点做好以下几方面工作：（1）加强调查研究，把参政议政工作提升到新的水平；（2）实现工商联组织结构、主要职能的调整，稳中求快地发展非公有制经济会员；（3）全面贯彻“八字方针”（团结、服务、引导、教育），充分履行“七项职能”[1]，积极为会员服务；（4）密切与海外工商社团和人士的友好交往，积极协助政府开展“外资、外贸、外经”工作，努力由一般交往向直接参与经济贸易活动发展；（5）重视自办企业工作，为振兴地方经济出力，为非公有制经济健康发展服务，增强工商联自身的活力与实力；（6）加强领导班子和机关建设。会议由主委叶元铮主持，党组书记葛晋德作小结。会议审议通过工作报告，通过第二批26户非公有制经济单位的入会申请。

10月7日　苏州市工商联私营企业会员大康水电安装工程公司举行更名为大康水电设备安装工程有限公司开业典礼暨揭牌仪式，市工商联主委叶

---

〔1〕具体是指：(1) 贯彻、执行党的基本路线，在中国共产党领导下，同民主党派一起参政议政。(2) 反映会员的意见、要求，维护会员的合法权益。(3) 协助政府进行专题调研；开展有利于改革开放和社会主义现代化建设的服务活动。(4) 加强自身建设，发扬自我教育的传统，帮助会员自觉遵守国家的政策法令，引导、教育会员爱国、敬业、守法，履行应尽的社会责任。(5) 开展与港、澳、台胞和海外侨胞中工商社团和工商界人士的联络工作，协助政府引进资金、技术、人才。(6) 办好自办企业。(7) 经政府委托或批准，参与某些具体经济活动。如：协助政府及有关部门，组织企业会员举办和参加各种对内、对外展销会、交易会；对企业会员的生产经营情况及财务、税收等进行检查、监督；为会员企业办理有关证明等。

元铮，党组书记葛晋德，副主委王震瀛、沈鹤寿、毕炳林到会祝贺，毕炳林和市工商局副局长孙茂钧为公司揭牌。

10月9日 苏州市工商联举行老会员座谈会，副主委毕炳林通报市工商联八届七次常委会议的情况和今后工作打算，主委叶元铮、副主委王震瀛对与会者提出的有关会务工作的一些问题，进行分析和说明。

10月12日—13日 苏州市工商联党组书记、副主委葛晋德与副主委沈鹤寿、毕炳林应常熟市王市镇政府、江苏秋艳时装有限公司邀请，参加在王市镇举行的第二届农民时装节开幕式。

10月16日—17日 苏州市工商联主委叶元铮，党组书记葛晋德，副主委王震瀛、沈鹤寿、毕炳林参加市政协常委会议，学习江泽民总书记在中共十四大上的报告，听取市长章新胜《关于目前经济建设情况和今后的工作意见》的通报。主委叶元铮和与会的副主委在讨论中就苏州经济建设和发展发言。

10月17日 苏州市工商联“三胞”独资企业小组举行第三次季度例会，副主委毕炳林与经济联络部部长徐高仁、组宣部部长程国华等出席会议。台胞独资企业梵谷动画有限公司、鸿鹰卡通有限公司与港胞独资企业海泰有限公司等单位的正副总经理交流生产经营经验，以及在国家扩大开放的新形势下发展本企业的打算。

11月2日—5日 苏州、无锡、常州3市工商联第六次工作交流会议在常州市召开，主要内容是学习中共十四大精神，交流组织学习的形式、方法和心得体会，就常州市工商联提出的关于组织结构调整及换届设想，联系实际进行商讨。参加会议的有3市工商联的党组书记、驻会的正副主委及市委统战部负责人等。中共江苏省委统战部副部长张艳与省工商联副主委胡敏等莅会指导。

11月7日 苏州市政协举行表彰大会，表彰政协工作先进积极分子和担任政协委员30年的老委员。苏州市工商联受表彰的有：先进委员王震瀛、毕炳林、周伯钧、刘炳生，政协工作积极分子沈红专，担任政协委员30年的严伯筠、贝祖武、薛国杰。

11月17日　苏州市政协举行主席会议，协商换届事宜。苏州市工商联主委叶元铮、副主委沈鹤寿参加。会议对九届政协参加单位的委员名额进行协商，市工商联的委员名额仍为25名。

11月24日　台湾“中华工商业联合会”会长王清松先生率经贸考察团一行9人，在江苏省工商联副主委谈成祥陪同下来苏州考察访问，洽谈经贸合作。经苏州市工商联安排，在苏期间，考察团参观苏州市河西新区、国贸中心、市百一店和私营企业培蒙时装有限公司等。

11月25日　苏州市工商联组织电子、机械、商业系统负责人以及私营企业会员代表参加同行业对口恳谈会，对共同感兴趣的经贸项目接触洽谈。副市长孙中浩、市工商联主委叶元铮、中共苏州市委统战部副部长徐炳清、市台办副主任刘长乐等应邀参加。

12月4日　苏州市政府召开座谈会，对将要提交讨论的《苏州市实施〈江苏省计划生育条例〉具体办法》及《苏州市人口与计划生育目标管理考核奖惩办法》征求意见。市工商联副主委沈鹤寿、毕炳林参加座谈。

12月14日　苏州市工商联同市工商局举行对口联系座谈会，双方领导各自通报当前工作情况及明年工作计划，并就今后加强联系等问题进行商讨。中共苏州市委统战部副部长徐炳清及市私协、市个协秘书长等有关人员参加座谈。

12月17日　苏州市工商联举行第三十次主委（扩大）会议，主委叶元铮，党组书记葛晋德，副主委王震瀛、沈鹤寿、毕炳林及各部科负责人参加，主要内容为：叶元铮主委传达全国工商联执委会议精神；通报苏州工商经济服务公司情况；通报中共苏州市委关于同意增挂“苏州市商会”牌子的抄告单；审议7户非公有制企业入会申请；讨论春节补助慰问方案。

12月30日　苏州市工商联举行苏州市商会挂牌暨新会员发证大会，中共苏州市委、市人大、市政府、市政协及市委统战部的领导和有关对口联系部门的负责人出席大会，市委副书记周治华致贺词。副市长孙中浩和市工商联主委、商会会长叶元铮为“苏州市商会”揭牌。大会向第二批发展入会的33名非公有制企业新会员颁发证书。苏州市工商业联合会增挂苏州市商会牌子后，依然是一套班子，市工商联正副主委兼任市商会的正副会长。[1]

是年下半年 苏州市工商联对5家“三胞”会员企业进行调查，并向市政府做书面汇报，反映政策不配套等问题，提出改进意见。

是年 苏州市工商联负责人出席中共苏州市委召开的双月座谈会（6次）、民主协商会（2次）、谈心会（1次），列席市政府组成人员会议（2次）、市政协常委会议、全国及省政协全会、市政协专题协商会、市政府有关部门对口工作座谈会、市政府及市纪委的情况通报会（3次），对国家和江苏省、苏州市的一些重大问题发表意见和建议；在调查研究基础上，参与市委、市政府重大决策的协商，尤其是对经济发展、体制改革、外向型经济发展、市政建设等提出意见或建议；在省、市政协会议上共提交17份提案，其中在市政协会上提交15份，被市政协授予提案先进集体荣誉称号；向苏州市委、市政府和省工商联及有关部门报送专题调查报告10份，涉及非公有制经济及其代表人士的基本情况，搞好搞活大中型企业、提高经济效益，改善投资环境、扩大对外开放等方面，分别有两份调查报告被全国性和本市刊物刊登。

是年 苏州市工商联共向735人次发放补助费33290元，其中春节补助517人、24305元。

是年 苏州市工商联接待、处理来信来访70多人次，对所涉及的工资、遗属补助、私房改造遗留、拆迁等问题，或协助有关部门予以解决，或进行解释说明。

是年 苏州市工商联工商经济服务公司扩大经营范围，自办和联办糖烟酒批发部及商友粮行、服装厂。

是年 全市各级工商联共发展新会员400多户，其中苏州市工商联发展新

〔1〕此后，苏州市工商业联合会正、副主任委员有时也称会长、副会长。全国工商联第七届会员代表大会后，一般均称会长、副会长。从2010年起，主要负责人的行政职务改称主席、副主席。

会员93户，内“三胞”企业29户、民办科技企业10户、私营企业20户、个体工商户34人；组建台湾独资企业、中外合资企业、私营企业、个体工商户、民办科技企业等5个会员小组，定期举行相关法律法规及政策等学习活动，邀请市工商、税务、物价、劳动等部门负责人参加座谈；向各级人大、政协推荐非公有制代表人士作为培养和考察对象；选派部分干部到苏州市社会主义学校进行培训，全体干部还开展业务知识学习。

1993年

1月8日 苏州市工商联副主委沈鹤寿应邀参加市手工业联社职代会开幕式。

1月9日 无锡市工商联主委李永锡、党组书记顾耀祥等来苏州市工商联交流换届工作情况，市工商联主委叶元铮、党组书记葛晋德和副主委王震瀛、沈鹤寿、毕炳林等参加交流。

2月3日 杭州市工商联副主委吴春达一行来苏州考察交流，苏州市工商联主委叶元铮等接待。

2月4日—5日 江苏省工商联在常州市召开11个省辖市工商联负责人会议。副主委胡敏介绍省工商联关于召开第六届会员代表大会和做好换届工作的初步打算。各市工商联交流换届的准备情况。苏州市工商联主委叶元铮代表省辖市工商联致辞，副主委毕炳林介绍换届工作的初步设想。

2月6日 中共苏州市沧浪区委统战部部长沈兆熊来苏州市工商联，商谈恢复区工商联的有关工作，由市工商联党组书记葛晋德接待。

2月8日 苏州市工商联召开主委办公会议，传达江苏省工商联常州换届工作会议精神，研究换届方案。

是日 苏州市工商联党组书记葛晋德、副主委沈鹤寿赴市刺绣研究所，研究赴印尼办刺绣展览事项。

2月9日 苏州市工商联召开主委办公会议，就推荐市政协委员名单进行研究，并提交给中共苏州市委统战部。

2月10日　苏州市工商联召开主委办公会议，研究换届工作。党组书记葛晋德和中共苏州市委统战部副部长徐炳清向市委组织部汇报换届工作。

2月11日　苏州市工商联主委叶元铮、党组书记葛晋德和副主委沈鹤寿、毕炳林等赴私营企业大华自行车有限公司考察。

是日　苏州市工商联会员企业秋艳时装公司董事长陈念祖陪同香港亲戚来市工商联拜访。

2月13日　中共苏州市委统战部副部长徐炳清、党派科科长马德才来苏州市工商联，与党组研究换届意见。

2月14日　中共苏州市委召开民主协商会，市委副书记周治华就市十一届人大代表候选人建议名单及有关情况作介绍说明，征求各民主党派、工商联和各人民团体负责人意见。市工商联主委叶元铮参加会议并发言。

2月17日　苏州市工商联顾问浦亮元因病医治无效逝世，市工商联主委叶元铮，党组书记、副主委葛晋德，副主委王震瀛、沈鹤寿、毕炳林等到浦亮元家中表示哀悼，并向其家属表示慰问，21日还参加了遗体告别仪式。

2月23日—25日　苏州市政协八届三十次常委会议举行，市政府就将在市人大十一届一次会议上作的政府工作报告（讨论稿）征求意见；会议审议决定市政协九届委员名单，审议通过市八届政协常委会的工作报告（讨论稿）和提案办理情况报告（讨论稿），听取关于召开九届政协一次会议的议程、日程等有关事项的说明。苏州市工商联主委叶元铮和副主委王震瀛、沈鹤寿、毕炳林参加会议。

2月26日　张家港市工商联举行吸收非公有制经济会员暨发证大会。苏州市工商联副主委毕炳林、组宣部部长程国华应邀出席，毕炳林代表苏州市工商联致贺词。

3月16日　第八届全国政协委员、香港兴业国际集团总经理查懋声先生等来苏州进行经贸开发考察。苏州市工商联副主委沈鹤寿陪同参观考察。

4月2日 苏州市工商联经济部关于9户个体、私营科研所的调查报告《民办科研所在发展经济中大有作为》，报送中共苏州市委、市政府。

4月2日—7日 江苏省工商联第五届执行委员会第五次会议在南京市召开，会议内容为：听取和审议《江苏省工商联一年来工作报告》，讨论通过《关于召开江苏省工商联第六届会员代表大会和换届工作意见》。苏州市工商联中的省工商联执委叶元铮、王震瀛、沈鹤寿、毕炳林、张秀娟、於振铝、彭世涛、解恒修参加会议。

4月5日 苏州市工商联召开主委办公会议，传达江苏省工商联换届工作意见，研究市工商联换届方案，同意办《苏州经济信息报》，由经济部再研究提出实施办法。

4月6日 苏州市工商联召开八届三十二次主委（扩大）会议，主要内容为：传达《关于召开江苏省工商联第六届会员代表大会和换届工作意见》，研究市工商联换届工作意见，讨论八届执委会工作报告，通过特邀会员名单。经过讨论，一致同意市工商联换届工作方案，同意吸收市个体经济户虎丘野味馆朱德康、国营经济户市蔬菜副食品交易市场孟新鹤为市工商联会员，邀请市总工会原副主席周仲芳为市工商联特邀个人会员。

4月8日 苏州市工商联在昆山市举行各县（市）、区工商联工作会议。会议主要内容为：传达江苏省工商联换届工作及有关各项分配意见；交流各县（市）工商联换届工作准备情况，并就苏州市工商联换届工作进一步讨论研究。中共苏州市委统战部副部长徐炳清传达江苏省委统战部有关会议情况。会议邀请各县（市）委统战部部长参加。

4月11日—20日 江苏省政协第七届委员会第一次会议在南京市举行。省政协委员、苏州市工商联副主委毕炳林参加会议并提交提案1件。

4月13日 苏州市工商联党组书记、副主委葛晋德率市百货业同业公会考察团赴上海考察、采购。

4月21日　苏州市工商联与市供销合作总社联合召开的市日杂公司改制建立新苏州股份有限公司新闻发布会在新苏州商厦举行，由市工商联副主委沈鹤寿主持。

4月27日　苏州市工商联举行中港合作苏州盛宏服饰发展有限公司奠基新闻发布会。该公司由市工商联私营企业会员苏州秋艳时装有限公司和香港高俊国际有限公司共同投资1500万元人民币，是苏州市区首家由私营企业和港商合作的企业，也是进入新区规模最大的一家私营企业。市工商联主委叶元铮主持奠基仪式和新闻发布会。

4月30日　苏州市工商联在国贸中心与怡和保险顾问有限公司（香港）举办有关“风险管理”的学术报告会，由市工商联党组书记葛晋德主持。

是日　常熟、昆山、张家港、太仓、吴江市工商联先后召开会员大会，产生新一届执委会。苏州市工商联党组书记葛晋德，副主委王震瀛、沈鹤寿、毕炳林及组宣部负责人分别参加会议并致贺词。

至是月　苏州市金阊区、平江区、沧浪区、郊区工商联组织全部建立并开展活动。

5月3日　苏州市工商联党组书记葛晋德等走访老会员李鸿业、王缄三、高吉甫、唐慎志，就换届工作听取意见。

5月8日　苏州市工商联召开八届常委、执委退下来的老会员座谈会，由主委叶元铮主持，副主委沈鹤寿、毕炳林参加，党组书记葛晋德作小结。中共苏州市委统战部副部长徐炳清到会。

5月20日　上海市工商联来苏州市工商联进行工作交流，由主委叶元铮接待。

5月24日—26日　苏州市工商联召开第九届会员代表大会，149名会员代表出席。会议主要议程是：听取和审议市工商联第八届执行委员会工作报告，选举市

苏州市工商联第九届会员代表大会场景

工商联第九届执行委员会委员，选举出席江苏省工商联第六届会员代表大会代表。叶元铮再次当选为主任委员，葛晋德等8人当选为副主任委员。21名非公有制企业会员当选为执委，占26.2%，个体工商户、私营企业、外资企业负责人首次进入领导机构。

5月28日 苏州市工商联经济部组织部分私营企业与个体会员赴温州学习。

5月29日 苏州市工商联经济部撰写的调查报告《诚实劳动、树立新风——小百货个体户周国忠的经营作风》报送江苏省工商联及有关部门。

6月2日 西安市工商联副秘书长白永意率团来苏州市工商联交流工作。

6月7日—8日 江苏省盐城市射阳县经贸洽谈会、春桂装潢有限公司经贸洽谈会暨厂庆十周年庆祝活动在射阳县举行。苏州市工商联组织百货业同业公会、人民商场、石路商场、工业品商厦、吴县商业大楼等单位的负责人和有关人员，由党组书记葛晋德、副主委毕炳林率团参加洽谈会。

6月9日 在苏州市纪委、市监察局联合举行的聘请仪式上，市工商联副主委毕炳林被聘为党风联络员、特约监察员。

是日 苏州市工商联接待台湾“中华工商业联合会”访问团。

6月10日 苏州市海峡两岸企业家洽谈会在苏州市工商联举行。

6月14日 苏州市工商联与市外经委召开对口挂钩会议，互通情况，交换意见。市外经委副主任徐进及办公室、计划科工作人员，市工商联主委叶元铮、党组书记葛晋德和副主委毕炳林参加会议。

6月16日 苏州市工商联举行九届一次主委（扩大）会议，向特邀顾问发聘书，讨论通过《苏州市工商联专门委员会条例（试行）》及各专门委员会人选名单。

6月17日 常州市工商联党组书记郑九皋及中共常州市委统战部工商科负责人来访，了解区级工商联的恢复情况，苏州市工商联党组书记葛晋德、副主委毕炳林及金阊区工商联吴培祖参加接待和介绍。

是日　苏州市工商联党组书记葛晋德到竹辉饭店看望爱利特香港有限公司董事、总经理郭次仪先生，郭次仪同意担任苏州市工商联特邀高级顾问，并商议在苏州市合资办眼镜公司有关事项。

6月24日　苏州市工商联与市工商局举行对口联系会，互通情况。市工商联党组书记葛晋德，副主委沈鹤寿、毕炳林和经济部负责人徐高仁、何钧发等参加。

6月26日　香港苏浙同乡会会长周忠继来苏州，参加苏州大学纵横汉字信息技术研究室揭幕典礼。苏州市工商联党组书记葛晋德参加接待。

7月3日　苏州市工商联九届执委会老会员工作委员会举行第一次会议，宣布老委会委员名单，上届老委会汇报工作，协商讨论“老年之家”管理组人员、联络组组长等。

7月6日—9日　1993年江浙沪部分工商联协作区例会在温州市召开。苏州市工商联副主委毕炳林参加会议，作题为《关于开展非公有制经济代表人士思想政治工作的情况和看法》的发言。

是日　长春市工商联一行7人至苏州市参观，苏州市工商联副主委沈鹤寿接待。

7月9日　接苏州市计委批复，同意苏州市工商联开办《苏州经济信息报》读者服务公司。

7月14日　苏州市工商联召开自营出口企业座谈会。

7月19日—21日　江苏省工商联六届会员代表大会在南京举行，来自全省和港、澳地区的300多名代表参加。会议主要议程是：听取和学习省政府领导人讲话，听取和审议省工商联第五届执委会工作报告，选举产生省工商联新一届领导机构。苏州市工商联主委叶元铮当选为省工商联六届执委会副主任委员，毕炳林等5人当选为常委，钱小铮等12人当选为执委。

7月23日　苏州市工商联经济部的调查报告《转换机制，适应市场》《成功的秘诀在于勤奋》分别呈报中共苏州市委、市政府和江苏省工商联。

7月24日—25日 苏州市工商联负责人参加新一届市政府召开的第一次全体会议，听取章新胜市长的工作报告，报告介绍苏州与新加坡合作开发苏州工业园区的有关事宜及规划开发原则。

7月28日 台湾“中华工商业联合会”秘书长黄光辉、理事张炳堂来苏州市考察和商谈开发商业一条街事宜，孙中浩副市长会见客人，苏州市工商联副主委沈鹤寿、毕炳林参加会见。

7月31日 苏州市工商联、苏州市商会举行仪式，聘请香港百草堂有限公司经理，爱利特香港有限公司董事、总经理，香港保健协会有限公司执行董事，苏州市第九届政协委员，苏州海外联谊会名誉理事郭次仪先生为特邀高级顾问。聘请仪式由市商会副会长毕炳林主持，党组书记葛晋德介绍郭次仪先生情况，副会长沈鹤寿颁发聘书。中共苏州市委统战部部长盛家振、副部长徐炳清参加聘请仪式。

8月1日—2日 泰国SAHA联合集团总裁陈如豹先生率团一行7人，由周文轩先生介绍来苏州市考察，得到中共苏州市委副书记周治华、副市长孙中浩会见。苏州市工商联党组书记、商会副会长葛晋德，副会长沈鹤寿及对外联络部吴洁陪同客人参观考察苏州拉链厂、嘉美克纽扣厂、刺绣研究所、苏州纺织瓷件厂和苏州织带厂等。

8月5日 中共江苏省委统战部副部长林敏端等在苏州市委统战部副部长徐炳清陪同下，来苏州市工商联视察工作，并就如何做好非公有制经济代表人士的思想政治工作进行座谈。参加座谈的有党组书记葛晋德与副主委沈鹤寿、毕炳林。

8月7日 苏州市工商联与市供销合作总社举行对口交流会，市工商联党组书记葛晋德与副主委沈鹤寿、毕炳林及经济部人员参加。

8月13日 苏州市计划委员会批准苏州市工商联建立独立核算的集体所有制企业——苏州爱华经济实业公司。该公司主营交直流电机、电器维修、小型电机制造（具体由公司下设的非独立核算的苏州爱华经济实业公司机电维修制造厂负责），兼营批发、代购代销金属材料、建筑材料、石化产品、轻纺原料、机电设备、丝绵、纺织品、五金，注册资金100万元。

是日　无锡市工商联主委苏红平，党组书记、副主委施成昌，副主委陈前友、吴楚英等一行6人来访，苏州市工商联党组书记、副主委葛晋德与副主委沈鹤寿、毕炳林就会务、商务等方面工作与客人进行交流。

8月31日　苏州市工商联召开主委办公会议，研究机关建设、机构变更及中层干部安排和发展新会员等问题。

9月1日　苏州市工商联举行九届三次主委（扩大）会议，主要内容是：研究、讨论增补副秘书长名单；研究关于吸收非公有制经济会员入会名单；汇报关于苏州市各民主党派、工商联为经济建设服务经验交流暨表彰大会的准备情况。会议同意增补徐高仁、程国华、谢国树为九届执委会副秘书长的提名，同意吸收苏州益良药业有限公司等30家非公有制企业入会，并提交常委会通过。会议由党组书记、副主委葛晋德主持。

9月3日　苏州市工商联举行九届一次常委（扩大）会议，主要内容是：传达中共中央6号文件与苏州市贯彻6号文件的情况及江苏省工商联第六届会员代表大会精神，汇报市工商联上半年工作及下半年工作计划和四十周年会庆计划，还就吸收新会员、调整机关科室情况、增补副秘书长等问题进行说明。会议同意吸收苏州益良药业有限公司等30家非公有制企业入会；同意1994年6月举行会庆活动。

9月4日　苏州市工商联举行对口挂钩单位情况通报会，市经委、商业局、轻工局、工商局、供销合作总社的领导及有关负责人应邀参加。副主委毕炳林通报市工商联上半年工作情况和下半年工作计划，对各对口联系单位的支持帮助表示感谢，各有关单位领导也分别发言。

9月12日—13日　沈阳市工商联学习考察团一行5人来苏州，苏州市工商联副主委毕炳林接待。双方就工商联在新形势下发展新会员工作等情况进行交流。

9月16日　苏州市工商联将调查报告《关于苏州市市区自营出口企业的情况调查》呈报市政府。

9月19日　苏州市领导会见前来参加国际丝绸旅游节的日本、泰国、新加坡、马来西亚和香港的著名企业家访问团。市工商联党组书记、副主委、市海外联谊会副会长葛晋德参加会见。会见前，葛晋德和香港实业家郭次仪共同主持苏州南丰制砖有限公司合资项目意向书签字仪式。

9月26日　盐城市工商联副主委、私营企业射阳县春桂装潢有限公司总经理夏守春来苏州市工商联考察交流。

10月8日　苏州市工商联企业会员、新区首个私营企业培蒙实业有限公司新楼落成暨开业典礼举行，中共苏州市委书记周治华和市人大、市政协领导及有关部门负责人等130余人参加。市工商联党组书记葛晋德、副主委毕炳林应邀到会祝贺，副秘书长徐高仁主持开业典礼。

10月13日—17日　全国工商联召开第七届会员代表大会。中共中央政治局委员、国务院副总理李岚清代表全国政协致贺词。全国人大常委会副委员长、民建中央主席孙起孟代表各民主党派致贺词。全国总工会副主席杨兴富代表各人民团体致词。张绪武作题为《努力发挥工商联的积极作用，为建设有中国特色的社会主义的伟大事业作出新贡献》的工作报告。李定作修改《中国工商业联合会章程》的报告。全国工商联执委、江苏省工商联副主委、苏州市工商联主委叶元铮，市工商联党组书记葛晋德，苏州私营企业培蒙实业有限公司董事长沈扣宝出席大会。会议选举产生第七届执行委员会，经叔平当选为主席。此后，中华全国工商业联合会又称中国民间商会。18日，叶元铮、葛晋德、沈扣宝参加了全国工商联成立四十周年庆祝活动。

10月21日　中共苏州市委办公室电话通知，苏州市工商联关于灵龙有限公司兼并集体企业的信息被苏州市委、江苏省委采用。

10月29日—31日　苏州市工商联组织国药行业组会员赴浙江省杭州市临安地区考察、采购药材，市工商联经济部副部长何钧发参加活动。

11月6日　中共苏州市委副书记周治华听取市工商联主委叶元铮、党组书记葛晋德关于全国工商联“七大”精神和市工商联1994年工作思路及初步打算的汇报，并作指示。

11月8日—10日　苏州、无锡、常州市工商联第七次工作会议暨县（市）区工商联会议在苏州市举行。苏锡常三市及所属县（市）区工商联负责人参加会议。江苏省工商联副会长陶可立、叶铭伍，中共江苏省委统战部四处副处长庞辉应邀参加会议，中共苏州市委副书记周治华到会看望出席会议者并讲话。会议分别由苏州市工商联会长叶元铮、常州市工商联会长卜仲宽主持。无锡市工商联会长苏红平传达全国工商联“七大”会议精神，苏州、无锡、常州、江阴、昆山、吴江等地工商联分别进行交流发言，畅谈1994年工作思路和打算。省工商联副会长陶可立、中共苏州市委统战部部长盛家振先后讲话。会议期间，与会者参观了苏州经济开发区和私营企业苏州培蒙实业有限公司。

11月11日　苏州市各民主党派、工商联为经济建设服务经验交流暨表彰大会举行。工商联界别先进集体是：苏州市工商联经济实业公司、苏州市百货业同业公会、苏州市塑料工业同业公会、苏州市工商联“老年之家”、张家港市沙洲纺织印染公司、吴江工商联合公司、常熟市工商联对外经济发展公司、太仓市工商联浏河组、吴县工商联木渎镇分会、昆山市工商联；先进个人是：汤海清、张友信、张剑秋、时惠德、周国忠、姚洪生、夏伟良、黄培元、梅幻芳。

11月12日　江苏省工商联秘书长谈成祥等陪同上海工艺花卉制品厂人员来苏州市工商联，与所属经济实业公司洽谈并签订供销协议。公司副总经理刘炳生参加洽谈和协议签订。

11月16日　以徐州市金山开发区商会常务副会长李德思为团长、徐州市商会副会长牛麒联为副团长的参观团一行16人来苏州，苏州市工商联主委、商会会长叶元铮等领导会见客人，相互交流党组工作和会务工作。在苏期间，客人们参观考察吴县、昆山新区，市工商联约请有关单位负责人与客人洽谈建立业务联系和合作事项。

11月25日　中共中央统战部常务副部长、全国工商联党组书记、副主席蒋民宽来苏州考察。在苏期间，中共苏州市委统战部部长盛家振陪同蒋民宽参观苏州市工商联私营企业会员苏州培蒙实业有限公司。

11月26日　江苏省各民主党派、工商联为经济建设服务经验交流暨表彰大会召开。中共中央统战部常务副部长、全国工商联党组书记、副主席蒋民宽及中共江苏省委、省人大、省政府、省政协、省纪委领导陈焕友等到会祝贺，省委副书记曹克明代表省委讲话。毕炳林副会长代表苏州市工商联出席大会。苏州市工商联、常熟市工商联对外经济发展公司作为先进集体，苏州市工商联常委周国忠、张友信作为先进个人受到表彰。

12月6日　苏州市工商联会员企业金盈食品公司李鹏、第二食品商店倪建华等来访，商谈建立苏州食品经济联合会并挂靠苏州市工商联。市工商联党组书记葛晋德与副会长毕炳林参加接待。经与会长叶元铮研究后同意，待条件成熟时成立同业公会。

12月8日　宁波市工商联副主委兼秘书长朱涌一行来苏州市工商联交流会务工作。

12月10日　镇江市工商联会长朱仁和等来苏州市工商联交流工作，苏州市工商联党组书记、副会长葛晋德与副会长毕炳林接待。

12月14日　苏州市工商联组织市区工商联界政协委员前往中外合资企业苏州胶囊有限公司参观学习。市政协副主席谢慧新、中共苏州市委统战部党派科科长马德才及市工商联驻会会长叶元铮等参加活动。市工商联常委、市政协委员李正达接待并介绍胶囊公司成立和发展过程，以及公司经营管理经验和今后发展计划。

12月20日　苏州市工商联党组书记、副会长葛晋德与副会长毕炳林、办公室主任谢国树到沧浪区工商联了解工作。沧浪区工商联副会长叶承森汇报区工商联1993年工作总结和1994年工作打算。

12月22日—1994年1月4日　苏州市工商联党组书记、副会长葛晋德与副会长毕炳林先后到昆山市、太仓市、吴江市、吴县和张家港市工商联，传达江苏省工商联六届一次常委会议精神，并听取县（市）工商联关于1993年工作情况和1994年工作打算的介绍，了解有关党组建立、办公用房、办公条件及私营企业协会、个体劳动者协会入会情况。

是年　苏州市工商联以学习座谈、各行业小组活动、政治夜校等形式，对非公有制经济人士进行“爱国、敬业、守法”教育；对苏州培蒙实业有限公司、苏州光华电测技术研究所、灵龙丝绸有限公司等非公有制企业的先进事迹进行宣传；培养一批思想素质好、积极经营、奉公守法、有活动能力的企业经营者作为联系工商联与会员的纽带、促进非公有制经济发展的带头人；协助福如豆制品厂迁址、新森家具软垫厂等解决用地、资金问题，帮助长城服务所、瑞光民间艺术研究所等解决生产中所遇到的工艺困难、印刷设备缺乏等问题；编印《市场信息》18期，提供135条信息；百货业同业公会组织日用商品茶会，向会员企业提供信息交流服务，在有奖销售上发挥行业自我管理作用。撰写《减轻企业负担，纠正乱收费，对部分企业会员的费用支出情况的调查》等9份调研报告，获有关领导和部门好评。

是年　苏州市工商联在人大、政协换届中，向县（市、区）推荐政协委员25名（市区18名），其中非公有制经济代表人士9名（市区7名），推荐人大代表6名（市区），其中非公有制经济代表人士4名；在中共苏州市委、市人大、市政府、市政协举行的有关会议上及有关部门的活动中，就经济发展、市政建设、社会主义市场经济体制建设、精神文明建设等问题发表意见和建议；在江苏省、苏州市政协会议上，提交各类提案11份，其中关于发展三资企业和个体、私营经济的各4份，发展民办科技企业的2份，有关国营、集体经济的1份；向省工商联报送《诚实劳动、树立新风——小百货个体户周国忠的经营作风》《改革闯新路 企业得兴旺——吴县塑料厂在深化改革中发展壮大的情况调查》《成功的秘诀在于勤奋——记苏州光华电测技术研究所所长张友信》等调查报告。

是年　苏州市工商联与港澳台14个商会建立联系，共接待“三胞”工商界人士83人次、海外工商界人士26人次，港澳台及海外工商社团各2个，组织部分会员与台湾青年商会和工商业联合会经贸考察团进行业务洽谈；联系业务项目6个，达成协议3个，为“三胞”企业举办“保险风险”讲座，为会员企业提供相关统计资料。

是年　苏州市工商联下属苏州工商经济服务公司年销售额达700多万元、利润151989元；在东方明珠商场设空调器总柜、第一百货商场设被面专柜，联办苏雅特服装厂、副食品批发部、商友粮行等二级企业。

是年　苏州市工商联百货业同业公会被市各民主党派、工商联评为“为经济建设服务先进集体”。

是年　苏州市工商联共发展新会员1452户，其中非公有制企业会员726户，组建了台湾独资企业、私营企业等5个会员小组，对192户国营、集体企业会员建立了11个行业小组；苏州市工商联共有非公有制经济会员123户，占新会员总数的40%，其中私营企业协会、个体劳动者协会、外资投资协会等团体会员5户；6县（市）工商联共有非公有制经济会员398户，自办企业27户，年销售额12280万元，上缴税款34.4万元；昆山市工商联与人民银行共办信用社。

1994年

1月10日　苏州市第一次区工商联工作会议在沧浪区工商联举行，由苏州市工商联副会长毕炳林主持，平江区、沧浪区、金阊区、郊区工商联的负责人，中共苏州市委统战部副部长徐炳清、党派科科长马德才和沧浪区委统战部部长沈兆熊参加会议。各区工商联分别交流恢复建立一年来的工作情况和1994年工作打算，探讨区工商联如何开拓会务工作，完成党和政府赋予的新的历史使命。会议决定，今后每季举行一次区工商联工作会议，及时交流、总结、探讨，相互促进，共同提高。

1月11日　苏州市工商联根据广大非公有制经济会员的要求，举办新税制宣传咨询讲座，市税务局税征五科负责人主讲。70多位非公有制经济会员企业的企业主、财务主管及市工商联全体机关干部参加活动。

1月18日—19日　以江苏省政协常委、省工商联副会长陶可立为组长的省政协视察组，考察了解苏州市、吴江市民办科技企业的发展和现状。苏州市工商联会长叶元铮等先后参加活动。

1月21日　苏州市工商联九届二次执委会全体会议举行。会议主要议程是：传达全国工商联“七大”会议、全国和江苏省统战工作会议、江苏省工商联常委会、中共苏州市委（扩大）会议精神，讨论通过苏州市工商联1993年工作总结和1994年工作计划。会议由会长叶元铮主持，党组书记葛晋德和副会长毕炳林分别作传达和汇报。

1月22日 全国工商联副主席齐景发等一行3人在张家港等县（市）考察乡镇企业发展情况后，到苏州市工商联考察工作。市工商联会长叶元铮，党组书记葛晋德，副会长沈鹤寿、毕炳林参加接待，毕炳林汇报市工商联1993年工作及1994年工作打算。

是日 苏州市工商联党组书记葛晋德与副会长毕炳林等约请市司法局局长陆万刚、副局长柳耕钧等商谈双方联合创办律师事务所事项。

1月26日 苏州市工商联党组书记葛晋德与副会长毕炳林出席吴江市工商联、吴江市税务局与台商合资开办的帅佳丽美食娱乐城开业典礼。

1月31日 苏州市物价局举行特约价格监督员聘请大会，苏州市工商联副会长毕炳林、施家琛参加大会并被聘为首批特约价格监督员。

2月3日 台湾“中华工商业联合会”秘书长黄光辉与苏州市商业局洽谈业务，苏州市工商联副会长毕炳林等陪同参加。

2月15日 苏州市工商联党组书记葛晋德与副会长沈鹤寿、毕炳林分别到企业会员灵龙丝绸有限公司、盛宏服饰有限公司、培蒙服装有限公司、东吴丝织厂、振亚丝织厂、刺绣厂、民乐厂拜年。

2月19日 苏州市工商联召开九届七次正副会长（扩大）会议，内容为：为市人大、市政协会议提案提供材料；通报市工商联1994年所要完成的23项工作任务；通过新会员入会名单。

3月3日—9日 苏州市政协九届二次会议举行，苏州市工商联提交提案14件，其中《关于切实抓好菜篮子工程的意见》被列为第一号提案。

3月9日—10日 香港总商会主席、英之杰太平洋有限公司主席郑明训先生率26名会员组成的江苏、上海访问团访问苏州。苏州市“四套班子”领导在竹辉饭店会见访问团成员。访问团参观苏州市高新技术开发区、中日合资横河电表有限公司，并考察苏州新加坡工业园区、中美合资胶囊有限公司。市工商联党组书记、副会长葛晋德参加接待。

3月12日 苏州市工商联的专题调查报告《加强思想教育，提高队伍素质——苏州市留园地区个体劳协分会政治学校的几点做法》报送中共苏州市委、市政府及有关部门。

3月14日 香港南联集团周文轩先生一行25人抵达苏州。苏州市工商联党组书记葛晋德参加接待，陪同查看干将路阔巷地块、南新水泥、吴江同里特种材料厂等。

3月16日 苏州市工商联机关收看关于税制改革的电视讲座。

是日 辽宁省本溪市工商联一行3人访问苏州市工商联，了解中共苏州市委关心工商联工作的情况，并相互交流会务工作。

是日 苏州市工商联邀请苏州著名书画家谢孝思、刘淑华、施仁、张继馨、潘国光、奚乃安、李大鹏、费之雄等为市工商联四十周年庆祝活动题字作画。

3月22日 苏州市工商联召开会长办公会议，研究市工商联成立四十周年会庆，设立律师事务所、会计师事务所等有关事项。

3月23日 中共徐州市委统战部、徐州市工商联访问团来苏州，与沧浪区、平江区、金阊区工商联负责人举行座谈，苏州市工商联会长叶元铮、党组书记葛晋德与副会长沈鹤寿、毕炳林参加座谈。

3月24日 香港郭次仪先生及印尼朱祖慰先生来苏，与刺绣研究所商议去印尼举办刺绣展览事项。苏州市工商联党组书记、副会长葛晋德参加接待。

3月29日 苏州市工商联会长叶元铮、党组书记葛晋德、副会长沈鹤寿专程前往苏州工业园区筹委会。筹委会沈小鹰等详细介绍工业园区的规划、开发情况，相互探讨商会、工商联为工业园区服务的意向。

3月31日—4月5日 中共苏州市委党校举办市各民主党派、工商联领导干部《邓小平文选》第三卷研讨班。苏州市工商联会长叶元铮、副会长毕炳林参加学习。毕炳林在学习结束前作大会交流发言。

4月7日 全国政协副主席、工商联名誉主席王光英为苏州市工商联四十周年庆祝活动题字“前进中的苏州市工商联”。

4月12日—13日 江苏省工商联在南京召开全省工商联组织工作会议，主要内容是：传达全国工商联组织工作会议精神，交流组织工作经验，研究有关问题；表彰先进。苏州市工商联副会长沈鹤寿与副秘书长、经济部部长徐高仁分别介绍加强区工商联建设和发展会员的经验，百货业同业公会顾问宋维权作工作汇报。

4月13日 全国工商联、江苏省工商联一行3人来苏州市工商联了解第三产业发展情况，市工商联党组书记、副会长葛晋德与副会长毕炳林接待，陪同参观苏州工商联经济实业公司，并赴吴江考察。

4月19日 苏州市工商联会长叶元铮陪同市领导在竹辉饭店会见香港南联集团董事局首席董事周文轩先生、香港中华总商会副会长张永珍女士一行。

4月27日 苏州市政府召开14个政府部门与各民主党派、工商联对口联系工作会议，苏州市工商联会长叶元铮交流与政府部门开展对口联系工作的体会。

是日 苏州市工商联工会会员参加市政协统战片工会会员迎“五一”联欢活动。在拔河比赛中，市工商联获团体第二名。

4月29日 苏州市工商联会长叶元铮与副会长葛晋德、沈鹤寿会晤德国中小企业联合会代表团马可斯皮尔格林博士一行4人，对共同关心的商会、业务、职能、组织、会员等问题进行交流。江苏省工商联联络处副处长李茜，苏州市科委副主任王丕兴和对外科技交流中心副主任姜利荣参加会晤。叶元铮等陪同客人参观苏州光华电测技术研究所和苏州刺绣研究所。

5月4日 苏州市工商联召开全体工作人员会议，传达工资改革有关精神。

5月6日 苏州市工商联向市政协报送《对促进个体、私营经济进一步健康发展的几点建议》调查报告。提出：对个体私营企业，在思想认识上，要从“有害论”转变为其是国有、集体经济的有益补充；在政策上，要从歧视转向一视同仁；在指导思想上，要从“限制发展”转向鼓励发展。要在贷款、经营用地，税收、原材料供应、奖励及水、电、气供应，产品出口、从业者专业技术职称评定、商务出口等方面与国有、集体企业一视同仁，鼓励个体、私营企业进入经济技术开发区，有条件的地方可划定或开辟专门场地，使其集中经营或联片开发。要依法保障个体、私营经济的合法权益，尽快制定相应的规划或条例，重新核定收费部门、项目、标准，并公之于众，接受监督。加强管理，重视工商联、商会等民间组织的中介作用，协助政府做好培训、咨询、信息、融资、管理、法律、会计、审计等工作，切实解决他们在经营活动所遇到的现实问题；引导其遵纪守法、文明经营、照章纳税。7月20日，市政协九届八次常委会议对该《建议》进行讨论、修改，作为议案转送中共苏州市委、市政府，供决策参考。

5月9日　苏州市工商联与市工商局举行对口联系工作会议，市工商联领导介绍1994年度工作打算，表示要做好市工商局提出的调查研究课题，进一步加强与私协、个协的工作联系，共同做好非公有制经济工作。

5月13日　苏州市工商联的调查报告《探索在社会主义市场经济中发挥同业公会中介作用的新路子——对苏州市工商联百货业同业公会几点做法的调查》报送中共苏州市委、市政府及有关部门。

5月17日—18日　苏州市工商联第十五次县（市）区工商联工作会议在张家港市召开。会议主要内容为：传达江苏省工商联组织工作会议精神，安排各县（市）、区工商联今年发展非公有制经济会员名额；传达中央和江苏省、苏州市关于非公有制经济会员商务出国的有关规定；交流前阶段工作及今后打算。

5月19日　苏州市工商联经济部写成《为发展中国婚礼服饰闯新路——记苏州市金贝丽婚礼服饰有限公司总经理陈禧元的创业精神》调查报告。

5月21日　苏州市工商联私营企业会员组举行小组活动。港台独资企业会员应邀参加。经济部部长徐高仁传达中央和江苏省有关个体工商户、私营企业业主出国出境和专业技术职称评定的文件精神，副会长毕炳林介绍市工商联1994年工作。私营企业会员交流企业发展近况，讨论共同关心的问题。

5月25日 苏州市工商联商联律师事务所举行揭牌仪式，江苏省司法厅厅长陆云泉和苏州市司法局领导出席。

是日 由苏州市工商联和苏州市社会主义学校联合举办的非公有制经济骨干培训班开学，学习共分9期讲座，每周三下午举办1期讲座。

6月3日 苏州市工商联召开党组会议，传达江苏省工商联党组座谈会议精神，研究党组工作，中共苏州市委统战部部长盛家振与党派科负责人列席会议。

6月10日 苏州市工商联副会长毕炳林参加市人大视察，先后听取了市建委、市公安局的工作汇报。

6月18日 苏州市工商联举行苏州市工商业联合会成立四十周年庆祝大会。全国工商联副主席王光英、中共中央统战部常务副部长蒋民宽以及中共苏州市委、市人大、市政府、市政协领导为会庆题词。中共苏州市委常委、宣传部部长张卫国，全国工商联常委、江苏省政协副主席、江苏省工商联会长徐英锐，苏州市各民主党派代表、民进市委主委刘振夏，市群众团体代表、市总工会副主席陶其骅，市工商联特邀香港地区高级顾问郭次仪，老会员代表、市工商联顾问虞钧培，私营企业会员代表、金鹰食品有限公司董事长李鹏，国营、集体企业代表、人民商场总经理解恒修，合资企业代表、中美合资苏州胶囊有限公司副总经理李正达等到会并先后发言，向大会表示祝贺。中共江苏省委统战部，苏州市委、市人大、市政府、市政协及市委统战部负责人周家才、曹镇榕、孙中浩、黄铭杰、盛家振，市各民主党派以及市工、青、妇等群众团体负责人和有关方面人士，各县（市）区工商联负责人、企业会员代表、原工商界老会员代表和近几年加入工商联的非公有制经济代表人士200余人出席庆祝大会。会议由市工商联党组书记葛晋德主持，会长叶元铮讲话。会上分发纪念章、《前进中的苏州市工商联》纪念册。会后，参观庆祝苏州市工商联成立四十周年书画展，画展展出了谢孝思等知名书画家和老会员的作品。

6月27日　湖北省市县三级工商联代表团一行18人来苏州市工商联交流，由市工商联党组书记葛晋德与副会长沈鹤寿、毕炳林接待。

是日　江都县工商联一行8人来苏州市工商联交流，由副会长毕炳林接待。

7月8日　苏州市工商联组织部分“三胞”投资企业会员到中国人民保险公司苏州国家高新技术产业开发区支公司召开座谈会。保险公司负责人介绍业务范围、服务功能、经营特点等方面的情况。市工商联会员提出服务需求。

7月19日　苏州市工商联邀请市外商投资企业协会、个体劳动者协会、私营企业协会三家团体会员及其主管部门市外经委、市工商局举行对口座谈会，由副会长毕炳林主持。市工商联通报今年上半年工作情况及下半年工作打算。市工商局通报对市区私营企业加强管理等情况，市外经委通报占苏州市三资企业20%左右的台商企业将成立台商投资企业协会等有关情况。市工商联提出，希望三个协会继续为市工商联推荐一批非公有制企业会员，并约定在会后具体研究协商。

7月20日　苏州市工商联举行工商联（商会）工作座谈会，探讨在建立社会主义市场经济体制中，充分发挥工商联（商会）中介组织作用。应邀参加座谈会的有市人大常委会副主任王继忱、市人大财经委主任沈源荣和市体改委二科、市民政局社团管理科科长等。市工商联会长叶元铮，党组书记葛晋德，副会长沈鹤寿、毕炳林及中共苏州市委统战部副部长徐炳清参加座谈。

是日　苏州市工商联与苏州市社会主义学校联合举办的首期工商联新会员骨干培训班结束。该班历时2个月，每周学习半天，对41名新会员骨干进行统战理论、苏州工业经济发展、工商管理、经济法规、社会保险及税制、金融、外贸、物价改革等培训。

8月3日　江苏省工商联副会长陶可立等到苏州，介绍纪念江苏省工商联成立四十周年有关事项。

8月4日、5日　苏州市工商联先后召开国有企业、集体企业会员和非公有制企业会员会议，就《苏州市商会合作基金章程》征求意见。市工商联为探索本市金融机构与商会组织的有效合作和发展模式，更好地发挥民间商会的作用，在部分企业会员自愿、互利的基础上，共同筹集一定的资金，经征得有关银行的支持，配套部分资金，拟建立苏州市商会合作基金。

8月17日 苏州市工商联第三次区工商联工作会议举行，交流上半年发展新会员工作情况。市工商联会长叶元铮，党组书记葛晋德，副会长沈鹤寿、毕炳林及各区工商联负责人参加会议。中共苏州市委统战部副部长徐炳清、党派科负责人及各区统战部领导应邀参加。会议由金阊区工商联党组书记、副会长吴培祖主持。

8月29日 苏州市工商联机关通报当前会务工作，传达中共苏州市委宣传部关于今后学习任务和粮油凭券供应等有关文件。

8月30日—9月1日 江苏省工商联在连云港市召开第四次企业工作会议，主要议程是：以全国工商联企业工作会议精神为指导，总结近十年来江苏省在会办企业工作中的经验教训，探讨如何把企业工作做得更好、更富有成效。苏州市工商联会长叶元铮、副会长沈鹤寿、顾问王震瀛及会办企业经济实业公司副总经理刘炳生参加会议，沈鹤寿作交流发言，苏州市工商联经济实业公司被省工商联授予文明企业称号。

9月10日 苏州市工商联举行九届九次会长（扩大）会议，由会长叶元铮主持。主要内容是：讨论通过1994年上半年工作总结和下半年工作计划，传达江苏省工商联会办企业工作会议精神，研究同意吸收19家新会员名单。

9月12日—14日 苏州市第四次归侨侨眷代表大会举行。苏州市工商联办公室副主任吴洁出席大会，并当选为市侨联副主席。

9月16日 苏州市工商联党组书记、副会长葛晋德接待香港南联集团介绍来苏州的香港、瑞士客人金寿南等8人。

9月22日 苏州市工商联党组书记葛晋德与副会长毕炳林等在食品同业公会周桦陪同下，赴常熟了解阳乔集团公司有关情况。

9月25日　香港南联实业有限公司常务董事长、香港苏浙同乡会会长周忠继等一行26人来苏参加庆祝苏州电脑基金会成立三周年暨纵横汉字电脑知识大赛活动，并为获得大奖的同学颁奖。苏州市工商联党组书记、副会长葛晋德参加接待。

是月　苏州市工商联组织机关干部向今夏以来连续2次遭受洪灾的广西灾区捐赠衣物，会内机关干部21人共捐衣物911件（条）。

10月1日　苏州市工商联党组书记、副会长葛晋德陪同市长章新胜，前往中外合资南新水泥有限公司调研。

10月7日　苏州市工商联近300名老会员在“老年之家”集会，庆祝“老年之家”成立10周年。会长叶元铮，党组书记葛晋德，副会长沈鹤寿、毕炳林、施家琛和顾问王震瀛、虞钧培等参加活动。

10月10日　苏州市工商联党组书记、副会长葛晋德接待美国国会经济顾问唐功楷夫妇。

10月14日　苏州市工商联举行苏州会计师事务所工商联分部成立座谈会暨揭牌仪式，近50名外资企业、私营企业、同业公会和有关协会代表参加。市工商联党组书记葛晋德与苏州会计师事务所副所长李东共同揭牌。座谈会由市工商联副会长毕炳林主持，中共苏州市委统战部副部长徐炳清到会祝贺。

是日　国际企业家访问团一行58人，在团长安子介、顾问周文轩先生带领下访问苏州。先后参观工业园区、新区、吴县太湖大桥、东山国宾馆，参加南新、南达水泥有限公司在18日举行的点火仪式后离苏。苏州市工商联党组书记、副会长葛晋德参加接待。

是日　苏州市工商联会长叶元铮与党组书记、副会长葛晋德陪同香港叶无孚先生去新区协商项目事项。

10月25日—26日　苏州市工商联副会长毕炳林参加市人大常委会组织的视察活动，视察24个新村、小区，了解市区住宅管理和配套建设的情况。

10月27日　苏州市民营科技实业家协会召开成立大会。市工商联会长叶元铮、副会长黄忆祖及市民政局、市体改委等有关方面领导参加会议。大会选举产生该协会理事会，张友信当选为理事长，徐高仁当选为秘书长。市工商联副会长毕炳林、黄忆祖被聘为顾问。

10月28日　苏州市工商联经济部组织个体工商户会员到河西新区参观培蒙实业公司、盛宏服饰公司、爱利特车业有限公司等私营、三资企业。

10月29日—30日　江苏省工商联六届二次执委会议在南京召开，会议议程是：学习贯彻中共十四届三中、四中全会精神；审议省工商联常委会工作报告；增补省工商联第六届执行委员等。苏州市的12名省工商联执委参加会议，苏州市工商联党组书记、副会长葛晋德应邀列席会议。

10月31日　江苏省工商联举行纪念江苏省工商联成立四十周年大会。苏州市工商联的省工商联执委王震瀛、张秀娟应邀参加纪念大会。

11月3日　苏州市工商联会长办公会议决定由商会组织赴香港考察团，由副会长毕炳林带队。

11月4日　苏州市工商联向市政府报送《抓住机遇，以高科技发展企业——对港胞投资企业苏州捷嘉电子有限公司的情况调查》。

11月7日—9日　德国中小企业联合会—亚洲科技网络（ZDH-TA）负责人海格威斯等来苏州，举行项目评估计划研讨会。苏州市工商联会长叶元铮及副会长与经济部、对外联络部部长等参加研讨会。

11月14日—18日　应青岛市四方区工商联和区政府招商办的邀请，苏州市工商联副会长毕炳林率考察组赴青岛，重点考察四方区新建的霓裳城和市区市场，并与四方区工商联和青岛市工商联交流会务和商务。

11月16日　南通市商会副会长于文虎率商会干部一行8人来苏州市工商联访问，会长叶元铮、党组书记葛晋德、副会长沈鹤寿接待。在苏期间，南通市商会干部分两组同苏州市工商联有关科室负责人和区工商联负责人进行交流。

11月29日　香港周文轩等一行5人来苏，参观苏州市中医医院、雷允上、苏州医学院附属第一医院。苏州市工商联党组书记、副会长葛晋德接待。

11月30日　苏州市工商联机关干部参加中共苏州市委宣传部组织的《社会主义市场经济理论和基础知识》考核，取得平均97.8分的好成绩。

12月1日　苏州市工商联向市政府报送《转换经营机制是企业发展的推进器——对苏州塑料八厂转变观念狠抓扭亏为盈的情况调查》，提出：以搞活销售和供应为突破口，实行低价销售和提供优质服务，并由此获得市场，是苏州塑料八厂扭亏为盈的关键举措。

12月2日—3日　苏州市第十六次县（市）区工商联工作会议在昆山举行，苏州市工商联驻会正副会长及各县（市）区工商联负责人参加。会议主要内容是传达全国工商联执委会关于1994年工作回顾及1995年工作要点，交流市、县（市）区工商联1994年工作及1995年打算。

12月6日　由苏州市工商联会长叶元铮带队的苏州市政府赴日访问团起程。

是日　苏州市工商联接待泉州市商会会长薛大锡夫妇。

12月11日—20日　由苏州市工商联副会长毕炳林带队，食品、副食品同业公会会员组成赴香港商贸考察访问团。在香港期间，拜访香港中华总商会、香港总商会和观塘工商业联合会，参观有关商场，并同叶元铮会长率领的赴日访问团会合，拜访周文轩先生。

12月14日　全国工商联党组书记蒋民宽一行3人到苏州。苏州市工商联党组书记葛晋德参加接待，并陪同考察大华自行车厂、盛宏服饰有限公司。市工商联汇报要求民生银行在苏州设分支机构事项，蒋民宽表示支持，要求准备好条件。

12月21日　美国亚洲商务协会在苏州市工商联礼堂举行介绍会。全国工商联对外联络部处长彭凯，江苏省工商联对外联络处处长李茜，苏州市工商联会长叶元铮，党组书记、副会长葛晋德，副会长沈鹤寿参加介绍会，各县（市）区工商联负责人、市工商联会员及市有关部门负责人共100多人到会。介绍会由叶元铮会长主持，美国亚洲商务协会亚太地区总裁周英女士详细介绍该协会的性质、特点和宗旨。

12月27日　苏州市工商联副会长沈鹤寿、毕炳林根据市人大的安排，在南园宾馆会见来访的日本国民经济研究会会长叶芳和一行，介绍民间商会的性质、任务和作用，苏州市私营企业、个体工商户以及非公有制经济会员，商会作为联系会员和政府所起的桥梁作用、发挥政府管理非公有制经济的助手作用等情况。

12月31日　中共苏州市委副书记冯瑞渡由统战部部长盛家振、副部长徐炳清等陪同，看望苏州市工商联机关全体工作人员。市工商联党组书记、副会长葛晋德着重汇报1994年工作情况和1995年工作打算。

是年　苏州市工商联领导参加中共苏州市委双月座谈会、市人大常委会、市政协常委会及各专题协商会、工作座谈会等，就经济工作、改革开放、市政建设、发展和完善社会主义市场经济体制等建言献策；向江苏省和苏州市人大、市政协会议提交20件提案，其中关于菜篮子工程的提案被选列为市政协九届二次全会第一号提案，受到市委、市政府领导的高度重视；在会上关于促进苏州市个体、私营经济进一步健康发展的发言，得到市政协领导的关注，以政协提案的形式交市委研究；就大中型企业扭亏为盈、非公有制经济的发展经验等向市委、市政府及有关部门提交8篇调查报告，绝大多数都被报刊登载，并在市广播电台中播出；关于留园地区个体劳动者协会政治夜校的调研报告得到市委领导批示。

是年　苏州市工商联约请市人大、市体改委和市民政局等单位领导，就商会发挥中介组织作用、为会员提供服务进行理论探讨；在市司法局支持下成立的苏州商联律师事务所，受理各类案件80件，被20家企业聘为常年法律顾问；在苏州会计师事务所支持下成立的苏州会计师事务所工商联分部，为会员提供会计、审计服务；建立商会合作基金，向会员特别是非公有制经济会员提供贷款160万元。

是年　苏州市工商联帮助会员企业金贝丽服饰有限公司召开订货会，支持食品、副食品同业公会召开供货会，为金桥家具商厦、留园菜馆开业提供服务，为培蒙实业有限公司的标准化生产做好协调工作，为联阳动画有限公司与上海海关联系、办理有关手续，帮助大康水电费表有限公司办理大楼改建项目的报批手续，为丝波尼丝绸有限公司介绍主办会计师；协助有关方面为8名会员办理出国初审手续、为39名会员出具边防通行证初审意见，为3名民营科技企业家做高级职称评定推荐工作；通过召开小组例会、联欢、参观等方式，加强非公有制经济会员与组织、会员之间的沟通与联系。

是年　苏州市工商联主办的《市场信息》出刊18期，为会员提供信息服务；参加江浙沪3地21市（县）工商联共同创办的“JZH商务信息”，每月向会员发布信息。

是年　苏州市工商联共接待海外、港澳工商社团23批98人次。

是年　苏州市工商联参与全国工商联三资企业零点调查工作，共调查28家企业，收到26份调查问卷。

是年　苏州市工商联春节期间共向471人补助29830元，慰问234名老人、花费9480元，加上其他补助，全年共补助6万余元。

是年　苏州市工商联经济实业公司通过自办、联办、协办等，拓宽业务，下设的煤炭物资分公司、针棉织品经营部和空调总汇、粮油经营部、副食品经营部、服装经营部经济效益显著提高，被全国工商联、江苏省工商联评为“文明企业”。昆山工商联下属的大昌机电设备公司、吴江工商联下属的工商联合公司，亦被全国工商联、江苏省工商联评为“文明企业”。

是年　苏州市工商联发展新会员189户，其中市区29户、各县（市）107名、各区53名。县（市）建立乡（镇）分会4个、专业商场分会1个。苏州市食品经济联合会改名为食品、副食品同业公会，成为工商联的基层组织。

1995年

1月17日 苏州市工商联召开九届三次执委（扩大）会议，讨论通过市工商联1994年工作小结和1995年工作计划。

2月6日—7日 苏州市工商联党组书记、副会长葛晋德与副会长毕炳林等先后走访会员企业大康水电安装工程公司、培蒙服装有限公司、金桥家具公司等，祝愿这些企业在新的一年里取得更好的经济效益，为苏州市的经济建设作出更大贡献。

2月11日 苏州市政协九届十一次常委会议通过的《关于表彰“为振兴苏州作贡献、为人民政协添光彩”活动积极分子的决定》和《关于表彰九届一次会议以来优秀提案和承办提案先进单位的决定》中，苏州市工商联受到表彰的积极分子是：马宏仁、李正（企业会员）、李正达（企业会员）、沈鹤寿、陈振国（常熟）、黄忆祖、潘国光（企业会员）；受到表彰的优秀提案是：苏州市工商联的《要爱护耕地面积案》和委员李正的《改变目前私营企业管理费的征收办法案》。

3月8日 南京市政协副主席、南京市工商联会长庄一鹏率南京市工商联学习考察团一行12人，与苏州市工商联、吴县工商联交流会务。

3月13日 苏州市工商联九届十一次会长（扩大）会议召开，由会长叶元铮主持，传达江苏省人大、省政协会议精神，通过新会员入会名单。

3月17日　苏州市工商联召开三资企业专题报告会，由市工商联三资组组长、捷嘉电子公司总经理倪苏平主持，副会长沈鹤寿讲话。

3月21日　全国工商联企业工作业务会议在吴县举行，来自全国近30个省、市、自治区的代表参加会议，重点讨论落实首届全国民营企业商品博览会的招展工作。苏州市工商联副会长沈鹤寿应邀参加会议。

4月10日　苏州市工商联举行第四次城区工商联工作会议。4个区工商联先后交流会员发展工作的情况和今年发展会员的目标。交流发言后，市工商联会长叶元铮、党组书记葛晋德、副会长沈鹤寿分别讲话。

是日　苏州市工商业联合会和香港观塘工商业联合会签订结成友好商会协议书，以加强友好合作，共同为繁荣与发展两地的经济而努力。这是市工商联赴港商务考察团拜访观塘工商联后，经过相互协商一致签订的第一份与境外商会结为友好商会的协议书。

4月19日—21日　江浙沪地区部分工商联年会在上海市举行。参加会议的有江浙沪24个地区工商联负责人49人。苏州市工商联会长叶元铮、副会长毕炳林参加。会议研讨交流工商联（商会）组织在深化改革、扩大开放，建立社会主义市场经济的形势下，如何转换机制，加强自身建设，充分发挥民间商会职能作用，为非公有制经济的健康发展提供有效的服务。

5月3日　苏州市工商联副会长毕炳林在南园宾馆会见专程来访的日本国民经济研究会会长叶芳和先生，简明扼要地介绍苏州市私营经济发展概况。

5月9日　苏州市工商联与德国中小企业联合会—亚洲科技网络（ZDH-TA）联合举办吸收及保留会员研讨会，市工商联会长叶元铮主持研讨会。

是日　以香港地区事务顾问、香港潮州商会会长唐学之先生为团长的香港潮州商会北京、天津、上海、江苏访问团一行30人抵达苏州市访问。香港潮州商会是香港潮州籍工商界中最具有代表性的社团，有较强的实力和影响。副市长孙中浩会见香港客人，介绍苏州市的概况和投资环境。苏州市工商联会长叶元铮参加会见。

5月12日 在江苏省工商联先进表彰会上，苏州市工商联被授予调查研究、参政议政先进称号。

5月30日 苏州市政府召开14个政府部门与市各民主党派、工商联对口联系工作会议，回顾、总结、交流近几年来苏州市对口联系工作的经验，并就在新形势下如何把这项工作做得更好进行讨论。

5月31日 苏州市工商联召开九届十二次会长（扩大）会议，由叶元铮会长主持。会议议程共3项：传达江苏省工商联组织工作会议（镇江）精神，研究新会员入会名单，通报“老年之家”拆迁事宜。

6月1日 苏州市工商联积极组织8家非公有制企业会员参与光彩事业和爱心助学的活动。在民治路幼儿园举行的庆祝“六一”国际儿童节暨捐赠仪式上，叶元铮会长代表市工商联、市商会向该园捐赠价值3.7万元的SHARR530投影机一台及百威SP-2XT音响一对，以解决电化影视教学需要，拉开市工商联开展光彩事业的序幕。

民治路幼儿园“六一”国际儿童节暨捐赠仪式现场

6月16日 苏州市工商联会员民营科技实业家协会一行数人，由协会理事长张友信带队，到南京参观中国高新技术新产品博览会。

7月15日—23日 应德国中小企业联合会—亚洲科技网络的邀请，苏州市工商联会长叶元铮赴新加坡，参加主题为“改进亚洲商会及行业协会的联系网络以帮助中小型企业扩大其市场”的研讨会，并与ZDH-TA负责人海格威斯、林季醒就培训工作进行探讨，初步商定资助苏州市工商联创办培训中心相关事宜。

8月9日 苏州市工商联召开九届十三次会长（扩大）会议，由党组书记葛晋德主持。会议议程为：审议市工商联1995年上半年工作小结、下半年工作计划；叶元铮会长传达新加坡ZDH-TA会议情况；毕炳林副会长传达江苏省工商联常委会精神；通过新会员入会名单。

8月14日—22日　应泰中促进投资贸易商会邀请，苏州市工商联副会长沈鹤寿率领由食品副食品同业公会成员单位组成的苏州市商会商贸考察团，赴泰国就食品、副食品生产和商贸进行考察交流，并拜访泰国中华总商会，探讨合作项目。

9月15日　苏州市工商联召开九届十四次会长（扩大）会议，研究创办商会培训中心事宜，通过《苏州市商会培训中心章程》，确定培训中心管委会名单；通过新会员入会名单。

9月26日　苏州市工商联九届三次常委会议通过《苏州市商会培训中心章程》和管理委员会名单。管理委员会由叶元铮、葛晋德、海格威斯、沈鹤寿、毕炳林、郑志祥（特聘教学负责人）、谢国树组成，叶元铮任主任，葛晋德任副主任。市商会培训中心正式成立，德国中小企业联合会—亚洲科技网络资助5台电脑和30套语音教学设备，计算机班、电脑打字班开课。

10月12日　苏州市工商联召开百货、塑料、食品副食品3个同业公会的经验交流会，市工商联党组书记、副会长葛晋德参加会议。

10月19日　苏州市商会培训中心揭牌典礼举行，市人大常委会副主任陈金科、市政协副主席黄铭杰、市政府副秘书长徐洪斌以及中共苏州市委统战部等领导出席。

苏州市商会培训中心揭牌典礼

11月3日　苏州市工商联副会长毕炳林在私营企业小组介绍近期工作情况和今后打算，表示要为促进私营经济健康发展做好桥梁、服务工作。

11月14日—16日　江苏省审核工商联经济服务工作研讨会在昆山召开，11个省辖市及部分县（市）工商联分管经济工作的负责人等与会。苏州市工商联副会长沈鹤寿和经济部副部长何钧发参加会议。

是月中下旬　苏州市工商联会长叶元铮率部分私营企业会员考察浒墅关贫困村。在市工商联的牵线、促进下，苏州永星房地产有限公司投资80万元，与浒墅关益民村签署共同创办苏州永星粮饲厂合作协议。这是苏州市工商联第一个以扶贫致富、搞活经济为目的的光彩事业活动。

11月23日　苏州市工商联在永星房地产有限公司召开协调会。双方本着求大同、存小异原则，为了使苏州永星粮饲厂加快建设进程，成为苏州市工商联扶贫的光彩事业结出的第一个硕果，进行坦率而又真诚的协商，达成补充协议。

11月25日　江苏省工商联党组书记林敏端来苏指导工作，听取苏州市工商联工作汇报。

12月12日　苏州市工商联党组书记葛晋德与副会长毕炳林在张家港市召开张家港、常熟两市工商联工作交流座谈会，副会长毕炳林在吴县市工商联召开吴县、吴江两市工商联工作交流座谈会，研讨如何更好地发挥工商联职能和作用。

12月13日　苏州市工商联党组书记葛晋德与副会长沈鹤寿、毕炳林在太仓市召开太仓、昆山两市工商联工作交流座谈会。

是年　苏州市工商联先后开展对个体工商户精神文明建设情况的调查，对私营企业、外商投资企业和同业公会现状的调查；参与全国工商联、江苏省工商联对民营企业的抽样调查，参与德国中小企业联合会—亚洲科技网络对苏州市14家私营企业的调查，参与市政协经济科技委员会对部分合资企业老厂存在问题的调查和政协文教委对私营企业执行《劳动法》情况的调查等。共向有关部门提交9篇调查报告，其中《加强管理、积极引导、为非公有制经济平等参与市场竞争创造条件》在市政协全会上发言；《做好非公有制经济代表人士思想政治工作的认识与实践》在江浙沪工商联工作会议上发言，并被全国工商联执委会选为交流材料；《关于26家境外投资者对投资环境的评价的调查问卷情况汇总》在6月份的《华东信息报》上刊登；《对个体、私营企业主进行爱国主义教育的几点认识和实践》被苏州市政治思想工作研究会评为三等奖。

是年　苏州市工商联领导在中共苏州市委双月座谈会、市人大常委会、市政协常委会及各种专题协商会、工作座谈会上，对苏州市经济工作、市政建设、党风廉政建设以及工业、农业、科技基本现代化实施纲要等提出意见和建议，一些建议被采纳；以苏州市工商联或其领导名义在省、市政协会议上各提交3份提案；组织担任人大代表、政协委员的会员举行参政议政日活动，就社会热点问题，反映群众意见，提出相关建议；与各民主党派两次列席市政府组成人员会议，3次参加市政府召开的会议。

是年　苏州市工商联获江苏省工商联、省商会单项先进表彰，团体会员百货业同业公会被江苏省工商联和苏州市民政局授予先进集体称号，昆山市、吴县市工商联被省工商联授予先进集体称号，陆达生等5人被省工商联授予先进个人称号。

是年　苏州市工商联组织私营企业和个体工商户听取社会养老保险专题讲座，组织私营企业会员听取劳动局关于《劳动法》贯彻实施检查的有关内容，组织民营科技企业会员听取关于科技情报和专利技术的讲座、参观高新技术开发区和南京95全国高新技术博览会、考察温州民营科技企业，组织部分会员参加在南京举办的广东电子新产品展销会，组织召开同业公会经验交流会等；协助王鸿翥和良利堂国药店与苏州市医药局联系，解决经营场地问题；与观前工商所联系，解决观前夜市管理问题；为私营企业登月购物中心的筹建，与有关方面联系沟通；帮助会员企业天一炒货工场办理产品质量标准备案事宜，对金贝丽、大康、灵龙、同治、富成等会员企业在生产经营和管理中遇到的困难，与有关方面进行联系协调；对三资企业会员依利法与益民化工厂移地改造产生的纠纷，进行调查研究，并走访市外经委、化工局，协调解决；商联律师事务所先后接受30多家企业委托，担任常年法律顾问，代理民事诉讼98件、经济诉讼65

件、刑事辩护与代理25件、非诉讼法律事务15件；商会合作基金累计借贷200万元左右；编印《市场信息》17期，为会员提供市场、商务、政策等信息；办理出国政审手续4人、边境通行证申请手续22家企业39人次，协助会员企业负责人办理因公出国手续。

是年 苏州市工商联在非公有制经济会员中开展“爱国、敬业、守法”教育，做好积极分子的培养工作，初步确定全市代表性人士174名，上报省10名。

是年 苏州市工商联与香港观塘工商业联合会确定为友好商会，与泰国中华总商会达成友好商会意向，加入海内外华人友好商会；接待台湾、香港、澳门地区与美国客商7批20人次；受市政府委托，参与95中国苏州国际丝绸旅游节邀请嘉宾和客商工作，为两家港商牵线洽谈项目；为三资企业开展建档立卡工作。

是年 苏州市工商联对丝织、纺工、食品、粮食、医药等联络组老会员思想、经济和家庭情况等进行调查研究，并将调查报告上报江苏省工商联和中共苏州市委、市政府；配合省工商联调查上报苏州市在工商联连续、专职工作30年以上的原工商业者，由省工商联颁发荣誉证书。

是年 苏州市工商联工商经济服务公司全年销售额688万元，盈余11万元。

是年 苏州市工商联与德国中小企业联合会—亚洲科技网络共同举办一期如何吸收和保留会员培训班，各县（市、区）工商联、同业公会负责人、会内干部和部分会员骨干参加学习。

是年 苏州市工商联春节期间向450人补助31430元，向267名80岁以上寿星发放慰问金13500元、实物慰问73人，其他补助10220元，工商界生活互助金年底结存578096.91元。

是年 苏州市工商联吸收新会员547个，其中市区52个。县（市）工商联成立乡镇分会1家，沧浪区工商联在7个街道全部建立分会。

是年 截至年底，全市个体工商户数和从业人员分别为110830户和174586

人，分别比上年增长8.8%和12.23%。全市个体工商户注册资金达89103万元，总产值120575万元，销售额408187万元，上缴国家税金5.4亿元。全市共涌现出先进个体劳动者1465人，其中国家级1人，省级7人，个体劳动者协会会员中有市、县两级人大代表8名，政协委员20名。

1996年

1月10日　苏州市工商联召开九届十五次会长（扩大）会议，主要内容是：审议市工商联1995年工作总结和1996年工作计划（讨论稿），通过新会员入会名单，决定执委会召开及有关事项。

是月　苏州市工商联根据会员的实际情况，采取抽样调查的方法、调查问卷的方式，对13位市工商联私营企业会员情况和所需服务进行调查。

春节前夕　苏州市工商联私营企业会员培蒙实业有限公司向苏州市社会福利院捐赠100件真丝脱卸棉风衣，以表达对福利院老人们的真诚慰问。市工商联党组书记、副会长葛晋德与副会长毕炳林、经济部副部长何钧发参加捐赠活动。

2月12日　苏州市民营科技实业家协会、苏州民营科技企业协会联合举行迎新春联谊活动。苏州市工商联党组书记、副会长葛晋德，副会长沈鹤寿、毕炳林，市科委副主任、市商会副会长黄忆祖等参加联谊活动。联谊活动由民营科技实业家协会理事长张友信主持。市创捷科技有限公司董事长、总经理沈晓春致新春贺词，葛晋德、黄忆祖先后讲话，并祝民营科技企业在新的一年里取得更大的成绩。

3月6日—9日　德国第23届不来梅国际棉花会议在不来梅市市政厅召开，参加会议的有39个国家共449名代表。中国共5名代表，其中有苏州市民营科技实业家协会理事长张友信，中国专家首次走上不来梅国际讲台。

3月29日 苏州市工商联举行九届十六次会长（扩大）会议，主要内容为：学习全国两会精神，通过新会员入会名单，研究“老年之家”搬迁问题、关于信息中心的有关问题。

是月 苏州市工商联建立苏州市商会信息中心，通过《经济信息》发布商务信息。苏州市商会信息中心以苏州市工商联和市各级商会的会员、各级同业公会及行业协会为主要服务对象，及时、准确地收集、整理、储存、发布各种经济信息，帮助会员提高自身素质、经营决策水平和市场竞争能力。

4月14日 江苏省民营科技实业家协会第三届会员代表大会在南京召开。苏州市工商联推荐的民营科技会员代表苏州市光华电测技术研究所所长张友信、苏州市清华技术研究所所长单昶、苏州市创捷科技有限公司董事长沈晓春当选为理事，张友信还被选为常务理事。

4月22日—24日 苏州市第十九次市（县）、区工商联工作会议在常熟市工商联举行。苏州市工商联党组书记、副会长葛晋德，副会长沈鹤寿、毕炳林及各部（科）负责人，各市（县）、区工商联负责人参加会议，中共苏州市委统战部副部长徐炳清、党派处副处长钱培华及各市（县）、区委统战部有关负责人应邀参加。

4月26日 在上海市工商联的联系下，苏州方面接待阿联酋沙迦博览中心主席法沙哈特•阿里坎一行，苏州市工商联与市经贸委联合举行阿联酋沙迦博览中心情况介绍会，帮助有关企业拓展业务。市工商联党组书记、副会长葛晋德，副会长毕炳林，市经贸委外经处孙洪及苏州第一光学仪器厂、江苏长城电器集团、苏州手表总厂、苏州日用五金集团、恒丰珠宝首饰有限公司、苏州机械控股集团公司、思美尔化妆品有限公司、苏州培蒙实业有限公司等单位负责人参加介绍会。

5月1日 苏州市工商联“老年之家”在干将西路重新开放。当年重阳节，苏州市政协、中共苏州市委统战部及市工商联领导专程看望老同志。

5月13日 苏州市编制委员会分别批复同意建立苏州市商会培训中心和苏州市

商会信息中心，为全民所有制事业单位，相当于正科级，隶属于苏州市工商联。

5月18日—20日 江苏省商会与德国中小企业联合会—亚洲科技网络联合举办的信息服务研讨会和商会管理研讨会，在江苏省计经委培训中心同时举行。苏州市工商联信息中心工作人员杨莉萍介绍该中心的具体做法和下一步打算，市工商联党组书记、副会长葛晋德在结业式上发言。

5月28日 江苏省工商联副会长胡敏一行3人来苏州市工商联检查指导工作。在苏州期间，胡敏副会长听取市工商联副会长毕炳林的工作汇报，参观了商会培训中心、信息中心和“老年之家”。

是日 苏州市工商联私营企业会员苏州永星房地产有限公司借资42万元，帮助浒关镇益民村创办的永星粮饲厂正式投产开业。这是苏州市工商联和郊区工商联联合组织，有关方面积极支持兴办的光彩事业结出的第一个硕果。

5月29日 苏州市工商联党组书记、副会长葛晋德与副会长沈鹤寿、毕炳林到沧浪区工商联，听取副会长陈伟明、叶承森关于该区先后建立7个工商联街道分会的工作汇报。

是月 “六一”国际儿童节前夕，苏州市工商联私营企业会员金贝丽婚礼服饰有限公司、盛宏服饰有限公司、永星房地产有限公司、苏榕商行，向民治路幼儿园和平直小学捐赠空调设施及经费。

8月22日 苏州市工商联关于机构改革方案的发文，上报中共苏州市委统战部，并报中共苏州市委、市政府。苏州市工商联机构改革总的要求是：按照“精简、统一、效能”原则，依据章程，明确职责，理顺关系，合理设置机构，严格定编定员，完善工作制度，建立健全岗位责任制，提高工作效率。调整后的内设机构是：办公室、调研室、组宣部、经济部、对外联络部、财务部。方案还拟订了人员配备和领导职数。该方案10月3日获市委副书记冯瑞渡批示。

是月 苏州市工商联对企业会员登月商城进行调查，撰写了题为《为国有企业解困，为再就业工程服务》的调查报告，报送中共苏州市委、市政府。27日，市委书记杨晓堂批示：“这个调查报告提出了一个较好的题目，这就是在苏州如何加快发展民营企业，同时为再就业开辟新的门路。登月商城为我们提供可供借鉴的经验。”

9月14日　苏州市商会和泰国中华总商会建立友好合作商会协议书签字仪式举行，中共苏州市委副书记黄俊度、副市长孙中浩等出席。签字仪式由市商会副会长沈鹤寿主持，市商会副会长毕炳林与泰国中华总商会主席郑明如分别在协议书上签字。

签字仪式现场

9月27日、29日　中共苏州市委统战部组织市各民主党派、工商联负责人分别赴苏州新区、苏州工业园区学习考察。考察团由市政协副主席、市委统战部部长盛家振率领，先后听取苏州新区管委会主任王金华、苏州工业园区管委会副主任沈明德分别关于新区和园区的进展情况介绍并进行座谈，参观苏州新区的国家安居工程新升小区、日本电波工业有限公司和工业园区的启动区、三星半导体有限公司、新达精密机械有限公司等。

是月　苏州市工商联党组书记、副会长葛晋德参加江苏省工商联组织的考察团，赴马来西亚、新加坡和香港进行访问考察，先后拜会香港、马来西亚和新加坡的6个华人商会团体，与新加坡中华总商会、新加坡工业联合会商讨相互建立友好商会关系的意向。

10月2日　苏州市工商联会员积极参加苏州市慈善基金会“同心携手、帮贫扶困”募捐活动，以感谢党和政府的支持和关怀，回报社会。陈念祖、谢元根、张友信、单昶等到工业品商厦广场的募捐活动中心点捐赠扶贫款，并接受副市长、慈善基金会会长冯大江颁发的捐赠证书。市工商联党组书记葛晋德、副会长毕炳林到中心点参加捐献活动。

10月4日 苏州市工商联举行九届十九次会长（扩大）会议，主要内容为：宣布人事安排（同意颜久勇任副秘书长），通过新会员名单，通报与泰国中华总商会建立友好商会关系的情况，介绍海内外华人商会联谊会广州会议和江苏省工商联会议情况。

11月12日—14日 由全国工商联同德国中小企业联合会、德国经济发展与职业培训基金会联合举办的“商会在促进中小企业发展中的作用”研讨会在北京召开。中方参加这次会议的有江苏等21个省（市）工商联负责人。

11月18日—19日 江苏省工商联和德国中小企业联合会—亚洲科技网络在南京联合召开工作研讨会，苏州市工商联党组书记葛晋德及副会长沈鹤寿参加。

11月21日—22日 上海市工商联与德国中小企业联合会—亚洲科技网络在上海联合召开工作会议，苏州市工商联副会长沈鹤寿、毕炳林应邀参加。

是月 苏州市工商联对全市55户私营企业和员工队伍的现状进行调查，撰写《经济增长点的一个新群体》的调查报告。12月12日，中共苏州市委书记杨晓堂批示：这个报告很好。对私营企业现状分析的比较真切。在坚持公有制为主体的原则下，应更加放手地支持和鼓励私营企业的健康发展，希望市政府有关部门对支持和保护现有私营企业合法经营以及鼓励兴办私营企业等方面听取市工商联的建议，并提出新的措施意见。

12月5日 苏州市工商联举行九届二十次会长（扩大）会议，主要内容为：传达江苏省工商联工作会议精神，中共苏州市委关于县（市）、区工商联换届工作的意见，江苏省委关于省、市工商联换届工作的意见，以及中共江苏省委统战部副部长戴镇基关于工商联换届工作的讲话，通过新会员名单。

12月16日 苏州市工商联主办的《苏州商报》经江苏省新闻出版局批准，试刊发行。24日，苏州市机构编制委员会批复同意苏州市工商联成立《苏州商报》社的申请。

是月 新加坡中华总商会致函苏州市工商联，同意建立友好商会，并交换签字文本。

是年　苏州市工商联撰写调研报告8篇，其中与市政协联合撰写的《贯彻开放带动战略，认真总结经验，促进合资企业及母体企业的协同发展》在市政协九届四次会议上作大会发言；以第三光学仪器厂利用外资发展企业情况为内容的调研报告《引资发展硕果丰，创新更显春色浓》在《中国工商》发表，《苏州经济论坛》转载并加评论；对民营企业创捷科技组建集团发挥整体优势的调研报告《民办科技是发展高新科技的重要途径》，在《苏州企业管理》刊登；《做好非公有制经济人士思想政治工作的认识和实践》调研报告（形成于1995年），获中共江苏省委统战部召开的省统战理论研讨会二等奖。

是年　苏州市工商联负责人在江苏省政协会议上提交4项提案，在市政协会议上以集体名义提交12项提案，其中关于加强农业基础地位必须保护好耕地的提案在市土地管理局主办的《苏州土地》上选载；在中共苏州市委双月座谈会、市人大常委会及各种专题座谈会上，市工商联负责人就市工农业发展、科技兴市、社会治安、菜篮子工程、医疗卫生体制改革、饮水工程改造、节约用地等提出建议；有关负责人应邀担任市党风建设联络员、特邀监察员、物价监督员、仲裁委员、消费者协会理事等，发挥参政议政、民主监督作用。

是年　苏州市商会培训中心共举办培训班17期、培训476人次，其中计算机应用能力初级班6期184人次；举办会员企业培训班12期292人次，其中营业员英语会话班2期94人；商品知识培训班5期106人次，柜组长培训班2期22人；为苏州胶囊有限公司高级管理人员进行Windows3.11和办公自动化培训，计66人次；与市标准计量局、市工商局联合举办非公有制标准计量培训班，培训34人次。

是年　《经济信息》出刊23期。苏州市工商联和江苏省工商联信息中心、苏州市信息管理中心实现联网；建立会员情况资料库；为46户会员企业65人次办理边境通行证申请手续，为4户会员企业14人次办理出国、出境护照申请手续；组织6家企业会员参加在南京举办的全国工商联会员企业产品展览会，组织国药组赴浙江临安开展业务洽谈会，协助光华电测技术研究所举办全国棉检器和棉检技术培训班，参加创捷科技有限公司和市科委举办的电脑产品展销会。

是年　苏州市工商联共接待海外侨胞和港台同胞8批40人次。

是年　苏州市工商联举办小组活动，向三资企业宣传改革开放有关政策；特邀卫生部政策与管理研究专家委员会周寿琪向会员企业作《职工医疗保障制度改革》报告。

是年　对老会员进行重新登记，收到799份登记表，其中原工商业者339人、“三小”人员434人、其他26人；除经常性和临时性补助外，1996年春节共向430人补助31580元，慰问260名老人、支出17350元，实物慰问75人；“五一”节慰问55人，中秋、国庆慰问79人，工商界生活互助金年终结余483784.8元。

是年　苏州市工商联私营企业会员盛宏服饰有限公司董事长陈念祖开始资助1名贫困学生；登月商城私营业主将摊位廉价租给下岗职工，解决300多名下岗职工的就业问题。苏州市沧浪区工商联吴门桥街道分会组织3名成员出资7000多元，资助南环小学2名特困生完成小学学业。常熟市工商联组织会员向敬老院、幼儿园、贫困农民等捐赠3.7万元，组织私营企业红木家具厂为苏北贫困地区免费培训红木家具加工技术。太仓市工商联会员企业太仓璜泾西服厂向璜泾中学捐赠10万元作为奖学金。

是年　苏州市工商联发展新会员97户（人），其中私营企业15家、外商投资企业6家，私企投资者、经营者4人，被市工商局评为“明星企业”的私营企业大部分加入市工商联。大市范围内共发展新会员358家（人），新建乡镇分会5个。

1997年

1月22日 苏州市工商联关于民营经济发展情况的调查报告《支持扶助民营经济发展，为国集企业改革服务》，报送中共苏州市委、市政府。27日，中共苏州市委书记杨晓堂批示，要求组织相关部门对该报告建议进行讨论，如可行，可报告市政府形成方案，提交常委决议。

1月28日 苏州市工商联召开九届五次执委（扩大）会议。主要内容：传达中共苏州市委书记杨晓堂在市委会上的讲话，传达学习中共苏州市委八届八次全体委员会议精神；审议苏州市工商联1996年工作报告和1997年工作计划。

2月19日—21日 苏锡常工商联工作会议在苏州市举行。苏州市工商联会长叶元铮、无锡市工商联会长苏红平、常州市工商联会长卜仲宽出席会议。中共江苏省委统战部副部长戴镇基等参加会议开幕式。

3月4日 苏州市工商联发文，批复同意成立苏州市工商业联合会（商会）餐饮业嘉余坊分会。

3月7日 苏州市工商联根据中共中央办公厅〔1996〕24号文件和中共江苏省委办公厅〔1996〕12号文件精神，决定提前一年完成换届工作，制定换届工作方案，并发文上报中共苏州市委统战部。

4月14日 苏州市工商联九届二十一次会长（扩大）会议召开，会长叶元铮主持。会议讨论了九届执委会工作报告和换届工作方案，通过新会员入会名单。

4月18日 苏州市政府副秘书长韩天伦、市建委副主任惠建林、市干将路管理处主任王荣明、市规划监察大队大队长邹长荣、市卫生局处长姚庆林、市规划局施旭、平江区卫生防疫站骆月琴，苏州市工商联党组书记、副会长葛晋德与副秘书长颜久勇，市工商联（商会）嘉余坊分会会长周小雄、副会长陈素兴等，召开嘉余坊美食街整改规划协调会，确定实施步骤，形成会议纪要。会议结束前，葛晋德谈了三点意见：第一，希望分会两位会长回去后要向业主进行宣传，要认识到市政府在对待嘉余坊问题上，是实事求是、体察民情、兼顾多方面利益的。分会要积极配合政府实施整改方案，使业主安居乐业。第二，在整改过程中碰到问题要从严考虑，从高要求考虑，从全局考虑。第三，将来整改要由分会负责贯彻，请有关部门有事找分会，以便将整改措施逐步落实。

是月 吴县、吴江、昆山、太仓、张家港、常熟6市工商联及苏州市金阊区、平江区、郊区工商联先后召开会员代表大会，产生新一届领导班子，实现新老交替、政治交接。沧浪区工商联已于1996年换届。至此，6市4区工商联换届工作结束。在各市、区工商联会员代表大会召开时，苏州市工商联会长叶元铮，党组书记、副会长葛晋德，副会长沈鹤寿、毕炳林，副秘书长颜久勇分别到会祝贺。

5月7日 苏州市工商联形成题为《民营科技企业成为发展高科技产业的一支生力军》的调查报告，并报送中共苏州市委、市政府。23日，中共苏州市委书记杨晓堂批示：这个调查报告很好。民营科技企业和科研企业是科技兴市的一支力量，是有发展潜力的，应予积极扶持。有关部门应积极探索具体办法。

6月28日 苏州市工商联召开九届二十二次会长会议，会长叶元铮主持，会议内容为：研究有关苏州市工商联第十届会员代表大会事宜，通过新会员入会名单。

7月10日—11日 苏州市工商联召开第十届会员代表大会。副会长沈鹤寿主持，党组书记葛晋德致开幕词，中国民主促进会苏州市委会副主委吴民先代表各民主党派、市妇联主任王溢代表各群众团体致词，江苏省工商联会长徐英锐、中共苏州市委副书记周彩宝讲话，会长叶元铮作工作报告。中共江苏省委统战部以及南京市、无锡市、常州市、南通市、镇江市工商联（商会）、香港观塘工商业联合会发来贺信。本次会议的主要议程是：听取中共苏州市委领导的讲话，进一步认清当前形势；听取和审议苏州市工商业联合会第九届执行委员会工作报告，总结过去3年的工作，明确今后的任务；选举产生苏州市工商业联合会新一届执行委员会，实现新老交接，选举产生出席江苏省工商业联合会第七届会员代表大会的代表。11日，选举王立占等27人为常务委员，于云洲等70人为执行委员，市工商联第十届执行委员会第一次会议选举黄忆祖为会长，金铁峰等6人为副会长，颜久勇兼秘书长，叶元铮为名誉会长，葛晋德、沈鹤寿、毕炳林为顾问，郭次仪为特邀高级顾问，王震瀛等6人为特邀顾问，市劳动局等9家单位为特邀顾问单位，通过大会决议及给老同志的致敬信。黄忆祖致闭幕词。换届后的苏州市工商联下设经济处、联络处、宣教处、人事处、调研处、办公室，核定编制32人。

8月9日—11日 江苏省工商联第七次会员代表大会在南京举行。以黄忆祖为团长，金铁峰、颜久勇为副团长的苏州代表团32人出席大会。大会选举产生第七届执委会，黄忆祖等12人当选为执委；黄忆祖、张友信、陈振国在执委会第一次会议上被选为常委；黄忆祖、侯品泉被选为出席全国工商联“八大”的代表。

是月 苏州市工商联和德国经济合作与发展部、德国经济及职业训练基金会及ZDH/PP项目负责人对双方合作开展的培训、信息等工作进行评估，表示满意。

9月15日 苏州市工商联对私营鸿利机电环保设备有限公司开发高新产品赢得市场的情况进行调查，形成调查报告，题为《优势互补上水平，共同发展争先进》。中共苏州市委书记杨晓堂阅后批示：调查报告反映的私营企业管理经验说明私营企业能够快速增值发展的深刻内因。

9月22日 苏州市工商联召开会长办公会议，主要内容为：决定推公（对事业单位推行公务员管理）领导小组和推公方案，财务部起草的财务报销办法，经济实业公司董事长改任及老会员工作委员会事宜，福利方面的财务制度问题。

9月29日 苏州工商联经济实业公司召开第四届董事会第一次会议，产生新的董事会，市工商联会长黄忆祖任董事长。

是月 苏州市工商联接待美国“民间大使”妇女团一行20多人，部分女企业家会员参加座谈。

10月5日 苏州市工商联成立十届执委会老会员工作委员会，会长黄忆祖担任主任，金铁峰、颜久勇任副主任。下设两个组：“老年之家”管理组，组长张宗康；工商界生活互助金管理组，组长颜久勇。

10月21日 苏州市工商联召开执委会议，通过变更企业法人代表的报告，根据《公司法》规定，苏州工商联经济实业公司法人代表由董事长黄忆祖担任，聘任沈鹤寿为公司总经理；在1997年12月底以前将苏州工商联煤炭物资公司并入经济实业公司，有关煤炭业务和债权债务全部由经济实业公司继续办理，并由上述两公司分别申请办理注销和变更登记等手续。

10月30日 苏州市工商联收到市百货业同业公会《关于停止价格大战，创造有序竞争市场环境的报告》，修改后以《关于价格大战引发的思考和建立市场竞争秩序问题的请示报告》为题报送中共苏州市委、市政府。市委书记杨晓堂于11月23日批示，要求市商业局领导参阅。

是月 苏州市工商联接待加拿大多伦多佐治勃朗学院访问团一行4人，陪同访问苏州市区和常熟市、昆山市部分从事餐饮业的会员企业，就私营企业的现状、发展前景、员工职业教育、两地餐饮技术交流等分头进行4次研讨活动，帮助会员开拓国际市场和开展对外经贸合作。

11月3日—7日 全国工商联在北京召开第八届会员代表大会，出席大会的代表共计742名。中共中央政治局委员、国务院副总理田纪云宣读中共中央、国务院的贺词。经叔平作《高举邓小平理论伟大旗帜，肩负起工商联跨世纪历史使命》的工作报告。大会通过修改后的《章程》，选出358名执行委员。八届一次执委会议选举经叔平为主席，推选王光英为名誉主席，确定工商联的工作方针是“团结、教育、引导、服务”。苏州市工商联会长黄忆祖等出席本次大会。

12月23日　苏州市工商联在苏州市天翔贸易有限公司召开十届一次常委（扩大）会议，由颜久勇副会长主持。主要议程如下：传达全国工商联“八大”和江苏省个体、私营经济发展工作会议精神；审议换届以来工作报告及1998年工作设想；增补十届执委会委员。会议通过讨论，同意成立苏州市光彩事业促进会。

12月30日　为提高苏州市工商联、商会会员及非公有制企业的知名度，充分利用因特网上资源和商业机会，苏州市工商联在市邮电局数据通信公司的支持下，在因特网上创建企业网页。这标志着与会员企业新增一条通向全球的信息高速通道。

是年　苏州市工商联参与并组织非公有制经济会员参加市政府、市政协、市人民银行、城市合作社、市社保局等召开的个体、私营企业座谈会及走访活动，反映非公有制经济的现状、困难和问题；参与中共苏州市委、市政府对个体、私营经济发展政策、措施的研究，制订工作计划，与会领导在市委常委会上就个体、私营经济的现状和发展建议作专题发言，引起市领导和有关部门重视；参加市委、市政府组织的赴浙江、上海考察非公有制经济发展情况的活动，参与市计委等组织的发展个体、私营经济规划的活动，参加市社保局关于《苏州市城镇私营企业、个体经济组织从业人员养老、生育和工伤保险的有关政策》的商讨，组织并参加市人事局关于《苏州市非公有制企业专业技术和管理人员管理试行办法（征求意见稿）》的座谈等；参加市委双月座谈会、市人大常委会、市政协常委会等各种专题座谈会和视察活动，就社会经济发展等问题提出积极的意见和建议。

是年　苏州市工商联按照“双重教育（以思想政治教育、业务教育为培训内容），三个层次（培训对象为非公有制经济人士、工商联干部、从业人员）”的指导思想，除继续举办计算机应用能力培训外，还与德国中小企业联合会合作举办成本控制研讨会、商会管理研讨会；商会信息中心通过与江苏省工商联和苏州市信息管理中心的信息网络，收集、编印《经济信息》，向会员企业提供经济政策、宏观调控、投资合作及市场供求等信息；为7家企业13人次办理边境通行证，为3家企业相关人员办理出国、出境护照；向生产型会员企业转发市技术监督局《关于进一步加快苏州市区消灭无标生产工作的实施意见》通知；与市劳动部门联系，举办私营企业专场招聘下岗职工活动，协助会员企业创捷科技有限公司举办公关与企业发展专题研讨会、CIS专题报告会，增强企业的品牌和形象意识；为会员企业登月商城二期工程报市政府实事办公室，为嘉余坊分会申请建美食街牌楼，为会员企业富利华大酒店申请涉外饭店资格。

是年　苏州市工商联向市人大、市政协推荐38名代表和委员候选人，为50名非公有制经济骨干建立台账。

是年　苏州市工商联嘉余坊分会副会长、同济酒楼总经理陈素兴资助金阊区培智学校成立同济儿童匡智中心，与培智学校签订长期合作协议，向苏州医学院部分贫困大学生每月资助100元生活费，直至毕业；嘉余坊分会会长、嘉余茶酒楼董事长周小雄与市福利院签订认养10名孤儿的协议；由原副会长钱小铮捐资设立的“严裕棠教育奖学基金会”调整了董事会成员。

是年　苏州市工商联组织部分干部到上海、南京、无锡、常州等市工商联调研、交流，学习他们自身建设经验，初步制定系列规章制度。

是年　苏州市工商联新增会员459家，建立同业公会3家、乡镇基层组织9家。

1998年

1月4日　中共苏州市委召开民主协商会，苏州市工商联领导及各民主党派负责人参加会议。市委书记杨晓堂就新一届人大常委会组成人员，新一届市政府正、副市长等建议名单的情况，向与会人员作介绍。

1月9日　苏州市总工会、苏州市工商联组织为部分市产业局下岗职工送温暖活动，嘉余坊分会会长、嘉余楼董事长周小雄为40名下岗特困职工赠送食品及慰问金，市工商联副会长颜久勇参加活动。

1月12日　射阳县工商联副会长陈祖亚专程来苏，送来盐城市和射阳县工商联对苏州市工商联的关切和慰问。

是日　苏州市人大十二届一次会议、市政协十届一次会议召开。会议期间，苏州市工商联副会长颜久勇当选为市人大常委，周国忠等15名会员单位代表当选为市人大代表。市工商联会长黄忆祖当选为市十届政协副主席，金铁峰副会长当选为市十届政协常委，叶元铮、黄忆祖等25名会员单位代表当选为市政协委员。市工商联调研处在会领导的指导和其他部门配合下，共形成市政协提案15份，市人大议案3份、建议案4份。

2月2日　苏州市工商联举行《中国企业发展的方法》讲座，由加拿大企业家培训中心董事会主席兼客座教授、经济及企管硕士、苏州胶囊有限公司董事兼总经理宋振钦主讲。市工商联会长黄忆祖、副会长颜久勇及部分机关人员参加讲座。

2月8日 苏州市工商联组织部分私营企业在培蒙实业有限公司召开交流座谈会。市工商联党组书记金铁峰、经济处副处长何钧发陪同参观考察。

2月11日—13日 江苏省、苏州市、无锡市商会与德国中小企业联合会在无锡举行1998年工作计划研讨会。苏州市工商联副会长颜久勇、商会培训中心负责人张水根、宣传教育处负责人杨莉萍参加会议。

2月12日、20日 苏州市工商联新成立会计事务管理处，负责人先后前往南京、南通市学习会计证管理的经验。

2月15日 苏州市财政局、地税局与苏州市工商联联合转发《关于对全省非公有制性质的生产经营单位的会计人员办理会计证进行统一管理的通知》，赋予市工商联在会计管理方面的新职能。

2月24日—3月7日 应德国中小企业联合会的邀请，苏州市工商联会长黄忆祖随全国工商联访问团赴菲律宾、泰国、越南考察商会工作。

3月23日—25日 应德国中小企业联合会的邀请，苏州市工商联副会长颜久勇赴新加坡参加研讨活动。

3月25日—27日 全省工商联经济服务工作会议在锡山市召开。苏州市工商联会长黄忆祖与经济处负责人陈镇、何钧发及吴县、吴江、昆山、太仓、张家港、常熟6市工商联主要负责人参加会议。

是月 苏州全市344家非公单位的590名会计人员在苏州市工商联登记。

4月6日 1998年中国东西部合作与投资贸易洽谈会在西安市开幕。苏州市工商联会长黄忆祖率苏州鹏云置业有限公司董事长王立占、创捷科技有限公司董事长沈晓春、嘉余茶酒楼总经理周小雄参加洽谈会。

4月10日 苏州市工商联与苏州大学成人教育学院签署联合举办成人高等教育专业证书班协议书。

4月11日—13日　江苏省政协副主席、省工商联会长李仁等来苏州市考察、调查私营企业情况。苏州市工商联会长黄忆祖与党组书记、副会长金铁峰陪同李仁会长参观昆山、常熟、张家港的私营企业。

4月14日　苏州市工商联召开银行支持非公有制经济发展调研座谈会，中国人民银行江苏分行、苏州分行及苏州市政府的有关领导与部分非公有制经济代表人士参加座谈。

4月16日　中共苏州市委、市政府举行苏州市历史上第一次个体、私营经济工作会议。苏州市工商联会长黄忆祖，党组书记、副会长金铁峰及六市（县）工商联会长出席会议。

4月20日　苏州市工商联将《苏州商报》《工作简讯》《苏州经济信息》3刊合一，改为《苏州商会》半月刊，正式出版，主要刊登党和政府的方针、政策、法律、法规，报道会务、商务活动，沟通会员情况，宣传先进典型、交流经营管理经验，传递市场、经济信息，介绍县市区工商联工作等内容，向会员免费赠阅。至10月底，出版13期。

4月20日—21日　苏州市工商联十届二次市、区工作会议在太仓市召开，苏州市及所属6市4区工商联主要负责人参加。中共苏州市委统战部有关领导应邀参加会议。

4月20日—5月20日　由苏州市工商联与苏州大学管理学院联合举办，以非公有制经济人士为主要对象的经贸管理专业成人高等教育专业证书班正式开始招生。

4月23日—24日　苏州市工商联与市技术监督局在商会培训中心联合举办私营企业法人代表培训班，共有38家企业的法人代表或授权负责人参加培训。

是月　苏州市工商联党组书记、副会长金铁峰率苏州市商会商贸考察团一行9人，应澳大利亚F.F.国际贸易开发公司邀请，访问考察澳大利亚。考察期间，市工商联与澳华国际商会签署缔结友好商会的协议书。

是月　苏州市工商联常委、会员企业创捷科技有限责任公司董事长沈晓春荣获江苏省十大杰出青年称号。

是月　苏州市工商联与市技术监督局、市工商局通过发文、培训，至此近200家私营企业、个体生产单位查找、制定标准，并到市技监局办理企业产品执行标准书。

5月15日　苏州市财政局邀请《苏州日报》社、《姑苏晚报》、苏州电视台、苏州有线电视台、苏州电台、苏州经济广播电台6家新闻单位记者，召开以会计管理为主要内容的新闻座谈会。市工商联副会长颜久勇与会计事务管理处庄忠烈参加会议。

是日　江苏省工商联调研处来苏州市工商联举办调查员培训班，市工商联调研处干部和各市、区有关人员参加培训。

5月25日　苏州市工商联召开非公有制企业会计人员首次颁证大会，56名会计人员领到新会计证。

5月27日　广州市工商联调研工作委员会一行7人来苏州市工商联开展调研活动。

5月27日—29日　中共苏州市委统战部与苏州市工商联在市委党校举办全市首期非公有制经济代表人士培训班，共有43名人士参加学习。

6月2日　江苏省女企业家联谊会在南京成立。苏州市女企业家曹盘珍、徐琴梅、陆锦、李莉、倪玮参加会议，杨淑珍、曹盘珍当选为理事。

是日　山东省工商联副会长兼秘书长王晓伟率代表团一行16人来苏州市工商联交流会务工作情况。

6月12日—13日　苏州市工商联组织11家企业，参加在国际经贸大厦举行的苏州市外商投资企业产品配套协作洽谈会。

6月16日　苏州市工商联举办外贸外资专题讲座，部分私营企业和民营科技企业会员参加听课。

是月下旬　苏州市工商联暨商会出资50万元，16户私营企业会员认缴资金282万元，提交苏州商会担保基金。

是月下旬　苏州市工商联商贸考察团赴新加坡、马来西亚、泰国和中国香港、中国澳门考察访问。

6月28日　澳大利亚澳华国际商会会长张力、副会长韩勤龙、理事戴明一行来苏访问，苏州市工商联会长黄忆祖与副会长金铁峰、颜久勇、童小平和澳大利亚客人举行会谈。

7月1日　苏州市各民主党派、工商联联合举行以庆祝中国共产党成立77周年和香港回归1周年为主题的座谈会，市工商联副会长颜久勇、张友信，顾问葛晋德、沈鹤寿出席。

7月10日　全国工商联与江苏省工商联在江苏省部分市、县工商联进行教育培训工作调研。全国工商联培训中心主任黄西成、王凌燕和江苏省工商联宣教处处长洪春福来苏州市工商联调研。

7月13日—17日　苏州市政协组织浙江考察团，市工商联调研处及部分私营企业委员参加考察活动。

7月20日　苏州市工商联培训中心在市财政局支持下举办的首期会计电算化初级培训班正式开课，共有52人参加培训，37人经考试合格后获得证书。

7月21日　苏州市工商联商会培训中心按照《江苏省会计证管理办法实施细则》的要求，举办的首期非公有制企业会计人员预备会计证考前培训班开课，共有56名会计参加培训。

7月25日　由《江苏经济报》和江苏省工商局主办的苏南私营企业经济发展研讨会在无锡举行。苏州市工商联党组书记、副会长金铁峰应邀参加会议，市工商联5家会员企业进行书面交流。

7月28日　苏州市工商联与东凌纯净水有限公司慰问高温酷暑岗位上的交警、巡警，市工商联会长黄忆祖、党组书记金铁峰与东凌公司董事长凌阿九参加活动。

是月　苏州商会担保基金成立，初始基金由市财政局、市商会共同承担，部分会员企业筹集，商业银行提供融资、担保额度。

8月3日—4日 中共江苏省委统战部、省工商联在南京召开非公有制经济人士参与再就业工作会议，苏州市工商联会长黄忆祖、党组书记金铁峰参加。

8月7日 苏州市市长陈德铭邀请个体、私营企业主进行座谈。市工商联副会长颜久勇与会员沈晓春、周国忠、邵荣林、陈素兴参加座谈。

8月10日 苏州市政协召开市区部分个体、私营企业主座谈会，市工商联会长黄忆祖和部分会员私营业主参加座谈。

8月12日 中共苏州市委统战部、苏州市工商联举行非公有制经济人士参与再就业工作暨光彩事业促进会成立大会。市委统战部、各民主党派、工商联与各市（县）区统战部、工商联负责人，非公有制经济人士、下岗职工代表近150人参加。市委统战部部长盛家振当选为首任主任。37位非公有制经济人士向下岗职工中的400户特困家庭捐款 12万元。苏州市光彩事业促进会的宗旨是：以非公有制经济代表人士参与为主体，按照自觉自愿、互惠互利、因地制宜原则，通过民间渠道，广泛动员和组织全市非公有制企业及海外、港澳台地区工商社团、企业和人士投身到以民间扶贫为主体的光彩事业中去。

苏州市光彩事业促进会一届一次理事会会场

8月14日 苏州市政协副主席、市工商联会长黄忆祖将市工商联机关干部的2500元抗洪救灾捐款送往市民政局。

是月 由苏州市妇联牵线，苏州市工商联与金阊区下岗职工闵永英结成帮困对子，机关干部共捐款1170元，用于资助其子女完成学业。

9月8日 苏州市工商联组织市区部分餐饮业主赴南京考察。市工商联会长黄忆祖、副会长颜久勇带队参加考察活动。

9月20日　全国工商联副主席严克强、副秘书长谢秋涵、经济部副部长荆中一行在江苏省工商联会长李仁、副秘书长韩慈昌陪同下，来苏州市考察民营科技企业。

9月23日　常州市工商联秘书长赵幼章、经济处处长姚同德率领常州餐饮业私营业主代表一行10人来苏州市工商联考察、交流。

是月　苏州市工商联会长黄忆祖参加江苏省工商联组织的赴南方学习考察活动。

10月15日　苏州市工商联举办非公有制经济财务会计税务管理培训，共有30名会员企业负责人和财务人员参加。

10月18日　甘肃省工商联执委以上非公有制经济人士30余人，在中共江苏省委统战部副部长郭荣华、省工商联副会长朱果炎率领下，在苏州举行为期一周的培训。

10月20日　上海市工商联副会长李念政、秘书长陈平田率上海市、区工商联有关人员来苏州市工商联考察、交流。

10月23日　苏州市工商联组织私营企业会员赴昆山参观，40多名私营企业家参加活动。

10月27日　由苏州市工商联组织的私营企业家代表团赴法国考察。代表团以昆山市工商联会长顾进明、吴江市工商联会长汝仰高为正、副团长，成员有20余名私营企业家。

10月28日—29日　江苏省工商联刊物宣传发行工作会议在苏州举行，苏州市工商联被评为1998年度《江苏工商》宣传工作先进单位。

至是月　苏州新区、工业园区分别出资700万元、500万元，作为商会基金。各商业银行向私营企业提供996万元贷款额度和150万元担保基金额度。苏州市工商联经与市财政局、市税务局沟通后，由两局联合发文，对非公有制经济财会人员进行规范管理，市区420户728名非公有制经济会计人员登记后，经市财政局同意，向其中83人核发新会计证、3人首发预备会计证。

11月3日—4日 苏锡常工商联联谊会在常州市工会大厦举行。苏州市工商联会长黄忆祖、党组书记金铁峰、副会长颜久勇及部分顾问参加活动。

11月17日—18日 江苏省劳动厅厅长刘瑞田、江苏省工商联调研处处长曹明祥率个体私营企业参加劳动保障情况联合调研组来苏州市调研。

11月20日 苏州市工商联举行纪念中共十一届三中全会召开20周年暨学习贯彻十五届三中全会通过的《中共中央关于农业和农村工作若干重大问题的决定》座谈会。

12月15日 德国政府经济合作与发展部私营企业发展局局长奥特，德国中小企业联合会区域协调员海格威斯、中国地区项目执行员高露丝来苏考察。苏州市副市长包国新会见德国客人，市工商联会长黄忆祖和副会长金铁峰、颜久勇与客人进行会谈，并陪同考察。

12月16日 苏州市工商联与市人事局、市工商局在市人才市场联合举办第二届非公有制企业人才招聘洽谈会，共有44家企业进场，招聘272个岗位。在1000多名应聘者中，有410名与用人单位达成意向。

12月26日 中共中央统战部部长王兆国在纪念中华全国工商业联合会成立45周年座谈会上，充分肯定工商联在各个历史时期所做的大量工作及所取得的成绩，希望各级工商联坚持统战性、经济性、民间性特点，把更多非公有制经济人士吸引到组织中来，围绕党和国家工作的大局献计出力，努力为非公有制经济健康发展创造条件。

是年 苏州市工商联根据荣林食品公司在技术改造中所遇到的税收问题，向有关部门提交《积极鼓励私营企业二次创业，为苏州市再就业工程服务》调研报告，私营企业的投资方向税、录用下岗工人优惠政策等据此得到调整；根据市餐饮业协会嘉余坊分会反映的个体、私营企业职工社会养老保险问题，写出《关于苏州市个体、私营企业实施养老保险制度的情况反映》调研报告，引起各方面关注；《苏州商会》连载《浅谈私营企业员工的工资福利（经济）待遇》一文，江苏省工商联《江苏工商》予以转载；调研报告《日趋完善的私营企业劳动用工制度——对市区33家私营企业劳动用工情况的调查》，引起省工商联、劳动厅重视，刘瑞田厅长专程来苏州市工商联召开个体、私营经济代表人士座谈会，听取意见，供制定全市统一的社会保障制度时参考。在民建苏州市委、农工党苏州市委帮助下，苏州市工商联对观前夜市进行明察暗访，写出《繁荣夜市，促进个体经济健康发展》调查报告，供有关方面参考。市工商联和市政协经济科技委员会联合写出《创造良好环境，促进个体经济健康发展》调查报告，提出7条建议，供有关方面参考；《关于苏州市个体、私营经济发展情况的调查及建议》调查报告获中共苏州市委、市政府主要领导人批示，要求有关方面“借鉴兄弟地区的经验，解决好存在的问题，对个体、私营等非公有制经济继续鼓励、引导，使之健康发展”；建议市人民银行和各商业银行“在贷款工作中真正探索一套支持民营经济发展的路子和方法”。针对社会热点，写出《发展经济，转变观念，切实解决好下岗职工再就业》调查报告，供有关方面参考。撰写《做好调查研究，服务私企会员》等调查报告，向省非公有制经济领域统战工作理论研讨会提交论文；在各级人大、政协会议上提交16项提案、7项建议案，向中共苏州市委、市政府送交调查报告10份。

是年　苏州市工商联借鉴南京、南通等地经验，制定《商会基金章程》《商会基金管理办法》及商会基金担保贷款管理办法等；市商会担保基金达1532万元。

是年　苏州市工商联与有关部门配合，下岗再就业人员占市非公有制经济会员企业职工总数的43%。

是年　苏州市工商联非公有制经济会员捐资、捐物或举行赈灾义卖，参与或支援抗洪行动，捐资捐物折合354.3万元，餐饮业嘉余坊分会会长周小雄获

苏州市工商联会员企业赈灾义卖现场

全国工商联颁发“人民不会忘记你”奖牌。市工商联所属7个会员单位、个人获江苏省工商联表彰。

是年　苏州市各级人大、政协相继换届，各民主党派、工商联成员担任各级人大代表、政协委员共749名，其中全国人大代表和政协委员4人，省人大代表和政协委员42人，市人大代表和政协委员260人，县（市）区人大代表和政协委员443人；有112名民主党派、工商联成员担任市特约党风联络员、监察员、审计员、教育督导员和各类监督员，其中省级1人、市级40人、县（市）区级71人。

是年　苏州市工商联共有会员3403家，其中企业会员2117家、团体会员67家、个人会员1219个。其中私营企业会员79户，占市区私企总数的2.86%；大市范围内共有私企会员1138户，占私企总数的6.84%。

1999年

1月8日　苏州市工商联与各民主党派联合召开为“两个文明”建设服务经验交流暨表彰大会，中共苏州市委副书记冯瑞渡等及各民主党派、工商联负责人参加。会上表彰市工商联先进集体6名和先进个人48名。

是月中旬　苏州市工商联领导走访、慰问一批特困老会员和老领导，并对部分生活困难的老会员、遗孀、历届老常（执）委、老会员骨干等发放慰问金。

1月18日—19日　德国中小企业联合会与江苏省、无锡市、苏州市工商联1999年工作计划研讨会在苏州举行。德国中小企业联合会中国地区项目执行员高露丝小姐、江苏省工商联副会长叶铭伍、无锡市工商联副会长冯秋声、苏州市工商联副会长颜久勇以及3个商会分管对外联络、培训、信息工作的负责人参加研讨会。

1月22日　苏州市工商联邀请市财政局会计管理处、市地税局征管处负责人，召开加强1999年非公企业会计人员统一管理的专题会议。

1月25日—30日　苏州市人大十二届二次会议和市政协十二届二次会议召开。苏州市工商联递交《关于建立“苏州市指导个体私营经济发展联席会议”的提案》《关于成立中小企业贷款担保公司的提案》等13个提案和5个建议案，并得到有关部门的答复。

是月　两会期间，吴县市工商联提交18个提案，太仓市工商联、张家港市工商联各提交12个提案，吴江市工商联、昆山市工商联、常熟市工商联各提交10个提案。各级工商联领导人还在两会上作大会发言，就发展个体私营经济建言献策，其中苏州市工商联会长黄忆祖《关于促进苏州市个体私营经济健康发展的几点建议》、张家港市工商联会长蔡玉俊《关于张家港市个私经济现状、问题与对策》、吴县市工商联会长吴谦善《关于解放思想，转变观念，开创个私经济健康发展新局面》等发言，均引起强烈反响。

2月17日 苏州市工商联（餐饮业）嘉余坊分会开展“光彩事业献爱心，帮困助学为明天”活动，市工商联会长黄忆祖、副会长颜久勇参加。

3月1日 中共苏州市委、市政府表彰先进企业优秀厂长，私营企业首次榜上有名，苏州市工商联企业会员创捷科技、浒关箱板厂荣获先进企业称号，5名私企业主荣获优秀厂长称号。

3月6日 苏州市工商联与市贸易局、苏州大学联合举办的苏大经贸管理大专专业证书班在市贸易局举行开学典礼。

3月23日 苏州市工商联在《苏州政协》编辑部召开的编辑暨表彰会议上被评为组稿先进单位。

3月26日 德国中小企业联合会和苏州市工商联在苏州市会议中心举办医疗、退休养老社会保险研讨会，由市工商联副会长颜久勇主持。

是月 苏州市工商联按照中共江苏省委、省工商联关于加强东西部协作、支援贫困地区建设的要求，组织昆山三牛实业集团等部分企业会员赴陕北榆林地区清涧县、定远县等考察。

4月14日 苏州市政协原副主席、市工商联名誉会长叶元铮在上海病逝，终年73岁。20 日在上海市龙华殡仪馆举行遗体告别仪式，21日在苏州市殡仪馆举行悼念仪式。

4月16日 苏州市工商联与德国中小企业联合会联合举办个体工商户、私营企业社会保险研讨班。

4月19日 苏州市人大组织市、区常委对市个体私营经济发展情况进行视察，市工商联会长黄忆祖参加视察。

4月23日 苏州市各民主党派、工商联联合举行纪念苏州解放五十周年座谈会。

4月24日—25日 苏州市工商联举办非公企业会计人员“现金流量表”培训班，共有111名会计人员报名参加学习。

4月28日 苏州市工商联与中国银行苏州分行召开银企座谈会。苏州分行副行长胡小平、市工商联副会长颜久勇参加座谈。

4月29日 德国大使参赞安伟刚先生和夫人来访苏州市工商联，考察德国中小企业联合会与市工商联的合作项目情况。

是月 苏州市工商联会员昆山三牛实业集团公司捐建陕西榆林地区清涧县高柳树村三牛光彩小学的项目协议书正式在西安签订。三牛实业集团出资15万元，建筑面积540平方米的三牛光彩小学于8月竣工。

高柳树村昆山三牛光彩小学落成典礼

5月4日 在纪念五四运动80周年大会上，苏州市工商联会员陈新华、刘国忠、韩伟民、周翌伟被评为市优秀青年。

6月2日—4日 苏州市工商联组织部分私营业主赴浙江参观学习，先后拜访宁波市、绍兴市工商联和部分私营企业。

是月初 中共苏州市委副书记冯瑞渡在听取苏州市工商联领导工作汇报后，对苏州市光彩事业工作作指示。

6月16日—17日 苏州市工商联与德国中小企业联合会在市工商联培训中心联合举办信息培训班，来自市（县）、区工商联的有关人员20余人参加培训。

是年上半年 苏州市工商联组织黄金珠宝业商会部分企业赴香港、澳门地区及泰国考察，与当地同行交流、切磋技艺和经营之道。

7月6日　苏州市工商联向全体干部职工传达中共苏州市委、市政府抗洪救灾工作的紧急通知和部署，并成立以市工商联党员干部为主体的抗洪救灾对口支援工作组。7日，支援组开始分批奔赴平江区娄门街道值班。

7月9日　苏州市工商联党组书记金铁峰和经济处有关负责人前往水灾严重的私企会员单位苏州日月幕墙有限公司了解灾情。

7月11日—14日　苏州市工商联副会长金铁峰等一行3人，参加全国工商联在广西壮族自治区防城港市举办的推动民营企业积极开展对越贸易与经济合作研讨会。

8月4日　苏州市工商联与德国中小企业联合会合作项目在三元宾馆举办国际金融及合同法仲裁培训班，70余人参加培训。

8月17日　苏州市工商联与德国中小企业联合会合作项目在三元宾馆举办如何在欧盟成员国德国推销商品研讨会。市工商联20余家私企和三资企业会员派员参加研讨。

8月19日　中共苏州市委召开市级领导班子“三讲”教育动员大会，苏州市工商联会长黄忆祖，副会长金铁峰、颜久勇、金鱼林、张友信出席。

9月18日—20日　苏州市工商联及吴江市、太仓市、张家港市、昆山市工商联组织部分私营企业赴安徽广德参加99苏浙沪皖私营经济投资合作洽谈会。

10月8日—10日　苏州市工商联会长黄忆祖与副会长颜久勇、张友信分率私营业主、民营科技业主和科技人员，参观99中国·江苏名品精品新品交易会。

10日—12日　苏锡常通工商联工作联谊会在南通举行。苏州市工商联会长黄忆祖，党组书记、副会长金铁峰，副会长颜久勇及顾问葛晋德、沈鹤寿、毕炳林出席会议。

10月26日　苏州市政府召开对口联系工作会议。苏州市工商联会长黄忆祖与副会长金铁峰、颜久勇出席会议。市工商联对口联系单位为：市经委、市工商局、市地税局、市劳动局。

10月27日　以全国政协委员、香港厂主联合会会长黄鉴博士为团长的香港厂主联合会考察团一行13人来苏州市工商联访问，市工商联会长黄忆祖、副会长颜久勇与来宾会谈。

是月　苏州市工商联组织机关工作人员学习中共十五届四中全会公报和《中共中央关于国有企业改革和发展若干重大问题的决定》，会长黄忆祖就进一步学习作部署。

11月3日　苏州市工商联在江苏省"爱心献功臣行动"表彰大会上荣获先进单位称号。

11月5日　苏州市工商联与德国中小企业联合会联合举办营销管理策略培训班，来自本市20余家企业的35名营销管理人员参加培训。

11月10日　苏州市工商联与市建委联合召开观前改造个私业主座谈会，市工商联副会长颜久勇和市建委、市规划局领导参加座谈。

11月25日　苏州市工商联举行私营企业会员学习中共十五届四中全会《中共中央关于国有企业改革和发展若干重大问题的决定》座谈会。十多位私营业主代表谈学习体会，市工商联会长黄忆祖，副会长金铁峰、颜久勇及市经委的有关负责人参加会议。

12月15日　江苏省工商联七届三次执委会议召开，增补苏州市沈扣宝为常委，顾元悦、高祖兴、须建明、曾南为执委。

是日　苏州市工商联与市劳动局在市职工技术培训中心共同举办非公有制企业安全生产知识培训班，25家非公有制企业人员参加培训。

12月18日　由苏州市工商联与市人事局、工商局联合举办的第三届非公有制企业人才招聘洽谈会在市人才交流中心举行，57家非公有制企业进场设摊招聘600多个岗位。

12月28日　苏州市工商联举办电子商务研讨会，20余名企业负责人参加研讨。

是年 苏州市工商联会员企业培蒙实业有限公司在三峡库区筹建希望小学（开始时也称“光彩小学”）。

是年 苏州市工商联先后撰写《解决个私经济融资难路在何方》《解放思想，大力推进民营企业科技创新》《市场经济下管理非公经济的一种新形式》等调查报告。根据市经委要求，与《苏州日报》联合开展旅游品调查，与有关市（县）工商联对乡镇分会、同业分会进行联合调查等。吴县市工商联撰写调查报告5份，吴江市工商联撰写2份，昆山市工商联撰写8份，太仓市工商联撰写5份，常熟市工商联撰写2份，张家港市工商联撰写4份。

是年 苏州市工商联共发展私营企业会员294户，占市区私企总数的13.49%。大市范围内共发展私企会员1120户，占私企总数的13.58%，其中吴江市发展97户，占8.09%；昆山市发展157户，占11.86%；太仓市发展174户，占25.14%；常熟市发展204户，占20%；张家港市发展109户，占19.06%。

是年 在苏州市和各县（市）工商联的帮助下，私营企业昆山三牛实业集团、苏州工业园区协亭纺织有限公司、常熟凯达印染有限公司和紫荆花纺织印染有限公司、吴江市两家私营企业均获得自营进出口权；按省计经委和工商联要求，三牛实业集团、紫荆花纺织印染有限公司、吴江化纤织造有限公司、兰博集团经苏州市工商联申报，被纳入省技术改造计划；创捷科技有限责任公司、浒关箱板厂荣获市1998年度先进企业称号，王玉南、邵荣林获优秀厂长荣誉称号。

是年 苏州市工商联走访中国银行、中国农业银行、中国工商银行、中国建设银行4家银行的苏州分行，探讨为发展个体、私营经济融资问题，争取财政拨款50万元，作为担保基金；修订《商会基金担保贷款章程》，以保障基金正常运行；为7家（次）企业提供139万元担保贷款，回收10家企业203万元担保贷款；组织银企合作研讨会。吴县市工商联为康年医疗器械厂筹资100余万元；吴江市工商联联系苏州市11家银行信贷科负责人与私企负责人座谈，协助解决私企发展的融资难问题；太仓市工商联组织银企座谈会，与中国农业银行太仓市支行签订业务合作协议书；张家港市工商联为私企融资300万元，并与市农村信用联社组织银企合作座谈会。

是年 来苏州市工商联登记的非公有制企业会计人员从上年度的435户增加到581户，85人报考预备会计证，向44名通过考试者发放预备会计证；组织44人参加会计电算化考试，向24名通过考试者发放初级证书；组织153名会计人员参加2000年会计专业技术职称考试，向33名通过考试者发放合格证。

是年 苏州市工商联召开非公有制企业会计管理工作会议，正式启动非公有制企业会计管理工作，市内有74户企业的财会负责人参加会议。受理45家单位参加会计基础工作规范的考核，将32家合格单位的材料报市财政局审批。市工商联还召开市（县）区工商联非公有制企业会计管理工作会议。

是年 苏州市工商联和市技术监督局联合下发《关于转发“1999年全省非公有制企业技术监督工作要点”的通知》，苏州市工商联单独下发《关于督促有关私营企业对不合格产品整改的通知》。常熟市和吴江市工商联也分别与两市技术监督局联合发文，加强对非公有制企业的技术监督工作。市工商联和各市（县）区工商联还多次在技术监督部门的支持下，举办培训班，增强个体、私营企业产品质量标准化意识。

是年 苏州市工商联培训中心除常设计算机初、中级培训班外，还举办集体企业会计准则、会计电算化、现金流量表培训班及经贸大专专业证书班等；市工商联与德国中小企业联合会联合举办医疗、退休养老和社会保险实施细则、银企合作、个体企业社会保险、商会信息、怎样和德国人做生意等研讨班，帮助会员企业了解和掌握有关社会保险的知识、法律、法规和业务知识，沟通会员和社保局、金融机构的联系。

是年 苏州市工商联完善与江苏省工商联的信息网络联系，及时接收和整理有关信息，在《苏州商会》上发布，供会员参考；全年共出版15期，增设两会、光彩事业、社保等专版，刊登省、市有关鼓励和支持个体、私营经济发展的政策法规、领导讲话等；市工商联报送的16篇材料在省、市报刊上发表，被《苏州政协》评为组稿先进单位。

是年　苏州各县（市）工商联为会员企业提供特色服务，如张家港市工商联提供维权、营销、法律咨询服务，吴江市工商联提供政策、认证及办证服务，太仓市工商联提供法律咨询、保险业务、重点和定点服务，吴县市工商联提供再就业服务，昆山市工商联提供法律咨询服务。

是年　经苏州市工商联沟通、争取，中共苏州市委、市政府拨出10万元专款，帮助老会员解决困难。

是年　苏州市工商联与市劳动局联合转发全国工商联与国家劳动和社会保障部联合下发的《关于充分发挥非公有制经济的作用，促进国有企业下岗职工再就业工作的通知》，要求各市（县）、区工商联与劳动局组织、引导非公有制经济人士参与再就业工作。市工商联机关与贫困学生杨斌结成帮扶对子；市光彩事业促进会为再就业工程、抗洪救灾、扶贫帮困、兴教助学和社会公益事业捐款捐物价值1916.56万元。

是年　苏州市工商联接待新加坡中华总商会、香港厂主联合会等工商社团和人士，以及德国驻华使馆参赞，增进其对苏州的了解；市工商联领导与常熟市工商联负责人参加海内外华人友好商会活动；与香港贸易发展局上海办事处、美国未来趋势集团苏州办事处建立联系，为会员拓展服务空间。

是年　苏州市工商联领导先后赴温州、宁波考察交流，邀请当地企业家来苏州投资；市工商联邀请部分外省市私营企业家参加苏州丝绸旅游节，获市计委、协作办肯定。

是年　苏州市工商联有会员4760家，其中企业会员4050家（新发展私营企业会员1120户）、个体工商户684家、同业公会26家，乡镇基层组织56家。

2000年

1月6日—7日 苏州市工商联十届五次市、区工作会议在吴县市举行。会上传达江苏省工商联七届三次执委会议精神，回顾交流1999年市、区工商联工作，提出2000年工作思路。

是月 苏州市工商联会员企业东方电池有限公司、新协力机电有限公司荣获1999年度苏州市先进工业企业称号；苏州捷嘉电子有限公司总经理林农、苏州工业园区富事达塑业有限公司总经理包建成、苏州电器一厂厂长郑松献、苏州创捷科技有限责任公司总经理沈晓春、吴江龙盛纺织有限公司董事长盛友泉荣获1999年度苏州市优秀厂长（经理）称号；昆山三牛实业集团有限公司荣获1999年度外贸出口先进企业称号；苏州迅达电梯有限公司、苏州胶囊有限公司荣获1999年度外商投资企业纳税大户称号；苏州蓝天美洁服务公司经理陈华被评为苏州市第八届社会主义精神文明建设十佳新人新事。

是月 江苏省工商联表彰工商联系统先进集体、先进个人。苏州市工商联获优秀奖；昆山市工商联、苏州市黄金珠宝业商会、吴江市横扇羊毛衫同业公会获评先进集体；吴江市工商联会长汝仰高、苏州市工商联调研处副处长马克勤、吴县市工商联刘敦伟获评先进个人。

2月底—3月初 苏州市人大十二届三次会议、市政协十届三次会议召开，苏州市工商联向两会提交集体提案10件、个人提案14件，建议案3件。市工商联党组书记、副会长金铁峰在市政协会议上作《个体私营经济参与国企改革和发展的几点思考》专题发言，对个体、私营业主的思想认识、自身实力、投资方向和国家的法律政策进行剖析，认为个体、私营经济参与国企改革是时代的必然选择，提出应创造有利于改革发展的大环境、制定必要的准入政策、加强改革过程中的跟踪服务等意见，供中共苏州市委、市政府决策时参考。

3月3日 苏州市光彩事业促进会、苏州市关心下一代工作委员会联合举行助学捐赠仪式，17名非公有制经济代表人士向市区219名品学兼优的特困中小学生捐款5.5万元。

3月23日 苏州市工商联会员单位苏州市光彩事业促进会副会长王立占、周小雄向驻苏消防队员捐款6000元。

3月26日 苏州市首家异地商会昆山市温州商会在昆山成立，苏州市工商联副会长颜久勇出席成立大会并讲话。

3月29日 苏州市工商联与市经委联合举办民营企业参与国企改革座谈会，近30名民企负责人与11家市属工业控股公司和集团的负责人进行对话。市工商联副会长颜久勇出席会议。

3月31日—4月2日 苏州市工商联和德国中小企业联合会联合举办企业管理模拟实况演练培训班，共有18名学员参加培训。

4月18日 苏州市工商联会员企业苏州培蒙实业有限公司出资15万元兴建的培蒙希望小学，在湖北省秭归县城夔龙山庄举行签字仪式。苏州市政协副主席、市工商联会长黄忆祖等参加签字仪式。

4月20日—21日 苏州市工商联在吴江市召开70多家商会基层组织现场交流会，来自各级工商联、商会、分会、公会和协会的百余名代表参加。江苏省工商联副会长叶铭伍出席会议并发表讲话。市工商联会长黄忆祖与副会长金铁峰、颜久勇出席会议。经过讨论，会议形成以下共识：争取当地党委和政府的重视和支持，是加强基层组织建设的关键；坚持“服务立会”“活动兴会”，充分发挥桥梁、纽带、助手作用，是基层组织的立会之本；健全并坚持必要的工作会务制度，靠制度来规范行为，是基层组织建设的重要保证；努力培养造就一支能够发挥带头作用的领导和骨干队伍，是加强基层组织建设的基础。

5月9日　全国工商联信息中心和IBM（中国）有限公司等联合发起的2000年现代企业电子商务应用研讨会在苏州市会议中心召开，苏州市工商联副会长颜久勇出席研讨会。

5月11日　在南京市召开的全省非公有制企业质量技术监督工作会议上，苏州市工商联10家会员企业受到表彰。

5月19日　苏州市工商联与市经委联合举行企业发展和技术创新政策情况介绍会，市工商联副会长颜久勇和部分会员参加会议。

5月31日—6月14日　苏州市黄金珠宝业商会一行14人赴欧洲，参加意大利维琴察黄金珠宝首饰博览会，并对欧洲市场进行商务考察。

6月6日—7日　苏州市工商联会长黄忆祖参加江苏省工商联在南通市召开的工商联基层组织工作经验交流会。

6月9日　中共苏州市委统战部与苏州市工商联联合举行非公有制经济代表人士“致富思源，富而思进”座谈会，38名非公有制经济代表人士参加。座谈会由苏州市政协副主席、市工商联会长黄忆祖主持，市政协副主席、市委统战部部长盛家振讲话。

6月21日　徐州市工商联副会长孙越仁一行14人来苏州市工商联交流考察。

6月24日—25日　苏州市工商联十届六次市、区工作会议在张家港市举行。苏州市工商联会长黄忆祖、党组书记金铁峰、副会长颜久勇，各市、区统战部分管部长，工商联会长、党组书记参加会议。

7月4日　苏州市工商联与市财政局、市地税局联合举办的非公有制企业单位负责人《会计法》专题培训班，在沧浪宾馆正式开班，共有148名非公有制企业负责人参加培训。

7月5日　苏州市总商会与市贸易局、苏州大学联办的苏州大学经济管理大专专业证书班，举行结业典礼。

7月17日—19日 江苏省政协副主席、省工商联会长李仁和省政策研究室、省工商局的领导，考察调研吴江市个私经济发展情况。苏州市工商联会长黄忆祖、党组书记金铁峰参加调研。

8月8日 苏州市工商联会长黄忆祖率经济处、宣教处部分工作人员赴上海参观学习，了解非公有制经济融资担保问题等有关情况。

8月16日 苏州市工商联副会长颜久勇率经济处、调研处工作人员赴南京市工商联走访，进一步了解非公有制经济融资担保问题等有关情况。

8月17日 苏州市工商联在“老年之家”召开老会员工作委员会全体人员会议，会长黄忆祖主持会议，党组书记金铁峰、副会长颜久勇讲话。

8月28日 苏州市工商联会员企业昆山三牛实业集团捐建的昆山三牛希望小学在陕西省清涧县李家塔镇建成并投入使用。当地村民为三牛实业集团树立“功德碑”。

8月28日—29日 全国工商联副主席王以铭及经济部综合处处长侯志锐等一行3人，调研苏州留学人员创业园及民营企业发展情况，苏州市工商联党组书记金铁峰陪同考察苏州留学人员创业园、昆山留学人员创业园及部分民营科技企业。

9月6日 苏州市工商联会长黄忆祖、党组书记金铁峰率有关处室工作人员赴杭州市工商联学习交流。

9月13日 苏州市工商联、各区工商联会长、党组书记工作会议在新嘉余楼酒店召开。苏州市政协副主席、市工商联会长黄忆祖，党组书记金铁峰，副会长颜久勇，各市、区工商联会长和党组书记参加会议。

9月15日 在苏州市统战理论研究会三届一次理事会上，苏州市工商联党组书记金铁峰当选为理事会副会长，市工商联会长黄忆祖与顾问葛晋德、毕炳林被聘为理事会顾问。

9月22日 全国工商联在南京举行全国知名民营企业高新技术经贸洽谈会，苏州市工商联会长黄忆祖与3名会员企业代表出席会议。

9月27日　苏州市工商联和中信实业银行苏州分行在该分行共同举办银企联谊会，市工商联会长黄忆祖出席会议并讲话。

9月29日　苏州市工商联与沧浪区工商联7家分会和12家私营企业组成的19个歌咏队，在区少年宫举行“思源情”歌会，这是第六届中国艺术节的节目之一，歌颂党和祖国，歌颂改革开放的好政策。

是月　苏州工业园区松月服饰有限公司、苏州市汉达工业自动化有限公司、苏州市西门纺织服饰有限责任公司、苏州金石泰科技实业有限公司、金阊区高氏莲青百货商店加入苏州市工商联。

10月11日　江苏省工商联、省劳动和社会保障厅在南京对江苏省1999—2000年度优秀美容院进行表彰。苏州市工商联7家会员单位受到表彰。

10月16日　赣州市总商会一行7人来苏州市工商联（商会）交流工作，苏州市工商联党组书记金铁峰接待，双方签订缔结友好商会的协议书。

10月23日—24日　苏州市工商联举办消费者权益保护法、仲裁法培训讲座，共有40名个私企业会员参加培训。

10月25日　全国政协副主席、全国工商联名誉副主席孙孚凌来苏州市考察。中共江苏省委副书记、苏州市委书记梁保华，市政协主席范育民、副主席吴砚池，市政协副主席、市工商联会长黄忆祖拜会孙孚凌。

10月25日—26日　苏锡常通工商联工作联谊会在苏州召开。江苏省工商联和苏州、无锡、常州、南通、镇江、南京市工商联现职领导和部分老领导参加会议。

11月16日　江苏省工商联餐饮业商会在南京召开成立大会，苏州市工商联嘉余坊餐饮业分会会长周小雄当选为副会长。

11月19日　江苏省工商联五金业商会在南京召开成立大会，苏州市工商联会员宋达华当选为副会长。

11月25日—12月7日　苏州市政协副主席、市工商联会长黄忆祖参加由德国中小企业联合会资助的全国工商联访德代表团，考察访问德国、荷兰。

是月　苏州市工商联根据中共苏州市纪委、市监察委员会布置，组织机关干部收看《湛江特大走私、腐败案》和《胡长清腐败案》录像片，开展警示教育。

12月18日—19日　苏州市工商联十届七次市、区工作会议在昆山市举行。苏州市政协副主席、市工商联会长黄忆祖，中共苏州市委统战部副部长、市工商联党组书记金铁峰，市工商联副会长颜久勇及6市4区工商联负责人参加会议。

12月23日　苏州市工商联与市人事局、市工商局在市人才市场共同举办苏州市第四届非公有制企业人才招聘洽谈会。

是年　苏州市工商联领导在市政协常委会上作《苏州商业如何面对转型期的消费市场变化》专题发言。市工商联在完成江苏省工商联布置的全国第四次私营企业调查、江苏省工商联和省外经委布置的外向型私营企业调查及省工商联布置的非公企业参与西部开发的调研工作的基础上，撰写《解决个私经济融资难的思考》等6篇调查报告和论文，《关于苏州观前改造的情况调查》获中共苏州市委、市政府主要领导人的批示。市工商联报送的调研报告，获省工商联一、二等奖各1篇，三等奖3篇，优秀奖2篇，名列省辖市第一名；吴江市、昆山市工商联分别报送的调查报告《分析现状　把握特点　做好非公有制经济代表人士工作》《台商企业在江苏昆山的发展情况》分获二、三等奖，占全省县级市三等奖以上获奖总数的2/3。在双月座谈会及各种情况通报会上，市工商联在做好充分准备的基础上，及时反映非公经济的情况和诉求；选派能力强、有责任心的人员担任行业监督员、行风评议员，履行民主监督职能。

是年　苏州市工商联将培养一支高素质的非公有制经济代表人士队伍作为组织建设的核心任务，将一批政治素质好、具有一定经济实力、热心工商联工作、乐于社会公益事业的非公有制经济人士吸收为会员，对重点对象进行培养；建立健全非公有制经济代表人士数据库；加强与女企业家、企业家家属的联系，召开女企业家及常委、执委家属座谈会。

是年　苏州市工商联会员企业培蒙实业有限公司董事长沈扣宝，成为市区私营企业家中获评苏州市劳动模范的第一人；苏州市工商联会员南开大酒店总经理陈素兴向扑灭苏州化工农药集团大火的消防队员捐款6000元；中共苏州市委下发《关于开展捐献衣被的通知》后，苏州市工商联24名机关干部共捐出237件衣被，寄往陕西省汉中灾区。

是年　苏州市工商联参加江苏省工商联组织的赴西部地区考察活动，为张家港市嘉城国际贸易公司、江苏AB集团等赴西部投资牵线搭桥。

是年　经苏州市工商联推荐，吴江化纤织造有限公司、兰博集团、紫荆花纺织印染有限公司分别获得2000万元、1250万元和2000万元的贷款额度，用于技术改造，企业数量占全省50%、贷款额度占48.84%；市工商联先后和市经委召开企业发展和技术创新政策情况介绍会、民营企业参与国有企业改革座谈会，介绍技术改造项目管理办法、引进设备的优惠政策、高新技术项目申报和进出口相关程序，国企改革的有关政策和优惠条件、改革的主要形式，计划出让的中小企业、地块、厂房清单，私营企业参与国企改革的途径等。

是年　苏州市工商联与市科委、市科协联合举办民营科技企业论坛，共商发展大计；与市质量技术监督局协作，加强对非公有制企业产品质量的监督工作，帮助有关企业进行整改；参与省质量技术监督局、省工商联眼镜同业公会发起的“光明工程”检查活动；与市劳动局合作，解决非公有制企业劳动用工中的问题；与市人事局人才交流中心协作，定期举行人才招聘会；与中信实业银行苏州市分行合作，组织银企座谈会；与中国人寿保险公司苏州分公司合作，组织保险业与企业座谈会。

是年　经苏州市工商联争取，市财政为担保基金再注入50万元，市工商联领导先后到上海、杭州、南通、镇江、南京等地，探索完善担保基金管理办法；组织部分企业参加市政府召开的香港创业板上市公司咨询服务座谈会，为私营企业在香港创业板上市创造条件。先后组织会员企业参加兰州市招商引资洽谈会、古巴投资及项目洽谈会、中国技术创新出国展示暨交易会、东部民营企业参与西北经济结构调整项目洽谈会、首届中国民营企业交易会和“广交会”，参观国际新能源、再生能源及节能展览会与上海国际纺织器材展览会等十多个国际展览会。

是年　苏州市工商联重点开展《会计法》的宣传、学习与贯彻工作，分期分批对531名非公有制企业会计人员进行培训，为146名经理级非公经济人士举办《会计法》培训班；根据市人事局安排，在干部中开展计算机办公自动化、创新知识、WTO知识培训。

是年　苏州市工商联为25家非公企业43人次办理赴美、日、韩、德、澳、新等国和港澳地区的手续；利用与德国中小企业联合会长期合作的有利条件，举办民营企业参与国有企业改革座谈会、模拟企业管理游戏培训班、私营企业自营进出口政策所需条件研讨会、金融机制与私营企业合作研讨会，消费者权益保护法、仲裁法讲座和商会新会员培训讲座等；与《姑苏晚报》合作，开办商会专版，宣传党和政府对非公有制经济的方针政策，教育会员和非公有制经济人士，提供信息，交流工作经验。

是年　苏州市工商联会员总数达7139个，比上年增加17.9%，其中私营企业会员3476个[1]，增加39.48%，占该类企业总数的17.46%。在江苏省百强私营企业中，苏州市有14家，4家企业在省个私经济工作会议上被评为优秀私营进出口企业，6家企业被评为优秀民营科技企业；常熟市、太仓市的所有乡镇都建立商会组织。

〔1〕另有材料称，到2000年年底，苏州市工商联共有会员5992个，其中企业会员4231个、团体会员54个、个人会员1707个，另有乡镇（街道）分会71个。

2001年

1月10日 苏州市工商联十届五次执委会议举行，传达江苏省个私经济工作会议和全国统战工作会议精神；表彰市、区工商联系统先进基层商会；听取并审议工作报告。

1月19日 江苏省政协副主席、省工商联会长李仁专程慰问苏州的老会员。苏州市工商联会长黄忆祖、党组书记金铁峰、副会长颜久勇参加慰问。

2月19日—20日 全国工商联常务副主席张绪武考察吴江市私营个体经济发展情况。苏州市政协副主席、市工商联会长黄忆祖与市工商联党组书记金铁峰、市工商联副会长颜久勇陪同考察。

是月中旬 苏州市工商联领导在市政协十届四次会议上作《构筑中小企业服务体系、促进苏州经济持续快速健康发展》大会发言及《增强竞争优势，实现苏州经济可持续发展》书面发言，提交16件集体提案，向市人大十二届四次会议提交3件建议案。

3月2日 苏州市工商联举行非公有制经济代表人士揭批“法轮功”座谈会，会长黄忆祖、党组书记金铁峰参加座谈。

3月4日 中共中央总书记江泽民看望出席全国政协九届四次会议的民建、工商界委员，并参加联组会。在讲话中，江总书记肯定了非公有制经济人士为社会主义事业所作的贡献，并勉励他们把企业自身的发展与国家的发展结合起来，把个人富裕与全体人民的共同富裕结合起来，把遵循市场法则与发扬社会主义道德结合起来。

3月10日　全国工商联信息咨询部、信息中心、中华工商网、江苏省工商联和苏州市工商联共同举办企业电子商务研讨会，市工商联副会长颜久勇参加会议。

3月10日—13日　苏州市工商联推荐15家民营高科技企业，参加在北京举办的全国民营企业科技创业创新成果汇展。

3月28日　苏州市工商联领导参加市政府主持召开的私营业主座谈会。

4月3日　苏州市工商联领导参加市政府第71次常委会议，专题研究加快发展私营个体经济实施意见。

4月5日　中共苏州市委副秘书长瞿长林来苏州市工商联，听取对《关于加快发展私营个体经济的意见》的修改建议。

4月11日　嘉兴市工商联一行7人来苏州市工商联交流考察，苏州市工商联党组书记、副会长金铁峰向客人介绍情况。

4月19日　绍兴市工商联会长王玉书一行12 人来苏州市工商联进行工作交流。

4月27日—28日　苏州市加快发展私营个体经济工作会议召开，市工商联会长黄忆祖、党组书记金铁峰、副会长颜久勇参加会议。市工商联为配合会议的召开及中共苏州市委、市政府《关于加快发展苏州市私营个体经济的实施意见》的出台，组织私营个体经济代表人士讨论、协商、座谈，并结合兄弟省市经验和苏州市的实际情况，对会议的召开和文件的形成提出建设性意见。市委、市政府领导多次到市工商联机关征求意见。会后，组织私营个体经济代表性人士进行专题座谈。

5月15日　苏州市工商联会计管理处在市财政局召开的2001年度市区会计管理工作会议上，被评为先进集体。

5月30日—31日　江苏省工商联在苏州市召开非公有制经济会计管理工作会议，苏州市工商联会计管理处负责人介绍经验。

6月15日　苏州市工商联第十届八次市、区工商联工作会议在太仓市举行，会上传达了中共江苏省委统战部关于换届工作的精神，相互交流工作。

6月19日　江苏省涟水县招商洽谈会在苏州市举行。苏州市工商联会长黄忆祖、党组书记金铁峰、副会长颜久勇参加招商会。

6月20日　由苏州市工商联与中共苏州市委宣传部、统战部及市工商局、市文化局共同举办的庆祝建党80周年“品王”杯“思源情”私营企业大合唱比赛在市会议中心举行。

“思源情”私营企业大合唱比赛

6月22日　苏州市工商联与市对外贸易经济合作局联合举办外经贸政策宣讲会，近60人参加活动。

上半年　苏州市工商联围绕江泽民总书记对非公有制经济提出的“三个结合”〔1〕要求与宣讲“三个代表”重要思想结合起来，组织干部进行学习、讨论，随后在非公有制经济人士中进行宣传学习。市工商联领导在《江苏工商》《苏州商会》发表《“三个结合”是发展私营个体经济的指路明灯》一文；与市广播电台联合举办《财富苏州》栏目，并通过座谈会、交流会和工作会议，对上述思想进行宣传；组织11家个体、私营企业主参加苏州电视台的《新闻谈话》栏目，提升私营、个体经济形象。

7月15日—25日　苏州市工商联副会长颜久勇随江苏省光彩事业考察团赴西藏考察。

〔1〕即在社会主义初级阶段，必须坚持公有制为主体，必须坚持发展多种所有制经济，同时要求广大非公有制经济人士把企业自身发展与国家的发展结合起来，把个人的富裕与全体人民的共同富裕结合起来，把遵循市场法则与发扬社会主义道德结合起来。

7月20日　苏州市工商联家庭装饰业商会召开成立大会，市领导孙中浩、谢慧新与市工商联会长黄忆祖出席成立大会。

7月31日　中共苏州市委、市政府和苏州军分区召开双拥工作表彰大会，市工商联会员新海宜科技集团张亦斌荣获拥军优属先进个人称号。

是日　中共苏州市委统战部部长盛家振和苏州市工商联会长黄忆祖、党组书记金铁峰与部分私营业主，前往市消防支队开展拥军活动，赠送两台电脑和一车饮料。

8月17日　苏州市工商联与市计委共同召开个私经济座谈会。

8月18日—27日　苏州市工商联副会长颜久勇随全国工商联代表团赴德国考察访问。

8月28日　江苏省工商联服装业商会在南京成立。苏州市培蒙实业股份公司董事长沈扣宝、江苏AB集团董事长周惠明当选为副会长。

9月初　苏州市工商联与市政协联合开展调研活动，就苏州市私营经济发展过程存在的问题进行专题调研。

9月17日—19日　第六届世界华商大会在南京市举行，苏州市工商联会长黄忆祖和4位私营业主会员参加大会。

10月26日—27日　全国政协副主席万国权率部分全国政协委员在江苏省政协副主席、省工商联会长李仁陪同下来苏州市考察民营经济发展情况。苏州市工商联会长黄忆祖参加中共苏州市委举行的情况介绍会。

10月29日—30日　苏州市政协举行十届二十三次常委会议，审议并原则通过由苏州市工商联草拟的《关于大力促进、正确引导私营个体经济快速健康发展的建议案（草案）》。

11月初　苏州市工商联在市政协经济科学委员会配合下，形成《关于大力促进、正确引导私营个体经济快速健康发展的建议案》，并报送中共苏州市委、市政府。12月，中共江苏省委常委、苏州市委书记陈德铭作出批示。

11月21日—24日 全国工商联组织德国中小企业联合会合作伙伴举行合作项目交流会。与会人员参观苏州市工商联培训中心和信息中心，并与市工商联会长黄忆祖、党组书记金铁峰、副会长颜久勇进行座谈。

12月26日 苏州市工商联餐饮业商会召开成立大会。中共苏州市委副书记黄俊度，苏州市政协副主席、市委统战部部长盛家振，副市长汪国兴，市政协副主席、市工商联会长黄忆祖，江苏省工商联副会长栾志耘，江苏省餐饮业商会会长汤燕雯出席成立大会。南开大酒店董事长陈素兴当选为会长。

餐饮业商会成立大会会场

是年 苏州市工商联配合市体改委、经委、计委、外经委等部门开展调查研究，一再反映影响非公有制经济发展的融资难、担保难、维权难、服务差、负担重和出口配额分配不公、收费无公示制等问题，为政府有关部门制定非公有制经济政策、法规提供依据；由市工商联选送的行风监督、评议员扩大到市公安局、财政局、地税局、工商局、环保局、劳动和社会保障局、质量技术监督局、物价局等。

是年 苏州市工商联向会员企业通报有关部门扩面检查社保工作、劳动用工、最低工资标准等信息，引导企业和员工共同遵守各项政策法规；组织会员参加苏州市企业工资集体协商经验交流会，推荐工作做得好的企业主介绍经验和体会；与有关方面协调解决劳资矛盾。

是年 苏州市工商联与市外经委联合举办外贸政策宣讲会，50多位私营业主参加会议，向会员企业介绍产品出口、申报自营进出口权、境外投资和劳务输出知识；组织会员参加投资英国和欧洲情况介绍会，提供境外投资市场、承包劳务和出国考察等信息；53家私营企业获得自营进出口权，昆山三牛实业集团、张家港光王电子有限公司获得苏州市开放型经济先进企业称号。

是年 苏州市工商联在调查研究基础上，配合市经委等部门，向法泰电器（江苏）股份有限公司、新海宜科技集团有限公司、东方电池有限公司、中环光伏材料有限公司等企业提出创名牌产品要求；与市科委、科协联合举办纳米科技讲座，使相关人员了解新兴科技动态；组织新海宜科技集团有限公司、苏州新协力集团有限公司、三牛实业集团等骨干企业参加江苏省首届民营科技企业高层次人才洽谈会，组织创捷科技有限责任公司副总经理参加市优秀、拔尖人才培训，为创名牌提供人才资源；组织15家会员企业参加全国工商联举办的全国民营企业科技创新成果展；组织会员参加省民营企业股票上市研讨会等活动，为其上市做准备工作。

是年 苏州市工商联工作人员先后走访蓝天美洁环保科技有限公司、金来房地产开发有限公司、浒关箱板厂、苏阿姨食品厂等会员企业，帮助他们与有关部门加强沟通，指导其享受优惠政策，向有关部门反映生产经营、劳资纠纷等问题。

是年 苏州市工商联共新登记155家非公单位的会计人员，为符合条件者发放229份会计证；271人报考会计专业职业技术职称；800多家单位上报执行《会计法》自查表；100多名单位负责人、825名会计人员报名参加新企业会计制度培训；在上半年江苏省工商联召开的全省非公经济会计管理工作会议上，苏州市工商联作经验介绍；苏州市工商联获评2000年度全市会计管理工作先进单位。

是年 苏州市工商联参加市经委、外经委、科委、乡镇企业局、统计局等部门每月一次的工作座谈会，不定期参与江苏省苏州质量技术监督局计量标准化、产品质量监督等会议，反映会员单位的要求，将有关政策、产品导向、市场取向等信息反馈给会员单位；先后推荐5名私营企业主成为苏州市标准化协会及专门技术委员会成员，协助市经委对私营企业开展企业法律顾问情况调查，协助市协作办公室开展外地客商来苏投资情况调研。

是年 苏州市工商联培训中心开办办公自动化中级培训3期，与新浪潮文化企划公司联合举办会员企业中的窗口部门英语口语培训班。

是年　苏州市商会年初完成社团登记工作，拥有合法社团法人身份；苏州市工商联对百货业同业公会、食品副食品同业公会、眼镜同业公会、塑料工业同业公会和民营科技实业家协会进行整顿，帮助健全；按照“自我管理、自我服务、自我协调、自我约束、自我教育”的原则，新组建电器商会、家庭装饰商会；虎丘区、金阊区实现街道分会全覆盖。2家私营企业获市先进企业称号，4名私营企业主获市优秀企业家称号，4家会员企业被江苏省眼镜协会授予“消费者信得过店”，300多家会员企业通过ISO9000标准论证；进入非公有制经济代表人士数据库的人员达590人。

是年　苏州市工商联先后组织3批私营企业主赴苏北考察，协助宿迁市和涟水县组织2次招商和情况介绍活动，苏州浒关箱板厂与泗阳县合作开发南方型杨树（意杨）木材加工取得实质性进展，昆山三牛实业集团在邳州市运河镇投资9000万元筹建的三牛（邳州）服饰有限公司被评为江苏省级光彩事业项目。会员企业洞庭山天然矿泉水有限公司职工向特困学生捐款2800元，新海宜科技集团有限公司向烈士家属赠送慰问品和慰问金。

是年　苏州市工商联会员7001家，其中私营企业4637家、三资企业157家、国有集体企业406家、个体工商户735家，行业商会（同业公会）49家，乡镇基层组织69家。

2002年

1月15日 截至是日，苏州市各市（县）、区工商联相继完成换届，产生新一届领导班子。

2月 苏州市政协学习委员会、文史委员会和苏州市工商联编辑出版《春风化雨》一书。

3月21日 中共苏州市委统战部召开统战系统宣传、信息、内部刊物工作座谈会，苏州市工商联主办的《苏州商会》2001年第5期被评为内部刊物编辑质量一等奖。在中国档案文献遗产工程国家咨询委员会首次会议上，全国48件档案通过专家评审列入《中国档案文献遗产目录》，苏州市档案馆藏苏州商会档案（晚清部分）入选其中。

4月9日 苏州市工商联举办欧洲商务文化和谈判技巧讲座。

欧洲商务文化和谈判技巧讲座

4月20日—23日 苏州市7位私营企业家参加由江苏省40多位民营企业家组成的“光彩事业苏北行”考察团，对连云港市、宿迁市及灌南县、泗洪县进行投资考察和项目洽谈活动。

6月18日—19日 苏州市工商联第十一届会员代表大会在苏州市会议中心举行，中共苏州市委副书记杜国玲到会祝贺。江苏省工商联会长李仁、九三学社苏州市委主委钱海鑫和苏州市总工会副主席沈刚分别代表省工商联和市各民主党派、人民团体向大会致贺词。会议期间，市委领导人专门看望了参会的民营企业家代表，提出苏州要三足鼎立（国有、民营经济与外资企业共同发展）的经济发展思路；与会者学习江泽民总书记“三个代表”重要思想和“七一”重要讲话精神；听取并审议苏州市工商联第十届执行委员会会长黄忆祖作的工作报告；选举产生苏州市工商联第十一届执行委员会和出席省工商联第八届会员代表大会的代表。市工商联十一届执委会选举姚东明为会长，选举党组书记金铁峰与颜久勇等11人为副会长。

7月5日 中共苏州市委、市政府召开进一步加快发展私营个体经济工作会议。苏州市工商联组织全体机关工作人员学习讨论，结合会议提出的目标要求，探讨工商联如何在加快非公有制经济发展中发挥作用。

是日 苏州市计委、苏州市工商联联合组织部分民营企业家赴宿迁市考察暨投资洽谈。

7月30日 苏州市工商联会长姚东明，党组书记、副会长金铁峰带领市餐饮业商会和苏州工业园区的3家民营企业，先后到市消防支队和驻苏部队某部开展拥军活动。

8月21日 苏州市工商联举行学习贯彻中共苏州市委、市政府“加快私企发展五十条”座谈会。

8月28日 吴江市民营企业家苏州南斯石化有限公司董事长范炳才，捐资20万元在陕西省榆林市绥德县张家砭乡玉家沟村兴建的南斯希望小学正式启用。

9月6日 苏州市工商联和市外经贸局召开私营企业发展外向型经济座谈会。

9月10日　中共苏州市委副书记杜国玲、市委副秘书长汪长根在苏州市工商联会长姚东明、党组书记金铁峰陪同下，分别走访苏州工业园区新海宜科技集团有限公司、华东装饰城和苏州创捷工业控制技术有限公司。

10月28日　苏州市商会网站建成并投入试运行，设有商会概况、企业文化、会务动态、热点追踪、商会服务等板块。

10月30日　江苏省小型进出口企业商会成立，苏州市工商联常委、昆山三牛实业集团董事长须建明当选为副会长。

11月23日—27日　全国工商联第九届会员代表大会在北京召开，苏州市工商联会长姚东明，昆山市工商联会长、昆山三牛实业集团董事长须建明，东方国际集团董事长蒋学明，捷美电子有限公司董事长王振明出席大会。须建明、蒋学明当选为全国工商联第九届执委会委员。

11月27日　苏州市工商联组织市、区部分常委企业家赴吴江市、昆山市考察当地规模型民营企业。

11月30日—12月1日　上海市人大常委会副主任、全国工商联副主席、上海市工商联会长任文燕率30多位上海民营企业家来苏州考察，苏州市工商联会长姚东明全程陪同。苏州市商会与上海市浦东区商会就建立友好商会初步达成意向。

12月4日—6日　中共苏州市委统战部、苏州市工商联联合举办的苏州市第二期非公经济人士培训班在苏州市委党校举行。担任市工商联副会长和常委、执委的40余名非公有制经济代表人士参加培训。

12月12日　经苏州市工商联建议，苏州首家外资保险公司美国友邦保险有限公司将举行开业庆典的15万元用于资助教育事业，其中10万元资助市区250名困难学生，5万元捐赠给金阊区培智学校添置教学仪器。

12月20日　苏州仲裁委员会苏州市工商联（商会）办事处正式成立，市工商联副会长颜久勇任主任，调研处副处长马克勤任副主任，这是江苏省工商联系统第一家仲裁办事处。

12月23日 中共中央总书记胡锦涛和中共中央政治局常委贾庆林、曾庆红等到全国工商联机关，走访、看望王光英、孙孚凌、经叔平等老同志，与在北京的新老班子成员进行座谈，并代表中共中央向工商联160多万会员拜年，向各级工商联干部、职工表示慰问。胡锦涛在听取黄孟复主席的工作汇报后指出，工商联作为中国共产党领导的中国工商界组成的人民团体和民间商会，要更好地发挥作用，动员广大会员同心同德地为全面建设小康社会、开创中国特色社会主义事业新局面而奋斗；要凝聚广大会员的智慧和力量，发挥自身优势，更好地发挥党和政府联系非公有制经济人士的桥梁和纽带作用，发挥政府管理非公有制经济的助手作用，加强自身建设，建立健全各项工作制度，不断探索适合非公有制经济人士特点的思想政治工作的新途径、新方法，增强工商联组织的吸引力和凝聚力；要继承和发扬光荣传统，团结带领广大会员继往开来、与时俱进，为实现中华民族的伟大复兴而不懈奋斗。

是年 非公有制经济代表人士担任苏州市工商联副会长以上职务的比例达50%，是上届的6倍；常委占70.5%，提高18.9%；执委占68.7%，提高15.5%。昆山市工商联会长由非公有制经济代表人士担任，进行企业家办会的试点。

是年 苏州市各级工商联共撰写各类调查报告11篇，在各级政协大会上发言（含书面）9篇，提交集体提案48件、个人提案81件、人大议案9件、建议案28件，其中《关于农村土地使用权流转的提案》被列为第一号提案，苏州市工商联《面对入世的机遇和挑战创造条件引导私营经济快速健康发展》和吴江市工商联《加快私营企业人才引进促进非公经济快速发展的调查和建议》的大会发言得到各级党委、政府的重视；各级工商联共有37人被聘为各类行政部门的行风评议、监督员。

是年 苏州市各级工商联共组织学习会、座谈会15次，500多人次学习中共十六大精神；各级工商联分别有35、46、9篇稿件在省、市、县级以上报刊发表，80多篇在内部刊物上发表；组建信息员队伍，形成市（县）、区信息互通网络；苏州市工商联与苏州电视台联合举办

《我爱财富》栏目和《新闻谈话》，共采访报道15位非公有制经济代表人士；常熟市工商联与当地电视台共同举办《大商城》栏目，常熟、昆山两市工商联创办了自己的刊物。

是年　苏州市工商联在下半年共举办5次座谈会、2场政策宣讲会、13次培训班、1次市区非公有制企业家交流活动、3次大型慈善捐赠活动；各级工商联共组织各项会员活动65次、参加者3916人次，为企业服务66次，开展各项经济活动34次。苏州市工商联组织企业家3次赴宿迁进行考察投资洽谈，达成多项投资意向项目；在秋季开学前与苏州市关工委联合发起市区百家私企爱心助学活动，为市区301名品学兼优、家庭特殊困难的中小学生捐资12万元；昆山市工商联与统战部、光彩事业促进会一起组织民营企业帮助百名困难学生；苏州全市非公有制企业人士共实施73个光彩项目，1086家企业参与各类光彩事业，捐赠金额4169万元，投资金额2.609亿元。

是年　苏州市工商联共有企业会员8942家，其中私营企业会员7174家、个体会员920名；全市共有乡镇商会112个，行业商会、同业公会50个。

2003年

1月15日—20日 苏州市政协召开十一届一次会议，工商联界别共有32人当选为委员，向会议提交集体提案12件、个人提案16件；市工商联姚东明会长当选为政协副主席。

1月26日 中共中央总书记胡锦涛在党外人士迎春座谈会上，希望工商联继承和发扬光荣传统，更好地发挥党和政府联系非公有制经济人士的桥梁和纽带作用，团结带领广大会员为全面建设小康社会作出新贡献。

是月 苏州市各级工商联、工商界代表性人士共提交政协集体提案24件、个人提案100件、人大建议案63件，其中苏州市工商联代表提交集体提案12件、个人提案16件。

2月初 苏州市工商联组织会员企业筹集500万元，以参股形式投入总额达1亿元的苏州市国发中小企业担保投资有限公司。

2月10日 中共苏州市委、市政府召开全市加快发展私营个体经济工作会议暨表彰大会。苏州市工商联协助有关方面做好大会筹备工作。苏州市工商联、张家港市工商联荣获 2002 年度私营经济工作先进集体称号。

4月2日 苏州市工商联首次在昆山市召开苏州市工商联基层商会行业商会经验交流暨表彰会，共表彰30家先进基层工商联、行业商会，5家组织工作先进集体，20名组织工作先进个人。

是日　苏州市工商联2002年统战信息工作被中共苏州市委统战部评为一等奖。

4月17日　苏州市政府主要领导会同市经贸委、外经贸局、科技局、财政局、中小企业局有关领导到苏州市工商联进行调研，并看望机关工作人员。

4月23日　苏州市餐饮业商会召集各理事单位召开紧急会议，共商应对“非典”的有效措施，促使市政府出台相应的优惠政策。

5月　至是月底，苏州市私营企业共向抗击非典型肺炎工作捐款捐物786.38万元。“非典”期间，苏州市工商联会员捐款捐物总额达800万元，占全省工商联系统的六分之一。

6月16日　中共苏州市委、市政府举行全市加快城市化发展工作会议。苏州市工商联受市委、市政府委托，邀请上海、杭州、温州、南京、无锡、常州等市和本市130多名知名民营企业家参会。会后，苏州市政协副主席、市工商联会长姚东明主持召开工商企业家座谈会，苏州市委、市政府领导与民营企业家共商城市化发展大计。

6月23日　苏州市工商联召开企业家座谈会，邀请苏州市部分民营企业家结合学习中共江苏省委书记李源潮在苏调研时的讲话精神，就进一步加快苏州市私营个体经济发展举行座谈。

7月30日　苏州市工商联及所属部分行业商会前往浙江乍浦，慰问正在执行海训任务的驻苏海军部队官兵。

是日　苏州市民政局发出《关于委托苏州市工商联承担部分市属社会团体业务主管职责的复函》，明确苏州市工商联是市属社会团体业务主管单位之一。这是市工商联在社团发展方面的重大突破。

8月28日—9月6日　苏州市政协副主席、市工商联会长姚东明及江苏天地集团、江苏盛氏集团、苏州新海宜、江南高纤、昆山三牛实业集团等民营企业的负责人，随同中共苏州市委主要领导率领的苏州市代表团出访北欧，与当地知名企业负责人进行座谈。

是月　苏州市工商联在江苏省工商联举办的优秀调研报告和论文评比中，共报送7篇调研报告和论文，其中2篇获一等奖。

9月　苏州市工商联受市政府委托，邀请20位企业家参加苏州国际丝绸节暨黄金旅游周系列活动。

是月　苏州市工商联根据中共苏州市委、市政府安排，全面启动办公自动化系统和机关内部局域网。

10月9日　中共苏州市委副书记杜国玲、副秘书长汪长根到苏州市工商联调研。

11月1日—3日　苏州市工商联受中共苏州市委、市政府委托，组织各市（区）13名民营企业家，随同苏州市政府代表团赴温州、台州考察民营经济，学习浙江企业家的创业精神。

11月15日—16日　全国工商联、科技部和江苏省人民政府共同主办，苏州市人民政府、江苏省工商联、江苏省科技厅承办，苏州大学协办的2003中国企业发展高峰论坛在苏州举行。苏州市工商联参与组织接待工作，邀请90多位企业家参会。全国工商联主席黄孟复在参加论坛主题报告会后，视察了苏州民营企业。

11月18日—20日　苏州市工商联领导就发展民营经济赴浙江学习取经。

12月3日—5日　由苏州、杭州、南京、宁波市工商联共同发起的长三角十五城市民营经济和商会工作合作与交流机制首次会议在杭州举行。

12月23日　苏州市各民主党派、工商联“三个文明”建设经验交流暨表彰大会举行，苏州市工商联14个先进集体、61名先进个人受到表彰。

是月　苏州市工商联副会长、苏州创捷工业控制技术有限公司董事长沈晓春入选苏州市专家咨询团首批成员。

是年　苏州市工商联在江苏省工商联行业组织工作经验交流暨表彰大会上受到表彰，并作为唯一的省辖市工商联在大会上发言；市工商联经济处在省各民主党派、工商联为经济建设服务经验交流暨表彰大会上，被评为先进集体；市工商联《关于外资企业与民营企业政策差距》的调研报告受到中共苏州市委、市政府主要领导重视，领导分别作批示；《关于行业商会的功能和作用》课题获市科技局立项，《苏州个体私营经济发展探索》一文被收入《中国私营企业发展白皮书》；市工商联在全省工商联非公代表人士数据库和会员数据库评选中，被评为先进单位；市工商联的政务信息工作受到省工商联表彰，并获苏州市统战系统先进单位称号。

是年　苏州市工商联建立融资担保、人才招聘、法律、财务与会计管理、教育培训、诚信等6大服务平台。全市各区、市（县）工商联系统共建立13家担保机构，基金达6亿元，市区最多的1家达5.2亿元；市工商联与市人事局就人才联合招聘达成合作意向，与市华英人力资源开发有限公司签订合作协议，与市劳动和社会保障局、总工会等联合，举办6场非公有制企业人才招聘会，进场应聘者2万多人次；市工商联有3人担任苏州仲裁委员会仲裁员，10多名非公有制经济会员担任专家委员，共接受56名会员咨询，调处7次合同纠纷；共培训会计人员1182人次，向251人发放会计证，首次启用计算机考试系统；组织12期会计人员再教育培训，更新培训中心电脑设备，首次由市工商联培训中心承担非公单位会计人员知识更新考试，1181名会计人员参加无纸化考试；与扬州金方略咨询公司合作，举办有180人参加的企业高层管理人员培训；与苏州质量技术监督局合作，帮助企业开展产品标准制定、ISO9000和ISO14000系统质量认证和产品质量监督检查等工作；与中共苏州市委宣传部等合作，开展文明单位、诚信企业评比活动；组织会员参加兰州经贸洽谈会、长沙民营企业发展论坛暨投资洽谈会、张謇诞辰150周年研讨会、国际儒商大会、江浙沪两省一市15城市长三角论坛等活动，共组织座谈、讲座11次，开展经济活动25次、会员活动20次，为会员服务30次，走访会员企业107次。

是年　苏州市工商联将《苏州商会》报改为《工作简讯》，出版内部刊物《苏州商会》，在市经贸委主办的《苏州经贸》出版个体私营经济专刊；在全国性报刊、网站发文40余篇，在省级报刊、网站发文240多篇，在市级刊物发文60余篇；对市商会网站进行大规模改版。

是年 苏州市工商联每月定期组织全体机关干部参加市级机关公务员外语、普通话培训，鼓励机关干部在岗进修，有8人分别获得本科、大专、中专学历；与上海浦东新区、卢湾区和广东省珠海市工商联正式签订友好商会协议，与大连、深圳、广州、厦门、重庆、青岛、顺德、东莞、威海、黄石等城市商会确立友好商会意向。

是年 苏州市工商联与中共苏州市委统战部、民建苏州市委会一起，帮助161名生活困难的原工商业者遗孀解决低保问题；配合市劳动和社会保障局为1237名原工商业增发退休金；在市工商联争取下，老会员生活互助金财政补贴工作得到政府部门的支持。

是年 苏州市工商联界别的非公有制经济代表人士中，共有全国人大代表2名，省人大代表4名，市人大代表17名，县级人大代表176名；省政协委员5名，市政协委员31名，县级政协委员321名，有些人士还被选为省、市、县人大、政协常委。

是年 中共苏州市委统战部副部长孟家栋任苏州市工商联党组书记，并被增选为副会长。全市工商联所属企业会员达10503家[1]，乡镇商会、街道商会124个，行业商会、同业公会76个（其中市级行业商会15个，县、区级61个；一说78家），涉及百货、黄金珠宝、餐饮、家庭装饰、家具制造、五金交电、眼镜、丝绸、服装、烟酒食品、塑料、印刷、线路板、彩钢板、电脑、电器、汽配、婚纱、房地产、进出口等领域，基本上做到“横向扩张，纵向到底”。强化基层、行业商会建设并发挥其作用成为苏州市工商联工作的一大特色与工作品牌，受到全国工商联领导的肯定。

〔1〕苏州年鉴编纂委员会：《苏州年鉴2004》，古吴轩出版社2004年版，第110页。按，10503家应为苏州大市范围所有会员数，见苏州年鉴编纂委员会：《苏州年鉴2006》，古吴轩出版社，2006年版，第141页。

2004年

1月1日起　苏州市工商联纳入苏州市电子政务网首批接入单位，全面启动无纸化办公。

1月8日　中共苏州市委组织部、宣传部和苏州市工商联、苏州市慈善总会等13家单位联合组织的“同在蓝天下”爱心募捐活动在市级机关大院举行，市工商联副会长、市光彩事业促进会副会长王立占代表市委统战部、市工商联和市光彩事业促进会举牌认捐15万元。

1月13日　中共苏州市委、市政府召开全市加快发展民营经济工作会议。市委、市政府主要领导对苏州市工商联工作给予充分肯定并提出希望。苏州市工商联获评2003年度苏州市民营经济工作先进集体称号。会议结束后，市领导与部分民营企业家就民营经济发展进行座谈，市政协副主席、市工商联会长姚东明主持座谈会。

2月5日　在全市“双拥”工作会议上，苏州市工商联被苏州市人民政府、苏州军分区授予拥军优属先进集体称号。

是月上中旬　苏州市工商联围绕促进民营经济发展、行业商会建设及工商联组织建设等问题，在苏州市政协会议上作《加强行业商会建设、发挥行业商会作用》大会发言，提交《营造良好人才成长环境，重视私营企业发展》书面发言，得到政协委员们的重视；在提交的7份集体提案中，《关于对民营企业、商会组织注重正面宣传的建议》被列为市政协主席督办提案。

2月28日　江苏省工商联召开八届三次执委会议暨成立50周年会庆活动，苏州市工商联被评为省工商联系统先进集体；苏州市工商联会员、吴江恒力集团董事长陈建华当选为省工商联副会长。

3月2日　苏州市工商联举行十一届三次执委会议。会后，中共苏州市委副书记杜国玲与参会企业家进行座谈并讲话。

3月30日　苏州市融资担保业商会在苏州成立。这是江苏省首家融资担保业商会，标志着苏州市融资担保业的发展已经进入行业规范的阶段。

是月　苏州市工商联与苏州市广播电视总台生活资讯频道联合创办宣传民营企业的新闻《民营企业家的足迹与心声》、专题《我的创业故事》等栏目。

4月16日　苏州市工商联和驻苏部队某部正式签订军地共建协议，携手搭起双拥共建新平台。

5月15日　苏州市工商联与市中小企业局、苏州广电总台生活资讯频道联合制作的电视系列片《我的创业故事》，经过半年的筹备，在苏州广电总台生活资讯频道的主打新闻栏目《民生在线》周末版中正式播出。

5月15日　吴江青田企业发展公司在西藏林周县援建希望小学。

西藏林周希望小学藏族学生

5月18日　苏州市工商联在市三元宾馆举办企业税收筹划公开课讲座，特邀国家税务总局、全国税务系统资深培训师主讲，反响很好。

6月3日 江苏省工商联和苏州市工商联组织的丹麦工业联合会（DI）IT电子行业研讨会召开。

6月19日—22日 江苏省政协副主席、省工商联会长李仁一行4人在苏州考察调研，还参加苏州市（县）、区工商联会长工作例会，参观刺绣研究所和市会展中心。

7月27日 为进一步协助政府扩大苏沪两地全方位、宽领域、多渠道的合作与交流，更好地促进两地工商联工作的交流与合作，苏州市工商联与上海市工商联签订加强合作协议书。

是日 苏州市工商联及所属百货、黄金珠宝、餐饮、电器、商会科协、房地产、融资担保、家庭装饰、婚纱摄影器材等9家行业商会（同业公会）走访慰问驻苏某部队，签订军地共建协议，并向部队赠送55份2005年度《苏州日报》，送党报进军营，首创民营企业拥军新形式。

是日—8月2日 苏州市工商联副会长颜久勇率领苏州市部分民营企业家前往长春参加全国知名民营企业家“长白行”暨投资合作洽谈会。

8月 苏州市工商联走访调研部分民营企业，并召开座谈会，了解国家宏观政策实施以来，民营企业发展中遇到的新情况、新问题，以及在当前形势下，民营企业对党和政府的要求和建议。

是月 苏州市工商联参与市政协关于保护被征地农民利益和市政协经科委关于促进改制企业人才队伍建设问题的两项专题调研。

是月 全国工商联2003年度上规模民营企业调研排序结果公布，苏州市共有30家民营企业进入500强，其中沙钢集团名列第3位。

9月 苏州市工商联5家会员企业联手出资40万元，奖励第28届雅典奥运会苏州籍的羽毛球混双冠军张军、女子举重58公斤级冠军陈艳青。

是月 应台湾“中华中小企业跨业协会”的邀请，苏州市工商联副会长颜久勇率访问团一行7人，赴台参加民间企业商务运作学术研讨会及交流访问。

11月3日 苏州市工商联举行成立50周年暨表彰大会，全国政协副主席、全国工商联主席黄孟复向大会发来贺信。

11月23日 苏州市工商联与江苏省工商联在苏州雅都大酒店联合举办江苏机械企业与丹麦工业联合会访华代表团项目合作洽谈会和境内企业如何提高国际竞争力及国际标准SA8000研讨会。

是月 由中共苏州市委统战部、苏州市工商联和市光彩事业促进会联合举办的“光彩之路”图片展在市图书馆等地流动展出。

12月7日 中共江苏省委常委、苏州市委书记王荣与市委副书记杜国玲、统战部部长金明等看望苏州市工商联机关干部和工作人员。

12月8日 苏州市工商联协助驻苏部队组织考察民营企业苏州华成汽车贸易集团有限公司，并与80多名部队官兵进行座谈。

是月 根据苏州市财政局财会字［2004］48号文件的有关要求，市工商联开展2004年度非公有制企业会计从业人员继续教育工作。

是年 苏州市工商联利用成立50周年契机，宣传民营经济和工商联工作成就，与中共苏州市委统战部、市中小企业局、苏州电视台共同编印《我的创业故事》丛书、《继承、回眸、奉献、创新》画册、《调研论文选编》和《民营企业文化征文选》；与市委统战部联合表彰一批民营企业家，授予“社会主义建设贡献奖”；与市委统战部、市中小企业局联合举办苏州市民营企业文化建设征文活动；与市委组织部联合举办非公经济组织业主培训班，制作光彩事业活动宣传牌。

是年 苏州市工商联历时半年完成中共苏州市委布置的《行业商会建设现状及建议》课题调研工作，形成报告上报市委；配合市政协开展民营企业人才发展战略、建立全市统一的被征地农民社会保障体系调研，提出市民营企业人才发展战略及建立失地农民社会保障体系建议；抽调人员参加市政协组织的专项民主监督工作小组，对全市各政府部门贯彻落实民营企业腾飞计划的进度和举措进行调研；与各市、区工商联进行联合调研，初步掌握全市规模民营企业的基本情况，并将其存在的困难和问题，向中共苏州市委作专题报告。

是年 苏州市工商联应中共苏州市委、市政府要求，完成苏州市融资担保基金增资扩股工作，苏州市工商联所占基金份额从上年的500万元增加到2000万元，利用苏州市融资担保业商会成立契机，探索全市融资担保机构联保、互保新机制；与市总工会、市妇联、市民政局合作，先后举办下岗职工及中专、职业技术学校应、往届学生专场招聘会；与市政法委、《法制日报》共同承办民营经济法制论坛，将法律服务工作由点推向面；培训会计人员1190名，组织100多名民营企业家和企业管理人员参加企业税收筹划课程学习；配合香港特别行政区投资署，举办软件企业座谈会。

是年 苏州市工商联响应中共江苏省委、省政府关于加快“南北挂钩”的号召，多次组织民营企业家赴宿迁等地进行项目投资考察，参加南京、银川、长春、贵州、上海等城市的招商引资经贸洽谈会，组织参加企业文化研讨会和长三角地区工商联合作机制交流，组织常熟市与德国企业家专场经贸洽谈会，以及民营企业家与丹麦软件业、塑料业、机械工业企业交流会，在市政府的支持下，与吴中区政府、苏州市科技局共同创办苏州市民营科技创业园。后来，该创业园发展成国家级科创园。

是年 苏州市工商联通过光彩事业基金会向市慈善基金会捐款20万元，企业会员出资40万元在西部地区援建两所希望小学。

是年 苏州市工商联根据中共苏州市委的统一部署，就机关作风建设问题向各县级市工商联和全体执委下发《关于对苏州市工商联机关作风建设征集意见的函》，专门召开会长会议对照问题逐条整改；加强机关工作和学习制度建设，强调首问负责制和机关接待规范；按照“集体领导、民主集中、个别酝酿、会议决定”的办事原则，重大事项和干部人事工作都由集体商议决定；苏州市工商联执委会议提出整合工商联和商会两方资源、开展“三百工程”、召开“四个会议”、实现“五大突破”的工作思路，细化、分解2005年度工作目标，并将各项工作落到职能处室。

是年　苏州市工商联所属行业商会总数达87家；召开2次非公有制经济代表人士数据库和企业会员数据库建设工作会议，对两库建设薄弱的县、区逐个上门辅导，两库数据录入工作全部完成，8000多家企业会员被录入数据库。

2005年

1月2日—4日 苏州市政协副主席、市工商联会长姚东明率天地集团、吴中股份、永鼎集团、恒力集团、华达涂层等10家企业负责人组成的苏州市民营企业家代表团，赴吉林长春考察。天地、吴中、永鼎、恒力、华达共捐资170万元，用于当地贫困地区建设4所希望小学。

是月上旬 香港《中国市场》杂志出版发行专刊《苏州民营之星》。苏州市工商联组织民营企业家开展“关爱私企员工、构建和谐社会”献爱心活动。

是月中旬 苏州市各级工商联在两会期间提交201份提（议）案，其中大会和书面发言各1篇，提交市政协大会提案7件、人大建议案3件、江苏省政协大会提案1件，内容涉及民营经济政策落实、引导民营企业履行社会责任、构建和谐社会、加快工商联行业组织发展等方面。

1月30日 中共苏州市委、市政府召开全市民营经济工作会议，苏州市工商联连续三年被评为苏州市民营经济工作先进集体。会后，市领导与民营企业家代表进行座谈，共商民营经济发展大计。

3月4日 苏州市工商联举行民营企业家座谈会，学习座谈《国务院关于鼓励支持和引导个体私营等非公有制经济发展的若干意见》。

3月11日 苏州市工商联与香港贸易发展局联合举办香港专业服务推介会。

4月 苏州市工商联与市经贸委（中小企业局）、苏州质量技术监督局、市劳动和社会保障局分别举行工作会晤，并形成会晤纪要，初步建立共同为市民营经济服务、促进其健康发展的合作机制。

5月15日 苏州市人民政府台湾事务办公室、苏州市工商联、台湾连锁加盟促进协会在苏州共同举办台湾知名连锁品牌苏州行大型推介会。

5月28日 苏州市高新区（虎丘区）工商联成立。

5月29日—30日 全国工商联副主席谢伯阳、经济部部长欧阳晓明一行3人，在江苏省工商联副会长潘吉森，苏州市政协副主席、市工商联会长姚东明，市工商联副会长颜久勇陪同下，考察吴江市、苏州市高新区、苏州工业园区和昆山市。

5月31日 苏州市工商联召开乡镇（街道）商会工作经验交流会。

是月 苏州市工商联贯彻落实联系百家民营企业活动，赴各市（县）、区对当地民营经济进行调研。组织企业家参加吉林省政府在苏州举办的振兴东北老工业基地国企产权转让暨项目推广洽谈会和南京重工业洽谈会。

是月 苏州市工商联对全市行业组织的社团改革情况进行摸底调查，并提出建议。

6月6日 苏州市工商联联合市总工会、市劳动和社会保障局举办全国百城民营企业招聘周活动。

6月6日—7日 德国中小企业联合会、丹麦工业联合会（DI）和江苏省工商联在苏州联合举办欧中商会国际商务活动研讨班，ZDH驻沪代表、DI驻沪代表出席。

6月18日 苏州市工商联典当拍卖和投资同业公会成立。

7月上旬 苏州市工商联与市外经局联合举民营企业如何应对反倾销专题讲座。

是月 苏州市工商联组织部分行业商会和企业家赴浙江乍浦慰问驻苏部队

海训官兵。

8月上旬　苏州市工商联与市文联在开明大戏院联合举办苏州市民营企业文化建设交流会（汇演）。

是月　苏州市工商联在《苏州日报》上市政协开设的“谏言”专版发表《发挥行业商会作用，构筑企业服务平台》。

是月　苏州市工商联举办首次行业商会秘书长培训班。

11月18日　苏州商会成立100周年庆祝大会暨苏州商会博物馆开馆仪式在苏州山塘街泉州会馆旧址举行。苏州商会博物馆是全国第一家地方商会主题博物馆。全国政协副主席、全国工商联主席黄孟复向大会发来贺信，王光英题写馆名。

12月27日　受苏州市政府委托，苏州市工商联与市工商局、市中小企业局联合筹备的苏州市推动全民自主创业报告会召开。

是年　苏州市工商联在庆祝江苏省工商联成立50周年会议及苏州市民营经济工作会议、苏州市双拥工作会议上，均被评为先进集体；苏州市工商联信息工作被评为中共苏州市委统战系统一等奖。吴江市工商联与市委统战部、市中小企业局联合在《吴江日报》上开辟《走进民企》专栏，宣传15位企业家的典型事例；张家港市工商联与电视台联合开展《周日访谈》《张家港民营企业走进全国五百强》《精彩人生》《民营企业呼唤商会》等节目的摄制与报道；苏州市高新区工商联举办首届高新区企业文化论坛，20多位企业家与区领导参加活动，通过企业家撰写论文并进行评比的方式，凸现民营企业家形象；沧浪区工商联通过发动街道商会向《苏州日报》《姑苏晚报》等媒体投稿的方式，宣传非公有制经济代表人士创业和投身光彩事业的事迹。

是年　苏州市工商联共完成《苏州民营企业文化建设及对策》《苏州民营经济发展环境情况报告》等18篇调研报告，得到苏州市委、市政府和有关部门的重视。

是年　苏州市工商联与市技术监督局、市劳动和社会保障局、市经贸委、市环保局等建立联合调研机制，与市档案局、市委党校就民营企业的档案工作和知识产权保护情况进行联合专题调研；进一步加强与苏州市政协、江苏省工商联的调研合作；配合江苏省工商联、省社会科学院开展苏州服务业发展现状和苏州新社会阶层状况的调研工作；组织各市（县）、区工商联参加江苏省工商联优秀调研报告和论文的评比工作。苏州市工商联餐饮业商会依托会员企业，借助市税务局、工商局、统计局等提供的资料，联合苏州大学社会与发展研究所调研全市餐饮业发展现状和态势，获取企业供需和经营发展状况、空间分布、竞争格局、消费变化等信息，对未来发展提出对策，开辟行业商会整合部门资源、联合高校进行调研的新路子。

是年　苏州商会成立100周年，苏州市工商联举行文艺汇演、建立商会博物馆、编辑出版纪念画册、在改版后的商会网站上宣传苏商文化等系列庆祝活动。

是年　苏州市工商联组织会员企业参加苏州质量技术监督局和市国资委、劳动和社会保障局、外经贸局、经贸局、中小企业局、总工会、工商局等部门举办的会议及活动15次，参与举办4场特色招聘会、入场人数2000多人，组织会员企业参加16个外地（省、市）在苏举办的招商引资活动，推荐会员企业参加有关论坛、演讲会及有关培训9次，为会员企业提供国内经济活动平台及组织企业家赴外地考察活动23次，组织1100多人参加2005年会计继续教育的培训与考试。

是年　苏州市工商联与中共苏州市委统战部、宣传部和市总工会、市发改委、市外经局及市台办、侨办等7个部门联合开展为企业服务工作，与市委统战部联合举办第三期非公代表人士培训班和民营企业高级管理人才研修班，协助市委宣传部举办首届民营企业文化高峰论坛等。昆山市工商联与当地对台工作协会建立合作机制，搭建为企业服务新平台。太仓市工商联开展“银企互动”活动，为企业融资牵线搭桥。张家港市投资2.5亿元兴建工商联商会大厦，用于招商工作。

是年　苏州市工商联与辽宁省抚顺市工商联等3家工商联结成友好商会，与德国中小企业联合会、尼泊尔博卡拉商会建立友好商会关系，2次组团、5次参团出国访问考察；组织民营企业家参加香港贸促会在苏州举办的推介会及美国上市推介会，举办台湾知名连锁品牌苏州行大型推荐会，参加吉林省政府在苏州举办的振兴东北老工业基地国企产权转让暨项目推广洽谈会等，参加德国中小企业联合会举办的中德中小企业合作成果与发展前景论坛等。

是年　苏州市工商联向江苏省工商联上报588条信息，被采用341条，被中共苏州市委办公室采用21条，在省辖市工商联和苏州市委统战系统中处于领先位置。

是年　苏州市民营企业家捐资近300万元在吉林省兴建10所希望小学。昆山市工商联召集104名企业家出资43.5万元，连续3年帮扶145名贫困学生完成学业，组织完成中共昆山市委布置的筹集150万元对口帮扶沭阳县贫困学生助学基金工程，完成航天员费俊龙教育奖励基金中50万元捐款任务。吴中区工商联发动会员企业向区慈善总会捐资489万元。

是年　苏州市工商联共有会员企业9515家，其中私企9190家；有行业商会（同业公会）102家，基层组织107家。全市各级工商联有会员14409家（人），其中企业会员11730家，常熟市会员数超过3000家，为全市各市（县）、区之冠；各级行业商会达到102家；对一些无法在民政部门办理登记手续的行业组织，建立中介组织，完成数码销售业、油漆业、旅游业、医药零售业、出口行业和五金机电业等筹建行业商会的前期调研工作。平江区工商联组建工艺美术行业商会，相城区组建阳澄湖服装商会和黄桥电镀商会。全市各乡镇普遍建立商会组织。

2006年

1月23日 中共苏州市委、市政府召开全市民营经济工作会议，苏州市工商联被授予2005年度苏州市民营经济工作先进集体称号，连续4年获此荣誉。

2月24日 苏州市工商联副会长王仲钧率联络处工作人员拜访香港贸易发展局驻上海办事处，双方就本年的工作任务进行探讨并达成合作意向。

3月18日 苏州市工商联参加由天津市河西区政府主办、河西区工商联（商会）具体承办的中国天津河西2006商务商贸节十省市工商联（商会）会长论坛。

3月19日 苏州市工商联举办民营企业提升管理能力专题培训班，特邀上海质量教育培训中心有关专家讲授公开课。

3月21日 由香港贸易发展局主办，苏州市对外贸易经济合作局、发展和改革委员会、工商联协办的香港物流服务巡展及推介会成功举行。

是日 中共苏州市委副书记杜国玲、副秘书长汪长根等邀请5位企业家和苏州市工商联负责人，在昆山宾馆就民营企业自主创新这一主题座谈。

3月27日 苏州市工商联餐饮业商会召开主题为苏州餐饮业发展现状和态势分析报告的新闻发布会，引起社会各界的广泛关注。5月初，中共江苏省委常委、苏州市委书记王荣，市委副书记杜国玲，副市长周伟强先后对该报告作出批示，肯定餐饮业商会在推动行业发展中所起的作用，并对今后工作提出希望。

是日 以澳大利亚巨商、劳伊天葡萄庄园总裁麦克唐纳先生为主席的商务考察团到苏州市工商联拜访，并对私营企业进行商务考察。

3月29日 全国工商联和商务部组成的联合调研组抵达苏州，就民营企业“走出去”情况进行调研。联合调研组在苏州调研期间，由江苏省工商联副会长潘吉森、苏州市工商联副会长颜久勇陪同。

4月4日—7日 苏州市工商联协助市档案局开展民营企业建档工作现场观摩活动。

6月14日 苏州市工商联牵头与市中小企业局、苏州市工商行政管理局首次合作编辑的《2005苏州市民营经济发展报告》正式出版发行[1]，并联合召开新闻发布会。这是苏州市首部民营经济发展蓝皮书，第一次较为全面地反映了苏州市民营经济年度发展状况。

7月4日 苏州市工商联与市中小企业局、苏州市工商行政管理局召开民营服务业企业家座谈会，以落实中共苏州市委书记王荣对苏州、温州两市民营经济发展的批示，市委副书记杜国玲参加会议并与企业家座谈。

7月24日 中共中央下发《关于巩固和壮大新世纪新阶段统一战线的意见》，指出：要充分发挥工商联在非公有制经济人士参与政治和社会事务中的主渠道作用，就有关问题听取非公有制经济人士的意见和建议；充分发挥工商联在非公有制经济人士思想政治工作中的重要作用，引导非公有制经济人士健康成长；充分发挥工商联在政府管理非公有制经济方面的助手作用，健全和完善工商联民间商会职能；政府及有关部门在制定非公有制经济有关政策和在协调非公有制经济有关工作时，要吸收工商联参加，在建立新型劳动关系的过程中，工商联既要维护非公有制经济人士的合法权益，又要与工会等人民团体密切配合，维护职工的具体利益；工商联要努力加强自身

---

〔1〕此后，年度《苏州市民营经济发展报告》每年合作编辑出版，苏州市工商联合作单位现称苏州市工业和信息化局、苏州市行政审批局。

建设，体现特色，增强吸引力，提高履行职责和发挥作用的能力。工商联的主要工作如下：（1）与国家大政方针及政治、经济、社会生活中重要问题的政治协商，发挥民主监督作用，积极参政议政；（2）引导会员积极参加国家经济建设，推动社会主义市场经济体制逐步完善，促进社会全面发展；（3）做好本市工商界代表人士政治安排的推荐工作；（4）宣传、贯彻党和国家的方针政策，引导会员树立社会主义公私观、信用观、义利观和法制观，做中国特色社会主义事业的建设者；（5）代表并维护会员的合法权益，反映会员的意见、要求和建议；（6）引导会员积极参与光彩事业，致富思源、富而思进、扶危济困、共同富裕、义利兼顾、德行并重、发展企业、回馈社会；（7）为会员提供信息和科技、管理、培训、法律、会计、融资、咨询等服务；（8）组织会员举办和参加各种对内对外展销会、交易会，组织会员出国、出境考察访问，帮助会员开拓国内、国际市场；（9）增进与港、澳、台和世界各国工商社团及工商经济界人士的联系和友谊，促进经济、技术和贸易合作的发展，协助引进资金、技术、人才；（10）为会员提供有关证明，协调关系，调解经济纠纷；（11）承办政府和有关部门委托事项。

7月27日　全国工商联公布2005年度上规模民营企业调研排序结果，苏州市上榜27家，继续名列江苏省前茅。

8月30日　由中共苏州市委宣传部、统战部和苏州市工商联、市中小企业局、市文联联合举办的首次苏州市民营企业文化建设成果展在苏州图书馆开幕。

10月17日—19日　长三角十五城市民营经济和商会工作合作与交流机制第四次会议在苏州举行，由苏州市工商联承办。

12月16日　经苏州市民政局审批同意，苏州市温州企业家协会成立，李坚任首任会长。经和市民政局多次沟通后，更名为苏州市温州商会。此后，苏州市的异地商会如雨后春笋般地快速发展。

是年　完成中共苏州市委布置的《推进民营企业自主创业的思考》课题调研；赴深圳、无锡等市学习推动企业提升自主创新能力的先进经验；全市各级工商联组织共向两会提交189份提（议）案，其中苏州市工商联在市政协全会上提交《加大服务力度，实现民营企业腾飞》大会发言、提案27件，提交人大建议案16件。

是年 苏州市房地产商会、典当拍卖业商会、融资担保业商会举办关于现有投资、土地政策和市房地产发展形势的研讨会，典当拍卖业商会特邀黄金珠宝业商会举办如何掌握有关黄金首饰、珠宝的鉴别及保养知识的培训班；苏州市工商联与市总工会、市劳动和社会保障局联合举办民营企业招聘周活动，与市劳动和社会保障局共同举办“迎五一”全市中专、技校、职校毕业生联动专场招聘活动；完成私营企业会计人员继续教育工作，与市中小企业局联合举办企业家培训活动；与香港贸易发展局合作举办民营企业“走出去”服务推介会，协助张家港、常熟市工商联与香港贸易发展局的联办活动；接待澳大利亚商务代表团，组织企业家代表团对澳大利亚商会进行回访，达成多项合作意向；与市外经局、市中小企业局、市劳动和社会保障局举行工作会晤，对工商联与政府职能部门发挥各自优势、做好全市民营经济发展工作达成共识；联合市总工会开展全省关爱员工优秀民营企业家、全省热爱企业优秀员工评选活动，与市劳动和社会保障局、市总工会联合召开劳资三方合作机制座谈会，配合有关部门开展争创“劳动关系与和谐社会（单位）”的申报评选活动；配合江苏省工商联在全市民营企业家中开展“两争一树”[1]活动。

是年 全市私营企业达11.01万家、注册资金2302.12亿元，成为继上海、北京、广州、深圳之后的第5个私营企业超过10万家的城市；个体工商户24.98万户、注册资金107.94亿元；个体、私营经济年上缴税金232亿元，占全市税收总额的30.8%，含股份联营在内的民营经济上缴税收占全市税收总额的48.1%；私营、个体经济完成投资660亿元，占全社会固定资产投资的31.1%，比上年提高1.2%，首次超过外资投资总额，增幅高于外资和国有、集体经济投资；全市上规模

〔1〕“两争一树”，即“争创学习型组织，争做知识型职工，树新时代职工形象”。

民营企业比上年增长36%；私营、个体经济的注册总数、资本及上缴税收、固定资产投入、产品出口、从业人员等主要指标在全省保持领先。

是年　苏州市工商联共有会员企业9515家，其中私营企业9190家、行业商会（同业公会）102家，有基层组织107家。

2007年

1月15日 经苏州市民政局批准，苏州市商会改名为苏州市总商会。

1月18日 苏州市工商联召开第十二次会员代表大会。中共江苏省委常委、苏州市委书记王荣，江苏省政协副主席、省工商联会长李仁，中共江苏省委统战部副部长、省工商联党组书记邵军，中共苏州市委副书记、市长阎立，市人大常委会主任周福元，市政协主席冯瑞渡，中共苏州市委常委、统战部部长周向群，以及市各民主党派、人民团体负责人出席会议。选举产生十二届执委会，姚东明当选为会长，党组书记孟家栋等18人当选为副会长。邱良元兼任秘书长。

是日 苏州市工商联十二次会员代表大会期间，苏州市工商联与市光彩事业促进会共同发起“献出一颗爱心，共创和谐社会”慈善募捐活动，24家民营企业共认捐善款1322万元。

1月23日 苏州市举行“携手慈善，共创和谐——百家企业慈善捐赠仪式”。多家民营企业和单位参加此次慈善募捐大会，现场认捐善款超过1.8亿元。

是月 苏州市工商联月初走访德国中小企业联合会、香港贸易发展局等，组织会员企业参加经贸活动。

2月7日 苏州市政府决定将苏州市促进中小企业（私营个体经济）发展领导小组更名为苏州市促进中小企业（民营经济）发展领导小组，并根据人事变动情况对领导小组成员名单进行相应调整，增加市发改委、市人事局、市国土局、苏州银监局等4个成员单位。中共苏州市委常委、副市长周伟强任领导小组组长。

2月8日　中共苏州市委、市政府召开全市民营经济工作会议，部署实施民营经济新一轮腾飞计划。市委书记王荣发表讲话，要求民营经济在培养壮大规模型企业、发展服务业、提高自主创新能力、走出去、建立完善现代企业制度等5个方面下功夫。市委副书记、市长阎立作题为《发挥优势，提升质量，再创民营经济发展新辉煌》的工作报告。苏州市工商联被评为2006年度苏州市民营经济工作先进集体。

2月20日　苏州市政协和苏州市工商联编辑的《遍地英雄——苏州民营企业委员风采录》出版发行，中共江苏省委常委、苏州市委书记王荣为该书作序。

3月12日　经中共江苏省委批准，省委统战部与省经贸委、人事厅、工商局、工商联在全省开展第三届优秀中国特色社会主义事业建设者评选表彰活动，苏州市高德康、陶国平、郁霞秋、钱月宝受到表彰。

3月14日　苏州广播电视报社与苏州市工商联共同策划举办和谐消费与企业社会责任论坛，活动得到7家市属行业商会的支持。

3月19日—20日　江苏省工商业联合会第九次会员代表大会召开，苏州市工商联会长姚东明在九届一次执委会议上当选为省工商联副会长。

4月10日　苏州市召开全市统战工作会议，中共江苏省委常委、苏州市委书记王荣讲话，提出：要积极探索工商联归口管理经济类行业协会（商会）的路子，促进行业协会（商会）的健康发展。

4月14日　苏州市工商联主办的苏州“十一五”规划强企战略——千名经理人培训工程在相城区正式启动。

4月28日—29日　苏州市工商联组织安排“温州客商宿迁行”考察团就温州企业家投资“苏州—宿迁工业园”项目展开实地考察，并在当地召开情况介绍会议。

5月26日 苏州市工商联商会培训中心举办企业管理讲座，特邀消费行为学专家、中国十大营销专家之一王磊进行现场讲授。苏州市温州商会、市百货业同业公会、市餐饮业商会、市物流商会、市眼镜同业公会等民营企业管理层人员近80人参加讲座。

6月4日 苏州市工商联与市科技局举行工作会晤。双方回顾总结以往联合开展工作的主要情况，就联合构建公共服务平台、创建吴中科技创业园等方面进行有益的探索。

6月10日 苏州市工商联所属第一个行业工会组织苏州市餐饮行业工会联合会举行成立仪式，全市餐饮企业30多万从业人员有了自己的工会组织。

6月25日—29日 中共苏州市委、市政府组织20位优秀民营企业家赴沪、粤、辽学习考察。中共江苏省委常委、苏州市委书记王荣在学习考察团座谈会上发表讲话，向广大民营企业家提出“向创新要发展，向资本要扩张，向管理要水平”的跨越式发展新要求。

6月26日 全国政协副主席、全国工商联主席黄孟复一行来苏州市考察民营企业，并出席吴江市“中国绸都·国贸纺织中心”的奠基仪式。

是日 全国政协副主席、全国工商联主席黄孟复一行参加苏州民营企业和谐劳动关系建设专题座谈会，苏州市工商联与市各有关部门领导及民营企业代表参加座谈。黄孟复对苏州市工商联的工作给予高度评价和充分肯定。

是日 江苏省经贸委、省中小企业局、省统计局、国家统计局江苏调查总队、江苏省工商联联合发布2006年全省营业收入百强民营企业。苏州市入选25家，居全省第一。其中江苏沙钢集团有限公司（529.06亿元）列第2位，华芳集团有限公司、江苏永钢集团有限公司分列第4、第5位。

8月6日 全国工商联公布2006年度上规模民营企业调研结果。苏州市入围企业165家，占全省的22%，其中上榜2006年度全国500强民营企业的有28家，占江苏省上榜企业的四分之一，上榜企业数位居全省第一。

8月20日　苏州市工商联与苏州市工商行政管理局、市中小企业局、市民企协会举办《物权法》讲座，著名法学家江平向数百位民营企业家作讲解。

是月　苏州市工商联组织市（县）、区工商联领导，与无锡市工商联一起赴常州市工商联、武进区工商联进行实地考察和学习取经。

9月17日　苏州市第二家异地商会组织苏州市湖南企业协会成立。

苏州市湖南企业协会成立大会会场

9月18日　苏州市政府下发《关于实施民营经济新一轮腾飞计划的意见》，提出“鼓励民营资本进入现代服务业，引导民营企业集聚发展，推动民营企业节能减排，支持民营企业科技创新，促进民营企业对外经济合作，增强民营企业社会责任，拓展民营企业融资渠道，加强对民营经济的监测和运行分析，完善与民营经济发展相适应的社会服务体系，提升促进民营经济腾飞的整体合力”等10条工作措施，力争使苏州成为江苏民营经济发展的“龙头”和全国先进地区。

9月28日　苏州市召开“光彩之星”表彰大会，200名个体工商户和私营企业主受到表彰。

9月29日—30日　江苏省档案局、省工商联、省中小企业局在常熟市召开全省民营企业档案工作会议，交流、部署江苏省民营企业档案工作。

10月30日　苏州市首家在异地的商会——宿迁市苏州商会成立，表明苏州民营企业家开始走出发展。

是月　中共中央总书记胡锦涛在中共十七大报告中提出：坚持和完善公有制为主体、多种所有制经济共同发展的基本经济制度，毫不动摇地巩固和发展公有制经济，毫不动摇地鼓励、支持、引导非公有制经济的发展，坚持平等保护物权，形成各种所有制经济平等竞争、相互促进的新格局。

11月8日　苏州市工商联召开座谈会，邀请非公有制经济代表人士交流学习贯彻中共十七大精神。

11月9日　苏州市工商联和市总工会首次联合召开全市民营企业“关爱员工、实现双赢”先进表彰暨企业工会工作会议，评选表彰29名苏州市关爱员工优秀企业家、29名苏州市热爱员工优秀企业、27家苏州市双爱双评先进单位。

11月20日—30日　苏州市工商联对骨干会员企业履行社会责任情况进行调查，并对数据进行汇总分析：自1994年以来，苏州市776家民营企业共实施投资类光彩项目252个，累计到位资金76.05亿元、安置就业50238人、培训47929人，累计带动脱贫199893人，带动村数715个；实施捐赠类光彩项目2988次，捐赠金额6.54亿元，捐赠物资6359.89万元，受惠人数达123.93万人；与142个村实施结对帮扶，增加农民收入106.20亿元，就业带动农民工资性收入10.40亿元。2001年至2006年间，776家企业为农民提供401403个工作岗位，使40223名下岗职工实现再就业，为3282名残疾人提供就业岗位。2006年用于培训18459.698万元，2001年至2006年间用于培训526686.614万元。

11月27日　苏州市非公有制经济关心下一代工作委员会召开成立大会。

11月29日—30日　中共苏州市委统战部、苏州市工商联在市委党校举办苏州市第四期非公有制经济代表人士培训班。

12月28日　中国光彩事业促进会召开三届三次理事会，苏州市光彩事业促进会因在组织推动光彩事业中做出突出成绩而获得光彩事业组织奖，成为江苏省唯一获奖的单位，全国共有15个单位和个人获得这一奖项。

12月29日　国家发改委、科技部、财政部、海关总署、税务总局等5部委发布2007年第58号公告，公布第14批国家认定企业技术中心的名单。江苏沙钢集团有限公司、亨通集团有限公司、江苏常铝铝业股份有限公司入选，实现苏州市国家认定企业技术中心零的突破。

是年　苏州市工商联与市经贸局、市外经贸局、市劳动和社会保障局、市总工会、市科技局5部门进行工作会晤，共达成合作任务39项；在年初召开的全市民营经济工作会议上，苏州市工商联连续第5年被中共苏州市委、市政府评为全市民营经济工作先进集体，连续3次被评为省工商联先进集体；苏州市工商联机关全体工作人员和民营企业家参加调研月活动，成果收入《中国苏州发展报告》；完成中共苏州市委交办的年度重点课题调研工作，成果入选《苏州市级机关重点调研课题》；《关于今后民营经济发展的几点建议》被列为市政协优秀提案；中央电视台到苏州拍摄苏州市工商联组织会员企业举行的科技拥军主题活动，《人民前线》采访报道民营企业先进典型，驻苏部队帮民营企业开展军训活动；苏州市工商联被评为全市党政信息工作二等奖、市统战系统一等奖、信息员被记三等功，民营企业文化建设成果展示活动获苏州市宣传思想工作创新奖提名；苏州市工商联会员数据信息分析平台软件正式启用；成立苏州市第一家群众性高尔夫联谊组织——苏州市工商联企业家高尔夫俱乐部。

是年　苏州市工商联调研工作形成“两个重点，四方合作”〔1〕模式，完成调研报告《实施推动民营企业“走出去”战略的思考》。与省、市（县）、区工商联联动开展调研，完成上规模民营企业、乡镇街道商会情况、履行社会责任、企业劳动用工、和谐企业、污染化工企业整治等项调研；与政府、群团部门合作进行专项调研，完成民营经济腾飞计划目标分解落实情况、民营企业自主创新、民营企业走出去发展、增强社会责任意识提升企业素质、科技政策贯彻落实情况、开放型民营企业状况等项调研；调研职能部门与其他处室共同合作开展综合调研，完成推进民营企业自主创新的思考、苏州经济建设与富民创业研究、民营企业参与新农村建设情况等项调研；与

〔1〕“两个重点”为：重点做好年度苏州民营经济发展报告和中共苏州市委交办的重点调研课题。“四方合作”为：与省、市（县）、区工商联联动开展调研，与政府、群团部门合作进行专项调研，调研职能部门与其他处室共同合作开展综合调研，与行业商会、民营企业家合作调研。

行业商会、民营企业家合作调研，完成苏州现代物流业调研，调研成果在《苏州日报》发表。

是年　苏州市工商联新建汽配用品业商会、民办教育协会两家直属行业商会；餐饮业商会、百货业同业公会、融资担保业商会、职业中介同业公会、黄金珠宝业商会、物流商会等行业组织，形成定期向政府报告业内情况的制度；乡镇（街道）商会实现市域范围全覆盖；非公有制经济代表人士数据库实现新编分析软件与旧软件数据对接。

是年　苏州市工商联以恒力集团为典型，带动建立一批和谐企业培育试点单位；与市（县）、区工商联和行业商会一起树立一批环境友好型、资源节约型、劳动关系和谐型民营企业，培育47家劳动关系和谐企业，推动行业、区域签订集体劳动合同，联合开展和谐劳动关系调研；组织民营企业家四上宿迁、二上东北、一上湖南，邀请企业家参加“南北挂钩合作招商月活动”等省内外来苏的各类招商活动9次，组织会员企业参加展销会、经贸洽谈会5次，在宿迁、泗洪和东西部完成项目投资80多亿元；组织会员企业参加2007年苏州市金融创新推介会暨银企合作洽谈会，举办首次全国性大型会展——苏州国际婚纱摄影产业博览会；配合省工商联和苏州市有关部门开展上规模民营企业调研和省级纳税大户上报工作，共上报172家规模企业、比上年增加19.7%，40家纳税大户、比上年增加100%；推荐9家民营科技企业参加苏州市创新试点企业评审，组织、推荐民营科技企业参加省企业财务管理论文比赛，推荐民营企业参加市“五一”奖评选活动；配合苏州工业园区推进老挝苏州工业园区建设，组织会员企业参加韩国全罗北道优秀商品观光展；为1家企业引进外籍专家；帮助市建设集团与印度软件培训机构进行合作，帮助力康皮肤药业集团产品打入印度市场；组织企业家参加欧洲企业联合会的中欧企业交流会等培训活动；编发《商会外经信息》6期，为企业“走出去”提供服务。餐饮业商会开展业内计量确认、环保评选、烹饪评比等服务，百货业同业公会开展关心员工、企业投诉等服务，融资担保商会开展管理人员培训、信用担保资金注册、管理软件培训等服务，典当拍卖商会开展典当业务培训、银企合作、行业自查自纠等服务，物流商会开展主题论坛、参观考察、工作调研、物流信息公共平台、通讯员培训等服务，房地产商会开展讲座、特色旅游等服务，汽配商会开展中日汽配业合作等服务。

是年　苏州市工商联在5个市（县）开展为期5个月的民营企业参与新农村建设调研工作，确定常熟市康博村、梦兰村、蒋巷村，昆山市晟泰村，张家港市永联村等5个典型；在全市会员企业中推广恒力集团利用中水、实现废水零排放、构建环境友好型和谐企业以及节能降耗、开展技术革新的先进经验；换届后，每季召开一次企业家会长座谈会，加强非公有制经济代表人士与中共苏州市委、市政府部门领导的沟通；引导梦兰、恒力、波司登、郎力福等4家企业投资3.6亿美元、20亿元人民币参与苏北经济发展，引导吴中集团、攀华集团在东北地区投资1亿美元、20亿元人民币；引导4家会员企业在四川峨眉、甘孜雅江、马边兴办5所光彩子弟小学，1家企业在陕西榆林援建1所希望小学。

是年　苏州市工商联共有会员18225家，[1]其中企业会员13843家，比上年增加1685家，私营企业会员12065家，比上年增加1660家；有行业商会（同业公会）139家、会员6202家；基层组织128家，其中乡镇商会64个、街道商会37个、异地商会20个、开发区商会7个。

〔1〕苏州年鉴编纂委员会：《苏州年鉴2008》，古吴轩出版社2008年版，第147页。该书第142页谓2007年会员总数为16414家，证诸其他材料，该年会员总数应为18225家（人）。

2008年

1月24日—28日　江苏省政协十届一次会议在南京举行，苏州市政协副主席、市工商联主席姚东明当选为省政协常委。

2月1日　苏州市工商联获评2007年度苏州市民营经济工作先进集体。

2月22日　苏州市工商联召开十二届二次执委会议。苏州市政协副主席、市工商联主席姚东明作题为《坚持“三性统一”，发挥“五大作用”，努力促进苏州市民营经济又好又快发展》的工作报告。会议审议确认有关人事调整的决定，决定免去孟家栋、邵鹤鸣第十二届执行委员会委员、常务委员、副会长职务，增补王根伟、沈天荣担任第十二届执行委员会委员、常务委员、副会长。王根伟任苏州市工商联党组书记。免去吴中区工商联原会长崔玙珈苏州市工商联第十二届执委、常委，由吴中区工商联主席周黎敏替补；免去沧浪区工商联原会长卜秋苏州市工商联第十二届执委，由沧浪区工商联主席华丽替补；免去金阊区工商联原党组书记陆雪观苏州市工商联第十二届执委、常委，由金阊区工商联党组书记潘文替补。增补吴江市工商联党组书记黄松林为苏州市工商联第十二届执委、常委。

2月28日　苏州市工商联与市民营经济研究会联合举办企业所得税法专题讲座。

3月1日　苏州市工商联（总商会）主办，苏州市工商联培训中心和群峰（中国）有限公司承办的千名经理人培训工程首期学员结业，完成为期一年的学习管理培训。

3月4日—26日 苏州市工商联驻会领导先后走访吴江、张家港、常熟、太仓、昆山市和吴中、高新、相城、平江、金阊、沧浪区工商联，听取各单位2007年工作重点、特色工作介绍和2008年工作打算，就新时期工商联的工作定位和重点进行探讨，并走访部分会员企业。

3月5日 苏州市工商联获得2007年度全市党政信息工作先进单位二等奖；宣教处袁婧荣获全市信息工作先进个人称号，并记三等功一次。

3月17日 苏州市工商联召开全市2007年度上规模民营企业调研工作动员布置会议。

3月21日 苏州市工商联团体会员苏州市光彩事业促进会举行主题为“同在蓝天下，共建新天堂”的新苏州人子女援助行动捐赠仪式。

是月 苏州市工商联与中共苏州市委统战部联合开展《劳动合同法》贯彻情况调研，分别走访张家港市、常熟市等有关市（县）、区重点行业和企业，了解贯彻实施情况及存在问题，从维护劳动者权益、经济发展、劳动就业等角度提出统筹兼顾、分门别类、循序渐进、宽严相济等建议。

是月 苏州市工商联与市劳动和社会保障局、市总工会、市经贸委召开劳动关系三方协调机制会议，就宣传《劳动合同法》、规范用工及建立和谐劳动关系、劳动监察网格化管理、劳动合同全覆盖、建立解决工资拖欠问题长效机制、开展“和谐、诚信、关爱”活动、培育和谐工业园区等进行部署；与市劳动和社会保障局开展创业大赛，工商联赛区的“吴地人家”选手获得决赛季军；与市经贸委（中小企业局）举办第二批千名经理人培训工程，开办（设）中小企业上市运作指导培训班、麦当劳成功的秘密武器公开课，第二届苏州国际婚纱摄影产业博览会的参加客商数量创新高；与市外经贸局联合举办西澳洲投资贸易说明会、中欧企业投资与融资（苏州）洽谈会、立足香港迈向国际论坛；为首批5家民营企业申办A0EC商务旅行卡，为2家民营企业引进德国专家。

4月5日　苏州市工商联副主席邱良元率企业家代表团应邀参加第十二届中国东西部地区合作与投资贸易洽谈会。

4月7日　苏州市工商联党组书记、副主席王根伟接待中共吉林省通化市委统战部副部长、市工商联党组书记张作权，常务副主席陈士中，副主席金岩率领的通化市（县）、区工商联考察团。苏州市工商联副主席陈丽新陪同考察。

4月13日—15日　苏州市工商联主席姚东明，副主席邱良元、陈丽新率办公室、宣教处、联络处有关负责人以及苏州电视台记者一行8人赴宿迁考察调研。

4月22日　苏州市工商联与美国江苏总商会代表团签订缔结友好商会协议。

4月22日—23日　苏州市工商联驻会领导及各处室负责人一行10人赴连云港市、南通市工商联学习考察。

4月24日　苏州市工商联与中共苏州市委宣传部联合在苏州金螳螂建筑装饰有限公司召开民营企业思想政治工作座谈会。

4月26日—27日　江苏省政府副秘书长韩庆华、省发改委副主任赵芝明、省苏北办副主任黄建东和苏州市副市长周玉龙、市工商联副主席邱良元率苏州市30位企业家，参加在宿迁市举行的苏州—宿迁南北挂钩投资洽谈会。

5月5日　苏州市工商联驻会领导和各处室负责人举行“解放思想，创新工作”大讨论。

5月8日　苏州市工商联联合中共苏州市委宣传部、团市委、市青联、《苏州日报》、市广电总台、市青商会，开展第三届苏州市十大青年创业先锋评选活动。

5月10日—11日　苏州市工商联主席姚东明，江苏省工商联副主席、恒力集团总裁陈建华，市工商联副主席、秘书长邱良元一行赴浙江绍兴市、嘉兴市，就提升吴江纺织产业结构，做大做精做强纺织产业进行专题调研。

5月22日　苏州市工商联偕同市外经贸局、荷兰福拉门—卢纳马克企业联合会联合主办苏州市中欧企业投资与融资洽谈会，200多名来自中国上海、苏州等城市及荷兰、瑞典等欧洲国家的企业代表参加洽谈会。

5月25日　苏州市工商联机关全体工作人员以志愿者身份参与北京奥运会火炬接力苏州市传递活动。

5月27日　苏州市工商联机关全体工会成员在原有捐款的基础上，共向汶川地震灾区捐款3000余元特殊工会费。

5月28日　苏州市工商联与香港投资推广署在苏州香格里拉酒店举办“立足香港、迈向国际”研讨班，130多家企业听取和咨询投资香港的相关事宜。中共苏州市委常委、副市长周伟强出席活动并讲话。

5月28日—29日　中共苏州市委统战部副部长、市工商联党组书记王根伟率课题组成员，深入吴中区和常熟市开展建立非公有制经济代表人士综合评价体系的试点调研。

是月　四川省汶川“5·12”大地震发生后，苏州市餐饮业商会连夜召开紧急会议，并于次日向苏州市红十字会捐款5万元救助灾区；市工商联机关工会组织全体工作人员先后向汶川地震灾区捐款8500多元；市工商联组织市属行业商会（同业公会）、异地商会向汶川地震灾区捐款474万元；市工商联携手市红十字总会、市广电总台举办“抗灾救灾、众志成城”大型公益行动，13家市属行业商会、4家市级异地商会和有关民营企业参加活动，共捐款1400多万元；市工商联与中共苏州市委统战部、市光彩事业促进会和市广电总台社会经济频道向全市工商联会员单位、光彩事业促进会理事单位联合发出倡议，发动民营企业家为汶川地震灾区援建苏州光彩学校；市工商联21名在职和5名退休中共党员以缴纳特殊党费的形式向汶川地震灾区捐款4950元；市工商联与民进苏州市委、苏州市红十字会共同主办“情系灾区儿童，重建温馨校园”书画义拍活动，将募得的百万元善款全部捐赠给汶川地震灾区。

6月5日　苏州市工商联副主席陈丽新带领专题调研组赴常熟市，对德国专家在苏州市民营企业工作情况进行专题调研。

是年上半年　苏州市工商联利用苏州电视台的《委员之声》专题访谈节目，对政协委员中的民营企业家进行宣传；在《苏州日报》上用整版篇幅宣传苏州市民营经济企业家“走出去”发展的成功案例；利用市广电总台资源，对民营企业发展的典型进行跟踪采访，集中宣传苏州市民营企业在宿迁发展的情况；对民营经济聚集度较高的纺织行业进行专题研究，重点分析纺织行业的现状，解剖吴江市纺织产业，并与浙江绍兴市的纺织业进行对比，从中发现困扰、影响纺织行业发展的瓶颈问题，从政府调控、调整产业结构、建立商务交易平台、实施品牌战略、整治环境方面提出产业提档升级建议，得到中共吴江市委、市政府领导的重视。

7月6日　苏州市工商联民办教育协会筹建的“招生超市”在市科技大楼一楼开张，这在江苏省内属于首家。

7月13日　苏州市工商联在《苏州日报》上设立“共创和谐劳动关系、共享企业发展成果”专版。

7月25日　苏州市工商联组织部分市属行业商会、异地商会的企业家赴驻苏部队某部驻地慰问。

8月2日　苏州市人民政府和复旦大学城市与区域发展研究中心主办，苏州市工商联与市广电总台等单位承办的2008复旦大学“市长·总裁”环球论坛在胥城大厦酒店举行，来自全市各有关政府职能部门和企业界、金融界、学术界的代表约200人参加论坛。

8月20日　苏州市工商联副主席陈丽新及机关支部、工会领导走访结对帮扶的5户贫困户。

8月25日—26日　苏州市工商联组织首批10余名民营企业家赴苏州工业园区九龙医院进行体检，正式启动2008年的企业家健康工程。

8月26日　苏州市总商会网站完成改版，通过因特网向公众发布，开通试运行。

9月2日　由新加坡商会江苏分会会长林益民牵线，新加坡商会执行总监许振义来苏州市总商会拜访，双方签订建立友好商会协议。

9月8日—9日 中共苏州市委统战部副部长、市工商联党组书记王根伟和有关处室工作人员赴苏州市温州商会、重庆商会、职业中介同业公会、典当投资与拍卖业商会、物流业商会进行工作督察，了解各有关市属基层组织的创建情况，进一步推动文明城市创建活动的深入展开。

9月9日 苏州市工商联举办企业家健康知识讲座，邀请苏州大学附二院专家现场讲解，部分工商联副会长、常委及民营企业家参加活动。

9月18日 苏州市工商联与浙江衢州市工商联签订友好商会协议书。

是日 苏州市工商联组织20余家民营企业，参加在苏州市会议中心举行的四川—江苏化工及新材料产业对接座谈会。

9月22日 中共苏州市委统战部副部长、市工商联党组书记王根伟率调研组一行赴市工商联所属房地产业商会召开企业家座谈会，对苏州的房地产业发展情况进行专题调研。

9月24日 苏州市工商联机关党支部召开动员会议，要求机关党员进一步发挥先锋模范作用，为文明城市的创建工作添砖加瓦。

10月14日 苏州市工商联副主席陈丽新率联络处有关人员赴上海拜会台湾连锁加盟促进协会理事长王国安先生，就双方加强经贸合作、推动苏州民营企业提升服务产业水平进行交流，并签约建立友好商会关系。

10月20日 苏州市召开支援抗震救灾总结表彰大会，118个先进集体、103位先进个人获表彰。苏州市工商联、江苏沙钢集团有限公司、苏州建设（集团）有限责任公司、江苏永钢集团有限公司、江苏国泰国际集团有限公司、波司登股份有限公司、太仓华侨房地产开发有限公司、江苏吴中集团等获苏州市支援抗震救灾先进集体称号。吴江市副市长、工商联主席汤卫明，苏州市工商联副主席、江苏亚细亚集团董事长龚国钧等获苏州市支援抗震救灾先进个人称号。

10月24日 厄瓜多尔贸易促进会委员会主席、厄瓜多尔中国商会会长皮尔森·王率厄瓜多尔中国商会代表团一行7人来苏州市工商联访问，并签署缔结友好商会的协议。

10月30日　苏州市工商联荣获全国工商联系统先进单位称号，张家港市工商联主席、党组书记陶建明荣获全国工商联系统先进个人称号。

10月31日　钟绍铭率中国马来西亚商会上海分会来苏州市工商联进行友好交流，并签订建立友好商会的协议。

11月3日　苏州市工商联与中共苏州市委统战部、苏州市经济贸易委员会、江苏省苏州市工商行政管理局、苏州市科学技术局联合主办的改革开放30周年苏州民营经济发展成果展开幕，展出600多幅图片和50余件实物，市各有关部门、全市工商联系统和民营企业家代表约200多人参加活动。江苏省政协副主席、省工商联主席李仁，中共苏州市委常委、副市长周伟强，市人大常委会副主任金明，市政府副市长王鸿声，市政协副主席程耀寰、赵鹤鸣等出席开幕式并剪彩。市政协副主席、市工商联主席姚东明主持开幕式。

11月5日　苏州市工商联与澳大利亚澳中贸易促进委员会建立友好商会关系。

11月6日　全国政协副主席、全国工商联主席黄孟复就当前经济形势下民营经济发展情况来苏州调研。

11月12日　苏州市工商联、市民政局调研组一行2人赴常熟市对当前异地商会工作进行调研。

11月13日—16日　江苏省工商联调研组在省政协副主席、省工商联主席李仁率领下，对苏州市民营企业发展情况进行调研。

11月18日　苏州市工商联及苏州市房地产业商会对苏州市房市变化情况进行调研，组织召开企业家和房地产专家座谈会。

11月21日　全国工商联扶贫与社会服务部光彩事业处处长郑克俭率采访组来苏州，实地考察民营企业参与新农村建设的有关情况，并对部分典型案例进行采访。

11月25日　香港贸易发展局首席代表钟永喜率队来苏州市工商联访问交流。

12月5日　在苏州市“同在蓝天下，慈善一日捐”暨慈善先进表彰大会上，苏州市工商联荣获慈善工作优秀组织奖。

12月25日　苏州市工商联举行市属行业商会（协会、同业公会）、异地商会秘书长年终述职、经验交流会，市属21家行业商会（协会、同业公会）与异地商会的秘书长及专职工作人员30余人参加会议。

是年　苏州市工商联主持编辑、出版《回眸•展望——苏州民营经济发展掠影》画册，拍摄《激荡三十年——苏州民营经济发展特别记录》电视片，撰写《解读苏州民营经济》一文，对苏州民营经济30年发展历程及成就进行梳理总结。

是年　苏州市工商联领导率队赴宿迁走访波司登、梦兰、恒力和长江润发集团所投资企业，了解其发展状况、存在困难，帮助、协调解决问题，以带动其他行业“走出去”发展。

是年　苏州市工商联先后与市经贸委（中小企业局）、市总工会、市劳动和社会保障局、市外经贸局、市科技局进行工作会商，在科学发展、转变发展方式、会员服务、构建和谐劳动关系、上规模企业调研、宣传活动、行业组织建设、人才招聘、创业促就业、“走出去”发展等29个方面达成合作意向，并着手实施。

是年　苏州市工商联、苏州市光彩事业促进会和中共苏州市委统战部联合设立光彩事业教育奖励基金，每年向品学兼优的贫困外来务工人员子女奖励100万元，其中部分资金用于市十二中、二十中“光彩班”。

是年　苏州市工商联共有会员19547家，其中企业会员15047家、团体会员52家、个人会员2661个，企业会员比上年增加1204家，私营企业会员达到12945家、比上年增加880家；有行业商会（同业公会）162家，其中市辖24个，市（县）、区级辖71个，乡镇（街道）辖63个，其他4个；基层组织129家，其中乡镇商会65个、街道商会37个、异地商会22个、开发区商会5个。

2009年

1月13日 苏州市工商联推荐上报的“政府助推民营经济快速腾飞，十万民企成就‘三足鼎立’经济布局”入选纪念改革开放30周年苏州民心工程。

是月中旬 在苏州市政协十二届二次会议上，苏州市工商联针对企业融资难、房地产市场低迷、创业投资缺乏动力等现状和问题，提交集体提案《关于应对金融危机挑战，帮助企业减负增效的几点建议》，建议政府部门进一步加强与企业联系，采取措施帮助企业减负增效、渡过难关。该提案被列为第一号提案。中共苏州市委、市政府据此要求党政部门对民营企业应“无事不扰、有求必应、热情周到、尽责服务”，启动扶持房地产市场的购房免契税政策，降低餐饮消费刷卡费率等措施。

2月1日 苏州市工商联在全市民营经济工作会议上连续7年荣获先进集体称号。苏州市融资担保业商会、房地产业商会、民办教育协会和昆山餐饮宾馆业协会荣获2008年度苏州市中小企业服务示范机构称号。苏州市工商联调研处处长马克勤、张家港市工商联主席陶建明、太仓市工商联主席宋福荣、吴中区工商联副主席赵唯政、相城区工商联副主席周静荣获2008年度苏州民营经济工作先进个人称号。

2月7日 江苏省工商联副主席，苏州市政协副主席、市工商联主席姚东明参加江苏省政协十届二次会议民建、工商联、经济界一组、经济界二组及农业和农村界委员联组讨论时，作《建议加大支持力度，努力帮助民营企业渡过难关》的发言。

2月19日 苏州市光彩事业教育奖励基金首次颁奖大会在苏州图书馆举行，表彰和奖励一批在苏接受义务教育的外来务工人员子女和直接从事相关教育工作的优秀教师。中共苏州市委常委、统战部部长周向群，市政协副主席、市工商联主席姚东明和捐资企业家代表出席大会。

是月下旬 苏州市工商联调研组围绕“民营企业应对金融危机”这个主题，分赴各市（县）、区开展第二阶段的调研，主要就民营规模型企业的发展现状和遇到的困难及问题进行了解和剖析。

3月2日 苏州市工商联与市总工会举行年度工作会晤，市人大常委会副主任、市总工会主席金明与副主席沈华、高慧芹、朱正荣，市政协副主席、市工商联主席姚东明与市工商联党组书记王根伟和副主席邱良元、陈丽新，以及双方单位有关处室的负责人参加。

3月4日 苏州市工商联与市经贸委（中小企业局）举行年度工作会晤。市经贸委主任姚林荣，副主任、中小企业局局长陈卫明，副主任罗沈福，中共苏州市委统战部副部长、市工商联党组书记王根伟，市工商联副主席、秘书长邱良元，以及双方有关处室负责人参加。

3月11日 苏州市工商联获得2008年度全市党政信息工作先进单位二等奖。

3月12日 比利时瓦隆州外贸和外国投资总署中国区投资代表邹晓平女士到苏州市工商联拜访。

3月17日 苏州市工商联召开全市工商联系统信息工作会议，回顾总结过去一年来有关工作开展情况，共同谋划、推动全市工商联系统的信息工作再上新台阶。各市（县）、区工商联，各市属行业商会，机关各处室的分管领导和信息员出席会议。

是日 苏州市工商联成立企业危机协调委员会，并要求各市（县）、区工商联、行业商会成立企业危机协调小组，利用工商联民营企业会员众多的有利条件，互帮互助，帮助企业应对金融危机等突发困难。

3月18日—19日 宿迁市工商联党组书记孙连凯一行4人来苏州考察民营企业，助推苏州市传统行业民营企业“走出去”发展，共谋两地工商联深度合作。

3月21日 苏州市工商联和创新中国论坛、中国商业联合会主办，苏州市总商会培训中心承办的2009中国企业创新与发展苏州论坛在市会议中心进行，市工商联副主席、秘书长邱良元致开幕词。

3月23日 苏州市工商联召开全市工商联系统调研工作会议。市政协副主席、市工商联主席姚东明与副主席、秘书长邱良元，各市（县）、区工商联分管会长、秘书长及苏州市工商联调研处的工作人员与会。

是日 苏州市政协副主席、市工商联主席姚东明率市工商联驻会领导及各处室负责人，赴常州市工商联学习交流。

3月25日 苏州市工商联组织部分民营企业家参与在南京举行的“投资香港全国行”——江苏站活动。

是日 苏州市工商联与市司法局联合召开企业家座谈会，听取有关行业、企业对于依法维权和有关部门在开展法律服务方面的意见和建议，为下一步工作提供指导。市工商联、司法系统的相关领导和部分行业商会会长、民营企业家出席座谈会。

3月30日 江苏省工商联副主席、苏州市工商联主席姚东明应罗马尼亚中小企业、商务暨环境部部长NITA邀请，率部分民营企业家参加在上海虹桥宾馆举办的罗马尼亚与中国经贸论坛，并与NITA部长和罗马尼亚驻沪总领事进行友好交流。

是日 苏州市工商联副主席、秘书长邱良元率20余名民营企业家参加苏州市、呼伦贝尔市市场推介会。

3月31日 苏州市工商联与意大利对外贸易委员会正式建立友好商会关系。

是月 苏州市工商联主办、苏州群峰企业管理教育有限公司承办的苏州市千名经理人培训工程举行第二期结业典礼，评出最佳学习力优秀企业奖和最佳学习力优秀个人奖，并邀请行业专家作《金融危机下职业经理人应对策略》的主题演讲，同时颁发市紧缺人才岗位资格证书。

是月　苏州市工商联开展专题调研，先后对市工商联常委、执委企业家和规模型企业进行走访，了解全市民营企业在金融危机后的生产经营状况及市场销售、对外融资、劳动用工等情况，帮助企业解决用电收费不合理等系列问题。调研活动结束后，市工商联召开情况交流会，并据此形成相关工作思路。

4月3日　苏州市工商联召开学习交流会，就各处室围绕“保增长、促发展”目标，对调研金融危机影响下各地纳税大户企业的生存发展和应对情况进行交流总结，并研究部署当前的重点工作。

4月17日　苏州市工商联与市科学技术局举行年度工作会晤。市政协副主席、市工商联主席姚东明，市科学技术局局长周旭东，市工商联副主席、秘书长邱良元，以及双方单位有关处室的负责人出席会议。

4月18日　苏州市工商联和市经贸委、华夏银行苏州分行等联合举办华夏银行金融顾问推进活动暨银企洽谈会。

4月21日　苏州市工商联组织部分民营企业家参加在上海举行的上海—毛里求斯经贸合作研讨会。

是日　苏州市工商联与市总工会联合在《苏州日报》上发出主题为《同舟共济保增长、关爱员工促和谐》的倡议书，并以一个专版篇幅，阐述当前加强和谐劳动关系建设的重要性、部门在推动构建和谐劳动关系方面的举措及部分典型企业的做法。

4月21日—22日　吉林省通化市市长助理钟安堂、市工商联秘书长佟伟新与市政府有关部门一行5人，专程到苏州市工商联拜访。苏州市工商联副主席、秘书长邱良元接待客人，并介绍苏州市民营经济的发展情况。

4月27日　苏州市工商联与市地税局共同建立“纳税人之家”，从传递渠道、改进征管工作质量、加快处理程序、互通情况、加强沟通咨询和宣传、参与纳税服务监督等6个方面职责，搭建保护纳税人合法权益、参与和监督地税工作、预防化解税务争议、推进公开和民主办税的平台，实现征纳双方共赢。

5月5日　香港中华工商业协会秘书长陈峰一行来苏州考察交流，苏州市工商联副主席陈丽新接待。

5月6日　苏州市工商联副主席、秘书长邱良元率70余名民营企业家，参加在市会议中心举行的通化市与苏州市产业对接会暨项目签约仪式。

5月8日　苏州市工商联围绕“提高服务水平、助推民企发展、争创新优势、实现新跨越——我们怎么办”主题，在机关内部集中开展解放思想大讨论活动。

5月15日　苏州市工商联与市残联、市劳动和社会保障局、市总工会等单位在市工人文化宫金逸广场联合举办“阳光助残、放飞爱心”残疾人专场招聘会，共有107家企业参加招聘，提供工作岗位300多个。

是日　苏州市工商联与苏州市安徽商会组织一批重量级会员企业，参加安徽省芜湖市在苏州举行的投资环境说明会。

5月25日　中共中央政治局委员、国务院副总理王岐山，商务部部长陈德铭，国家旅游局局长邵琪伟等，在中共江苏省委常委、常务副省长赵克志，省委常委、苏州市委书记王荣等的陪同下，视察苏州商会博物馆。

5月26日　香港中华工商业协会副主席梁永安一行4人专程到苏州市工商联拜访，双方签订缔结友好商会协议。

6月2日　苏州市工商联与市外经贸局联合举办面向外贸型民营企业的政策培训班，给学员印发《国家、江苏省和苏州市外经贸扶持政策摘要》，200余家企业代表参加此次活动。

6月6日　苏州市工商联与市政协、苏州电视台联合举办新闻访谈节目《委员之声》，3位企业家政协委员结合自身实际，畅谈企业如何抓住机遇，通过科技创新、加强技术改造、抢占市场和“走出去”发展等举措来应对危机。

6月8日　苏州市政协与苏州市工商联牵线搭桥，邀请29位企业家代表赴市政协“三服务”（服务企业、农村、社区）结对联系点——太仓市陆渡镇参观考察、洽谈投资，为地方经济的发展注入新活力。市政协副主席、市工商联主席姚东明与市政协副主席申建华参加活动。

6月12日　苏州市江西商会成立大会暨第一届会员大会举行。江西省人大常委会副主任姚亚平，江西省政协副主席、中共江西省委统战部部长宋晨光，中共苏州市委常委、统战部部长周向群与苏州市政协副主席、市工商联主席姚东明等出席大会。

6月23日—25日　苏州市工商联在安徽省池州市召开市（县）、区工商联主席工作例会，主要议程为：各市（县）、区工商联交流上半年工作和下半年打算；传达全国工商联、江苏省工商联常委会议精神；布置企业家履行社会责任统计及非公代表人士数据库工作；通报苏州市工商联开展学习实践科学发展观活动的有关情况。

7月14日　在东方卫视、江苏卫视、湖南卫视、浙江卫视、深圳卫视联合举办的赈灾晚会上，江苏沙钢集团捐赠100万美元，恒力化纤有限公司、波司登股份有限公司分别捐赠人民币500万元和100万元，支援台湾同胞抗击台风“莫拉克”造成的严重灾害，重建家园。

9月8日　中国民生银行苏州分行与苏州市工商联联合举行中小企业融资主题活动启动仪式。

9月10日、15日　苏州市政协副主席、市工商联主席姚东明，中共苏州市委统战部副部长、市工商联党组书记王根伟分别率领企业家考察团赴绵竹市，考察当地的投资环境、招商引资政策等，并就两地产业合作相关事宜进行交流座谈。

9月17日　苏州市工商联会同市劳动和社会保障局，依托市职业中介（人力资源）同业公会开展企业招工难、用工荒情况的专项调研，召开企业家座谈会，对缓解企业用工难问题进行深入探讨。

9月23日　苏州市工商联牵头的苏州市非公有制经济组织深入学习实践科学发展观活动指导小组召开第一次全体成员会议，传达中共苏州市委动员大会精神，明确工作职责，制订具体的工作计划。

10月14日　香港贸发局珠宝业咨询委员会主席马墉宜率香港珠宝业商贸团，

在香港贸发局制造业拓展周总监、华东华中首席代表钟永喜陪同下来苏州访问，苏州市政协副主席、市工商联主席姚东明会见商贸团一行。

是日 江苏—绵竹产业合作洽谈会上，江苏企业与绵竹市签署118.66亿元的投资合作协议，其中苏州市工商联组织参加的3家民营企业与绵竹市达成6.2亿元的投资意向。

10月26日 以佐藤阳一为团长的日本大分县日田市市长代表团一行14人来苏州友好访问。日本代表团在苏期间，先后对苏州市工商联会员企业华东装饰城、苏州红蚂蚁装饰设计工程有限公司进行实地考察和座谈交流，对日本木材进入苏州装饰市场进行研究和探讨。

是日 中共江苏省委常委、苏州市委书记蒋宏坤走访苏州市工商联机关。

10月27日 云南省德宏州政协副主席、州工商联主席卜金富一行16人，到苏州市工商联进行工作交流。中共苏州市委统战部副部长、市工商联党组书记、市工商联副主席王根伟及相关处室负责人参加工作交流。

10月28日 内蒙古自治区巴彦淖尔市工商联主席樊力一行6人来苏州考察招商。苏州市工商联副主席、秘书长邱良元参加考察接待活动。

是日 来苏州参加内蒙古阿拉善盟政协、统战、商会经济研讨班的成员，与苏州市工商联、民营企业举办企业家座谈会。

10月29日 在江苏省工商联参政议政委员会二届一次全体会议上，苏州市工商联副主席、秘书长邱良元，市工商联副主席、苏州鹏云置业集团有限公司董事长王立占，市工商联副主席、江苏亚细亚集团董事局主席龚国均被聘任为省工商联参政议政委员会委员。

11月5日 苏州市工商联、苏州市民办教育协会和利联信息咨询（上海）有限公司联合举办一场海外投资兴办企业说明会，通过积极营造“走出去”氛围，帮助苏州民营企业进军海外市场。

11月17日 以中共广州市委统战部副部长、市工商联党组书记谢春潮为团长，广州市工商联副主席黄健敏为副团长的广州市学习考察团一行13人来苏，苏州市工商联与广州市工商联签署友好商会协议。

12月4日—5日　江苏省工商联主席李仁在张家港市调研。

12月7日　江苏省工商联餐饮业商会三届三次理事大会在苏州市举行，来自全省13个城市的500余家餐饮企业代表共同探讨餐饮行业发展。江苏省工商联主席李仁、副主席桂德祥，中共苏州市委常委、统战部部长周向群，苏州市人大常委会副主任、市总工会主席金明，苏州市政协副主席、市工商联主席姚东明等出席会议。

12月9日　苏州市工商联友好商会台湾中华两岸连锁经营协会理事长王国安先生，专程来苏州考察服务业发展，苏州市政协副主席、市工商联主席姚东明接待。

是日　苏州市工商联组织常委、执委企业家参加企业家健康知识讲座。

12月15日　沈阳市工商联副主席王罡率学习考察团来苏州市工商联进行工作交流，双方签署缔结友好商会协议。

12月23日　苏州市清华企业家商会正式成立，这是国内首个以高校命名的区域性商会。中共江苏省委常委、苏州市委书记蒋宏坤会见来苏州出席商会成立仪式的清华大学校长顾秉林。市长阎立等市领导，市政协副主席、市工商联主席姚东明出席成立仪式。

12月25日　江苏省第四届优秀中国特色社会主义事业建设者表彰大会在南京举行，苏州市受表彰的民营企业家是：雅鹿集团股份有限公司董事局主席顾振华、苏州天马医药集团董事长徐仁华、江苏益友天元律师事务所主任唐海燕、苏州鹏云置业集团有限公司董事长王立占。

是年　苏州市工商联在“苏州商会”网站和《苏州民营经济》杂志开辟应对金融危机专栏，宣传民营企业应对危机、化危为机的典型。

是年　苏州市工商联按照中共苏州市委统一部署、市委统战部具体安排，紧扣“提高服务水平，助推民企发展”主题，在全机关开展深入学习实践科学发展观活动，就新形势下市工商联立足自身职能、服务科学发展、加强调查研究、参政议政、行业组织建设、典型宣传、机关建设等进行讨论，提出工作思路；市工商联领导班子两次走访全市12个市（县）、区，围绕金融危机下民营企业的生存情况开展专题调研；分别召开各市（县）、区工商联和基层组织负责人、非公有制经济代表人士、市属行业商会和机关干部座谈会，向苏州市工商联十二届常委、执委会员企业和行业（异地）商会、市（县）区工商联及有关政府部门发放征求意见表，征集意见和建议100多条。

是年　苏州市新登记私营企业2.65万家，年末累计达15.73万家；新登记私营企业注册资本629.97亿元，年末累计注册资本4205.53亿元。新登记个体工商户7.13万户，年末累计达到32.55万户；新登记个体工商户注册资本38.25亿元，年末累计注册资本153.81亿元。全市民营企业上市的数量累计达到34家。江苏省民营企业营业收入百强榜中苏州占26席，江苏沙钢集团成为江苏省第一家也是中国内地唯一入围世界500强的民营企业。

是年　苏州市工商联共有会员21597家，其中企业会员16983家（内私营企业会员14573家，比上年增加1628家），比上年增加2050家，团体会员93家，个人会员2778个；有行业商会（同业公会）183个，比上年增加21个，其中市属27个，市（县）、区属82个，乡镇（街道）属59个，其他6个；县级以上工商联组织13个，其中市属1个、市（县）属5个、市辖区7个；基层组织143家，其中乡镇商会64个、街道商会41个、异地商会32个、开发区商会5个、其他1个。

2010年

1月4日 江苏省政协副主席、省工商联主席李仁对阿特斯太阳能光电（苏州）有限公司进行调研。

1月15日 苏州市第八届精神文明建设“五个一工程”获奖名单公布，苏州市工商联企业会员苏州士奥动画制作有限公司的《诺诺森林》、苏州天堂卡通数码制作有限公司的《搜救犬阿虎》获荣誉奖；苏州亚细亚传媒娱乐有限公司的《谍战古山塘》、苏州天堂卡通数码制作有限公司的《芦荡金箭》和《江水清清》获入选作品奖。

是日 苏州市工商联企业会员江苏梦兰集团有限公司、苏州新阳光机械制造有限公司、亨通集团有限公司、江苏吴中集团有限公司、苏州人民商场股份有限公司、石路国际商城有限公司荣获苏州市2006—2008年度文明单位称号。

1月18日 苏州市政协十二届三次会议上，苏州市工商联提交《关于加快苏州现代物流业发展的建议》《苏州民营企业转型升级的思考》《再议进一步提升苏州中心城市首位度》3篇发言材料，关于提升苏州城市首位度的不少内容被吸收进苏州市“十二五”规划草案；提交10份集体提案，其中2份集体提案和4份个人、联名提案受表彰，《关于做精做优苏州城区商贸业的几点建议》被列为苏州市政府副市长、市政协副主席重点督办提案。

2月8日 苏州市民营经济工作会议召开，市政协副主席、市工商联主席姚东明出席会议。中共苏州市委、市政府对2009年度苏州市百佳民营企业、十佳民营企业家、优秀创业者、中小企业服务示范机构和民营经济工作先进集体、先进个人、优秀民营企业金融顾问进行表彰。

是日 苏州市工商联会员企业沙钢集团等14家企业成为苏州市首批命名的制造业地标型企业。

2月9日 苏州市民政局、苏州市工商联就进一步做好市（县）、区异地商会的管理发出《关于委托属地民政局和工商联代行区（县）级异地商会日常管理的通知》。

3月3日—4日 全国工商联与中国建设银行负责人在苏州开展城乡一体化建设调研。

3月5日 中共中央总书记、国家主席胡锦涛在参加全国人大会议江苏代表团审议政府工作报告时，与全国人大代表、苏州市工商联企业会员江苏梦兰集团董事长钱月宝进行对话。

是日 苏州市工商联和中共苏州市委统战部、市教育局、市光彩事业促进会举行“同在蓝天下，共建新天堂”光彩事业教育奖励颁奖大会，向760位优秀的“新苏州”学生颁发奖学金，向100位为新苏州人子女教育作出突出贡献的教师颁发奖教金。

3月8日 赴北京参加全国人大、全国政协两会的苏州代表、委员和工作人员一行20多人参观北京苏州商会，指导商会工作。

3月10日 美国《福布斯》杂志在纽约揭晓2010年度亿万富豪排行榜，苏州市工商联企业会员沙钢集团董事局主席沈文荣以14亿美元名列第721位，波司登羽绒服装有限公司董事局主席、总裁高德康以12亿美元名列第828位。

4月1日 中共苏州市委常委、统战部部长周向群，市政协副主席、市工商联主席姚东明视察苏州市潮汕商会、苏州市山东商会、苏州市工商联物流商会，对异地、行业商会组织如何围绕苏州市委“三区三城”[1]建设、发挥党和政府联系会员企业的桥梁纽带作用进行调研。

4月16日　苏州市工商联会员企业波司登羽绒服装有限公司通过常熟市慈善总会紧急捐赠价值1000万元的救灾急需物资，成为苏州地区首家自发向青海玉树地震灾区捐赠物资的企业。

4月20日　吴江市江苏恒力集团、盛虹集团等9大民营企业向青海玉树地震灾区捐款及捐赠救灾物资，截至是日，总价值近1000万元。

4月26日　苏州市政协副主席、市工商联主席姚东明应邀出席在杭州市举办的中国幸福城市建设路径与民生银行小微企业战略高层论坛，并发表演讲。

是日　苏州市率先在全国正式成立具有独立法人资格、以加强党建工作为宗旨的社会团体——苏州市非公有制经济党建联合会。

4月30日　苏州市政府作出《关于同意授权苏州市工商联为全市性社会团体业务主管单位之一的批复》，同意授权苏州市工商联作为全市性工业类、商业类及其相关公益类社会团体的业务主管单位之一，并明确市工商联在开展社会团体登记管理工作中的权责。

5月6日　苏州市工商联与中共苏州市委统战部联合举办苏州市非公有制经济转型升级研讨会。苏州市委办公室、研究室《调研与参考》2010年第22期刊登市工商联《关于加快发展苏州网络营销服务产业的思考和建议》一文，这是市工商联首次在市委主要刊物上发表调研成果，中共江苏省委常委、苏州市委书记蒋宏坤批示，要求“市政府认真研究，推

苏州市非公有制经济转型升级研讨会会场

〔1〕其含义是：要加快把苏州建设成为科学发展的样板区、开放创新的先行区、城乡一体的示范区，成为以现代经济为特征的高端产业城市、生态环境优美的最佳宜居城市、历史文化与现代文明相融的文化旅游城市。

动苏州网络营销服务产业快速发展”。

是日　2009年度江苏“百强民营企业”和“百强企业”双双出炉，苏州市工商联企业会员沙钢集团以1463亿元营业收入分别位居第一、二位，连续两年位居百强民企排行榜首。

5月17日—21日　苏州市政协副主席、市工商联主席姚东明率市工商联代表团，赴重庆调研苏州民营企业“走出去”情况。

6月21日　苏州市政协副主席、市工商联主席姚东明率苏州市山东商会企业家一行，参加由全国工商联和山东省政府联合主办的“齐鲁行”活动。

7月6日　苏州市召开“光彩之星”、“创业之星”暨“创业精英”事迹报告会，百余家民营企业、个体户代表参加。中共江苏省委常委、苏州市委书记蒋宏坤出席会议。

是日　苏州市总商会设立扶贫帮困基金，11个异地商会、17家行业商会向该基金注入首笔80万元爱心款，定向用于帮扶原工商业者中的低保户和低保边缘家庭。

7月8日　《财富》英文网发布2010年《财富》世界500强企业的最新排名。苏州市工商联企业会员沙钢集团以214亿美元位居第415位，较去年444位上升29位，是江苏省内唯一上榜的企业。

7月10日—12日　全国政协副主席、全国工商联主席黄孟复参观考察波司登集团和恒力集团。

7月11日　由苏州市经信委、苏州市工商联承办的中国创业家（苏州）峰会举行，全国政协副主席、全国工商联主席黄孟复，江苏省工商联主席李仁，中共苏州市委副书记、市长阎立出席开幕式，市政协主席王金华，市委常委、统战部部长周向群，市政协副主席、市工商联主席姚东明出席活动。

7月12日　由苏州市清华企业家商会策划并承办的海内外清华学子苏州行活动拉开帷幕，100位海内外清华大学优秀学子与苏州市100位企业界精英共商合作发展大计。活动期间，阿特斯太阳能光电（苏州）有限公司总投资7亿美元的苏州高新区光伏产业园项目与高新区签约，清华大学校友与苏州市签订11个合作项目，总投资70多亿元。

8月29日　中共江苏省委常委、苏州市委书记蒋宏坤分别对苏州市工商联《加强清华企业家商会建设》的信息和《关于加快发展苏州网络营销服务产业的思考和建议》调研报告作出批示。

9月2日　中共苏州市委副书记、市长阎立受聘为苏州市清华企业家商会名誉会长。

9月3日　苏州福建商会在苏州市二十四中开设苏州闽商光彩班，91名家境贫寒、品学兼优的外来人员子女成为光彩班新生。至12月底，异地商会在苏州市共开设光彩班6个，学生总数达300名。

苏州福建商会向闽商光彩班捐赠仪式

是月　截至月底，苏州市工商联融资担保业商会累计为3.3万家中小企业提供融资担保5.5多笔共记1612亿元，规模占全省第一。

10月14日　苏州市工商联会员企业吴江亨通集团有限公司、通鼎集团有限公司在苏州市福利院建立300周年庆祝活动上，捐赠500万元。

是日　苏州市工商联机关党组织赴吴江市经济开发区苏州中徽纳米材料公司，开展千名干部服务千家企业的“双千服务实践”活动。

10月18日　苏州市工商联就贯彻落实中共中央有关工商联工作文件向市政府汇报，经市长阎立批示，19日明确一位副市长分管联系市工商联工作。

是月　截至月底，苏州市工商联向中共苏州市委报送410篇信息，为江苏省工商联录用1000多条信息；为百货业、食品业、清华企业家商会制作网上信息平台，完成乡镇商会信息平台程序编制，规范乡镇商会电子台账，独立开发会员数据库系统并集成到乡镇商会、行业商会信息平台。

11月6日—8日 全国政协副主席、全国工商联主席黄孟复在常熟市视察民营企业发展情况。

11月8日 苏州市工商联企业会员沙钢集团资助张家港市社会福利服务中心（老年公寓）新建工程8000万元。

11月11日 苏州市工商联召开全市非公有制经济人士思想政治工作座谈会。

11月18日—19日 由苏州市政协主席王金华，市政协副主席、市工商联主席姚东明率领的苏州市民营企业家考察团赴宿迁、盐城、南通进行考察。在苏州—宿迁南北合作考察座谈会暨签约仪式上，13家苏州民营企业与宿迁市签署项目投资意向，总投资额达95.21亿元。

12月18日 苏州市民营企业家摄影俱乐部成立，民营企业家摄影作品展同时拉开帷幕，中共苏州市委常委、统战部部长周向群，副市长浦荣皋，市政协副主席、市工商联主席姚东明参加开幕仪式。

是月 江苏省工商联做出表彰决定，苏州市工商联被评为全省工商联系统先进集体，吴江市工商联、太仓市工商联、苏州工业园区工商联被评为全省县（市、区）工商联先进集体，张家港市大新镇商会、常熟市虞山镇商会、昆山市开发区商会和苏州市吴中区光福镇商会、相城区渭塘商会、沧浪区葑门商会被评为全省工商联基层组织先进集体，苏州市融资担保业商会、市房地产业商会、市物流商会与吴江市鞋业商会、常熟市冶金铸锻商会和苏州市平江区化工行业商会、苏州体育中心商圈商会、苏州高新区装饰材料商会被评为全省工商联系统先进行业商会。

是年 苏州市工商联与中共苏州市委统战部等单位联合，在非公有制经济人士中开展评选、表彰苏州市第三届优秀中国特色社会主义事业建设者活动。苏州市工商联先后向江苏省教育电视台《苏商》访谈节目推荐11名转型升级企业家的典型案例，播出后获得较好反响；主动对接在上海举办的世博会，与苏州电视台共同制作《苏州民企在世博》的《委员之声》电视谈话节目，3家科技创新民营企业的企业家介绍推进转型升级、科技创新的成功经验和做法；在《苏州民营经济》上推出“转型升级特刊”“制造业地标性民营企业”两期专刊，在《苏州日报》上推出“苏州现代物流业期待再提速”“苏州的阿里巴巴在哪里？”“清华企业家在苏州——清华企业家商会”3个专题；苏州商会博物馆全面改造。

是年　苏州市工商联与民生银行苏州分行联合举办授信仪式，民生银行先后与苏州市温州商会、福建商会、湖南商会等9家异地商会签署30.42亿元授信协议；与苏州国发中小企业担保投资等3家公司签订4亿元担保协议，与16家中小企业签订战略合作协议，相城区工商联与民生银行达成友好合作；组织行业商会与工商、民生、中信、招商银行等进行银企合作，解决中小企业融资难问题；苏州市工商联餐饮业商会与苏州市中级人民法院签署和谐共建协议。

是年　苏州市工商联先后组织企业家赴大连、重庆、山东等地考察投资环境，寻求走出去发展的新天地；推荐企业家参加河北、安徽、绍兴、山东、青海、河北、西藏、广西、辽宁、重庆等地政府在苏州举办的投资环境推介会。

是年　苏州市有30家企业跻身全国民营企业500强，比上年增加2家，沙钢集团蝉联榜首；完成第九次全国私营企业抽样调查任务；完成2009年度江苏省民营企业履行社会责任统计工作，组织企业开展全省民营企业纳税大户和就业先进的统计工作；按江苏省工商联要求，向全国工商联推荐亨通电缆、盛虹化纤、阿特斯光电、纽威数控、江南嘉捷电梯等5家会员企业参评科技进步奖；组织会员企业参加申报2010年度江苏名牌企业；对168名新一代民营企业家进行摸底；有748名会计人员参加网络培训。

是年　苏州市工商联对14家二级商会进行整合，其中7家完成注册登记手续；健全行业商会运行机制，对秘书长进行培训，编制商会工作台账；组织异地商会理事会、会长会及会员大会，引导、指导各商会秘书处工作规范运行；对基层商会增补副会长人选走访考察，建立健全商会人事调整和报批制度；召开市属异地商会秘书长、办公室主任例会，将工作部署、业务培训、工作交流融为一体；建立工作制度、推行目标考核，商会运行步入正轨。

是年　苏州市工商联举办会员数据库及基层商会信息平台培训班。市食品副食品业商会与市餐饮业商会进行交流合作，实现资源对接。市地税局稽查局邀请20个行业商会和异地商会的成员担任阳光稽查联络员。苏州市温州商会、福建商会根据自身特点成立小额贷款公司，以缓解会员企业发展中的燃眉之急；苏州市南安、福建等商会成立爱心帮困基金，帮助贫困学生和灾区群众渡过难关；苏州市湖南、川渝、江西、山东等商会成立投资公司，为商会发展打造服务平台；苏州市湖南、辛庄等商会组织多层次培训教育，提高企业素质；苏州市江西、福建等商会动员会员企业捐款、捐物，支援家乡灾后重建，其中江西商会捐款近100万元；苏州市川渝、安徽等商会组织会员企业到家乡投资发展。昆山市开发区商会制定并完善8项规章制度。常熟市虞山镇商会开展企业培训，先后组织商会理事会参加市经济高峰论坛和企业发展峰会。苏州市沧浪区葑门商会做到“围绕一个中心，健全四个机制”，将为会员企业提供服务作为工作的出发点和落脚点，深化例会、学习、企业走访、会员活动制度；吴中区光福镇商会成立社保热线、法律援助、税务咨询、贷款融资4大平台，定期为会员召开专题座谈会，并开通专题热线服务会员；相城区渭塘镇商会引导会员单位围绕全镇中心工作，参加招商活动、开展光彩事业。

是年　苏州市湖南、南安、福建、山东、潮汕等在异地商会组织会员企业向青海玉树地震灾区捐款20.63万元；江苏亚细亚集团除捐款20万元外，还通过金阊区慈善基金会出资100万元，认养灾区38名藏族孤儿。

是年　苏州市工商联按照“机关就是服务，公务员就是服务员”理念，制定《苏州市工商联机关处室作风效能综合评价的实施意见》，树立

"处处是窗口，人人是形象"意识，推出"情系民企、助推发展"服务品牌，建立机关学习、基层调研和考核考查机制；按照市"双千服务实践"要求，为企业送政策、送服务。

是年　苏州市工商联共有会员23301家，比上年增加1704家，其中：企业会员18901家，比上年增加1918家；私营企业16888家，比上年增加2315家；[1]团体会员103家，个人会员4297个。有行业商会（同业公会）193个，其中：市属26个，市（县）、区属103个，乡镇（街道）属64个。县级以上工商联组织13个、县级5个、市辖区7个。基层组织148个，其中：乡镇商会64个、街道商会41个、异地商会36个、开发区商会4个、市场商会2个、其他1个。

〔1〕原件如此。见苏州年鉴编纂委员会：《苏州年鉴2011》，上海社会科学院出版社，2011年版，第112页。

2011年

1月11日 苏州市政协副主席、市工商联主席姚东明等出席中共苏州市委、市政府召开的全市民营经济工作会议。中共江苏省委常委、苏州市委书记蒋宏坤发表讲话，市委副书记、市长阎立主持会议。市委、市政府总结了全市“十一五”期间民营经济工作，对“十二五”及2011年民营经济工作作了部署。市委、市政府“一号文件”《关于加快民营经济转型升级的若干意见》，提出了鼓励民营大企业大集团营业收入再上新台阶、鼓励民营企业发展总部经济、鼓励中小民营企业快速成长、帮助民营企业增强自主创新能力、引导民营企业推进制度创新、支持民营企业提升产业层次、推动民营经济加快发展现代服务业、放宽民间投资领域限制、鼓励民营企业发起或参与设立新型金融机构、引导民营经济参与城乡一体化建设、建立民营企业与政府重大项目合作机制、优化民营企业融资环境、完善社会化服务体系、营造良好社会氛围、强化政策的落实与服务、统筹解决民营企业用地需求、加大对民营经济的财政支持力度、加强民营经济发展的指导协调等18条意见。会议表彰了一批优秀民营企业，授予沈文荣等8人苏州市杰出民营企业家称号、瞿晓铧等22人苏州市优秀民营企业家称号、吴耀芳等37人苏州市第三届优秀中国特色社会主义事业建设者称号。

1月15日—19日 苏州市工商联界别政协委员出席市政协十二届四次会议，提交《关于继续大力推进苏州再担保体系建设的建议》等5份集体提案，为进一步缓解中小企业融资难题、做强做大新兴服务业，以及加大政策扶持力度、优化发展环境、助推经济转型发展献计献策。其中《关于继续大力推进苏州再担保体系建设的建议》被评为优秀提案。

是月　苏州市政协副主席、市工商联主席姚东明在江苏省工商联工作会议上，就学习贯彻中共中央、国务院《关于加强和改进新形势下工商联工作的意见》精神，进一步创新工商联服务工作发言，表示要努力营造有利于《意见》贯彻落实的良好舆论环境，加强工商联机关作风效能建设。

2月11日　苏州市工商联召开全体工作人员会议，学习贯彻全市作风效能建设会议精神。中共苏州市委统战部副部长、市工商联党组书记王根伟主持会议。

2月17日　苏州市工商联召开专题调研会议，部署贯彻落实《中共中央　国务院关于加强和改进新形势下工商联工作的意见》专题调研工作。

3月14日　“同在蓝天下，共建新天堂”——第三届苏州市光彩事业教育奖励金颁奖大会举行。按外来务工人员家庭与本地户籍各半的办法，奖励800名品学兼优的贫困学生共40万元，奖励100名教师共10万元。

4月12日　苏州市异地商会会长沙龙在山塘街雕花楼举行首次活动。苏州市政协副主席、市工商联主席姚东明出席，与各异地商会会长围绕商会建设问题进行广泛交流。

4月15日—19日　全国工商联副主席瞿怀明在苏州考察经济社会和民营经济发展情况，实地调研沙钢集团、波司登公司、恒力集团等民营企业。

5月10日　苏州市工商联与市司法局签订《关于共同建立苏州市民营企业法律服务机制的合作协议》。

5月16日　苏州市工商联负责的文化精品项目——苏州商会博物馆重新改造完成。新馆突出苏州商会“爱国尚德，尊商惠民，开放包容，务实创新”的苏商精神，集中展示苏州近现代工商文化和工商业发展史。

5月19日　苏州市工商联、中国人民银行苏州中心支行和市政府金融办公室联合举办苏州市银商合作洽谈会暨签约仪式。苏州市清华企业家商会等25家商会与工商银行苏州分行等8家银行签约，总授信额160亿元。

苏州市银商合作洽谈会暨签约仪式现场

5月31日—6月3日　苏州市政协副主席、市工商联主席姚东明率市民营企业家代表团一行，考察苏州对口支援的新疆伊犁州霍尔果斯特殊经济开发区。

7月12日　苏州市工商联十二届七次常委会议召开，市工商联全体主席（会长）、常委出席。市政协副主席、市工商联主席姚东明在工作报告中回顾2011年上半年工作，强调市工商联要提升服务水平，助推民营经济在新的起点上实现更大跨越。

7月27日　全国工商联副主席、中国民（私）营经济研究会会长庄聪生一行在吴江考察调研亨通集团。

8月25日　全国工商联在北京召开2011中国民营企业500强发布会。苏州市工商联将苏州获奖情况上报中共苏州市委。苏州有28家企业入围500强，在全省占比23.73%。其中沙钢集团名列500强第2位，恒力集团、永钢集团、华芳集团、丰立集团跻身前100位。

9月20日　苏州市工商联党组召开全体工作人员会议，传达贯彻中共苏州市委第十一次代表大会精神。市工商联党组书记王根伟提出如下贯彻意见：（1）以率先实现基本现代化为目标，明确“十二五”战略举措，振奋精神，围绕中心，服务大局，进一步增强工作的主动性和创造性；（2）以转变经济发展方式为主线，创新引领，主动服务，进一步推进非公有制经济健康发展；（3）以市、县（区）两级工商联换届为契机，优化机构，强化建设，进一步提高工商联建设的能力和水平；（4）以机关党组织结对非公党组织为抓手，通过“双帮双比”提高非公有制经济党组织覆盖率。

10月10日　苏州市工商联与中共苏州市委统战部、市人才办、市经信委联合举办的首届苏州市非公有制经济人才转型升级与创新发展高级研讨班在苏州市农村干部学院开班，28名优秀青年企业家参加。

10月15日　苏州市工商联报送的《苏州科技创业孵化器建设状况调查及发展思考》调研报告获中共江苏省委常委、苏州市委书记蒋宏坤批示。该调研报告建议：（1）进一步做好统筹规划，规范和促进全市科技创业孵化器建设和发展；（2）进一步明确发展目标，把加快发展特色专业孵化器作为苏州创新创业载体建设的重要方向；（3）进一步加大扶持力度，努力提升全市科技创业孵化器的发展水平；（4）进一步完善人才支撑体系建设，解决孵化器运营管理专业人才紧缺的问题。

是月　2011年中华全国工商业联合会科学技术奖揭晓，苏州市工商联选送的苏州蜗牛数字科技公司的"基于3D网络游戏通用引擎开发及产业化应用"、亨通光电公司的"光纤预制棒设备与工艺技术开发项目"获得科技进步二等奖，苏州东菱振动试验仪器有限公司获得科技创新企业奖。此后市工商联逐年组织选送，屡获该奖。

11月8日　苏州市总商会企业家俱乐部（直属商会）成立，苏州禾盛新型材料股份有限公司董事长赵东明当选为首届会长。

11月29日　苏州市民营企业文化促进会召开成立大会，亨通集团董事长崔根良当选为首届理事长。

12月19日　苏州市工商联十二届六次执委会议召开。会议审议市政协副主席、市工商联主席姚东明所作题为《奋发有为，开拓创新，努力开创工商联工作的新局面》的工作报告，通过召开苏州市工商联第十三次会员代表大会的决定。

是月　苏州市工商联报送的《关于进一步加强吴中科技创业园金枫电子商务产业园建设，促进苏州电子商务产业发展的建议》调查报告，获中共江苏省委常委、苏州市委书记蒋宏坤批示，市经信委根据批示调研后形成《关于金枫电子商务产业园有关情况的报告》。

是年　苏州市工商联被中共苏州市委、苏州市人民政府授予2009—2011年度苏州市全国文明城市建设先进集体、2008—2011年度全市档案工作先进集体等称号。

是年　苏州市工商联在《中华工商时报》登载报道15篇，与江苏省教育电视台合作完成《苏商》栏目录制工作，在《苏州日报》《姑苏晚报》上组织专版，与苏州电视台合作完成《委员之声》节目录制工作，出版《2010苏州市民营经济发展报告》。《苏州民营经济》办刊水平得到提高，市（县）、区工商联（商会）网站建设加快推进。

《委员之声》访谈节目录制现场

是年　苏州全市私营企业登记注册户数达20.8万户，个体工商户登记注册户数达38.28万户。规模以上民营工业企业共实现工业总产值8404.57亿元。民营经济上缴税收达553.3亿元，占全市入库税收总额29.7%。全市民营经济吸纳劳动力286万人，占全市就业人员总量55.5%。

是年　苏州全市工商联会员总数达24788家，其中企业会员19983家，团体会员107家，个人会员4698家。全市县级以上工商联组织13个，其中省辖市工商联1个，县级市工商联5个，市辖区工商联7个。工商联基层组织总数达到168个，其中乡镇商会69个，街道商会43个，异地商会44个，开发区商会6个，市场商会2个，其他4个。新增行业组织21个，行业商会总数达193个，其中省辖市的行业组织有25个，市（县）、区级103个，乡镇（街道）65个。

2012年

1月7日—10日　苏州市工商联界别政协委员出席市政协十二届五次会议，提交的《关于进一步扶持苏州市中小微企业发展的建议》被列为一号提案。该提案建议中共苏州市委、市政府及相关职能部门制定政策措施，尽快建立中小微企业发展专项资金，切实减轻中小微企业税负，缓解中小微企业融资难，加大对中小微企业的扶持力度。

1月17日　中共苏州市委、市政府举行民营企业家迎新春团拜会。全市近百位优秀民营企业家代表应邀出席，与中共苏州市委副书记、市长阎立等市领导共谋发展。

1月30日　苏州市工商联机关召开全体中层以上干部会议，传达贯彻落实全市作风效能建设大会精神，市政协副主席、市工商联主席姚东明要求工商联加强助企解忧调查研究，做优做强服务品牌，开展“商会运行质量提升年”活动，强化机关作风效能建设。

2月6日　苏州市政协召集市工商联、市地税局举行市政协一号提案办理座谈会，商讨切实减轻中小微企业税负以促进中小微企业发展。

3月　《苏州市工商联打造“银商、校商、法商、文商”四大平台》获评由全国工商联宣教部指导、《中华工商时报》主办的2011年度工商联（商会）工作优秀案例推介评选活动优秀案例。

4月6日　苏州市工商联第十三次会员代表大会召开。江苏省工商联主席李仁，中共苏州市委副书记、代市长周乃翔等出席会议。市工商联第十三届执行委员会选举姚东明为主席（会长），谢正才等20人为副主席，李兴华等12人为副会长，马克勤为秘书长。

4月13日　苏州市政协副主席、市工商联主席姚东明率领调研组调研相城区北桥街道豫商总部经济园。

4月27日　苏州市工商联十三届一次主席、会长会议召开。会议审议市工商联相关工作制度、机关工作目标任务，原则通过《苏州市工商联第十三届会费收缴标准》《苏州市工商联十三届执行委员会委员履职考核制度》《苏州市工商联十三届常务委员会组成人员履职考核制度》。

是日　中共苏州市委统战部副部长、市工商联党组书记谢正才率苏州市工商联代表团参加在徐州新沂市窑湾举行的八省商会联谊会揭牌仪式。

5月16日　苏州市工商联与市工商局、市旅游局、市餐饮业商会、市烹饪协会联合主办的首届同里红•苏州餐饮名店名菜评选活动正式启动。市政协副主席、市工商联主席姚东明，市工商联副主席邱良元等出席启动仪式。

5月22日　中共苏州市温州商会党支部成立，成为苏州城区异地商会的首个党支部。中共苏州市委统战部副部长、市工商联党组书记谢正才，市工商联副主席陈丽新，市工商联副主席、苏州市温州商会会长李坚等参加揭牌活动。

5月23日　苏州市地税局稽查局联合苏州市工商联所属房地产、现代物流、百货等11家行业商会召开工作恳谈会，市工商联副主席邱良元等出席。

5月29日　苏州市工商联机关和工会联合组织“三创三先”[1]主题教育活动，赴太仓市参观电站村新农村建设和现代农业示范园。

5月31日　苏州市光电缆业商会正式对外发布由该商会起草、倡导的《苏州市

〔1〕“三创三先”指“创业创新创优、争先领先率先”，2011年10月中共江苏省委十一届十二次全委会确定并正式公布为“新时期江苏精神”。

光电缆业行规行约》，这是中国首个光电缆业行规行约。

6月8日 苏州市工商联与中国民生银行苏州分行携手成立的首家市级小微企业城市商业合作社——苏州市小微企业城市商业合作社举行一届一次会员大会暨揭牌仪式。中国民生银行苏州分行党委书记、行长杨华任首任社长。

6月25日—28日 苏州市政协委员会十三届一次会议举行，苏州市工商联主席姚东明再次当选为市政协副主席。

7月3日 苏州市政协副主席、市工商联主席姚东明率领各市（县）、区工商联的主要领导赴重庆市工商联学习交流，双方重点探讨工商联服务企业平台建设及具体服务内容、工商联的宣传工作思路、工商联如何在促进企业转型升级和科学发展中发挥作用。

7月15日—16日 全国政协副主席、全国工商联主席黄孟复在苏州考察民营企业发展情况。苏州市工商联随后报送的《全国政协副主席黄孟复盛赞我市民营经济发展》一文被《苏州信息（动态）》第136期录用，并获中共苏州市委常委、统战部部长周向群和宣传部部长蔡丽新批示。

7月18日—20日 江苏省工商联第十次会员代表大会在南京召开，全国政协副主席、全国工商联主席黄孟复，中共江苏省委副书记石泰峰到会祝贺。大会选举产生省工商联第十届执行委员会。许仲梓当选为第十届省工商联主席（省总商会会长）。苏州市政协副主席、市工商联主席姚东明率苏州代表出席大会，陈建华、姚东明、高德康、崔根良当选为副主席，沈彬等当选为副会长，谢正才等当选为执委会常委。大会还对中共江苏省委统战部、省经济和信息化委员会、省人力资源和社会保障厅、省工商行政管理局、省工商联组织评选的35位第五届江苏省优秀中国特色社会主义事业建设者进行表彰，其中有苏州民营企业家陈素兴、崔根良、莫林弟、金志峰。

7月31日 苏州市政协副主席、市工商联主席姚东明在吴宫泛太平洋酒店会见日本金泽市副市长滨田厚史、金泽商工会议所会头深山彬一行。

8月22日—28日 苏州市工商联组织非公有制经济代表人士史建华、顾三官等20余人赴北戴河疗养。组织企业家疗养是苏州市“企业家关爱工程”的重要内容，已连续组织3年，受到企业家好评。

是月　苏州市政协副主席、市工商联主席姚东明对市工商联《关于弘扬苏州传统餐饮文化，加快筹建“苏帮菜”博物馆的建议》的政协集体提案进行重点督办。

9月18日　苏州市2012级光彩班开学典礼在市第二十四中学举行，24名品学兼优的光彩班学生获评“光彩之星”。至是年，光彩事业累计资助品学兼优的贫困生500多名，发放教育奖励金500多万元。

9月19日　苏州市工商联副主席陈丽新会见来苏州市总商会访问的美国杰克逊维尔市商会国际部主任迈克尔·布林一行。

10月25日　中共苏州市委统战部副部长、市工商联党组书记谢正才会见来访的加拿大维多利亚市市长迪恩·富廷一行；又会见来访的美国江苏总商会会长陈明一行，双方签署建立友好商会的合作协议。

10月31日　中共苏州市委统战部副部长、市工商联党组书记谢正才等在苏州市会议中心会见由美国达拉斯市副市长艾金斯率领的市政府暨达福地区台湾商会经贸访问团。

11月3日　苏州市工商联、苏州市民营企业文化促进会与苏州市科文中心联合组织“企业家走进科文大剧院”的文化活动。

11月19日　苏州市工商联召开十三届二次全体主席（会长）会议暨苏州市民营企业家学习十八大精神座谈会，并讨论市工商联执委会工作报告。

苏州市民营企业家学习十八大精神座谈会情景

11月26日　苏州市工商联副主席邱良元出席苏州市协调劳动关系三方委员会会议，部署开展“宣传和谐企业，推进创建工作”主题活动。

11月27日　苏州市工商联召开党组扩大会议。中共苏州市委统战部副部长、市工商联党组书记谢正才传达中共苏州市委《关于认真学习宣传贯彻党的十八大精神的通知》，部署下一步学习宣传工作。

12月7日—9日 中华全国工商业联合会第十一次会员代表大会在北京召开。中共中央政治局常委、中央书记处书记刘云山代表中共中央、国务院致贺词。全国政协副主席、全国工商联主席黄孟复代表全国工商联第十届执行委员会作工作报告。大会选举产生全国工商联第十一届执委会，通过黄孟复为名誉主席，选举王钦敏为全国工商联主席（中国民间商会会长）。苏州高德康、沈文荣、陈建华、陈素兴、姚东明出席代表大会。高德康当选为十一届执委会常委。

12月18日 苏州市工商联召开参政议政座谈会，讨论市工商联集体提案的选题及如何进一步提升工商联的调查研究、参政议政工作水平。

12月21日 苏州市工商联十三届二次执委会议召开。市政协副主席、市工商联主席姚东明作题为《以十八大精神为引领，努力开创工商联工作新局面》的工作报告。会上传达全国工商联第十一次会员代表大会精神，作出认真学习贯彻党的十八大精神的决议及工作部署。

是年 苏州市工商联《关于苏州太阳能光伏产业发展情况的调研报告》上报中共中央办公厅；苏州市小微企业城市商业合作社成为探索破解小微企业贷款难的一项成功创新举措，被称为“商会银行”，受到中共苏州市委、市政府及全国工商联的高度肯定。

是年 苏州全市共有22.96万户私营企业和41.5万户个体工商户。全市共有规模以上民营工业企业5161家，占全市规模以上企业总数的比重为52.1%；规模以上民营工业企业实现产值8956.94亿元，同比增长8.3%，占规模以上工业产值的比重为31.12%。沙钢集团等24家苏州民营企业入选2012中国民营企业500强。

是年 苏州市工商联共有会员31979家，其中企业会员27642家，团体会员174家，个人会员4163家，会员总数和企业会员总数均居全省第一。市工商联系统的行业商会组织共有205家，其中市属28家，新注册商会4家。行业商会会员总数达到2967家。市工商联系统的市属异地商会共有17家，县（市）、区设立的异地商会有26家。市工商联系统建有基层商会171家，其中包括乡镇商会66家、街道商会45家、开发区商会7家、村级商会9家、市场商会1家，覆盖会员企业近9000家。

2013年

1月6日—9日　苏州市工商联界别政协委员出席市政协十三届二次会议，提交《关于推进苏州老字号保护与传承的建议》等大会发言稿3篇，提交被列为市政协重点督办提案《关于打造苏州城市配送公共物流体系，降低“最后一公里”配送成本的建议》等集体提案5件。

1月16日—17日　全国工商联副主席黄荣率领中共中央统战部和全国工商联联合调研组就非公有制经济人士理想信念教育课题来苏州调研，并实地考察苏州高新区纽威阀门股份有限公司和东菱振动试验仪器有限公司。

1月23日　苏州市政协副主席、市工商联主席姚东明在江苏省政协十一届一次会议举行的联组会议上，围绕“更大力度推进生态文明建设，加快建设美好江苏”主题进行讨论，建议在小康考核指标体系中加大生态文明建设考核权重。

是月　中共苏州市委副书记、市长周乃翔对苏州市工商联报送的《关于做优做强苏州LED照明产业的建议》调研报告作出批示，肯定该建议很有针对性和可操作性，市政府将研究制定政策支持意见。

2月26日　苏州市工商联与市质监局、市经信委召开LED照明产业标准化工作座谈会，听取与会企业家在制定区域性企业联盟标准、在苏州地区建立起权威的第三方产品检测机构，以及加强产品质量监管、开展从业人员培训等方面的意见和建议。

3月20日　在全国工商联宣教部指导、《中华工商时报》主办的2012年度工商联（商会）工作十大亮点系列评选活动中，《江苏省苏州市工商联建立“商会银行”破解小微企业融资难题》名列2012年度工商联（商会）工作十大创新。

4月7日—9日　苏州市政协副主席、市工商联主席姚东明率吴江区工商联企业家代表团考察大连、海城、锦州等市，为纺织企业转型升级谋求新契机。

5月6日　中共苏州市委统战部、苏州市工商联组织全市统战部门、工商联系统干部及非公有制经济代表人士，收看全国非公有制经济人士理想信念教育实践活动电视电话会议，并召开全市电视电话会议贯彻落实全国会议精神。中共苏州市委常委、统战部部长周向群进行工作部署。

5月22日—25日　全国工商联扶贫与社会服务部副部长刘健一行来苏州，开展民营企业在城镇化建设中的作用专项调研。

5月23日　苏州全市工商联党组书记会议召开，发布《苏州市非公有制经济人士理想信念教育实践活动实施方案》。

6月14日　中共江苏省委统战部副部长、省工商联党组书记邵军率领江苏省非公有制经济人士理想信念教育实践活动巡回报告组来苏州举办报告会，民营企业家代表崔根良等报告人与数百名民营企业家听众分享自己对于中国梦的深刻理解。

是月　江苏省民政厅公布江苏省2013年第一批社会组织评估等级审定结果，苏州市福建商会、苏州市温州商会、张家港市装修装饰行业协会（商会）荣膺5A级社会组织称号。

7月3日　苏州市政府法制办、苏州市工商联联合召开政府职能转移及购买服务座谈会，与市食品副食品业商会等就政府职能如何转移、行业商会如何承接、政社互动如何开展等工作进行交流。

7月30日　苏州市工商联十三届一次常委会议召开。会议举行苏州市民营企业家志愿者联盟成立仪式，审议通过市政协副主席、市工商联主席姚东明所作常委会工作报告，讨论通过《关于深入开展非公有制经济人士理想信念教育实践活动的决议》。

8月2日　根据中共苏州市委非公有制经济工作委员会苏非工委复〔2013〕2号《关于同意成立中共苏州市总商会委员会》的批复，中共苏州市总商会委员会揭牌成立，陈丽新任书记，吴铭任副书记。

8月23日—25日　全国政协副主席、全国工商联主席王钦敏一行围绕“民营企业创新驱动”主题，赴苏州市吴江区、苏州工业园区、苏州高新区考察调研民营企业。

9月18日　苏州市工商联与市司法局联合召开市工商联（总商会）中小企业法律服务中心暨首批市属商会人民调解委员会成立大会，举行法律服务中心揭牌仪式、法律顾问受聘仪式和首批18家市属商会人民调解委员会的授牌仪式。

9月29日　苏州市工商联副主席陈丽新会见来访的英国苏格兰中国国际发展商会会长宋洁女士一行，双方签订缔结友好商会协议。

是日　首批苏州市非公有制经济人士理想信念教育实践基地命名仪式暨苏州市工商联（总商会）首次道德讲堂在苏州市道德讲堂总堂举行。

10月18日　苏州市工商联被人力资源和社会保障部、中华全国工商业联合会授予全国工商联系统先进集体荣誉称号。

全国工商联系统先进集体奖牌

11月5日　苏州市工商联、市地税局、民生银行苏州分行携手成立苏州市纳税人之家合作社，为中小民营企业量身定制融资方案，为会员单位提供综合涉税和金融服务。

是月　2013年江苏省工商联系统优秀调研成果评选结果揭晓，苏州市工商联报送的调研报告《苏州LED照明产业发展现状调查及思考》《苏州科技创业孵化器建设状况调查及发展思考》《加快股权投资基金建设，助推产业结构调整》《苏州市中小企业生存发展状况调查及对策建议》分获一、二、三等奖和优秀奖，综合得分居全省第一。

12月9日 苏州市工商联会同中共苏州市委统战部召开鼓励和引导社会力量进入养老服务体系建言献策座谈会，提升全市养老服务产业发展水平。

12月24日 苏州市工商联副主席邱良元会见来访的中国国民党青年部副主任、台湾地区高雄市党部副主任委员施明豪一行。

是月 苏州市工商联十三届三次执委会议召开，审议通过市政协副主席、市工商联主席姚东明所作题为《学习贯彻十八届三中全会精神，全力打造全国商会最活跃的地区》的工作报告。

是月 苏州市工商联指导各市（县）、区餐饮行业依托商会，相继完成劳动争议预防调解委员会的组建工作。

是月 江苏省工商联表彰2013年度全省工商联系统先进集体和单项工作先进单位，苏州市工商联荣获参政议政工作先进单位称号。

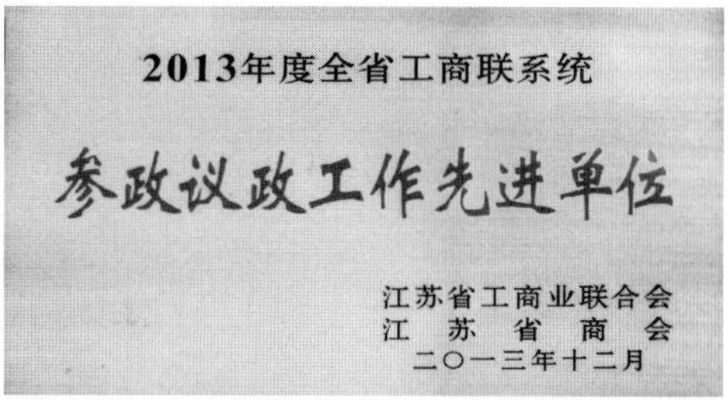

全省工商联系统参政议政工作先进单位奖牌

是年 苏州市成为江苏省非公有制经济人士理想信念教育实践活动试点城市。苏州市工商联创立“三大组织”形式：市总商会党委、市民营企业家志愿者联盟、市工商联法律服务中心；建立“四大平台”：苏州商会网、苏州总商会微信公众平台、微博平台、专题信息平台；整合培训资源，命名九大教育实践基地，形成非公有制经济人士理想信念教育的苏州特色。市工商联召开“我的中国梦”暨理想信念教育实践活动座谈会、报告会，组织“提升正能量、践行中国梦”苏州市非公有制经济人士提振“三信”[1]万人签名活动。

是年 苏州市工商联推进“四商服务”，即“银商、校商、法商、文商”

[1]“三信”是指增强非公有制经济人士对中国特色社会主义的信念、对党和政府的信任、对企业发展的信心。

服务。深化银商服务，借助全市基层商会全覆盖优势，与民生银行共同成立全国首家小微企业乡镇（街道）合作社——乡镇商会银行，小微企业长效融资从城市商业合作发展为城乡一体化服务体系。创新校商服务，从单一的人才培养转向高层次产、学、研对接。建立法商服务平台，苏州市工商联（总商会）中小企业法律服务中心和首批市属商会人民调解委员会成立。

是年　苏州全市新设立私营企业38032户，新设立个体工商户80668户。苏州市私营企业总数达255722户，实有个体工商户449682户。全市规模以上民营工业完成产值10013.55亿元，同比增长7.6%。全市中小微工业企业（包括规模以下工业企业）完成产值18837.35亿元，同比增长4.22%。共有21家企业入选2013中国民营企业500强。

是年　苏州市共有县级以上工商联组织11个，其中省辖市工商联1个，县级市工商联4个，市辖区工商联6个。全市商会组织为383个，其中行业组织215家，乡镇商会56个，街道商会54个，异地商会39个，园区商会7个，市场商会1个，其他11个。全市工商联会员总数为33623家，其中企业会员28872家，团体会员417家，个人会员4334家。

2014年

1月10日—13日 苏州市工商联界别政协委员出席市政协十三届三次会议，提交《关于进一步促进苏州小额贷款公司健康发展的建议》《关于鼓励和引导社会力量进入我市养老服务体系的思考和建议》2篇大会发言；提交6件集体提案，其中《关于优化布局，引导苏州高端酒店业有序发展的建议》和《关于民办、公办养老机构同等享受政策待遇的建议》被列为市政协主席会议和主席、副主席重点督办的提案。

是月 中共江苏省委常委、苏州市委书记蒋宏坤，市委副书记、市长周乃翔先后对苏州市工商联的专题调研报告《关于鼓励和引导社会力量进入我市养老服务体系的思考和建议》作出批示，市政府将结合国家和江苏省有关养老服务业发展意见的贯彻落实，研究提出具体办法。

是月 2013年度全国工商联（商会）工作亮点系列评选结果出炉，苏州市工商联推荐的《构建非公有制经济人士思想政治工作长效机制》名列全国工商联（商会）工作十大创新。

是月 苏州市工商联携手苏州市门户网站“名城苏州”打造的苏州商会网正式上线，成为苏州最大的企业家集聚平台，具有商会导航、会员单位展示、企业名片录等多个功能。

2月24日 中共苏州市委统战部、苏州市工商联举办苏州市民营企业家学习中共十八届三中全会精神报告会，市委党校副校长、市委讲师团成员郭学文教授作《全面深化经济体制改革与企业发展》的专题报告。

3月3日　苏州市工商联召开党的群众路线教育实践活动动员大会，按照中共苏州市委的总体安排和要求进行全面动员和部署。

3月24日　苏州市总商会党委召开工作会议，传达中共苏州市委印发的《关于深入开展党的群众路线教育实践活动的实施意见》，并就各商会党支部如何开展好这项工作进行部署。

3月27日　江苏省工商联商（协）会组织改革与发展（苏州）座谈会举行。苏州市部分行业、异地商会、乡镇商会负责人围绕商会组织基本情况、商会运行探索实践、商会管理和作用发挥进行交流发言。

4月24日　苏州市工商联与市司法局联合举办首次市属商会人民调解委员会调解员培训班，18家市属商会的部分调解员参加培训。

5月14日　苏州市工商联组织部分混合所有制企业负责人，参加中共中央统战部调研组召开的混合所有制经济发展情况专项调研座谈会。

5月20日—23日　国务院参事室特约研究员、全国工商联原副主席保育钧率调研组专题调研苏州民营经济发展情况，召集由苏州市政府及市经信委、市工商联、苏州市工商行政管理局有关负责人参加的调研座谈会，并赴吴江区、吴中区和相城区实地调研。

是月　苏州市工商联副主席邱良元率企业家考察团一行9人赴贵州省铜仁市进行经贸考察。自2013年初国务院正式明确苏州市对口帮扶铜仁市以来，两市签订对口帮扶框架协议和部门对口帮扶工作协议，制订对口帮扶实施计划。两市工商联结成友好商会，落实对口帮扶工作。

6月3日　中共江苏省委、省政府召开全省民营经济发展表彰大会电视电话会议。苏州市随后召开会议，中共江苏省委常委、省人大常委会副主任、苏州市委书记蒋宏坤要求认真贯彻落实会议精神，全力打造苏州工业经济“升级版”，推动民营经济实现更大跨越式发展。

6月10日　苏州市政协副主席、市工商联主席姚东明率市部分行业、异地商会会长和企业家组成的经贸考察团，赴淮安市金湖县考察投资环境。

6月12日　苏州市工商联会同中共苏州市委统战部召开苏州市电梯维保行业专题协商会，围绕“如何促进苏州电梯维保行业健康有序发展”这一主题进行交流。

6月26日—30日　中共中央统战部副部长，全国工商联党组书记、常务副主席全哲洙深入张家港市、常熟市和苏州市吴江区、苏州工业园区、苏州高新区，就加强基层工商联和商会建设、深入开展非公有制经济人士理想信念教育实践活动、服务民营企业转型发展等开展调研。

是月　中共江苏省委副书记、苏州市委书记石泰峰，省政协副主席、省委统战部部长罗一民考察苏州商会博物馆，并听取民营企业情况汇报。

7月7日　中共江苏省委统战部、省工商联调研组来苏州，深入开展国有资本和非公有资本发展混合所有制经济研究的专项调研。苏州市工商联积极做好省调研组赴企业调研的联系协调工作。

7月7日—8日　全国工商联副主席庄聪生率调研组来苏州，开展落实企业投资自主权，向非国有资本推出一批投资项目的政策措施贯彻落实情况第三方评估工作。

7月11日　苏州市工商联十三届三次全体主席（会长）会议召开，讨论十三届二次常委会工作报告，研讨当前经济形势及二次创业等相关主题。

7月17日　苏州市工商联十三届二次常委会议召开，市政协副主席、市工商联主席姚东明作题为《抓住机遇，主动作为，努力推进“两个健康”〔1〕》的工作报告。

7月18日　苏州市工商联举行以“四信”〔2〕为主要内容的非公有制经济人士理想信念报告会。苏州各市（县）、区工商联和各直属行业商会、异地商会、企业家俱乐部、企业文化促进会，共同向会员企业和社会发布苏商诚信“三字经”，同时正式启动全市商会诚信承诺签名活动。

〔1〕“两个健康”指非公有制经济的健康发展和非公有制经济人士的健康成长。

〔2〕“四信”指增强非公有制经济人士对中国特色社会主义的信念、对党和政府的信任、对企业发展的信心、对社会的信誉。

7月21日　贵州省铜仁市政协副主席、市工商联主席谢卫率该市工商联代表团来苏州举办招商引资推介会，苏州各市（县）、区工商联与铜仁市各区、县工商联签订缔结友好商会协议。

8月　苏州市工商联行业商会处要求市属行业商会，吸取昆山“8•2”特别重大事故深刻教训，利用商会信息平台对会员企业进行安全教育和安全提醒，积极配合职能部门对会员企业的安全生产检查工作。

9月15日　中共苏州市总商会党员大会在市会议中心举行，选举产生中共苏州市总商会第一届委员会，陈丽新当选党委书记，吴铭当选副书记。

9月20日　由苏州市政府主办，苏州市经信委、市人社局、市体育局、市工商联联合承办的“中亿丰”杯苏州市首届民营企业运动会开幕，共有167个单位372支队伍共2280人报名参加。

“中亿丰”杯苏州市首届民营企业运动会开幕式

9月19日—21日　苏州市政协副主席、市工商联主席姚东明率苏州市民营企业代表团，参加全国工商联和辽宁省政府在大连市举办的全国知名企业振兴东北老工业基地辽宁行活动。

9月24日　加拿大那奈莫市政府及企业代表团在那奈莫市经济发展合作局首席执行官Sasha Angus（萨沙•安格斯）带领下访问苏州市总商会，苏州市工商联（总商会）副主席邱良元会见客人一行。

9月25日　全国工商联联络部部长马君带领40多位参加2014外交官与民营企业家交流活动的外国驻华大使馆、驻沪领事馆官员及商务机构代表到访苏州市吴江区，参观亨通集团、太湖新城、汾湖高新区和康力电梯股份有限公司。

9月26日　苏州市副市长陆留生与澳大利亚洛根市政府及企业代表团团长、洛根市副市长罗素•拉顿先生分别代表两市签署友好城市关系协议书之经济合作补充协议，苏州市工商联相关领导参加签约仪式及会见。

10月14日—17日 中共苏州市委统战部副部长、市工商联党组书记谢正才率苏州市工商联暨苏州市贵州商会经贸考察团赴铜仁市考察高新技术产业开发区、碧江工业园区，并参加铜仁市招商引资资源推介暨座谈会。

10月20日 苏州市工商联召集市属行业商会会长召开承接政府职能专题座谈会，就商会今后如何承接政府职能、如何加快商会建设进行交流讨论。

10月22日 国务院发展研究中心调研组来苏州，对国资管理体制和混合所有制经济的发展情况展开调研，苏州市工商联协助中共苏州市委研究室组织部分企业家参加调研座谈会。

10月29日—31日 长三角地区城市民营经济和商会工作合作与交流机制第十二次会议在舟山举行。苏州市工商联等15个城市的工商联领导与民营企业家围绕“商会如何承接政府部分转移职能”主题进行交流和探讨。

11月6日 苏州市副市长周伟强主持召开深化行业协会（商会）改革实施细则修改意见专题会议，苏州市工商联领导参加会议。

11月10日 苏州市工商联召开党组中心组学习会，认真学习中共十八届四中全会精神，贯彻《中共中央关于全面推进依法治国若干重大问题的决定》，结合工商联工作，推进依法治会。

是月 苏州市工商联副主席陈丽新、市民营企业文化促进会理事长崔根良率领由苏州市规模型企业组成的企业文化建设学习考察团，赴深圳中广核集团、华为集团、研祥集团等高科技企业考察。

12月18日 苏州市工商联副主席邱良元接待来访的瑞士驻华大使馆商务中心康赫雷先生一行。

12月24日 苏州市工商联十三届四次执委会议召开，听取并审议执委会工作报告，总结2014年的主要工作，规划2015年的工作部署。

是日 庆祝苏州市工商联成立60周年暨苏州市首届工商业摄影大赛作品展在苏州革命博物馆开幕，共展出作品160幅，反映改革开放以来苏州各类工商企业取得的辉煌成就和企业员工昂扬向上的精神风貌。

是年　苏州市工商联在“银商、校商、法商、文商”基础上加强“科商”服务工作，开展商会走进科技市场活动，参观苏州自主创新广场的科技成果展，考察苏州市专利代办处，了解苏州科技广场的各大服务平台。组织企业参加中国苏州国际精英周活动，60多家民营科技企业与海外科技界的项目进行对接。

是年　苏州全市私营企业和个体工商户累计登记注册户数分别达到295562户和489592户。规模以上民营工业完成产值10322.83亿元，同比增长2.1%，占规模以上工业总产值的33.75%。全年民营工业产值增速2.1%，民营经济增加值占地区生产总值的比重达46.5%。有20家企业入围2014中国民营企业500强，其中进入前100强的有4家。另有28家企业入选2014中国民营企业制造业500强，1家企业入选2014中国民营企业服务业100 强。

是年　苏州全市工商联会员总数达37036个，各级商会组织达424个，缔结海内外友好商会达92家，国（境）外友好商会达20家，数量位居全省前列。

2015年

1月18日—21日　苏州市政协十三届四次会议举行。中共江苏省委副书记、苏州市委书记石泰峰在会议开幕时讲话，明确提出要以习近平总书记系列重要讲话精神为根本遵循，协调推进全面建成小康社会、全面深化改革、全面推进法治苏州建设、全面从严治党。苏州市工商联界别政协委员提交《加强资源集约利用，促进经济转型升级》和《加大引导和扶持力度，积极推动民营企业参与发展混合所有制经济》2篇大会发言；提交的《建立对农业耕地土壤污染的防止与监控体系》集体提案引起社会各界的广泛关注，《苏州日报》1月18日以《关注水土保护、守住“鱼米之乡”》为题对此展开热议；提交的《关于建立工业企业资源集约利用信息系统，加快推进转型升级的建议》集体提案被列为市政协主席会议和主席、副主席重点督办提案。

2月13日　苏州市工商联参加苏州市协调劳动关系三方2015年度第一次会议，审定本年度苏州市协调劳动关系三方工作要点。

是月　中共苏州市委、市人民政府授予苏州市工商联2014年度作风效能建设优胜单位称号。

3月13日　苏州市工商联会同市司法局联合召开全市商会系统人民调解组织建设推进暨市属商会人民调解员培训工作会议。

3月30日　苏州市文明委全体（扩大）会议在苏州市会议中心举行，苏州市工商联会员处被授予全国文明城市长效管理先进集体称号。

是月　江苏省2014年社会组织评估结果揭晓，苏州市淮安商会、苏州市盐城商会、苏州市光电缆商会、苏州市物流商会被评为5A级商会。

4月14日　苏州市工商联、市发改委联合迪曼（上海）投资咨询有限公司举办的美国投资论坛在苏州万豪酒店举行，为赴美投资的苏州民营企业提供税务、法律、银行和建筑工程等方面的专业解读。

4月15日　全国政协常委、国务院参事、全国工商联副主席林毅夫一行在苏州市吴江区就民营企业"走出去"开展综合调研，考察亨通集团，了解民营企业家关于民营企业"走出去"的现状、困难的反映和建议。

4月27日　苏州市工商联和苏州仲裁委员会联合召开苏州市商会民商事仲裁工作座谈会，部分市属商会的会长、副会长、秘书长共50余人参加。

5月14日　苏州市民营企业"走出去"发展宣传专题研讨会在市政协举行。苏州市政协副主席、市工商联主席姚东明提出宣传方案，要围绕西部开发、"一带一路"、区域文化等方面进行，重点展示苏州民营企业"走出去"发展的成功经验，引导更多的民营企业参与到国家"一带一路"发展中去。

5月21日　苏州市政协副主席、市工商联主席姚东明对市工商联《关于建立工业企业资源集约利用信息系统，加快推进转型升级的建议》的政协集体提案进行重点督办，市政协经科委、提案委以及市工商联相关处室负责人参加督办座谈会。

5月27日　苏州市工商联向全体机关干部及退休党员传达中央统战工作会议精神。中共苏州市委统战部副部长、市工商联党组书记谢正才提出，要把学习贯彻中央统战工作会议精神作为当前和今后一段时期的重要政治任务，并提出贯彻落实的具体要求。

6月11日　苏州市副市长徐美健调研苏州市行业、异地商会，苏州市政协副主席、市工商联主席姚东明陪同，先后考察苏州市民办教育协会、苏州市温州商会、苏州市玉石文化行业商会、苏州市福建商会，详细了解商会组织的现状及活动开展情况，并召开调研座谈会。

6月15日　苏州市工商联、苏州日报报业集团正式启动大型新闻行动——追梦“一带一路”，探访苏州民营企业“走出去”发展嬗变之路，荣获中共苏州市委宣传部颁发的苏州重大报道特别奖。

7月9日—11日　中共中央统战部副部长、全国工商联党组书记、常务副主席全哲洙率队来苏州市进行工商联、商会工作专题调研。

8月7日　中共苏州市委统战部、苏州市工商联召开苏州市青年民营企业家座谈会，市委统战部副部长、市工商联党组书记谢正才传达中央统战工作会议精神和中共苏州市委十一届九次会议精神，并对青年企业家提出“坚定理想信念、坚定发展信心，坚持创新转型、坚持致富思源、富而思进”的要求。

9月8日　人力资源和社会保障部、全国工商联有关部门负责人来苏州督查调研商会劳动争议预防调解工作，实地考察苏州市餐饮业商会劳动争议预防调解示范工作，充分肯定商会开展相关工作的成效。

9月22日　苏州市总商会党委组织23个支部的86名企业家党员赴吴江开展“家在苏州——走基地、看变化、聚力量”主题活动，参观中国江村文化园、柳亚子故居和陈去病故居。

11月　江苏省工商联系统优秀调研成果评选结果揭晓，苏州市工商联《关于鼓励和引导社会力量进入我市养老服务体系的思考和建议》获一等奖，《张家港市“民企二代”成长对策研究》获二等奖，《关于完善苏州城市配送公共服务体系建设的思考和建议》《关于鼓励和引导民营企业参与发展混合所有制经济的调查与思考》获三等奖。

12月8日　江苏省企业协商民主推进会召开，苏州市工商联荣获全省推动厂务公开民主管理先进单位称号。

12月25日　苏州市工商联十三届五次全体主席（会长）会议召开，传达全国工商联十一届四次执委会议精神，讨论修改市工商联执委会工作报告。

是年　苏州市工商联制定实施《2015年苏州市非公有制经济人士理想信念教育实践活动实施方案》，重点强化对新生代企业家的培养和教育，组织开办EMBA班、考察深圳华为等创新企业。市工商联在全市性大型公益主题活动——苏州市首届公益伙伴日上组织对接公益项目占比超过70%。

是年　苏州市全市新登记私营企业6.5万户，实有私营企业35.72万户。新登记个体工商户9.74万户，实有个体工商户55.92万户。全市规模以上民营工业企业数达到5489家，占规模以上工业企业数量的54.2%，全年共实现工业总产值10355.64亿元，占规模以上工业总产值的比重达到33.9%。有19家企业入围2015中国民营企业500强，其中进入前100强的有5家。另有24家企业入选2014中国民营企业制造业500强，1家企业入选2014中国民营企业服务业100强。境内外累计上市民营企业100家，新三板挂牌企业207家。

是年　苏州全市工商联会员总数40062个，各级商会组织430个。苏州市工商联被江苏省工商联评为全省工商联系统重点工作先进单位、全省工商联系统信息工作达标单位；被中共苏州市委、市政府授予2014—2015年度苏州市促进民营经济发展先进集体称号。市工商联成立创建“五好”（领导班子好、会员发展好、商会建设好、作用发挥好、工作保障好）市（县）、区工商联工作领导小组，按照“五好”要求推动创建活动深入开展。

2016年

1月4日 苏州市工商联召开全体机关工作人员会议，贯彻落实中共苏州市委十一届十次全会以及市委统战工作会议精神。苏州市政协副主席、市工商联主席姚东明提出四点要求：一是加强学习，认识新常态、适应新常态，主动谋求新作为；二是努力创新，不断谋求工商联工作新局面；三是加强机关作风建设；四是适时启动换届准备工作。

1月13日—21日 苏州市工商联党组书记、副主席谢正才率领市工商联代表团赴巴西、智利进行经贸考察交流。

1月17日—20日 苏州市工商联界别委员出席市政协十三届五次会议，作《关于支持和规范苏州民宿业发展的建议》的大会发言，提交的书面发言《关于优化我市融资担保业发展环境的建议》由苏州市副市长徐美健重点督办；提交4件集体提案，其中《关于将职称评定职能向行业组织转移的建议》提案建议完善相关制度、加强专业培训、完善监管机制、加大扶持力度，逐步将职称评定职能转移给行业组织承接，由苏州市政协主席会议和主席、副主席重点督办。

2月19日 中共苏州市委常委、统战部部长朱民一行至苏州市工商联，调研近年来市（县）、区两级工商联组织、商会组织工作开展情况和成效，对市工商联下一步工作提出具体要求和希望。

2月29日 苏州市召开民营经济转型升级发展大会。中共苏州市委书记周乃翔强调，民营经济是“经济强”的重要依托、“百姓富”的关键力量、“环境美”的践行主体、“社会文明程度高”的有力支撑。全市上下要全力推动苏州市民营经济实现新一轮转型升级。广大民营企业和民营企业家要勇于担当、敢闯敢试，奋力书写无愧于时代的新篇章。大会表彰2014—2015年度苏州市杰出民营企业家、优秀民营企业、优秀民营企业家、先进民营企业、促进民营经济发展先进公共服务机构、先进集体及先进个人。苏州市工商联获评2014—2015年度苏州市促进民营经济发展先进集体。

是月　江苏省2015年社会组织评估结果揭晓，苏州市工商联系统的苏州市川渝商会、市河南商会、市安徽商会、市辛庄企业家商会和市民办教育协会荣膺5A级社会组织称号。

3月25日　苏州市工商联党组中心组举行专题学习会，学习贯彻落实习近平总书记在全国政协民建、工商联界别委员联组会上的重要讲话精神。市工商联党组书记谢正才指出，工商联要切实把思想和行动统一到习近平总书记重要讲话精神上来，提高服务水平和履职能力。

4月11日—15日　苏州市工商联组织市、县（市、区）工商联领导和企业家代表10余人，赴贵州铜仁、毕节两市进行投资合作考察和商会工作交流。

4月22日—26日　中共苏州市委统战部、苏州市工商联组织市青年企业家赴井冈山进行革命传统教育。

4月28日　苏州市政协副主席、市工商联主席姚东明对市工商联《关于将职称评定职能向行业组织转移的建议》的政协集体提案进行重点督办，市人社局与市政协经科委、提案委以及市工商联相关处室负责人参加督办座谈会。

是月　中共中央宣传部授予亨通集团董事局主席、党委书记崔根良“时代楷模”荣誉称号。苏州市工商联在全市各级工商联、商会组织和非公有制经济人士中广泛开展“学楷模、坚信心、谋发展”活动。

5月4日　苏州市工商联召开“两学一做”专题党课暨学习教育动员部署会议，根据习近平总书记重要指示和中共苏州市委“两学一做” 学习教育工作座谈会精神，在市工商联机关开展“学党章党规、学系列讲话，做合格党员”学习教育。

5月19日　中共苏州市委统战部、苏州市工商联举办“时代楷模”崔根良同志先进事迹报告会，组织市属行业商会、异地商会、苏州新一代企业家商会、浙江大学EMBA苏州班的青年企业家们赴亨通集团聆听崔根良的先进事迹，并开展学习交流座谈活动。

“时代楷模”崔根良同志先进事迹报告会

6月23日　盐城市阜宁县、射阳县部分地区突遭50年罕见的强龙卷风冰雹袭击。苏州市工商联向全市民营企业和企业家发出倡议，踊跃捐款捐物，帮助盐城灾区开展救助工作，为展现大爱苏商形象做好表率。

6月24日　苏州市工商联和市地税局联合举办2016年度“问需求、优服务、促改革”税商交流会，市各行业商会（协会）、异地商会、直属商会秘书长代表约80人应邀参加。会后，各商会配合市地税局对部分会员企业进行纳税人需求调查，做好税企连接工作。

6月30日　苏州市职业大学与苏州市光电缆业商会联合共建苏州市光电缆行业大学，率先开创校商合作新模式。

7月26日　中共苏州市委“两学一做”学习教育第十督导组到苏州市工商联机关督导检查，市委统战部副部长、市工商联党组书记、市工商联“两学一做”学习教育领导小组组长谢正才向督导组作工作汇报。

7月28日　苏州市政协副主席、市工商联主席姚东明会见澳大利亚洛根市市长卢克·史密斯一行。

澳大利亚洛根市市长卢克·史密斯一行来访

8月18日 苏州市工商联十三届六次全体主席（会长）会议召开。市政协副主席、市工商联主席姚东明传达中共江苏省委常委、苏州市委书记周乃翔在市委十一届十二次全体（扩大）会议上的讲话。会议讨论修改市工商联十三届四次常委会工作报告。会议听取中共苏州市委统战部副部长、市工商联党组书记谢正才对全市工商联系统开展学习“时代楷模”崔根良同志先进事迹活动情况的介绍，学习中共苏州市委《关于在全市开展向崔根良同志学习的决定》。中共苏州市委常委、统战部部长朱民出席会议，要求全市各级工商联和商会组织不断创新工作方法和提升有效服务水平，进一步团结带领全市民营企业坚定信念、增强信心，不断争取促进“两个健康”的新成绩。

8月26日—27日 全国工商联副主席安七一率调研组来苏州调研民营企业知识产权保护状况。调研组通过实地考察、调查问卷、深度访谈和召开座谈会等，了解苏州民营企业、商会及知识产权中介服务机构在知识产权保护，以及推动创新成果标准化、专利化，知识产权定价等方面的主要做法、存在问题和相关建议。

9月7日—8日 苏州市政协副主席、市工商联主席姚东明率相关处室负责人和部分市（县）、区工商联主席赴河北省石家庄市学习调研，与石家庄市工商联就商会组织建设、非公有制经济人士思想政治建设、经济服务和宣传调研等工作进行座谈交流，并签订缔结友好商会协议。

9月21日—28日 苏州市福建商会会长黄亚强作为中国企业家代表随同国务院总理李克强出访加拿大、古巴，参加经贸论坛和相关交流活动。

11月1日 苏州市工商联召开中心组扩大会议，学习贯彻中共十八届六中全会精神。会议由市工商联党组书记谢正才主持。

12月28日 苏州市工商联第十四次会员代表大会召开。中共苏州市委副书记、市长曲福田到会讲话。苏州市委副书记、统战部部长朱民，江苏省工商联副主席姜成林等领导出席会议。市政协副主席、市工商联主席姚东明作工作报告。大会选举产生苏州市工商联第十四届执行委员会和江苏省工商联第十一次会员代表大会代表。市工商联执委会十四届一次会议选举李赞为主席（总商会会长），谢正才等20人为副主席，王立占等11人为副会长，副主席周显芳兼秘书长。

是年　苏州市工商联被江苏省工商联评为全省工商联系统实践创新先进单位、全省工商联系统信息工作达标单位。常熟市工商联入选2016年度“创新中国——工商联（商会）工作特别奖”。

是年　苏州市工商联开展“百企帮百村”精准扶贫活动。全年组织12家民营企业、8个乡镇（街道）商会与江苏省宿迁市17个经济薄弱村、连云港市3个经济薄弱村结对帮扶，创造“1 + N”众筹工作模式，即1个乡镇（街道）或“行业商会 + N家商会会员企业”对接1个经济薄弱村，进行精准帮扶。

是年　苏州全市私营企业登记注册户数已达43.37万户，个体工商户登记注册户数为63.86万户。全市规模以上民营工业企业数达5355家，占规模以上工业企业数量的54.8%，实现工业总产值1.04万亿元，占规模以上工业总产值的比重达33.9%。共有20家企业入选2016中国民营企业500强，其中4家企业跻身前100强。25家企业入选2016中国民营企业制造业500强。

是年　苏州全市工商联会员总数达45425个，各级商会组织达437个，缔结海内外友好商会达99家。9个市（县）、区工商联已全部达到省级“五好”工商联标准。

2017年

1月15日—18日　苏州市政协十四届一次会议召开，苏州市工商联主席李赞当选为市政协副主席。苏州市工商联提交《致力“两聚一高”，促进我市民营企业发展》《关于推进我市中小企业信息化公共服务平台建设的建议》《关于加快中心城区三大商贸区转型升级的建议》《关于进一步规范建筑市场秩序，促进苏州市建筑业健康发展的建议》《关于适度发展规模化养猪业，保障市民菜篮子的建议》《关于加强苏州市民营企业知识产权保护的建议》等6件集体提案，其中《致力“两聚一高”，促进我市民营企业发展》被列为“一号提案”，《关于推进我市中小企业信息化公共服务平台建设的建议》被列为重点督办提案。

2月22日　全国工商联副主席王永庆率调研组来苏州，就加强民营企业境外投资经营规范和防范风险开展专题调研。

2月24日　苏州市政协主席周伟强带队走访调研高新区内的部分市政协委员企业，市政协副主席、市工商联主席李赞参加走访调研。

3月2日　苏州市工商联组织各市（县）、区工商联分管副主席、联络员和部分企业家赴宿迁市，召开“百企帮百村”精准扶贫行动现场会，实地考察宿城区龙河镇姚庄村、明东电器有限公司，宿豫区关庙镇水汉村，沭阳县胡集镇华长村，泗洪县美迪洋皮革有限公司。

3月24日 苏州市政协副主席、市工商联主席李赞，中共苏州市委统战部副部长、市工商联党组书记谢正才率机关第一调研组，到部分市工商联执委企业走访调研，启动市工商联机关“千企大走访大调研”活动[1]。市委统战部分管部长、市工商联驻会领导根据工作方案分工，分别带领调研组对辖区内执委企业走访调研，同时兼顾全市营业收入50亿元以上的民营企业和新兴产业、“小冠军”“小巨人”企业以及所属商会会长企业。

是月 全国工商联授予张家港市、常熟市、昆山市工商联和苏州市吴江区、吴中区、姑苏区工商联全国“五好”工商联称号。

4月7日 苏州市工商联联合苏州日报报业集团举行“回答‘创新四问’，苏商在行动”大型新闻行动启动仪式，中共苏州市委副书记、统战部部长朱民到会讲话。

“回答‘创新四问’，苏商在行动”大型新闻行动启动仪式

4月12日—13日 中共中央统战部副部长，全国工商联党组书记、常务副主席全哲洙一行到张家港市就开展降低实体经济企业综合成本情况进行调研。

5月27日 全国年轻一代民营企业家理想信念教育报告会在北京人民大会堂召开，全国政协主席俞正声作重要讲话。江苏沙钢集团党委书记、董事长沈彬作题为《在传承中创新，在创新中发展》的主题报告。

6月28日—29日 江苏省工商联第十一次会员代表大会在南京召开。中共江苏省委书

〔1〕“千企大走访大调研”活动，是根据中共江苏省委统战部和省工商联《关于开展“万企大走访大调研”活动的通知》文件精神，结合苏州工作实际而制订计划和推动的。走访调研的目的，是为了全面掌握苏州民营企业的总体发展情况，重点反映苏州民营企业发展中遇到的困难和问题，了解民营企业家的所思所想所盼，倾听民营企业家的意愿诉求，总结苏州市、县（市、区）二级党委统战部和工商联的联动工作经验，引导广大民营企业，特别是民营制造企业进一步提振信心，加快转型升级、创新发展。

记李强出席大会。许仲梓当选为省工商联十一届执委会主席（省总商会会长）。苏州代表朱共山、吴志祥、沈彬、崔根良当选为副主席，金志峰、周荣、单建华、宫长义、袁永刚等当选为副会长，苏州市政协副主席、市工商联主席李赞等当选为执委会常委。

7月18日　苏州市工商联向各市（县）、区工商联通告十四届一次全体主席（会长）会议决定，根据中共中央统战部关于工商联（商会）换届工作实施意见中关于“对届满不再安排的非公经济代表人士，仍要加强联系，继续发挥好作用”的要求，聘任高德康等20位非公有制经济代表人士为苏州市工商联第十四届执委会名誉会长。

7月27日　苏州市工商联十四届一次常委会议暨全市年轻一代民营企业家理想信念报告会召开，市政协副主席、市工商联主席李赞作题为《坚定信心，主动作为，奋力开创工商联工作的新局面》的工作报告。各市（县）、区及各行业的8位民营企业家结合自身成长和创业经历作事迹报告。中共苏州市委副书记、统战部部长朱民出席报告会。

是日　苏州市工商联根据苏州市民营经济发展形势首次举行2017苏州民营企业50强发布会，旨在进一步展示苏州市民营经济发展实力，交流创业创新经验，培育激励创新活力，引领创新转型发展。

7月29日　全国工商联“五好”县级工商联建设现场座谈会在张家港市召开。

8月3日—11日　苏州市工商联党组书记、副主席谢正才一行6人，应埃塞俄比亚东方工业园管委会和坦桑尼亚中非民间商会邀请，赴两国进行经贸交流。

8月23日—25日　中共江苏省委统战部副部长、省工商联党组书记顾万峰，省工商联副主席丁荣余、周洁走访调研苏州民营企业。

8月30日　中共苏州市委副书记、统战部部长朱民到苏州市工商联调研，市政协副主席、市工商联主席李赞参加调研座谈并作工作汇报。

9月3日—8日　苏州市政协主席周伟强率市政协经贸考察团赴宁夏进行投资考察和经贸洽谈。市政协副主席、市工商联主席李赞随行。

9月27日—28日 中共苏州市委统战部、苏州市工商联举办“不忘初心、砥砺前行”学习会，苏州各市（县）、区工商联主席、党组书记及本届新任副主席、秘书长等参加。苏州市政协副主席、市工商联主席李赞出席会议并讲话，市委统战部副部长、市工商联党组书记谢正才授课。

是月 中共中央、国务院《关于营造企业家健康成长环境弘扬优秀企业家精神更好发挥企业家作用的意见》发布，苏州市工商联组织各市（县）、区工商联、各级商会组织以及民营企业家学习领会文件精神。

10月17日 苏州市经济和信息化委员会、苏州市政府台湾事务办公室、苏州市工商联共同发起的2017年苏州市新生代企业家创新能力提升培训班，在江苏电力技师学院开班。中共苏州市委统战部副部长、市工商联党组书记谢正才与市经信委副主任杨秀英等出席开班仪式。

10月27日 苏州市工商联党组召开中心组学习（扩大）会议，专题学习中共十九大精神。党组书记谢正才传达中共江苏省委常委、苏州市委书记周乃翔贯彻落实十九大精神讲话内容，市政协副主席、市工商联主席李赞从新、实、广三个方面提出贯彻落实要求。

11月15日 苏州市举行“同在蓝天下、慈善一日捐”仪式。苏州民营企业和商会累计捐款1030万元，其中市工商联常委、执委企业和商会捐款410万元。

11月24日—26日 中国工商业联合会第十二次全国代表大会在北京召开。中共中央政治局常委、国务院总理李克强代表中共中央、国务院致贺词。会议通过关于学习贯彻中共十九大精神的决议、关于十一届执行委员会报告的决议、关于《中国工商业联合会章程（修正案）》的决议，选举产生中华全国工商业联合会第十二届执行委员会，高云龙当选为中华全国工商联主席（中国民间商会会长）。苏州代表沈彬、崔根良、刘春昱、高德康等分别当选为执委会常委、委员，沈彬当选为中国民间商会副会长。

11月30日 苏州全市首次异地商会工作会议召开，中共苏州市委副书记、统战部部长朱民，江苏省工商联副主席丁荣余到会讲话。

是月　苏州市政协副主席、市工商联主席李赞率队赴新疆苏州商会、霍尔果斯经济开发区进行经贸交流和调研，促进民营企业家投资新疆。

12月20日—25日　苏州市政协副主席、市工商联主席李赞率苏州市苏台工商协进会一行赴台湾开展经贸交流。

12月29日　苏州市新生代企业家座谈会在苏州市会议中心召开，由中共苏州市委常委、副市长吴庆文主持，苏州市委副书记、统战部部长朱民出席座谈会并讲话。

是年　苏州市工商联被中共江苏省委、省政府授予江苏制造突出贡献奖先进单位称号。“全方位实施企业家关爱工程，大力营造健康成长环境”工作案例被评为2017年度“创新中国”工商联（商会）工作特别奖。在全省工商联系统优秀调研成果评选活动中，市工商联报送的4篇调研论文全部获奖，其中《苏州市民营企业知识产权保护状况调研报告》获一等奖。

是年　苏州市工商联结合苏州非公有制经济领域统战工作实际需要，开展“千企大走访大调研”专项工作，撰写《关于“千企大走访大调研”专题工作情况报告》，受到中共苏州市委领导高度重视，并得到江苏省工商联督察组的高度肯定。

是年　苏州市工商联加强和改进非公有制经济人士队伍建设工作，学习贯彻中共十九大精神，组织民营企业家专场宣讲会、非公有制经济代表人士理想信念教育培训班。贯彻落实中共中央、国务院《关于营造企业家健康成长环境弘扬优秀企业家精神更好发挥企业家作用的意见》，召开民营企业家专题座谈会。出台《关于加强我市年轻一代民营企业家教育培养工作的实施意见》，沙钢集团董事长沈彬、绣娘丝绸（苏州瑞富祥丝绸有限公司）总经理徐挺分别成为全国和江苏省年轻一代民营企业家典型。

是年　苏州全市私营企业总数达到52.90万户，个体工商户总数达到75.95万户。全市5355家规模以上民营工业企业实现工业总产值1.05万亿元，占全市规模以上工业总产值的比重为33.0%；实现利税1036.7亿元。纳入统计范围内的民营科技企业超过1.4万家，数量位居全省前列。共有19家企业入选2017中国民营企业500强，继续保持全省第一，其中4家排名前100位。

是年　苏州全市工商联基层组织有468家，会员总数47930个。各市（县）、区工商联全部通过全国“五好”县级工商联复评，标志着苏州创建全国“五好”县级工商联阶段性任务提前完成。在此基础上，各级工商联开展“五好”乡镇（街道）商会创建工作，在所属商会中开展“四好”（班子建设好、团结教育好、服务发展好、自律规范好）商会创建工作。

2018年

1月2日　苏州市工商联党组理论学习中心组召开2018年第一次专题学习会，传达中共苏州市委十二届五次会议精神以及江苏省委召开的全省领导干部警示教育大会精神。市委统战部副部长、市工商联党组书记谢正才主持会议，并就贯彻落实会议精神提出要求。

1月9日—12日　苏州市工商联界别政协委员出席市政协十四届二次会议，向大会提交2篇发言和8件集体提案，其中《关于进一步推进苏州市分布式光伏发电产业发展的建议》被列为市政协主席副主席重点督办提案，《关于进一步优化营商环境，加快苏州民营经济发展的建议》《关于加快提升我市电梯行业安全管理水平的建议》被列为副市长重点督办提案。会上评选市政协十四届一次会议以来优秀提案，市工商联《致力“两聚一高”，促进我市民营企业发展》《关于进一步推进苏州市分布式光伏发电产业发展的建议》名列其中。

1月19日　苏州市工商联十四届二次执委（扩大）会议召开。市政协副主席、市工商联主席李赞作十四届二次执委会议工作报告。会议对苏州市荣获全国“五好”县级工商联、苏州市“五好”乡镇（街道）商会、“四好”商会、先进行业商会及全市工商联系统创新亮点工作进行表彰，举行“掌上商会”上线发布仪式。中共苏州市委常委、统战部部长姚林荣出席会议并讲话。

1月20日　苏州市工商联“企业家关爱工程”获2017年度“创新中国”工商联

（商会）工作特别奖。

3月13日—14日 全国工商联经济部部长谭林带队来苏州，赴亨通集团、沙钢集团开展民营企业进入金融领域情况专项调研。

3月29日 苏州市工商联十三次全体主席（会长）会议召开。全国人大代表崔根良传达全国两会精神，与会人员围绕贯彻落实全国两会精神，构建“亲”“清”新型政商关系、推动民营经济高质量发展进行交流讨论。会议通过苏州民营企业家《践行“亲”“清”新型政商关系，争当新时代优秀建设者倡议书》。中共苏州市委常委、统战部部长姚林荣出席会议并讲话。

是月 美国加州苏州商会在加州正式成立，这是苏州第一家海外商会。iEducation（NASBC Services）董事长勇湧当选为首届会长。

4月10日 由江苏省工商联、江苏省新闻工作者协会、新华日报社联合开展的2017年度江苏省非公有制经济好新闻评选结果揭晓。苏州市选送的“创新四问——苏商在行动”系列报道获一等奖。

4月18日—19日 全国工商联副主席谢经荣率队来苏州开展民营企业参与乡村振兴战略专题调研。

4月22日—23日 全国政协副主席、全国工商联主席高云龙率调研组来苏州调研军民融合发展工作。江苏省人大常委会副主任、省工商联主席许仲梓与副主席周洁陪同调研。中共江苏省委常委、苏州市委书记周乃翔，市委常委、秘书长黄爱军与副市长吴庆文、统战部部长姚林荣，市政协副主席、市工商联主席李赞等参加相关活动。

是月 中共苏州市委统战部、苏州市工商联正式启动2018年度“企业大走访”工作，为对症下药解决问题，精准施策推动发展，发挥好参谋助手作用。

是月 苏州市工商联制定《苏州市工商联关于构建“亲”“清”新型政商关系的若干意见（试行）》，从强化使命担当、优化营商环境、鼓励真诚交往、坚守纪律底线、弘扬廉洁文化等7个方面厘清责任边界，鼓励积极作为。

5月3日　苏州市工商联向中共苏州市委提出《关于在我市率先设立“企业家日”的建议》。

5月9日　苏州市商务局、市台办、市贸促会（国际商会）与市工商联（总商会）联合中国银行、工商银行、渣打银行等金融机构共同举办“产融双驱智创未来”——苏州市外经贸企业与创新资本发展对接会，软银中国资本、金沙江联合资本、雏菊机构等20余家金融机构以及200余家苏州企业负责人参加。

5月28日　苏州市工商联召开解放思想大讨论活动动员部署会，中共苏州市委统战部副部长、市工商联党组书记谢正才主持会议，市政协副主席、市工商联主席李赞发表讲话。市工商联全体干部职工参加。

6月4日　苏州市政协副主席、市工商联主席李赞，市工商联党组书记、副主席谢正才会见来访的美国加州苏州商会会长勇湧一行。

6月15日　苏州市总商会党委制定印发《开展解放思想大讨论活动实施方案》，结合实际开展大讨论活动，推动苏州民营经济高质量发展。

6月21日—22日　江苏省人大常委会副主任、省工商联主席许仲梓率调研组走访调研同程网络科技股份有限公司等5家民营企业。

6月29日　苏州市召开民营经济高质量发展大会。中共江苏省委常委、苏州市委书记周乃翔发表讲话。大会发布苏州市委、市政府《关于进一步优化营商环境打造良好创新生态行动方案》，表彰了一批优秀民营企业和民营企业家。

7月5日　江苏省工商联党组成员、副主席陈京率调研组走访吴中实业股份有限公司，同主要来自苏州新一代企业家商会的企业家代表座谈。

7月11日　苏州市工商联、相城区政府承办以“智能经济发展引擎”为主题的2018长三角智能经济高峰论坛。江苏省人大常委会副主任、省工商联主席许仲梓，民建中央副主席、上海市政协副主席周汉民等出席。

7月12日　中共苏州市委副书记朱民率调研组到市工商联开展民营企业参与乡村振兴专题调研，市政协副主席、市工商联主席李赞等出席座谈会。

7月17日　苏州市委“两新”工委[1]副书记、统战部副部长、市工商联党组书记谢正才带队赴无锡红豆集团观摩学习非公有制企业党建工作。中国民间商会副会长、无锡市工商联主席、红豆集团党委书记、董事长周海江接待学习观摩团。

7月25日　苏州市工商联十四届四次全体主席（会长）会议召开。会议审议市工商联十四届二次常委会工作报告（征求意见稿）；听取市环保局和市安监局领导介绍苏州市环境保护和安全生产情况，围绕民营企业如何加强环境保护和安全生产主题进行交流发言。市政协副主席、市工商联主席李赞讲话，市工商联党组书记谢正才主持会议。

7月30日　苏州市工商联十四届二次常委会议暨全市年轻一代民营企业家理想信念报告会召开。会议传达中共苏州市委十二届六次全会精神，总结部署工作任务，审议通过人事调整事项。会上发布2018苏州民营企业50强榜单和《2017苏州民营企业社会责任报告汇编》。

8月7日　中共江苏省委常委、统战部部长杨岳，江苏省工商联副主席陈京到苏州调研，实地走访协鑫（集团）控股有限公司、同程网络科技股份有限公司、苏州工业园区职业技术学院，并与企业家代表座谈。

8月5日—8日　苏州市政协副主席、市工商联主席李赞率民营企业家代表团赴河北省考察，并与保定市工商联主席霍占利、副主席陈玉胜等座谈。

8月16—17日　中共苏州市委统战部副部长、市工商联党组书记谢正才赴常州市参加江苏省工商联重点工作推进会、省工商联十一届二次常委会议、省总商会党委成立大会。

8月18日—21日　全国政协副主席、全国工商联主席王钦敏来苏州调研，详细了解经

〔1〕2016年9月，中共中央办公厅印发的《关于加强社会组织党的建设工作的意见（试行）》（中办发[2015]51号）明确，县级以上地方党委已经建立非公有制企业党建工作机构的，可依托党委组织部门将其与社会组织党建工作机构整合为一个机构。据此，地方各级党委普遍依托党委组织部门成立“中国共产党非公有制企业和社会组织工作委员会”或“中国共产党非公有制经济组织和社会组织工作委员会”，一般简称“两新”工委。“两新”是指新经济组织、新社会组织。

济社会和文化事业发展情况，并专门听取民营经济发展和工商联工作情况汇报。其间，还出席“太湖•西湖企业家论坛”。

8月28日—30日 苏州市政协副主席、市工商联主席李赞带队赴宿迁、连云港等对口帮扶地区召开“百企帮百村”扶贫攻坚推进会。苏州各市（县）、区工商联负责人等共计20余人参加此次活动。

9月6日 《苏州日报》以《非公经济画出最大同心圆》为题，在头版刊发文章，报道苏州市工商联在推动民营经济高质量发展中的探索。

9月9日—16日 苏州市政协副主席、市工商联主席李赞率苏州市工商联经贸交流团赴捷克、俄罗斯，先后拜访捷克经济商会和俄罗斯谢斯特罗列茨克市政府，就发展对外贸易、开展招商引资等话题进行交流，就建立友好商会、积极拓展对外贸易渠道等达成初步意向。

9月17日—20日 苏州市总商会党委党建工作培训班在青岛举行。苏州市工商联副主席、市总商会党委书记周显芳带领各商会党支部书记、党务工作者等近40人参加培训。

党建工作培训场景

9月20日 苏州市人社局、市总工会、市工商联和市社会信用体系建设领导小组办公室联合发布《关于对劳动关系和谐企业给予正向激励的意见》。

9月21日 苏州市工商联、苏州市律师协会联合主办“律商论道　共襄发展——服务高质量发展（苏州-2018）高峰论坛”。市政协副主席、市工商联主席

律商论道　共襄发展——服务高质量发展（苏州-2018）高峰论坛

李赞出席论坛。

9月28日　苏州旅港、旅澳各界人士庆祝中华人民共和国成立69周年、改革开放40周年联欢晚会暨香港苏州商会第一届董事会就职典礼在香港举行。

10月11日　第十七届电博会“人工智能两岸机遇”企业家论坛暨苏州市企业卓越运营协会成立大会在苏州国际博览中心召开。苏州市政协副主席、市工商联主席李赞出席活动。本届电博会主题为“创新科技·未来已来”，重点展示智慧制造及物联应用。“人工智能两岸机遇”企业家论坛由苏州市总商会、苏州市苏台工商协进会主办。

10月24日　全国工商联在北京举行新闻发布会，发布《改革开放40年百名杰出民营企业家名单》，沙钢集团董事局主席沈文荣、亨通集团董事局主席崔根良入选。

是日　由《中华工商时报》社主办的江苏民营经济传媒智库成立仪式暨2018年度构筑非公有制经济舆论阵地先进单位暨个人表彰大会在南京国际会议中心举行。苏州市工商联获先进单位荣誉称号。

是月　由苏州广播电视总台、苏州市工商联共同打造的“苏州民营中小企业巡礼”专题报道陆续在苏州广电总台《第一时间》栏目多频道展播，讲述改革开放四十年苏州民营企业发展故事，弘扬优秀企业家精神，营造尊重和激励企业家干事创业的氛围。

11月1日　中共中央总书记、国家主席、中央军委主席习近平在京主持召开民营企业座谈会，同来自全国各地的50多位民营企业家代表进行交流，强调“民营企业和民营企业家是我们自己人”，“我国民营经济只能壮大、不能弱化，而且要走向更加广阔舞台”。亨通集团董事局主席崔根良参加座谈会。

11月8日　苏州市“专精特新”企业创新创业项目路演暨第24期苏南科技金融路演活动在苏州金融小镇举行，市政协副主席、市工商联主席李赞出席活动并讲话。

11月21日　中共江苏省委常委、苏州市委书记周乃翔到高新区调研民营经济发展情况，鼓励广大民营企业家树立起攻坚克难的必胜信心，在新时代改革发展的大潮中实现更大发展。市政协副主席、市工商联主席李赞等陪同调研。

11月29日　第十届苏州市光彩事业教育奖励金颁奖仪式在苏州市第十二中学校举行。自2008年以来，苏州市光彩事业促进会累计投入720万元用于开设光彩班，连续10年举办光彩事业教育奖励金颁奖典礼，累计投入800余万元奖励师生6560余人次。

12月4日—5日　江苏省工商联所属商会改革和发展情况座谈会暨“四好”商会建设推进会在苏州举行。苏州市工商联围绕开展“四好”商会建设、深化商会协会改革发展等方面工作进行交流。

12月24日　苏州市工商联召开各市（县）、区工商联工作会议，回顾总结2018年工作，研究2019年重点工作。市工商联机关各处室负责人和中共苏州市委统战部综合处负责人围绕中心工作，分别进行汇报交流。

是月　为纪念改革开放40周年，中共江苏省委、省政府表彰为江苏改革开放作出突出贡献的先进集体和先进个人各20个。沙钢集团董事长沈文荣、常盛集团董事长常德盛、亨通集团董事局主席崔根良这3位苏州民营企业家荣获先进个人。

是年　苏州市工商联系统和非公经济人士队伍相继组织开展“学习宣传贯彻十九大、开启改革开放新征程——走基地、看变化、聚力量”主题教育实践活动、“十九大精神进企业、进机关、进商会”专题宣传等学习贯彻活动。会同中共苏州市委“两新”工委和市委统战部举办苏州市非公经济代表人士（出资人）理想信念教育培训班。启动“红色心桥”——“两新”党组织助力乡村振兴活动。举办苏州企业家EMBA总裁班、苏州民营企业骨干人才培训班，在苏州大学建立苏州市工商联企业家培训基地。

是年　苏州市工商联系统累计捐赠“百企帮百村”帮扶资金100余万元，推动产业项目转移1个。共组织150余名企业家赴贵州铜仁等地开展扶贫济困活动，累计捐赠1250余万元，消费扶贫500余万元。组织发动苏州民营企业积极认捐省工商联发起设立的精准扶贫基金，到账资金总额、企业项目落地数近全省总数的一半。

是年　苏州市工商联聚焦创新驱动，打造苏州军民融合工作品牌，提升民营企业环境保护和安全生产的“红线”意识，发挥商会在行业规范自律等方面的积极作用，加强经贸交流合作平台建设，与各部门形成促进高质量发展合力。深入推进商会人民调解工作，全市各类商会共建有人民调解组织204家，累计受理和调解各类纠纷300余件，调解双方满意率达99%。

是年　苏州全市新登记私营企业9.92万户，新登记个体工商户17.58万户。全市私营企业累计60.32万户，个体工商户88.67万户。全市规模以上民营工业企业实现产值1.12万亿元。共有19家企业入选2018中国民营企业500强，其中4家排名前100位。另有24家企业入选2018中国民营企业制造业500强，1家企业入选2018中国民营企业服务业100强。

是年　苏州市工商联系统基层组织达456家，会员总数达49349家。其中市属行业商会（协会、促进会）66家，内有5A级社会组织3家；市属异地商会40家，内有5A级社会组织8家。市工商联制定印发《“四好”商会建设工作实施方案》，指导做好年度全国、省、市“四好”商会的创建和申报工作。

2019年

1月3日 苏州市工商联十四届五次全体主席（会长）会议召开，传达中共苏州市委十二届七次全会精神，讨论通过市工商联十四届三次执委会议工作报告（征求意见稿）。亨通集团董事局主席崔根良传达习近平总书记在民营企业座谈会和庆祝改革开放40周年大会上的重要讲话精神。与会者结合自身实际，围绕如何在新的一年中更好地促进民营经济高质量发展进行交流发言。

是日 苏州商会博物馆改建升级后再开馆仪式在山塘街举行。苏州市政协副主席、市工商联主席李赞等出席活动。苏州商会博物馆经过升级改造，展陈形式更加新颖，对公众免费开放。

苏州商会博物馆改建升级后再开馆仪式

1月4日 苏州市工商联十四届三次执委（扩大）会议召开。会议传达学习中共苏州市委十二届七次全会精神，举行全国就业与社会保障先进民营企业和全国关爱员工优秀民营企业家授牌仪式、全国“万企帮万村”精准扶贫行动先进民营企业授牌仪式、《问道苏商——致改革开放40周年》首发式。市政协副主席、市工商联主席李赞作十四届三次执委会工作报告。

1月17日 由苏州市光彩事业促进会、《姑苏晚报》、苏州市餐饮业商会、苏州新一代企业家商会联合主办的“慈善结亲”活动举行。从2004年起，苏州市餐饮业商会连续与《姑苏晚报》互动，商会会员在每年年初与30个特困家庭举行结亲仪式，一帮一结对爱心资助。本年苏州市光彩事业促进会和苏州新一代企业家商会也加入到“慈善结亲”的活动中来，“慈善结亲”的困难家庭从往年的30户增加至100户。

1月18日 苏州市工商联荣获2018年度全省工商联系统创新工作先进单位。

1月20日—23日 苏州市工商联向市政协十四届三次委员会议提交《精准施策持续发力推动苏州民营经济迈向高质量发展》《关于鼓励引导苏州民营企业参与乡村振兴的建议》《关于以智能制造为引擎，推动苏州经济转型升级的建议》《关于营造更优法制环境，助推苏州市民营经济更好发展的建议》《围绕全域旅游，强化资源整合全力打造环古城河精品旅游产品》等5件集体提案。其中《精准施策持续发力推动苏州民营经济迈向高质量发展》由中共苏州市委副书记、市长李亚平督办。

是月 为庆祝改革开放40周年，中共江苏省委统战部、江苏省工商联（总商会）推选产生改革开放40年百名杰出苏商推荐宣传名单。苏州朱共山等18位民营企业家荣登榜单，入选数量位居全省第一。

2月18日 中共苏州市委常委、统战部部长姚林荣，苏州市政协副主席、市工商联主席李赞等会见新疆苏州商会返乡考察团，市委统战部副部长、市工商联党组书记谢正才与考察团一行举行座谈。

2月20日—21日 中共江苏省委副书记、省长吴政隆到苏州调研恒力集团、盛虹控股集团、康力电梯公司、前途汽车公司、苏州商会博物馆等。

3月10日 全国工商联办公厅印发《全国工商联办公厅关于认定2017—2018年度全国“四好”商会的通报》，苏州市工商联推荐苏州市光电缆业商会、苏州市川渝商会、苏州新一代企业家商会、常熟市无纺业商会、张家港市装修装饰行业协会、昆山高新区商会、太仓市璜泾镇商会入选，数量居全国地级市榜首，占江苏入选商会的20%。

3月15日　全国人大十三届二次会议第三场“代表通道”集中采访活动举行，全国人大代表、苏州市工商联副主席、亨通集团董事局主席崔根良谈“民营企业如何提高自主创新能力、增强发展活力”。

3月25日—29日　中共苏州市委统战部副部长、市工商联党组书记谢正才率队赴宁夏灵武、银川、固原3市考察交流，苏州、银川两市工商联签订友好工商联（总商会）合作协议。

3月28日　全国工商联在浙江安吉召开推进乡村振兴战略现场会。苏州亨通集团、恒力集团获中国民营企业社会责任优秀案例（2018）荣誉证书。波司登公司董事局主席兼总裁高德康作为全国两家民营企业代表之一，作题为《投身乡村振兴共享美好生活》的交流发言。

是日　中共中央统战部副部长、全国工商联党组书记徐乐江来苏州调研。中共江苏省委常委、市委书记周乃翔会见徐乐江一行。

4月3日　苏州市政协副主席、市工商联主席李赞，中共苏州市委统战部副部长、市工商联党组书记谢正才，市工商联副主席邱良元、周显芳分别率领4个工作组对全市部分商会和民营企业开展安全生产督查。

4月10日　在苏州市第28个全国税收宣传月启动仪式上，苏州市工商联与市税务局签署“深化减税降费、扶持民营经济高质量发展”合作框架协议。市政协副主席、市工商联主席李赞，市税务局党委书记、局长柏立云出席活动。

4月12日　苏州市民营企业安全生产座谈会召开。市政协副主席、市工商联主席李赞传达习近平总书记和中共中央、江苏省委、苏州市委近期有关安全生产、防范事故的指示和系列通知精神。

4月13日—14日　全国工商联首次举办的本系统诚信建设工作培训研讨班在苏州开班。全国工商联党组成员、副主席李兆前作开班讲话，肯定苏州在推动非公有制经济领域诚信建设工作方面的经验。中共江苏省委统战部副部长、省工商联党组书记顾万峰，苏州市政协副主席、工商联主席李赞致辞。

工商联系统诚信建设工作培训研讨班开班仪式

4月15日—21日　苏州市政协副主席、市工商联主席李赞，中共苏州市委统战部副部长、市工商联党组书记谢正才带领非公有制经济代表人士（非公有制企业出资人）培训班一行50余人赴贵州遵义、铜仁，开展以“守法诚信经营、坚定发展信心”为主题的理想信念教育实践活动。

4月28日　由中共中央统战部、全国工商联举办的年轻一代民营企业家理想信念教育活动在延安市举行，中国民间商会副会长、苏州市工商联副主席、沙钢集团党委书记沈彬在启动仪式上作为学员代表发言。

5月21日　苏州市工商联主办的长三角（苏州）数字经济峰会举行。全国政协副主席、全国工商联主席、国家电子政务专家委员会主任王钦敏，民建中央副主席、上海市政协副主席周汉民，江苏省政协党组副书记、副主席阎立，中共苏州市委副书记、市长李亚平出席活动，中共江苏省委统战部副部长、省工商联党组书记顾万峰主持会议。

是日　苏州市总商会党委印发关于专题开展“扫黑除恶党员先行”主题党日活动的通知，引导商（协）会广大党员主动参与扫黑除恶专项斗争。

是月　根据江苏省工商联《关于认定2018年度江苏省“四好”商会的通知》，苏州市继7家商会获全国“四好”商会后，又有37家商（协）会入选省“四好”，全国和省“四好”商会数在省内名列第一。

6月16日—21日　苏州市政协副主席、工商联主席李赞率苏台工商协进会企业家一行赴台湾开展参访交流，拜会台湾工商企业联合会，研修包括“台湾著名品牌创建之路”等一系列课程，考察企业、园区。

6月25日—7月2日 苏州市工商联党组书记谢正才率经贸交流代表团赴挪威、芬兰，与有关地方政府及商会就经贸合作及商会服务企业等议题进行探讨。

7月3日 以“汇聚民企力量，助力临夏脱贫”为主题的“中国光彩事业临夏行”在甘肃省临夏回族自治州举行。苏州市工商联副主席、亨通集团董事局主席崔根良捐赠现金200万元，用于建设学校和改善教育设施；波司登国际控股有限公司捐赠5000件羽绒服，价值250万元。

7月10日 苏州市工商联发布2019苏州民营企业50强榜单。恒力集团、沙钢集团、盛虹控股集团分列前3位。50强企业中营业收入超1000亿元的企业数达5家，比上年新增1家。超500亿、300亿和100亿的分别为6家、12家和29家。

7月20日 苏州市工商联、苏州大学共同举办首届工商管理高级总裁研修班，全市近50位企业家学员参加学习。中共苏州市委统战部副部长、市工商联党组书记谢正才等出席开放活动。

7月25日 苏州市工商联十四届六次全体主席（会长）会议召开，传达学习中共苏州市委十二届八次全会精神；讨论通过市工商联十四届三次常委会工作报告（征求意见稿）；市商务局领导作关于当前中美贸易摩擦的形势宣讲；与会主席、会长围绕不断优化营商环境、促进民营经济高质量发展、积极应对中美贸易摩擦、加强和改进工商联工作等方面进行交流发言，并结合自身企业发展实际，对市委、市政府及部门工作提出意见建议。会议由市委统战部副部长、市工商联党组书记谢正才主持，市政协副主席、市工商联主席李赞讲话。

7月29日 苏州市民营企业座谈会召开。市政协副主席、市工商联主席李赞结合苏州市民营经济发展情况和与会企业家的发言发表讲话。

7月30日 苏州市工商联十四届三次常委（扩大）会议召开，传达学习中共苏州市委十二届八次全会和江苏省工商联十一届四次常委会议精神，总结上半年工作，部署下半年任务，动员全市工商联系统和广大非公有制经济人士坚定信心、奋发有为、再接再厉、扎实工作，助力民营经济加快实现高质量发展。

7月31日 苏州市民营企业参与乡村振兴工作座谈会议召开。苏州市总商会副会长、苏州中设建设集团董事长刘书华代表与会民营企业家，宣读《苏州民营企业参与乡村振兴战略倡议书》。中共苏州市委副书记朱民，市委常委、统战部部长姚林荣，市政协副主席、市工商联主席李赞出席会议。

是月 应埃塞俄比亚东方工业园、埃及商会联合会邀请，苏州市工商联以邱良元副主席为团长的经贸交流团，赴埃塞俄比亚、埃及进行苏州民营企业参与“一带一路”建设、商会工作友好交流活动，重点推进埃塞俄比亚苏州商会筹建事宜。

8月13日 苏州市、铜仁市工商联对口帮扶工作座谈会在苏州举行。按照结对帮扶计划，苏州市工商联直属商会中50家商会与铜仁市50个深度贫困村结对帮扶，切实帮助贫困村加快脱贫奔小康进程。

苏铜两市工商联对口帮扶工作座谈会暨签约仪式

8月29日 第五届全国非公有制经济人士优秀中国特色社会主义事业建设者表彰大会在北京举行。盛虹控股集团董事长、党委书记缪汉根获全国优秀中国特色社会主义事业建设者荣誉称号。

9月6日 苏州市工商联积极响应市第十八届“同在蓝天下、慈善一日捐”活动号召，向广大民营企业和商会组织发出捐款倡议。吴中集团、苏州市无锡商会等企业和商会代表共捐款400余万元。

9月18日　苏州市工商联召开主题教育动员大会，中共苏州市委统战部副部长、市工商联党组书记谢正才作动员，市委第八巡回指导组组长曹萍讲话，苏州市政协副主席、市工商联主席李赞及机关全体党员、总商会党委所属支部书记参加会议。

9月23日—24日　中共苏州市委统战部副部长、市工商联党组书记谢正才率队赴宿迁召开市“百企帮百村”领导小组会议暨苏宿两地工商联“百企帮百村”现场推进会。自2016年省工商联“百企帮百村”扶贫活动开展以来，苏州各市（县）、区工商联落地宿迁产业帮扶项目6个，总投资8亿余元，带动家门口就业1000余人，在乡村基础设施建设、公益捐赠扶贫等方面共计投入资金250余万元，累计消费扶贫对口村农产品200余万元。

9月25日　苏州市工商联党组书记、副主席谢正才赴南京参加江苏省工商联举办的以“改革•创新”为主题的商会高质量发展论坛。苏州市光电产业商会获选江苏省“四好”商会示范点，赵东明、范立元、黄亚强、郑炜、沈彬、陈素兴获选江苏省优秀商会会长。

是日　亨通集团党委书记、董事局主席崔根良在中共中央宣传部、组织部、统战部等九部委联合组织的“最美奋斗者”评选活动中，荣获全国“最美奋斗者”称号。

9月27日　全国工商联党组副书记、副主席樊友山到张家港市工商联、波司登公司等进行调研。

10月1日　全国“时代楷模”崔根良、全国民族团结进步模范宫长义、三八红旗手标兵郁霞秋等多名苏州民营企业家的优秀代表受邀参加庆祝中华人民共和国成立70周年大会的现场观礼。

10月10日　全国工商联、国务院扶贫办对全国“万企帮万村”精准扶贫行动拟表彰先进民营企业对象予以公示，波司登公司光荣上榜。

是日　中共江苏省委常委、统战部部长杨岳调研苏州民营经济高质量发展情况，实地走访路之遥科技股份有限公司等企业。

10月17日　苏州市工商联、苏州市司法局、苏州市律师协会联合举办做好商会法律服务工作主题座谈会，探讨三方如何进一步加强联动，更好地服务民营经济高质量发展。市工商联副主席邱良元和市律师协会会长李浩江为苏州市律师协会民营企业法律服务工作站揭牌。

是日　苏州市工商联对口帮扶铜仁调研座谈会在贵州省铜仁市召开。会上介绍苏州市工商联50个直属商会对接帮扶铜仁市50个贫困村的工作开展情况，并举行帮扶资金捐赠仪式。苏州市政协副主席、市工商联主席李赞参加。

10月28日　苏州市召开“营造良好法治环境，助力民营企业高质量发展”专题座谈会。中共苏州市委常委、统战部部长姚林荣主持会议，市委常委、政法委书记徐美健到会讲话，市政协副主席、市工商联主席李赞出席会议。市中级法院、市检察院、市公安局、市司法局围绕为民营企业提供优质高效服务、保护民营企业合法权益进行交流发言。

10月31日　苏州市工商联在苏州地铁站布展“扎根苏州勇创大业”“逐梦新时代争当建设者”“新时代更需要企业家精神”等主题公益广告。

11月2日　中共苏州市委、市政府召开苏州市重点民营企业座谈会，深入学习贯彻习近平总书记在民营企业座谈会上的重要讲话精神，推动苏州市民营企业在新起点上凝聚力量再出发。中共江苏省委常委、苏州市委书记蓝绍敏出席并讲话。市委副书记、市长李亚平主持会议并作具体部署。为进一步畅通市委、市政府与民营企业家密切、高效沟通联系的通道，开始实施支持服务民营企业发展的“三项制度”——企业家月度沙龙制度、企业家微信群联系制度、企业信息直报制度，零距离、高效率回应民营企业发展难题，让民营企业家的声音和诉求能够“听得到”“看得到”“办得到”。会上正式开通12345苏州企业服务专线。

11月4日　苏州市工商联召开各市（县）、区工商联主席书记会议和全体工作人员会议，传达全市重点民营企业座谈会精神。中共苏州市委常委、统战部部长姚林荣对贯彻落实会议精神进行动员部署，分工负责民营企业家沙龙，市政协副主席、市工商联主席李赞负责微信群，副市长陆春云负责企业信息直报制度。

11月19日 苏州市工商联向各市（县）、区工商联，各所属商会、协会印发市工商联《关于建立民营企业信息直报制度的实施办法（试行）》，具体明确了信息直报的呈报内容、直报形式、内容来源和工作流程。信息直报经中共苏州市委、市政府主要领导批示后，按程序由相关部门办理，市委督查室全程介入，市工商联密切关注办理过程和办理结果，及时反馈至相关企业或人员。

11月26日 苏州市政协副主席、市工商联主席李赞会见来访的埃塞俄比亚驻上海总领事魏澜一行。双方就苏州赴埃塞俄比亚经贸考察协调工作、推动成立埃塞俄比亚苏州商会及埃塞俄比亚在苏州招商推介活动等进行商讨并达成共识。

12月14日 首期苏州市民营企业家沙龙举行。中共江苏省委常委、苏州市委书记蓝绍敏，市委副书记、市长李亚平等市领导和29家民营企业负责人共话创新引领推动民营经济高质量发展。

12月17日 苏州市工商联召开各市（县）、区工商联工作会议，学习习近平新时代中国特色社会主义思想，贯彻落实中共十九届四中全会精神以及中共中央、江苏省委、苏州市委的决策部署，总结市工商联2019年重点工作，谋划明年和今后一个时期的重点工作。

12月31日 苏州市总商会党委召开党员代表大会，选举产生新一届中共苏州市总商会委员会和中共苏州市总商会纪律检查委员会。周洲当选为党委书记，方惟武当选为党委副书记兼纪委书记。

是年 苏州市工商联根据中共苏州市委统一部署，深入开展“不忘初心、牢记使命”主题教育，制定《苏州市工商联关于认真学习宣传贯彻习近平总书记在民营企业座谈会上重要讲话精神的通知》《苏州市工商联关于推进商会诚信自律建设工作的意见》，会同中共苏州市委统战部启动“苏州年轻一代民营企业家‘十百千万’三年行动计划”，在三年内，分别培养十名、一百名、一千名、一万名在全国、全省、全市有影响力的年轻一代民营企业家。

是年　苏州市工商联推动召开全市重点民营企业座谈会，全面落实支持民营企业发展“三项制度”，编写12期民营企业信息直报，所反映的问题诉求均有办理答复。

是年　苏州全市实有各类市场主体188.10万户，其中，私营企业64.98万户，个体工商户115.91万户。恒力集团、沙钢集团入围2019年度《财富》杂志世界500强榜单。共有23家企业入选2019中国民营企业500强，26家企业入选2019中国民营企业制造业500强，入选总数位居全省第一，在全国各城市中排名第三。

是年　苏州市工商联制定实施《苏州市工商联所属行业商会组织管理办法》《关于促进苏州市工商联所属行业商会发展的指导意见》《苏州市工商联所属行业商会规范管理指导规则》《苏州市异地商会工作指导意见》，会同中共苏州市委统战部制定印发《关于健全完善“四好”商会建设长效工作机制的若干意见》。全市共建成市级“四好”商会133家，省级“四好”商会37家，全国“四好”商会7家；入选全国“四好”商会的数量位居全国地级市榜首。

2020年

1月2日　中共苏州市委统战部副部长、市工商联党组书记谢正才主持召开工商联党组中心组学习会，学习习近平总书记新年贺词，传达市委扩大会和省工商联执委会精神。

1月3日　中共苏州市委、市政府、市政协召开苏州开放再出发大会。中共江苏省委常委、苏州市委书记蓝绍敏出席大会并讲话，市委副书记、市长李亚平主持会议。大会现场发布2020年市委、市政府1号文件《关于开放再出发的若干政策意见》，分别从开放推动创新发展、促进产业转型、强化有效投入、优化营商环境、塑造城市品质等5个方面提出30条政策举措。会上共有556个项目签约，投资总额达7359亿元。苏州市工商联和商（协）会代表以及民营企业、外资企业、金融机构负责人代表等参加会议。

1月7日—10日　苏州市工商联界别政协委员出席市政协十四届四次委员会议，提交《关于鼓励支持苏州民营企业参与“一带一路”建设的建议》等7件集体提案，为推动苏州市高质量发展走在时代前列、争当“强富美高”新江苏建设先行军排头兵建言献策。

1月16日　苏州市政协副主席、市工商联（总商会）主席李赞在江苏省政协十二届三次会议举行的联组会议上，围绕“创新体制机制，积极参与长三角地区更高质量一体化发展”主题，建议：规划与落实齐抓，“一体”与“个性”并重。强调要更加注重在“硬”互通的基础上逐步实现“软”相融，更加注重在“破”壁垒的前提下同步实现“立”规制，更加注重在求“一体”的进程中切实体现有“个性”。

1月19日　江苏省工商联工作会议召开。苏州市政协副主席、市工商联主席李赞就推动建立支持民营企业发展“三项制度”作交流发言。苏州市工商联荣获2019年度全省工商联工作引领示范奖、2019年度全省工商联信息工作先进单位称号。

2月25日　中共苏州市委常委、统战部部长姚林荣在苏州市工商联调研。市政协副主席、市工商联主席李赞参加调研座谈会。

3月5日　中共苏州市委、市政府召开全市2019年度综合考核工作总结暨作风效能建设大会。苏州市工商联荣获2019年度综合考核第一等次。

3月13日　中共江苏省委统战部副部长、省工商联党组书记顾万峰率调研组来苏州，实地考察企业疫情防控和复工复产情况，听取企业、商会工作情况介绍和意见建议，并走访苏州市工商联机关和商会服务中心。

3月18日　2019年度苏州市工商联基层组织创新亮点工作评选结果公布，全市共评选出10个工商联基层组织创新工作、20个工商联基层组织亮点工作和12个创新亮点工作入围项目。

3月20日　苏州市工商联召开支持民企发展“三项制度”专题工作研讨会，要求相关各专班和各市（县）、区工商联持续为企业提出的难点痛点堵点多想对策、解难题，主动帮助指导落实惠企政策。

是月　受疫情影响，苏州市工商联十四届四次执委会议改为线上进行。市政协副主席、市工商联主席李赞作《完善服务体系，提升服务能力，努力开创“两个健康”新局面》的工作报告。市工商联通过公众号在网上发布会议报道，传达本次执委会议精神。

是月　苏州市工商联领导班子带队走访调研商会、企业、市场，了解疫情防控和复工复产复市情况、存在困难和意见建议，及时向中共苏州市委、市政府反映。

4月3日　苏州市发布《2020年市领导挂钩联系民营企业工作安排》。苏州市四套班子领导每年分别挂钩3家民营企业，开展调研指导，协调解决难题。

4月16日　中共江苏省委常委、统战部部长杨岳在南京主持召开民营经济统战工作座谈会，就贯彻落实中央相关文件精神和江苏省委决策部署听取意见建议。中共苏州市委统战部副部长、市工商联党组书记谢正才以《“三项制度”夯实亲清政商关系助推民营企业高质量发展》为题在会上作交流发言。

4月20日—21日　中共苏州市委统战部副部长、市工商联党组书记谢正才率苏州担任全国工商联常执委、省工商联副主席副会长的企业负责人赴贵州省铜仁市，开展苏州市重点民营企业（商会）结对帮扶沿河县贫困村活动，捐赠150万元扶贫专款。苏州市工商联将帮扶沿河县作为东西部扶贫协作工作重点，助力2020年铜仁市全面脱贫。

5月13日　苏州市检察院和苏州市工商联举行签约仪式，联合推出《关于进一步加强涉民营企业刑事案件办理沟通机制的实施办法》，探索法治化营商环境苏州检察样本。

是月　苏州市政协副主席、市工商联主席李赞带领民营企业家代表赴宁夏进行考察交流，支持少数民族地区经济建设。

6月12日　苏州市总商会党委开展“争做‘亲’‘清’政商关系模范，火红年代再攀新高”主题党日活动，参观学习中亿丰科技有限公司“红色螺丝钉”党建品牌，参观市党风廉政警示教育基地。

6月15日　苏州市工商联（总商会）十四届八次全体主席（会长）会议召开。全国人大代表、苏州市工商联副主席、亨通集团董事局主席崔根良传达全国“两会”精神，与会主席、会长围绕应对疫情和企业创新发展进行交流发言。

6月18日　常州市工商联调研组来苏州开展关于工商联发挥作用、促进“两个健康”、引导服务民营经济高质量发展的调研活动，苏州市政协副主席、市工商联主席李赞接待。

6月22日　苏州“三项制度”获得中共中央统战部副部长、全国工商联党组书记、常务副主席徐乐江充分肯定。全国工商联办公厅印发专刊，将苏州“三项制度”具体做法介绍给各地工商联、直属商会学习参考。

7月21日—24日　苏州市工商联党组书记谢正才率队到陕西省周至县对接苏陕扶贫协作工作，签署周至家家惠光彩超市项目协议，苏州市光彩事业促进会、苏州市工商联、太仓市工商联合计捐赠60万元用于项目建设，约定项目部分收益用于支持扶贫助困事业[1]。

7月24日　苏州市工商联与中共苏州市委改革办整理材料形成的《苏州建立“三项制度”为市场主体纾困解难》刊登于《江苏改革简报》第46期（总第362期），介绍企业家月度沙龙、企业家微信群、企业信息直报“三项制度”在激发市场活力、构建亲清政商关系中发挥的作用。

7月28日　大型融媒体访谈节目《勇闯改革无人区》第一期《服务企业“三项制度”背后的改革故事》在苏州广电总台新闻综合频道播出，收视率位居当天专题类收视榜单第一名。全国工商联原副主席庄聪生在视频连线时高度肯定苏州“三项制度”的做法。江苏省工商联副主席丁荣余指出苏州“三项制度”的创新点、复制路径及未来发展方向。

8月3日　苏州市工商联研究决定授予苏州市福建商会等50家商（协）会“助力脱贫攻坚贡献奖”。中共中央统战部副部长、全国工商联党组书记、常务副主席徐乐江对苏州市工商联50家直属商（协）会结对帮扶贵州铜仁贫困村工作作出批示，肯定苏州市工商联、商（协）会组织、民营企业为脱贫攻坚工作作出的贡献。

8月4日　苏州市工商联发布2020苏州民营企业100强榜单。恒力集团、沙钢集团、盛虹控股集团、亨通集团、协鑫集团分列前5位，超600亿元、300亿元和200亿元的民营企业分别为7家、15家和26家。

8月5日　苏州市工商联十四届四次常委（扩大）会议和民营企业家理想信念报告会召开。会议学习贯彻习近平总书记7月21日在企业家座谈会上

〔1〕项目协议中的周至家家惠光彩超市后正式定名为家佳美光彩超市。

的重要讲话精神，郁霞秋、崔巍、庄志3位企业家作理想信念报告。中共苏州市委统战部副部长、市工商联党组书记谢正才传达市委十二届十次全会精神。市政协副主席、市工商联主席李赞作市工商联十四届四次常委会议工作报告，报告总结市工商联围绕夺取疫情防控和推动民营企业复工复产达产“双胜利”、落实支持民营企业发展“三项制度”以促进营商环境优化创新、加强工商联履职能力建设助力民营企业高质量发展等三个方面，主动作为、靠前服务、创新实践、攻坚克难，完成上半年的各项工作目标。会议表决同意孙洪、郁霞秋为本届执委会副主席，赵军为常委。

8月19日　由苏州市工商联、苏州市人民政府台湾事务办公室主办，苏州市苏台工商协进会协办的“民企台企相携手，融合发展再出发”活动在苏州市高新区举行。

9月11日　全国政协原常委、全国工商联原常务副主席张绪武来苏州调研商会发展情况。

9月16日　全国民营经济统战工作会议在北京召开，传达习近平总书记关于发展民营经济的指示。苏州市工商联召开党组（扩大）会议，学习领会习近平总书记“工商联要发挥群团组织作用，把民营经济人士团结在党的周围，更好推动民营经济健康发展”的指示精神，学习贯彻中共中央办公厅印发的《关于加强新时代民营经济统战工作的意见》。

9月16日—18日　苏州市工商联副主席邱良元率苏州市科技装备商会企业参观考察老国防工业基地四川绵阳，与绵阳市江苏商会签订战略合作协议。

9月23日—28日　苏州市政协副主席、市工商联主席李赞率队赴西藏自治区拉萨市林周县考察交流，继续帮助林周发展特色产业、保障和改善民生。

9月27日　中共苏州市委统战部副部长、市工商联党组书记谢正才出席苏州、宿迁两市在宿迁联合举办的“万企联万村，共走振兴路”行动项目签约暨两市工商联联建工作推进会，深化企村合作、助力乡村振兴。已有21家苏州企业签订联建项目26个，总投资39.2亿元。

10月10日　中共江苏省委书记娄勤俭在苏州主持召开苏州民营企业家座谈会，

了解当前企业发展运行情况，听取对省“十四五”规划编制的意见和建议。波司登公司总裁高德康等10名民营企业家代表先后发言。

10月21日—22日 全国工商联副主席黄荣率调研组来苏州调研深化新一代信息技术与制造业融合发展工作情况，并出席两化融合暨工业互联网平台大会。中共江苏省委常委、苏州市委书记许昆林会见黄荣一行。

10月27日 苏州市政协副主席、市工商联主席李赞率相关机关处室和各市（县）、区工商联负责人，赴上海市工商联学习考察。中共上海市委统战部副部长、市工商联党组书记黄国平会见考察团一行。

10月28日 苏州市人民检察院与苏州市工商联在虎丘区检察院联合开展服务“六稳”“六保”[1]护航民企发展检察开放日活动。企业家代表、法学专家共12人应邀走进检察院，近距离了解检察职能，感受检察工作，提出意见建议。

11月1日 2020中国（温州）新时代“两个健康”论坛在温州市举行。中共中央统战部副部长、全国工商联党组书记、常务副主席徐乐江出席并讲话。现场发布《2020年万家民营企业评营商环境报告》，苏州营商环境在全国排名第3位。其中，政务环境、市场环境在全国排名均为第1位，创新环境在全国排名第2位。

11月12日 全国“万企帮万村”精准扶贫行动现场交流会暨先进民营企业表彰会在贵州省织金县召开，苏州市工商联在江苏省13个设区市中唯一入选全国“万企帮万村”精准扶贫行动组织工作先进集体。

11月13日 全国工商联下发《关于对抗击新冠肺炎疫情先进商会组织通报表扬的决定》。苏州市相城区漕湖商会、苏州市滨海商会被授予抗击新冠肺炎疫情先进商会组织荣誉称号。

11月17日 苏州市工商联召开所属商会“两个全覆盖”工作推进会。中共苏州市委统战部副部长、市工商联党组书记谢正才强调商会党建工作要

〔1〕“六稳”：稳就业、稳金融、稳外贸、稳外资、稳投资、稳预期。“六保”：保居民就业、保基本民生、保市场主体、保粮食能源安全、保产业链供应链稳定、保基层运转。

深入贯彻落实中共中央“两个全覆盖”（组织全覆盖和工作全覆盖）的要求。市工商联党组成员、副主席周显芳领学中共江苏省委常委、苏州市委书记许昆林对基层党建工作的指示精神，以及江苏省工商联“两个全覆盖”推进会会议精神。市工商联党组成员、市总商会党委书记周洲通报全市商会党组织覆盖情况。

向所属商会党支部授牌

11月19日　苏州市工商联系统“万企联万村，共走振兴路”行动村企合作推进会在太仓举行。会上举行“百会万企联百村”——“商会加乡村”合作联建签约仪式，10家商会和10个村集中签订合作联建协议。苏州市政协副主席、市工商联主席李赞，市工商联副主席邱良元出席。

11月23日　全国工商联商会工作会议在南京召开，主题为“使命、责任与挑战——百年未有之大变局中的中国特色商会”的德胜门大讲堂走进江苏活动同期举行。亨通集团董事局主席崔根良作题为《于变局中开新局，扛起新时代商会新使命》的演讲。

11月23日—27日　苏州市总商会党委举办商（协）会党组织党务骨干培训班。组织50名党务骨干赴江西古田、瑞金和于都，踏访革命圣地，追寻红色印记。

12月30日　苏州市工商联召开各市（县）、区工商联工作会议和市工商联机关务虚会，学习贯彻中共苏州市委十二届十一次全会精神，交流工作完成情况，研讨明年工作重点。市政协副主席、市工商联主席李赞，市委统战部副部长、市工商联党组书记王益冰等出席会议。

是月　苏州市工商联、苏州大学共同举办的首期青年企业家领军班在苏州大学红楼举行开班仪式。

是年 苏州市工商联动员各级工商联、商（协）会和广大民营企业投身疫情防控工作，累计捐款捐物逾7亿元。恒力集团有限公司等11家企业受到全国工商联通报表扬。

苏州市光彩事业促进会捐赠防疫物资

是年 苏州市工商联完成《2020年全市进一步降低实体经济经营成本发展壮大民营经济工作任务分解表》有关工作。全年向中共苏州市委办公室、市政府办公室报送信息200多条，被市委信息《每日快报》《综合摘要》等录用94条，其中《苏州市工商联落实“三项制度”打造亲清政商关系新生态》等3条信息被中共中央办公厅录用，《苏州“四个一”开启年轻一代企业家培养“快车道”》等22条信息被上报中共江苏省委办公厅。中共苏州市委统战部、苏州市工商联提交的《关于服务民营企业发展“三项制度”实施以来的情况报告》等获得中共江苏省委常委、苏州市委书记许昆林批示。服务民营企业发展“三项制度”相关经验在中共江苏省委统战部召开的民营经济统战工作座谈会上交流，被《人民政协报》等国家、省级媒体宣传报道。

是年 苏州市实有民营企业694566户，占全市企业总户数的90.3%。全市实有个体工商户累计达到1668337户。全市规模以上民营工业产值13404亿元，占规模以上工业总产值的38.5%。全市民营科技企业数1.7万家。苏州市民营企业在“一带一路”沿线国家和地区投资61个项目，中方协议出资总额6.2亿美元。共有26家企业入围2020中国民营企业500强，仅次于杭州，与深圳、无锡并列第二。28家企业入围2020中国制造业民营企业500强，在全国各城市中位居第一。有2家苏州企业入围2020中国服务业民营企业100强。

是年 苏州市工商联加强商会建设，市属行业商会创建成全国“四好”商会1家，江苏省“四好”商会7家，苏州市“四好”商会19家；市属异地商会创建成全国“四好”商会2家、江苏省“四好”商会6家、苏州市“四好”商会19家。苏州市总商会党委建有32个市属行业商会（协会、促进会）党支部，其中独立党支部9个、功能性党支部23个；建有40个市属异地商会党支部，其中独立党支部23个、功能型党支部17个、异地商会联合党支部1个。

2021年

1月5日　苏州市工商联召开行业商（协、促进）会会长工作暨述职会议，学习中央经济工作会议精神和习近平总书记在中共十九届五中全会上的讲话精神、在江苏省调研时的讲话精神，中共苏州市委统战部副部长、市工商联党组书记王益冰传达市委十二届十一次全委会会议精神。市政协副主席、市工商联主席李赞总结去年疫情防控和复工复产的成绩，强调今年行业商会的工作重点。

1月6日　中共苏州市委常委、统战部部长姚林荣调研苏州市浙江商会，听取商会在长三角一体化以及沪苏浙项目合作等方面发挥作用的意见和建议。市工商联党组书记王益冰与副主席邱良元等参加调研。

1月12日　苏州市工商联副主席周显芳走访苏州市百货业商会，就采取新冠防疫措施与保障居民春节期间消费需求进行调研。

1月15日　中共苏州市委第一巡察组于2020年10月21日—11月15日对中共苏州市工商联党组开展巡察。是日，市工商联党组根据巡察反馈意见，成立巡察整改工作领导小组，制定落实整改措施。

1月18日—21日　苏州市工商联界别政协委员出席市政协十四届五次会议，提交《关于进一步推动苏州自贸区更高水平发展的建议》等5件提案和《进一步推进苏州生物医药产业高质量发展的对策建议》书面发言，苏州晶方半导体科技股份有限公司董事长王蔚代表工商联界别作题为

《聚力数字经济，打造苏州转型发展“新引擎”》的大会发言。

1月22日　苏州市工商联根据市政府办公室《关于做好春节期间稳岗惠企送温暖工作的若干指导意见》，向广大民营企业和商会发出倡议，落实防疫责任、控制集聚活动、鼓励留苏过年，引导广大民营企业拿出真“薪”真情，让外地员工安心过个“苏州年”。

是月　苏州市工商联《“4个+”打好精准扶贫“组合拳”》入选由《中华工商时报》社发起的2020年度“创新中国”工商联（商会）工作优秀案例。

2月1日　苏州市工商联“勇担当作表率，强组织助脱贫”工作荣获2020年度全省工商联创新工作引领示范奖，并获评2020年度全省工商联信息工作先进单位。

3月12日　苏州市工商联十四届五次执委（扩大）会议召开，选举王益冰、郁霞秋为副主席，表彰工商联系统抗击新冠肺炎疫情的先进民营企业和商会组织，2020年度“助力脱贫攻坚贡献奖”民营企业和商会，2019—2020年度全国、江苏省“四好”商会，2020年度苏州市“四好”商会以及全市工商联系统信息工作先进单位。

4月15日—16日　江苏省人大常委会副主任、省工商联主席许仲梓带队来苏州调研，先后前往吴江区工商联、苏州市无锡商会等进行指导。

4月21日—23日　苏州市政协副主席、市工商联主席李赞带领太仓市工商联、部分企业家代表，赴西安市周至县参加苏陕协作项目——家佳美光彩超市揭牌仪式。该超市历经半年多的建设和试运营，较好地满足了周至县部分群众就近购物的需求，并解决部分贫困人口就业难题，助力贫困家庭销售农特产品，社会效益良好。

4月26日　中共苏州市委统战部、苏州市工商联联合举办的2021年第一期苏州市民营经济代表人士理想信念教育培训班在南通开班。市委常委、统战部部长姚林荣与学员们一起学习习近平总书记在企业家座谈会上的重要讲话精神。市委统战部副部长、市工商联党组书记王益冰主持开班仪式。

理想信念教育培训班（一期）开班合影

是月　中共苏州市委统战部副部长、市工商联党组书记王益冰率苏州市无锡商会、苏州市安徽商会等9家商（协）会和民营企业的负责人赴贵州铜仁，参加"'在希望的田野上'苏铜缘·山水情"公益活动。

5月6日—7日　苏州市政协副主席、市工商联主席李赞，中共苏州市委统战部副部长、市工商联党组书记王益冰率苏州市工商联系统代表团赴宿迁市，参加苏州宿迁工商联南北挂钩工作推进会和2021民营企业家峰会，促进南北企村联建工作深入开展，加强两市工商联联系。

5月11日　苏州市政协副主席、市工商联主席李赞带领部分苏州企业家参加贵州"强省会"政策推介会暨"苏商入黔"集中签约活动，并参与"滨湖花城·观山湖"产业招商专场推介活动。苏州市工商联与贵阳市观山湖区政府签订友好交流协议。

5月12日—14日　中共苏州市委统战部副部长、市工商联党组书记王益冰带领苏州新一代企业家商会部分企业家赴深圳等地，考察调研苏州企业在当地的发展情况，学习行业标杆企业在智能制造、数字经济等领域内的科技创新、产业运营经验。

5月14日　苏州市工商联和市商务局牵头实施的"为企业解忧，助力高质量发展"项目入选"我为群众办实事"市级层面的重点项目。

5月26日　中共苏州市委统战部副部长、市工商联党组书记王益冰率队赴杭州，与杭州市工商联开展工作交流。

5月31日　苏州市工商联贯彻落实中共中央、江苏省委和苏州市委关于组织开展党史学习教育的部署安排，扎实推进“我为群众办实事”实践活动，公布市工商联2项重点项目，接受广大群众和服务对象监督。

是月　《张家港市工商联探索创新，先行先试，推动民营经济持续健康发展》获全国工商联《工商联改革情况》第24期刊发，并呈报中共中央全面深化改革委员会、中共中央统战部。中央统战部副部长、全国工商联党组书记、常务副主席徐乐江签批，肯定张家港市工商联工作扎实有效。

6月22日—24日　中共苏州市委统战部副部长、市工商联党组书记王益冰带领苏州新一代企业家商会以及商会党支部的40余位企业家，赴连云港、盐城考察调研，致力推进跨江融合发展，践行新时代责任担当。

6月24日　中共苏州市委、市政府召开构建亲清政商关系、打造最优营商环境推进会，学习贯彻习近平总书记关于构建亲清政商关系的重要论述，落实党中央、国务院和江苏省委、省政府关于优化营商环境的决策部署。

6月28日　全国“两优一先”表彰大会在北京人民大会堂举行。亨通集团党委书记、董事局主席崔根良，张家港市南丰镇永联村党委书记、永钢集团董事局副主席吴惠芳等获“全国优秀共产党员”称号。

7月7日—8日　中共江苏省委统战部副部长、省工商联党组书记顾万峰一行实地走访苏州市部分民营企业，并召开工商联换届工作座谈会。

7月14日—15日　宿迁市政协副主席、市工商联主席李瑞华率考察团来苏州考察商会建设，了解民营企业发展情况。

7月15日　中共苏州市委督查室、市政府督查室会同市委统战部、市工商联组成的市领导民企走访活动督查信息组召开年度市领导民营企业走访活动专题议事协调会议。督查信息组对走访中收集到的千余个问题、诉求和建议进行整理，重点做好问题的跟踪、督办、反馈，有效形成工作闭环。

8月10日 苏州市工商联与市检察院就企业合规改革试点工作第三方监督评估机制召开座谈会。市政协副主席、市工商联主席李赞，中共苏州市人民检察院党组书记、检察长李军出席会议并讲话。

8月23日 苏州市工商联、市公安局就建立健全合作机制服务保障民营经济健康发展召开座谈会，中共苏州市委统战部副部长、市工商联党组书记王益冰，市公安局党委副书记、副局长顾丰出席会议并讲话。

8月27日 2021苏州民营企业100强发布会在苏州新闻大厦举行，恒力集团等100家民营企业上榜。中共江苏省委统战部副部长、省工商联党组书记顾万峰，苏州市委副书记、市长李亚平出席并讲话。市委常委、统战部部长姚林荣，市委常委、宣传部部长金洁，市政协副主席、市工商联主席李赞参加活动。

2021苏州民营企业100强发布会现场

是月 由江苏省工商联联合新华日报社、省新闻工作者协会开展的2019年度、2020年度“江苏省非公有制经济好新闻”评选正式揭晓。苏州市工商联撰写、报送的《让民营企业扎根苏州勇创大业　让企业家有舞台有荣誉有地位》《苏州：点燃民营经济高质量发展“新火花”》两篇新闻分获2019年度和2020年度一等奖。

9月3日 苏州市工商联召开各市（县）、区工商联工作会议，传达学习中共苏州市委十二届十三次全会精神，就工作开展情况和下阶段工作安排进行交流。苏州市政协副主席、市工商联主席李赞，中共苏州市委统战部副部长、市工商联党组书记王益冰等出席会议。

9月8日—9日　中共江苏省工商联党组成员、副主席李晓林一行来苏州调研民营经济法律服务工作相关情况。苏州市工商联就与司法机关建立健全合作机制、商会调解工作、法律服务专业化支持机构、劳动关系监测点布局等方面开展的工作进行汇报。

9月11日　中共苏州市委统战部副部长、市工商联党组书记王益冰率队赴西藏自治区林周县开展对口援藏交流工作。

9月22日　苏州市商务局、苏州市工商联、中国信保苏州办事处联合举办苏州市海外投资企业联合政策宣讲会。市工商联副主席周显芳，市贸促会会长、商务局副局长徐联全出席会议。

9月24日　中国共产党苏州市第十三次代表大会开幕。苏州市工商联代表各级工商联组织和全体会员向大会致信表示祝贺，苏州市政协副主席、市工商联主席李赞应邀出席会议。

9月28日　全国工商联在湖北省宜昌市召开乡镇（街道）商会建设推进会。苏州市工商联围绕发挥乡镇和街道商会服务企业、服务地方、服务发展的积极作用，推动全市乡镇、街道商会改革发展迈上新台阶的具体做法进行交流发言。

9月29日　中共苏州市总商会党委在苏州商会博物馆举行“文化江南·书香商会”启动仪式，中共苏州市委统战部副部长、市工商联党组书记王益冰等出席活动。

10月8日—9日　江苏省人大常委会副主任、省工商联主席许仲梓带队来苏州调研新型显示产业发展情况，实地走访维信诺等新型显示产业重点企业，倾听企业发展诉求，鼓励企业聚焦前沿技术领域，加大创新力度。苏州市政协副主席、市工商联主席李赞参加有关活动。

10月14日　全国工商联副主席、中国民间商会副会长黄荣带队来苏州调研重点民营企业。

10月17日—22日　苏州市政协副主席、市工商联主席李赞率队赴新疆和田地区、阿图什市进行经贸交流以及考察对口援疆工作，与和田地区商务局签署友好合作协议。

10月21日—22日 中共西藏自治区党委统战部副部长、区工商联党组书记王念东率西藏自治区工商联考察团来苏州，考察全国“五好”县级工商联组织建设情况，在张家港市工商联召开工作座谈会。

10月30日 苏州市工商联、相城区政府共同主办的“数字赋能 聚力共进”第二届长三角（苏州）数字经济峰会在相城举行。来自长三角三省一市的有关领导、专家学者、工商界知名人士和商（协）会代表300余人，围绕主题谋划推动数字经济加速发展。

第二届长三角（苏州）数字经济峰会现场

11月25日 江苏省工商联党组成员、副主席熊杰带队来苏州专题调研苏州市民营企业文化建设工作，实地走访长江润发集团等民营企业。

12月13日 苏州市人大常委会公布《苏州市优化营商环境条例》，条例自2022年3月1日起施行。其中第九条规定：每年7月21日为苏州企业家日，共同营造亲商安商的社会氛围，激发和弘扬企业家精神，彰显和发挥企业家作用。

12月14日 苏州市工商联与苏州股权投资基金协会组织召开关于促进民营经济和股权投资互动发展的专题研讨会。中共苏州市委统战部副部长、市工商联党组书记王益冰与市工商联副主席吕瑾等参加会议。

是年 苏州市工商联在中共中央统战部开展的各民主党派、工商联、无党派人士为全面建成小康社会作贡献评选表彰中获评先进集体。市总商会党委打造的“映日莲”党建品牌被命名为苏州市市级机关“海棠花红”优秀党建品牌。

是年　苏州市共有民营企业74.92万户，占全市市场主体总户数的97%。全市累计拥有民营高新技术企业9549家，占比85.6%。民营企业上市数141家，占比80.6%；其中科创板上市民营企业33家，占比86.8%。共有26家企业入选2021中国民营企业500强，23家企业入选2021中国制造业民营企业500强，1家企业入选2021中国服务业民营企业100强。共有47家企业入选2021江苏民营企业200强，31家企业入选2021江苏民营企业制造业100强，36家企业入选2021江苏民营企业创新100强。

是年　苏州市工商联系统会员总数57231个，其中企业会员53647个，团体会员509个，个人会员3075个。各市（县）、区工工商联均被评为全国“五好”县级工商联；建成全国“四好”商会15家、省级“四好”商会57家、市级“四好”商会234家，入选全国“四好”商会数量列全国地级市第一位。吴江区盛泽镇黄家溪商会成为首个获评全国“四好”商会的村商会。

2022年

1月1日 中共江苏省委常委、苏州市委书记曹路宝，市委副书记、市长吴庆文，市人大常委会主任李亚平，市政协主席周伟强分别率队专程走访民营企业，向全市广大民营企业家送上新年的问候和祝福。苏州市委常委、统战部部长王飚，市委常委、市委秘书长潘国强，统战部副部长、市工商联党组书记王益冰等陪同调研。

1月13日 苏州市工商联第十五次代表大会召开。中共江苏省委常委、苏州市委书记曹路宝，江苏省委统战部副部长、省工商联党组书记顾万峰等出席开幕式。大会审议通过李赞代表市工商联第十四届执行委员会所作的工作报告，选举产生第十五届执行委员会，市政协副主席周俊当选为主席（会长），王益冰等22人为副主席，宫长义等14人为副会长，申霖为秘书长。

苏州市工商联第十五次代表大会开幕

1月26日 苏州市工商联党组召开党史学习教育专题民主生活会，深入学习贯彻习近平新时代中国特色社会主义思想和中共十九届六中全会精神。中共苏州市委统战部副部长、市工商联党组书记王益冰主持会议。

1月28日 苏州市政协副主席、市工商联主席周俊参加中共苏州市委召开的2022年党外人士迎春座谈会。中共江苏省委常委、苏州市委书记曹路宝等市领导与全市各民主党派、工商联负责人和无党派人士代表座谈，共谋开创全市统一战线和多党合作事业新局面。

是日 苏州市政协副主席、市工商联主席周俊，中共苏州市委统战部副部长、市工商联党组书记王益冰赴张家港市调研走访部分民营企业和商会，听取张家港市工商联工作汇报。

是月 江苏省工商联发布《关于表扬2021年度全省工商联创新工作优秀成果的通报》，苏州市工商联“建立运用跨部门联动协作机制，深入组织实施年度市领导民营企业走访活动”获评全省工商联创新工作引领示范奖。

2月16日 苏州市工商联接到中共苏州市委组织部、宣传部《关于充分发挥基层党组织和党员先锋作用坚决打赢疫情防控阻击战的通知》，随即发布《致全市商（协）会和民营企业的动员书》，倡议汇聚民企力量，共筑疫情防控坚实屏障，组建机关党支部志愿突击队，紧急安排组织第一批党员志愿者下沉防控一线。

3月29日—4月1日 苏州市政协十五届一次会议召开。苏州市工商联主席周俊再次当选为市政协副主席。苏州市工商联提交《关于进一步加强民营制造业企业智能化改造数字化转型的建议》《关于加强会馆公所古建筑保护利用的建议》《关于进一步加强民营企业合规建设的建议》等3件集体提案，为苏州经济社会发展建言献策。

4月8日 苏州市工商联十五届一次主席（会长）会议召开。市政协副主席、市工商联主席周俊出席会议并讲话。全国人大代表、亨通集团董事局主席崔根良传达全国“两会”精神。会议发出《一鼓作气，众志成城，坚决打赢疫情防控战——致全市民营企业家的行动倡议书》。

5月24日 苏州市政协副主席、市工商联主席周俊，中共苏州市委统战部副部长、市工商联党组书记王益冰接待中共南通市委统战部副部长、市工商联党组书记吴亚军，市工商联主席陆建新一行来苏州工商联交流。

是月 《新华日报》、人民日报客户端、“学习强国”、交汇点等媒体点赞苏州市工商联、各商（协）会组织和民营企业坚持党建引领，汇聚“红色力量”，统筹推进疫情防控和经济社会发展的生动实践。

6月14日 苏州市工商联和共青团苏州市委围绕新时代加强年轻一代企业家教育培养工作召开座谈会。市政协副主席、市工商联主席周俊，团市委书记方芳出席会议并讲话。

是月 苏州市工商联和苏州市金融监管局设立的“金企联沙龙”启动，畅通金融机构和民营企业精准对接。沙龙原则上每月举办一次。

7月18日—19日 江苏省工商联第十二次代表大会在南京召开。中共江苏省委书记、省人大常委会主任吴政隆，省长许昆林，省政协主席张义珍等会见与会代表。大会选举产生第十二届执行委员会，刘聪当选为省工商联主席（省总商会会长）。苏州市政协副主席、市工商联主席周俊率苏州代表出席大会，沈彬、崔根良、陈建华、缪汉根当选为副主席，周荣、单建华、宫长义、袁永刚、吴毅当选为副会长，周俊等当选为执委会常委。

7月21日 苏州市民营企业首个“企业家日”主题活动暨2022“百强民企”系列发布仪式举行。苏州市副市长季晶致辞，中共江苏省委统战部副部长、省工商联党组书记顾万峰发表讲话，苏州市委常委、统战部部长王飏宣读苏州市委、市政府《致全市企业家的一封信》。现场发布《2021苏州市民营经济发展报告》、2022苏州民营企业创新100强和2022苏州

苏州民营企业“企业家日”主题活动

民营企业100强榜单等。苏州市政协副主席、市工商联主席周俊等出席活动。

是月　江苏省工商联副主席李晓林带队调研苏州市基层商会组织建设，先后到苏州高新区浒墅关商会、枫桥商会考察调研。

8月14日—15日　苏州市工商联副主席周显芳率队赴西安市参加第六届丝绸之路国际博览会暨中国东西部合作与投资贸易洽谈会，并赴周至家佳美光彩超市调研。

8月22日　苏州市企业合规改革试点工作推进会召开。中共苏州市委副书记、政法委书记黄爱军，市委常委、统战部部长王飏，市政协副主席、市工商联主席周俊，市检察院党组书记、检察长李军，市委统战部副部长、市工商联党组书记王益冰等参加会议。会议由市委政法委副书记朱耀明主持。

8月23日　苏州市工商联、苏州市光彩事业促进会筹集西藏林周急需的防疫物资，总价值达418万元。中共苏州市委统战部副部长、市工商联党组书记、市光彩事业促进会会长王益冰出席捐赠仪式。

8月29日　苏州市政协副主席、市工商联主席周俊出席中共苏州市委召开的党外人士调研协商座谈会，汇报市工商联《加快构建促进我市青年企业家健康成长的支持体系》和《构建多元金融服务平台，助推民营经济创新发展》两个重点课题的调研成果。中共江苏省委常委、苏州市委书记曹路宝在《在党外人士调研协商座谈会上的发言（市工商联周俊）》稿上批示："市委统战部可制度化组织好我市青年企业家人才的培养，可组织一些创业训练营类的短训，鼓励青年企业家增进交流。"由此，市工商联会同市委统战部与苏州大学着手部署青年领军企业家培训的"新领航"计划，青年企业家人才培养工作有了机制保障。

9月20日　苏州市工商联系统商（协）会建设推进会暨"万企兴万村"村企对接合作会议召开。市政协副主席、市工商联主席周俊，中共苏州市委统战部副部长、市工商联党组书记王益冰等出席会议。市工商联和市农业农村局等联合下发《关于开展“万企兴万村”行动的实施方案》，“万企兴万村”行动正式启动。

“万企兴万村”村企（会）合作签约仪式

9月30日　中共苏州市委统战部、苏州市工商联联合主办，苏州大学商学院承办的苏州市青年领军企业家训练营正式开班。这是苏州首次以青年领军企业家为主体举办的创业类训练营。

10月21日　苏州市涉案企业合规第三方监督评估机制管理委员会成员单位第一次全体会议在张家港市召开。市政协副主席、市工商联主席周俊，中共苏州市委统战部副部长、市工商联党组书记王益冰等出席。

10月28日　苏州市工商联系统传达学习贯彻中共二十大精神会议召开，中共二十大代表、长江润发集团董事局主席郁霞秋作传达二十大精神专题报告。市政协副主席、市工商联主席周俊主持会议，中共苏州市委统战部副部长、市工商联党组书记王益冰等出席会议。

是月　美国苏州总商会在洛杉矶宣布成立。苏州市工商联、苏州市总商会表示祝贺，希望美国苏州总商会能够更好地服务苏州籍企业家在美兴业发展，也希望旅美苏商心系家乡建设，促进共同发展。

11月2日　苏州市工商联召开党组理论学习中心组学习（扩大）会，学习贯彻中共二十大精神。中共苏州市委统战部副部长、市工商联党组书记王益冰主持会议。市政协副主席、市工商联主席周俊，市工商联四级调研员，机关各处室、总商会党委负责人参加会议。

11月4日　中共宿迁市委统战部副部长、市工商联党组书记张相阳等来苏州调研。中共苏州市委统战部副部长、市工商联党组书记王益冰主持座谈会。两市工商联签署合作协议。

11月14日—15日　苏州市政协副主席、市工商联主席周俊在太仓市、常熟市结合“民营企业服务月”活动开展民企调研。

11月21日—22日　中共苏州市委常委、统战部部长王飏率队赴宿迁考察，市委统战部副部长、市工商联党组书记王益冰与市工商联副主席吕瑾等参加。两市工商联签订2023年度南北挂钩合作协议。

11月24日　苏州市工商联、苏州市中级人民法院签订服务保障民营经济发展共建协议，共同致力依法保护民营企业产权和企业家权益。

12月7日　中共苏州市委常委、统战部部长王飏带队赴吴江区调研新一代民营企业家培养工作。市工商联党组成员、副主席周显芳等参加调研。

12月11日—12日　中国工商业联合会第十三次全国代表大会在北京召开。中共中央政治局常委李强代表中共中央、国务院致贺词。全国政协副主席、全国工商联主席高云龙代表全国工商联第十二届执行委员会作工作报告。大会审议通过《中国工商业联合会章程（修正案）》，选举中华全国工商业联合会第十三届执行委员会，高云龙当选为十三届全国工商联主席（中国民间商会会长）。苏州代表王益冰、沈彬、陈建华、崔根良、顾明华等出席代表大会。沈彬、崔巍、顾明华等分别当选为执委会常委、委员，沈彬当选为副主席。

是年　苏州全市民营经济市场主体达278.1万户，其中民营企业数79.17万户，个体工商户198.93万户。民营工业产值18920.31亿。全市累计拥有民营科技企业17460家；民营高新技术企业11532家，占全市高新技术企业总数的85.6%。拥有国家级专精特新“小巨人”企业171家。有28家民营企业获得过国家或省科学技术进步奖，近50%的企业参与或主持过国家标准或国际标准制定。民营企业上市数147家，占全市境内上市企业数的74.2%。恒力集团、盛虹控股集团、沙钢集团入选2022年《财富》世界500强。共有52家企业入选2022中国民营企业500强、制造业民营企业500强、服务业民营企业100强榜单，上榜企业总数位居全省第一。恒力集团位居2022中国制造业民营企业500强首位。

是年　苏州市工商联系统有商（协）会组织458家，民政登记率100%。其中，行业商（协）会194家，异地商会123家，乡镇、街道商会103家，市场、园区、村商会等其他商（协）会组织38家，商（协）会总数列江苏省设区市第一位。年内，全市有17家商（协）会被认定为全国“四好”商会，44家商（协）会被认定为省“四好”商会，数量均列全省设区市第一位。在实现“五好”县级工商联全覆盖的基础上，太仓市工商联、吴江区工商联获评全国“五好”标杆县级工商联，入围数列全省设区市第一位。

2023年

1月5日—8日　苏州市工商联界别政协委员向市政协十五届二次会议提交《关于进一步发挥再担保作用，助力金融惠企发展的建议》等6件提案和《关于进一步增强金融服务实体经济能力的建议》书面发言。江苏亨通光电公司董事长崔巍作题为《加快构建支持体系，促进我市新一代企业家健康成长》的大会发言。市工商联获评先进提案承办单位。市工商联《关于加强我市会馆古建筑活化利用的建议》以及周荣、徐建成、刘书华、陈景庚等民营企业家的提案获评优秀提案。

1月11日　苏州市政协副主席、市工商联主席周俊参加中共苏州市委召开的2023年党外人士迎春座谈会。中共江苏省委常委、苏州市委书记曹路宝等市领导出席，与全市各民主党派、工商联负责人和无党派人士代表座谈，探讨如何更好地发挥统一战线的强大法宝作用，携手推进中国式现代化苏州新实践。

1月12日　苏州市工商联十五届二次执委会议召开，由中共苏州市委统战部副部长、市工商联党组书记王益冰主持。市政协副主席、市工商联主席周俊作题为《努力开创“两个健康”工作新格局，为在新征程上全面推进中国式现代化苏州新实践再立新功》的工作报告。

1月17日　苏州市政协副主席、市工商联主席周俊在江苏省政协十三届一次会议举行的联组会议上，就进一步释放创新创业活力，充分发挥民营经济助推共同富裕的作用提出建议。

是月　苏州市工商联《“金企联沙龙”促进金融服务精准对接》获评2022年度“创新中国”工商联（商会）工作最佳案例，《促进金企精准对接，打造“金企联沙龙”工作品牌》获评2022年度全省工商联创新工作引领示范奖。

2月8日　中共扬州市委统战部副部长、市工商联党组书记李厚林率队来苏州市工商联考察交流。中共苏州市委统战部副部长、市工商联党组书记王益冰参加座谈并介绍相关情况。

2月8日—10日　苏州市政协副主席、市工商联主席周俊带队赴南京、常州、上海市工商联，围绕年轻一代民营企业家教育培养，工商联调查研究、参政议政工作等主题开展学习调研。

2月17日　苏州市政协副主席、市工商联主席周俊等参加全市民营企业家座谈会。中共江苏省委常委、苏州市委书记曹路宝主持会议，倾听意见建议，帮助解决问题，共商发展良策。

2月20日—21日　江苏省工商联副主席吴卫东带队来苏州开展“全省民企敢闯敢干勇担当，助力经济运行率先整体好转”大走访大调研活动。

2月21日　苏州市工商联行业商（协）会会长工作会议暨2022年度会长述职交流会召开。市政协副主席、市工商联主席周俊在讲话中强调：一要坚持政治引领发展；二要加强自身规范化建设；三要发挥桥梁纽带助手作用；四要创新平台品牌服务功能；五要解决路径依赖短板；六要对标找差，争先创优；七要积极参与社会治理。

2月22日　苏州市异地商会2022年度会长工作会议召开。市政协副主席、市工商联主席周俊在讲话中提出：要加强党建引领、凝聚“敢”的共识；要坚持制度理会、夯实“敢”的根基；要主动服务创新、激发“敢”的活力；要塑造社会形象、赋能“敢”的担当。

是月　苏州市工商联，苏州市吴中区工商联、相城区工商联、姑苏区工商联，张家港市工商联，昆山市工商联被江苏省工商联评为2022年度江苏省区域民营经济营商环境满意度调查工作突出单位。

3月3日　苏州市科协主席、苏州大学教授、俄罗斯工程院外籍院士路建美，市科协党组书记、副主席程波等到苏州市工商联座谈交流、对接合作。苏州市政协副主席、市工商联主席周俊希望今后能进一步发挥联盟优势，促进科技经济融合发展，同时加强“科商”协作，为商（协）会探索设立科技型专委会创造条件。

3月6日　上海市工商联、江苏省工商联座谈交流会在苏州召开。中共上海市委统战部副部长、市工商联党组书记王霄汉，江苏省工商联党组成员、副主席李晓林，中共苏州市委常委、统战部部长王飏，苏州市政协副主席、市工商联主席周俊，苏州市委统战部副部长、市工商联党组书记王益冰等参加会议。

3月8日　美国美中企业家商会会长孙文铁率商会代表团到苏州市工商联座谈交流，苏州市政协副主席、市工商联主席周俊，中共苏州市委统战部副部长、市工商联党组书记王益冰会见孙文铁一行。

3月23日　中共济南市委统战部副部长、市工商联党组书记张勇一行来苏州市工商联考察交流。

3月26日　苏州市政协副主席、市工商联主席周俊在第十二届国际卓越运营大会致辞，希望企业家们：聚焦科技创新，助力高质量发展；聚焦三大变革，助力现代企业制度；聚焦流程再造，助力治理能力现代化，以更好地融入新发展格局。

3月27日　苏州市新时代工商管理企业家联合会成立大会暨“新时代•新经济”发展论坛举行。中共苏州市委副书记、市长吴庆文，江苏省委统战部副部长、省工商联党组书记刘军出席并讲话。苏州市政协主席朱民，市委常委、统战部部长王飏，市政协副主席、市工商联主席周俊等出席活动。

4月6日—7日　中共苏州市委统战部副部长、市工商联党组书记王益冰率队赴南京、无锡两地工商联调研，为地区间工商联合作注入新动能。

4月25日　新疆维吾尔自治区工商联、苏州市工商联交流座谈会在绿叶科技集团召开，助力两地商（协）会和民营企业实现更多领域、更高水平交流协作。中共苏州市委统战部副部长、市工商联党组书记王益冰等出席会议。

4月27日 苏州市2022年度高质量发展总结表彰会议召开，苏州市工商联荣获市级机关单位第一类第一等次。

是月 苏州市政协副主席、市工商联主席周俊，中共苏州市委统战部副部长、市工商联党组书记王益冰一行先后赴河南信阳、安徽阜阳两市，围绕产业合作、项目对接、乡村振兴等方面考察交流。

5月7日—9日 全国政协副主席、全国工商联主席高云龙率调研组来苏州，就“积极发挥民营企业在恢复和扩大消费中的作用”开展考察调研。中共苏州市委副书记、市长吴庆文，市政协主席朱民等参加有关活动。市政协副主席、市工商联主席周俊作工作情况汇报。

5月9日 苏州市出台关于进一步促进产业投资助推实体经济高质量发展的若干政策措施，以促进产业投资为抓手，围绕完善招商奖励政策、强化主导产业招商、布局发展新兴产业、创新丰富招商模式、狠抓招商载体建设、优化提升招商力量等方面，“六箭齐发”力撑苏州实体经济跃升发展。

5月24日 宿迁、苏州两地工商联南北挂钩工作推进会在苏州召开，由中共苏州市委统战部副部长、市工商联党组书记王益冰主持。苏州市政协副主席、市工商联主席周俊出席会议。

5月31日 由全国工商联等联合主办的2023民营企业助推南疆发展大会在新疆喀什召开。中共苏州市委统战部副部长、市工商联党组书记王益冰率苏州企业家参会，并赴乌鲁木齐、阿图什市进行经贸交流，考察对口援疆工作。

是月 江苏省政协副秘书长、省工商联副主席李兰翔一行，在苏州开展“强化企业科技创新主体地位，赋能江苏经济高质量发展新引擎”调研活动。辽宁省锦州市工商联主席杨红杰、山东省烟台市工商联主席李京波分别率团来苏州工商联考察交流。

6月7日—8日　全国工商联副主席方光华率全国工商联与生态环境部联合调研组来苏州，在常熟就“新能源产业民营企业绿色发展”进行专题调研。

6月30日　苏州市工商联系统法律服务工作会议召开。市政协副主席、市工商联主席周俊，市工商联副主席吕瑾出席会议。周俊指出：要深化认识，准确把握工商联法律服务工作面临的新形势新任务新要求；要明确思路，扎实做好工商联法律服务的各项工作；要练好内功，全面提升工商联法律服务的综合水平。

7月1日　中共苏州市委统战部、苏州市工商联联合主办，苏州大学商学院承办的苏州市新一代民营企业家培养“新领航”计划首期训练营开班。市委统战部副部长、市工商联党组书记王益冰主持开班仪式，苏州市委副书记、市长吴庆文与市政协副主席、市工商联主席周俊等领导出席。首期训练营培训为期一年，特邀院士、著名经济学家、模范企业家等顶级学者、行业专家授课。训练营学员由来自各市（县）、区的近百名优秀青年企业家组成。

7月7日　苏州市政协副主席、市工商联主席周俊，中共苏州市委统战部副部长、市工商联党组书记王益冰带队赴广东省深圳市考察，学习深圳在助力企业创新发展、关注企业家培养、优化营商环境等方面的工作举措和经验做法。

7月21日　苏州市优化营商环境暨民营经济高质量发展大会举行。中共江苏省委常委、苏州市委书记曹路宝等领导出席会议。会上表彰2021—2022年度苏州市优秀民营企业家和民营经济工作贡献突出单位，向2023苏州民营企业创新100强、苏州民营企业100强企业授牌。

苏州市优化营商环境暨民营经济高质量发展大会表彰优秀民营企业家

7月24日 苏州市工商联十五届二次常委（扩大）会议召开。市政协副主席、市工商联主席周俊，中共苏州市委统战部副部长、市工商联党组书记王益冰出席会议。会议强调，民营经济是推动高质量发展的重要主体，广大民营企业家要深入学习贯彻习近平总书记的重要讲话精神，以中共中央、国务院《关于促进民营经济发展壮大的意见》精神为指引，推动企业实现更高质量发展，为推进中国式现代化苏州新实践贡献更多民企力量。

是日 苏州市工商联国际合作委员会举行成立仪式，由市工商联副主席周显芳主持，市政协副主席、市工商联主席周俊，中共苏州市委统战部副部长、市工商联党组书记王益冰等出席。苏州东山精密制造股份有限公司董事长袁永刚当选为该委员会首届主任。苏州市工商联国际合作委员会的正式成立，为引导服务苏州市民营企业高质量开展国际合作，更好地融入新发展格局，进一步推动工商联国际合作工作创新发展提供了崭新的平台。

苏州市工商联国际合作委员会成立仪式

7月25日 苏州市政协副主席、市工商联主席周俊出席中共苏州市委召开的党外人士调研协商座谈会，围绕盘活存量低效用地、光伏产业发展等调研项目发言，并就进一步做好相关工作提出意见和建议。

8月7日—13日 苏州市政协副主席、市工商联主席周俊率队赴新疆乌鲁木齐市、霍尔果斯市、巩留县考察交流，并赴对口支援前方工作组驻地看望慰问苏州援派干部人才。

8月23日—24日 江苏省民营企业思想政治工作示范点建立工作推进会在苏州召开。省工商联党组成员、副主席熊杰出席会议并讲话，中共苏州市委统战部副部长、市工商联党组书记王益冰致辞。

8月28日 苏州市工商联系统战略性新兴产业商会建设工作推进会召开，市政协副主席、市工商联主席周俊出席会议并讲话。周俊要求，全市工商联系统要进一步统一认识，加强对战略性新兴产业的研究和了解，掌握民营企业参与产业建设情况，要市、区两级联动，广泛发动，注重发挥好龙头企业、链主企业的牵引作用，力争建成产业型行业商会组织。

是月　扬州市工商联、深圳市工商联、温州市工商联先后组团来苏州工商联考察交流。

9月27日—28日　苏州市工商联先后组织开展市政协十五届工商联界别委员第一、第二小组分组活动。市政协副主席、市工商联主席周俊参加活动。

10月13日　苏州市政协副主席、市工商联主席周俊，中共苏州市委统战部副部长、市工商联党组书记王益冰陪同江苏省工商联调研组在苏州开展第三方评估工作专题调研。

10月24日　中华全国工商业联合会成立70周年庆祝大会在北京举行。中共中央总书记、国家主席、中央军委主席习近平代表党中央发来贺信，肯定工商联在建设新中国、推进改革开放、奋进新时代的伟大实践中作出了重要贡献，希望工商联切实担负起新时代新征程党赋予的使命任务，不断开创工商联事业发展新局面。大会对工商联系统先进集体和先进工作者进行表彰，苏州市工商联被人力资源和社会保障部、中华全国工商业联合会授予全国工商联系统先进集体荣誉称号，是江苏省唯一荣获该称号的单位。

10月31日—11月2日　江苏省工商联系统信息化建设与应用专题培训班在苏州举办。苏州市政协副主席、市工商联主席周俊在致辞中，希望通过此次培训，推动互联网这个最大变量变成工商联事业发展的最大增量，解决好工商联、各级商会和民营企业急难愁盼的问题，推动民营经济高质量发展。

11月1日　苏州市工商联召开促进全市数字型民营企业高质量发展调研座谈会。市政协副主席、市工商联主席周俊等出席会议。

11月9日—10日　中共苏州市委统战部副部长、市工商联党组书记王益冰带队赴常熟市、太仓市，围绕服务民营企业“走出去”发展和“四好”商会组织建设开展主题调研。

11月15日 苏港两地工商菁英合作会召开。中共江苏省委常委、苏州市委书记刘小涛，江苏省委统战部副部长、省工商联党组书记刘军等领导出席并致辞。苏州市政协副主席、市工商联主席周俊出席会议。

11月16日—18日 苏州市政协副主席、市工商联主席周俊，中共苏州市委统战部副部长、市工商联党组书记王益冰率队赴温州开展专题学习，研究优秀做法，吸收成功经验，以进一步强化工商联自身建设。

11月24日 中共苏州市委第四巡察组巡察苏州市工商联党组工作动员会召开。巡察组组长钱利庆传达中央关于巡视巡察工作的最新精神和中共江苏省委、苏州市委相关部署要求。市政协副主席、市工商联主席周俊强调，要将此次巡察作为提升干部队伍能力建设的“磨刀石”、加强干部队伍作风建设的“正冠镜”、推动民营经济高质量发展的新起点，深入检视问题、认真整改落实。市委统战部副部长、市工商联党组书记王益冰表示，要提高政治站位、加强综合协调、强化成果转化，确保巡察工作取得实效。

12月4日 苏州市政协副主席、市工商联主席周俊率队赴吴江区开展“千村万企、千家万户”走访，走进社区，深入企业，倾听发展诉求，为基层群众、企业解决急难愁盼问题。

12月5日—7日 商务部原部长、海峡两岸关系协会原会长陈德铭，北京苏州企业商会会长谢犁率该商会代表团来苏州调研并举行主题分享会，为家乡高质量发展贡献智慧和力量。中共苏州市委常委、市委统战部部长、市委秘书长王飏，市政协副主席、市工商联主席周俊，市委统战部副部长、市工商联党组书记王益冰等参加活动。

12月15日 苏州市政协副主席、市工商联主席周俊，中共苏州市委统战部副部长、市工商联党组书记王益冰等领导出席苏温青年企业家创新合作发展大会。

12月17日 中共江苏省委常委、苏州市委书记刘小涛会见深圳市苏州商会代表团一行。苏州市政协主席朱民，市委常委、统战部部长、市委秘书长王飏，市政协副主席、市工商联主席周俊，市委统战部副部长、市工商联党组书记王益冰等参加会见。

12月27日 全国工商联发布2023年度万家民营企业评营商环境主要调查结论，苏州市营商环境在全国地级市中位列前十，并连续第五年获评最佳口碑地级市。

12月29日 苏州市工商联召开党组扩大会议，市政协副主席、市工商联主席周俊，中共苏州市委统战部副部长、市工商联党组书记王益冰等出席。会议传达中共苏州市委十三届六次全会暨市委经济工作会议精神，研究部署贯彻落实举措，强调进一步加强政治思想引领，奋力谱写“强富美高”新苏州现代化建设新篇章。

是年 苏州市工商联（党组、理论学习中心组）多次召开专题学习会、民主生活会等，举办“同心建功新时代”苏州市民营经济人士系列主题培训班，学习贯彻中共二十大、二十届二中全会精神和习近平总书记对江苏、苏州工作重要讲话指示精神，深入开展学习贯彻习近平新时代中国特色社会主义思想主题教育，领悟“两个确立”的决定性意义，增强“四个意识”、坚定“四个自信”、做到“两个维护”，提振谋划工作精气神；加强政治思想引领，发扬“敢为、敢闯、敢干、敢首创”精神，提振民企发展信心，推动优化营商环境。

是年 中共江苏省委常委、苏州市委书记刘小涛主持召开2次苏州市“助企直通”政企恳谈会，每位市领导联系10家民营企业集中走访调研。苏州市工商联深入企业、商（协）会等进行调研活动和召开座谈会，指导新时代工商管理企业家联合会举办5期“周日交流会”，完善民营企业信息直报和社情民意工作制度，完善民营企业反映诉求建议办理机制；巩固完善“1+N”工作机制，与市工信局等20余个部门单位开展工作会晤，健全完善部门之间的常态化议事机制和促进民营经济高质量发展联动机制；组织商（协）会、民营企业开展校企合作，建立共赢服务机制，解决人才供需结构性矛盾、创新供需匹配不对称等问题。

是年　苏州市工商联完成10篇重点调研报告，《关于进一步推进民营制造业企业智能化改造数字化转型的调研报告》等3篇调研报告获全省工商联系统优秀调研成果奖。连续第十八年对上年度全市民营经济的发展情况、发展轨迹、发展特点进行调研和总结，合作编辑出版《2022苏州市民营经济发展报告》。

是年　苏州全市企业总户数92.5万户，民营企业数83.1万户，占比89.8%。全市民营工业产值达到2.07万亿元。全市累计拥有民营科技企业16019家，民营高新技术企业13453家。恒力集团、盛虹控股集团、江苏沙钢集团入选2023年《财富》世界500强。有26家企业入选2023中国民营企业500强，25家企业入选2023中国制造业民营企业500强，入选数量均位居全省第一。

是年　苏州全市商会组织474家，位列全省第一，其中乡镇、街道、市场商会102个，行业商会209个（其中市属行业商会73个），异地商会123个（其中市属异地商会45个）；建有青年企业家商会16个，产业园区商会15个，村商会7个，综合性商会1个，其他吸纳为团体会员的商会1个，组织建设工作在全国工商联系统中走在前列。全市共建成全国“四好”商会15家，江苏省“四好”商会57家，苏州市“四好”商会235家。全国“四好”商会的数量位居全国地级市榜首。

主要参考文献

一、档案

苏州市档案馆藏苏州市工商联全宗档案、苏州商会全宗档案、苏州商团全宗档案、中共苏州市委统战部全宗档案、苏州市政协全宗档案、苏州市共青团全宗档案、中共苏州市委全宗档案、中共苏州市委宣传部全宗档案、苏州市社会主义学校全宗档案。

苏州市工商联档案室、苏州市吴中区档案馆、相城区档案馆、高新区（虎丘区）档案馆、吴江区档案馆、常熟市档案馆、张家港市档案馆、昆山市档案馆、太仓市档案馆藏工商联档案。

二、报纸

《新苏州报》《苏州工农报》《苏州报》《苏州日报》《姑苏晚报》《城市商报》。

三、图书

华中师范大学中国近代史研究所、苏州市档案馆合编，章开沅、马敏等主编：《苏州商会档案丛编》（1—6辑），武汉：华中师范大学出版社，2011—2012年。

华中师范大学中国近代史研究所、苏州市档案馆合编，马敏、肖芃主编：《苏州商会档案续编第一辑（1949年—1954年）》，武汉：华中师范大学出版社，2017年。

华中师范大学中国近代史研究所、苏州市档案馆合编，章开沅、朱英等主编：《苏州商团档案汇编》（上下），成都：巴蜀书社，2007年。

苏州市档案馆编：《苏州市民公社档案资料汇编》（增补本），上海：文汇出版社，2012年。

曹喜琛、叶万忠主编：《苏州丝绸档案汇编》（上下），南京：江苏古籍出版社，1995年。

苏州市工商业联合会、苏州市档案馆编：《百年商会》，苏州：古吴轩出版社，2005年。

苏州市地方志编纂委员会编，陈晖主编：《苏州市志》（上中下），南京：江苏人民出版社，1995年。

苏州市地方志编纂委员会编：《苏州市志（1986—2005）》（全3册），南京：江苏凤凰科学技术出版社，2014年。

苏州市档案馆、苏州年鉴编纂委员会：《苏州年鉴》，1983—2022年各卷，上海社会科学院出版社、古吴轩出版社等。

苏州市工商业联合会等编：《苏州市民营经济发展报告》，2005—2022年各卷，苏州：古吴轩出版社。

苏州市工商业联合会编：《商会志》，未刊本，1994年。

苏州市地方志编纂委员会办公室、苏州市档案局编，陈维新主编：《苏州史志资料专辑：苏州市大事记（1949—1985）》，内部发行，1987年。

中共苏州市委组织部、中共苏州市委党史工作委员会、苏州市档案馆：《中国共产党江苏省苏州市组织史资料（1925—1987）》，北京：中共党史出版社，2003年。

王国平总主编：《苏州通史》（16卷），苏州：苏州大学出版社，2019年。

中华全国工商业联合会编：《中华全国工商业联合会50年大事记》，北京：中华工商联合出版社，2003年。

《中华全国工商业联合会简史》编写组：《中华全国工商业联合会简史》，北京：中华工商联合出版社，2017年。

附录一　苏州商会（1905—1949）大事记

1905年（清光绪三十一年）

6月30日　五品衔翰林院编修王同愈、侍读衔内阁中书尤先甲、三品衔户部郎中张履谦、三品衔候选郎中吴本齐、盐运使衔分省补用知府潘祖谦、甘肃补用知府彭福孙等6名苏州绅商呈文商部，拟在江苏省城苏州成立商务总会，以“保护营业、启发智识、维持公益、调息纷争”为宗旨。7月17日，商部批复同意。

10月6日　苏州商务总会于七襄公所（今艺圃）召开成立大会，各业代表64人参加会议，推选尤先甲、倪思久分任总理、协理。11月1日，商部批复同意。

12月11日　商部所颁“苏州商务总会关防”正式启用。

是年　苏州商务总会制定《苏州商务总会理案章程》。

1906年（清光绪三十二年）

2月3日　苏州商务总会呈文商部，表示苏经丝厂、苏纶纱厂老股东要收回自办，承诺每年拿出漕平银1万两，以供兴办苏州各类实业学堂之用。20日，获商部批准。

2月27日　商部复电批准苏州商务总会注册“苏省商办铁路有限公司”，自办苏浙铁路自苏到浙一段，订章招股。8月2日，苏省商办铁路有限公司正式启用关防。

4月6日　商部批准成立虞东梅里商务分会（常熟）。

5月14日　商部批准成立平望商务分会（震泽）。

9月24日　商部颁给常（熟）昭（文）商务分会关防图记式样。

是月　苏州商务总会将苏城各业商市行情表上报江南商务总局。

10月5日　商部批准成立苏商体育会，以保护公益、维护治安为宗旨。苏州商会会计议董洪玉麟、商会议董倪开鼎担任第一任会长、副会长。

11月16日　商部批准成立（吴）江震（泽）商务分会。

12月25日　尤先甲、吴理杲被推选为苏州商务总会第二届总理、协理。

是月　商部批准成立盛泽商务分会（吴江）。

是年　苏州商务总会发出有关入会规定布告，申明不得介绍非公正明白、行为安详者入会。

是年　苏州商务总会受理商事纠纷案件74件。

1907年（清光绪三十三年）

1月11日　苏州商务总会与上海商务总会、江震商务分会、梅里商务分会等商会联合呈文农工商部，要求降低牙税。

1月18日　农工商部批准成立昆（山）新（阳）商务分会。

3月　苏州商务总会拟定《治理城市卫生简章》。

5月　苏、松、常、镇、太五属酱商联合抗缴酱缸捐，苏州商务总会与各方沟通协调。

11月14日 东唐市商务分会奉商部令更名东唐市商务分所（常熟）。

12月18日 尤先甲、吴理杲续任苏州商务总会第三届总理、协理。

是年 苏州商务总会成立理案处，16名议董为理案员，负责调处商事纠纷。共受理商事纠纷案件74件。

是年 农工商部批准成立何市花业商务分会（昭文）、巴城商务分会（新阳）。

是年 农工商部批准成立太仓商务分会、浏河商务分会（镇洋）。

1908年（清光绪三十四年）

3月 苏州商务总会开展商情调查。典业、米业、钱业呈报上年的营业状况。

5月11日 苏州商务总会鉴于苏经、苏纶两厂费氏商人租期届满，呈文农工商部，决定由老股东收回自办，推举周廷弼接办。

6月 苏州商务总会因铜元充斥，扰乱市场，配合官府严查。

是年 苏州商务总会受理各类商事纠纷案件59件。

1909年（清宣统元年）

3月15日 农工商部同意张履谦、倪开鼎为苏州商务总会第四届总理、协理。

5月28日 苏州商务总会奉命筹备组织长元吴城厢自治公所。

6月25日 苏州最早的市民公社——观前大街市民公社举行成立大会，苏州商务总会会员、怡和祥洋货店经理施莹当选为首任总干事。市民公社以联合团体、互相保卫、举办公益为宗旨。

8月17日　苏州府物产会陈列所开幕。苏州获得各级奖项64个，其中：同盛缎庄、振亚公司、吴世美等24家获得一等奖。

是年　苏州商务总会汇编钱业、典业、纱缎业等18个行业缓办印花税的理由书。

1910年（清宣统二年）

2月23日　尤先甲、吴理杲当选为苏州商务总会第五届总理、协理。

3月1日　苏州商务总会制定《苏商总会议事要则》。

3月21日　苏州商务总会征集物品参加官商合资试办的第一次南洋劝业会。

5月15日　苏州商务总会呈文江苏巡抚，反对浙盐改售洋码。

6月　苏州商务总会推选议董杭祖良为国会请愿代表赴北京都察院上书请愿，要求清廷即开国会。

8月16日　苏州商务总会处理美孚洋商设栈运销纠纷案。

9月　苏州商务总会总理尤先甲、议董潘祖谦等人开会讨论开设贫民工厂。

是月　江苏省农工商局与苏州商务总会在留园设筵款待美商实业团。

10月　苏州商务总会征集百合、芡实、何首乌、参贝、陈皮等地产物品，参加次年在德国举行的卫生博览会。

12月11日　筹办江苏全省裁厘认捐事务所成立，公推苏州商务总会议董杭祖良为干事长，洪锡范、匡凤逵为调查专员。

是年　苏州商务总会受理各类商事纠纷案件69件。

1911年（清宣统三年）

2月25日　尤先甲、吴理杲当选为苏州商务总会第六届总理、协理。

4月15日　苏州商务总会推选议董杭祖良、苏绍柄参加农工商部组织的赴日本实业考察团。

7月15日　苏属商会联合会在沪南商会召开成立会议，苏州商务总会议董倪开鼎、苏绍柄参加会议，讨论章程，议决设立地方厘捐。

是月　苏绍柄等发起成立苏商体育会第一支部，后发展到4个支部。

10月17日　武昌起义导致提取现款剧增，钱庄银元紧缺，苏州商务总会担保借调江苏藩库现洋20万元，以维钱市。

10月21日　苏州商务总会为帮助濒于停产的纱缎业，说服议董王立鳌、俞子亮出洋20万元，维持市面，接济机匠。22日，双方签订《苏城临时质缎局章程》。

11月5日　江苏巡抚程德全在苏州商务总会总理尤先甲、会董潘祖谦等参与策动下，宣布江苏脱离清廷独立，自任都督，成立军政府。

11月22日　苏州商务总会将颐泰等17家钱庄所筹洋1万元捐给江苏都督府，充作军饷。

是年　苏州商务总会征集盛泽丝绸等产品参加意大利万国赛会。

是年　苏州商务总会受理各类商事纠纷案件48件。

1912年

1月5日　苏州商务总会致电中华民国临时大总统孙中山，祝贺履端之喜。

1月15日　苏商体育会更名为苏州商团公会，制定《苏州商团公会章程》，推选潘祖谦为会长。苏州商团先后扩充到城区18个支部、乡区14个支部。

4月25日　苏州商务总会呈文临时大总统袁世凯、江苏都督程德全，反对江苏都督府移驻南京。

6月18日　苏州商务总会因参议院开议服制，致电工商部，要求以国货绸缎为原料，扶持民族工商业。

6月25日　苏州商务总会选举驻会董事，以苏绍柄、李庆善、尤先甲、吴理杲为第一期，吴本齐、蔡廷恩、庞式鋆、蔡恩铨为第二期，自7月1日起各期轮值半年，处理会务。

8月13日　苏州商务总会代表3月27日阊门兵变中受损商户与江苏都督府交涉，累计获得赔款银81400多元。

9月18日　潘祖谦等人发起成立时疫医院，由商会等各界人士募集经费。

11月1日　工商部举行全国临时工商会议，议决成立中华全国商会联合会，苏州商务总会议董杭祖良作为江苏代表参加会议。13日，杭祖良参加中华全国商会联合会第一次会议。

1913年

5月31日　苏州商务总会致函苏州警察厅，要求派员弹压滋扰拣茶女工的无业流氓。

6月19日　吴理杲、蔡廷恩当选为苏州商务总会会长、副会长。

是月　苏州商团公会换届，推选沈熚为会长。沈熚辞职后，改由邹宗淇任会长。

7月21日　苏州商务总会筹款银1万元，充作军饷。

是年　苏州商务总会制定《苏商总会附设商事公断处办事细则》。

1914年

1月5日 南洋劝业会江苏公司发布出口物品名单，苏州福寿公司画染天鹅绒、苏纶纱厂12支棉纱和苏经丝厂厂丝等榜上有名。

6月2日 苏州商务总会因腌腊行在山塘街停船起货被水警驱逐，与苏州警察厅交涉，要求给予保护。

6月30日 吴理杲、蔡廷恩当选为苏州商务总会总理、协理。

是日 苏州商务总会致电江苏省财政厅、江苏巡按使，请求暂缓实行货物税产销进出并征。

7月1日 苏州商务总会撤销理案处，成立商事公断处，负责处理商事纠纷。庞式鋆当选为第一届商事公断处处长。

1915年

2月 苏州商务总会征集物品参加美国巴拿马赛会，并派杭祖良参加中国工商代表团赴美观展。

5月11日 苏州商务总会征集18种物品参加在上海举办的江苏省地方物品展览会。

6月 苏州商务总会购买西百花巷20号房屋作为会所。

11月 苏州商务总会向农商部、司法部递交《特设商事裁判员意见书》。

12月21日 苏州商务总会禀呈农商部，请求免加二成货税。

1916年

1月9日 苏绣名家沈寿的《耶稣像》在美国巴拿马万国博览会上荣获一等奖。

3月　苏州商务总会依据农商部颁《商会法》及其施行细则改组，更名为苏州总商会，制定《苏州总商会章程》，改行会长制。

4月25日　蔡廷恩、庞延祚当选为苏州总商会第一届正、副会长。

7月3日　庞式鋆当选为第二届商事公断处处长。

1917年

3月2日　《苏州总商会发行各业商号购领印花税票规则》出台。

是月　苏州总商会因美孚油行在觅渡桥东构筑火油池有碍消防，与美国领事交涉。

9月　苏州总商会与各地商会共同讨论划一钱币问题。

10月18日　苏州总商会劝募捐款1600余元，救济京畿水灾。

1918年

4月20日　蔡廷恩、庞延祚连任苏州总商会第二届正、副会长。

7月　因蔡廷恩病逝，庞延祚接任会长，补选苏绍柄为副会长。

11月8日　苏州总商会动员工商户认购美国自由公债13900元美金。

11月14日　苏州总商会召开临时会议，劝募欧战协济款项，共募集银3231元。

12月5日　苏州绅学两界发起成立苏州和平期成会，刘雅宾、庞延祚分别当选为会长、副会长。

12月28日　苏州总商会处理陆稿荐与杜五房新添肉店纠纷案。

1919年

3月6日　苏州总商会会董王兆祥参加全国和平联合会会议，讨论南北和议。

3月20日　苏州总商会致函江苏省财政厅，反对苏属代偿江北短亏税额。

5月7日　苏州总商会致电北京政府，反对修改中国银行则例，要求维持现状，保全信用。

5月15日　苏州总商会响应五四爱国运动，分别致电北京政府和巴黎和会中国专使，反对在不平等条约上签字。

是日　苏州总商会召开特别会议，通过抵制日货、提倡国货等决议。19日，向全社会发布抵制日货的通告。6月24日，召开各业代表会议，通过提倡国货、禁止私售日货等决议。

6月6日　苏州总商会致电北京政府，要求释放爱国学生，废除不平等条约。

6月24日　苏州总商会呈文农商部、江苏省省长齐耀琳，反对浙江省废止《取缔茧行条例》。

7月9日　苏州总商会致电江苏督军李纯，要求促成南北和议。

12月　苏州总商会接待经苏州赴上海的美国资本团。

是年　《苏州总商会同会录》出版。

1920年

1月4日　苏州国货维持会在苏州总商会召开成立大会，议定简章，推选王兆祥为会长。

8月　庞延祚、苏绍柄连任苏州总商会第三届正、副会长。

11月27日　苏州总商会因北京、直隶北五省旱灾严重，发起义赈捐款活动，募集洋6000元。

是月 苏州市民公社联合会成立。

12月3日 苏州总商会致电江苏省省长齐耀琳，要求设立苏州商埠工巡捐局。

12月30日 苏州总商会致电农商部，要求与俄国签订平等商约。

是月 苏州总商会向江苏省商会联合会提出平等税法、推广国际贸易的提案。

是年 韩锡圭当选为苏州商事公断处第三届处长。

1921年

2月28日 苏州总商会登报公告代募北省义赈10批，共计20063.31元。

5月5日 苏州总商会弹劾吴县知事温绍梁违法劣迹。

7月7日 苏州总商会、吴县教育会、吴县农会、市乡董事会发起成立吴县公团联合会。

9月7日 吴县地方物品展览会开幕，展品3千余种，每日观众逾千人。

10月10日—30日 苏州总商会征集物品参加江苏省第二次地方物品展览会，140余种物品获奖。

10月25日 苏州商团公会改组，改会长为团长，各部部长为团董。由商会会董选举，邹宗淇当选为团长。

1922年

3月26日 苏州商团公会改组，设苏州商团团本部于苏州总商会。

4月17日 苏州总商会致电江苏督军齐燮元，呼吁弥战中立，保东南和平。

4月20日 苏州总商会致电浙江督军卢永祥与江苏互订协约，宣示中立。

6月 苏州总商会向云锦公所与铁机公会征集丝织产品参加美国丝绸博览会。

7月14日 苏州总商会与苏州教育会等联合发起成立苏州赎路储金会，支持赎回日本霸占的胶济铁路。

7月24日 贝理泰、季厚柏当选为苏州总商会第四届正、副会长。

10月20日—11月18日 中华全国商会联合会在武汉召开第四届代表大会，苏州总商会王兆祥出席会议。

12月20日 庞延祚当选为苏州商事公断处第五届处长。

是年 苏州总商会制定《选举办法议案》。

1923年

3月26日 苏州总商会致电北京政府，呼吁收回被俄国占领的旅顺、大连。

4月6日 苏州总商会特别会议讨论废除中日“二十一条”、收回旅大问题，制定办法九条。

7月21日 苏州总商会筹备商品陈列所。25日出台商品陈列所试办章程及其相关征集、陈列、审查、观览等规则。

11月21日 苏州总商会致函苏州关监督、苏州关税务，要求免征内河轮船搭客行李包裹税。

12月9日 苏州总商会商品陈列所对外开放。

1924年

1月31日 美国总商会会长泰尔率美国观光团一行18人来苏州，参观商品陈列所。

5月25日 苏州总商会致电江苏省省长韩国钧，反对食盐加价。

7月3日 苏州总商会通告各业会员依照《商标法》注册，以保权利。

7月12日 贝理泰、季厚柏连任苏州总商会第五届正、副会长。

10月27日 苏州总商会致函苏常道道尹和苏州守备司令部，要求尽快恢复航路，归还江浙战争时被军队征用船只。

11月10日 苏州总商会致电江苏赈务处、财政厅，要求免加货税赈捐。

11月23日 邹宗淇连任第二届苏州商团团长。

1925年

5月2日 苏州总商会致电北京政府内务部、财政部等，要求停止已征收6个月的赈灾附捐。

6月7日 苏州总商会召集苏州商团各支部组织示威大游行，声援上海五卅运动。

6月30日 苏州总商会参加苏州各界沪汉惨案死难诸烈士追悼大会，要求各业商店一律下半旗。

7月8日 苏州总商会致电北京政府，要求与英国交涉，废除不平等条约。

8月4日 苏州总商会向各社会团体、各业公所分送中华国货维持会《宣誓服用国货办法》《宣誓书式》。

9月1日 苏州总商会致函全国商会联合会，要求收回关税自主权，取消不平等条约。

9月24日 苏州总商会与吴县知事公署结算江浙战争时垫款14.5万余元。

10月10日—30日 苏州总商会征集物品参加江苏省第三次地方物品展览会，获得一等奖27个、二等奖34个、三等奖18个。

10月13日　苏州总商会代表徐浩然被推定为江苏省商会联合会干事。

1926年

3月3日　苏州总商会劝导各业兴办私立小学。

是日　苏州总商会向各业征集物品，参加美国费城世界博览会。

4月27日　苏州总商会要求市民公社协助办理平价米，通过《苏城市民公社关于开办平价米的议决案》。

5月4日　苏州总商会与吴县知事公署共同接管苏州工巡捐局。

7月3日　庞延祚、程兆栋当选为苏州总商会第六届正、副会长。

7月9日　苏州总商会推选特别会董费树蔚为出席江苏省宪法会议代表。

7月15日　苏州总商会动员丝茧业、纱缎业精选产品，参加江浙皖丝茧展览会。共获得一等奖8个、二等奖5个、三等奖14个。

8月23日　苏州总商会致电北京政府外交部、农工商部，呼吁废除中日旧商约，改订平等新约。

10月9日　苏州总商会函告各业《吴县取缔商店礼票暂行规则》。

11月26日　季厚柏当选为第三届苏州商团团长。

1927年

4月　苏州总商会知照各业一律使用国民政府中央银行发行的货币。

6月10日　苏州市民公社联合会改组，改会长制为委员制。

10月18日　苏州铁机工人大罢工进入高潮，苏州总商会会长庞延祚、商团团长季厚柏等14人被捆缚游街。

12月6日　苏州总商会召开代表大会，讨论机制仿造洋货、废除苛征杂税、商会存废等五个方面的问题，征求各业意见。

12月22日—27日　江苏等12省商会在上海召开联席会议，成立各省商会联合会总事务所，王兆祥当选为监察委员，苏州总商会提出商团组织问题、取消腌腊业落地税等提案。

1928年

3月17日　苏州总商会改组委员制筹备会成立，施魁和、宋度、季厚柏、程兆栋等13人为筹备员。拟订《苏州总商会章程（草案）》等。

3月20日　自1909年以来相继建立的27个市民公社全部撤销。

4月28日　苏州总商会举行会议，一致要求政府抗议日本第二次出兵山东。5月1日发表通电以示抗议。

7月19日　苏州总商会因新设江苏全省丝织品产销税总局与裁厘宗旨相悖，致电国民政府财政部、工商部和裁厘委员会。

7月31日　苏州总商会依法改组，庞延祚、程兆栋、季厚柏当选为主席委员。

9月12日　苏州总商会成立中华国货苏州筹备分会，向各业征集物品，参加10月10日在南京、上海同时举行的国货陈列馆、中华国货展览会。

9月25日　苏州商团发布在虎丘建立苏州商团纪念碑林启事。1934年10月，碑林竣工。

1929年

1月17日　苏州总商会致函沪宁铁路局，要求恢复沪苏专车，以利交通。

4月23日　苏州总商会接待日本长崎商工考察团。

7月　苏州总商会向中华全国商会联合会提交请政府迅速清理国库善后债券及兑换券票的提案。

9月25日　苏州总商会函告各业公所，要求依照《工商业同业公会法》改组成立同业公会。

是日　苏州总商会报送的多种物品在中华国货展览会上获奖，其中：华新源的苏绣获特等奖；正源祥的苏绣、戎镒昌的皮件获优等奖；鸿生火柴厂的火柴、汪瑞裕的茶获一等奖；大陆肥皂厂的肥皂、太和公所的药材获二等奖。

11月15日—12月14日　苏州总商会与上海中华全国国货维持会等决定联合举办苏州市国货流动展览会。

1930年

1月　苏州总商会发起组织的苏州市吴县国货展览会在苏州青年会举行。经费主要由总商会补助，各厂产品售款的百分之一作为补充。

7月19日　吴县县商会筹备委员会成立，制定《吴县县商会章程草案》《吴县县商会筹备委员会临时办事规则》。

9月26日　吴县县商会筹备委员会发布第一号通告，要求各业公所依法改组，成立同业公会。

10月1日　江苏各县商会代表联席会议在镇江商会举行，讨论营业税办法，苏州商会代表程兆栋参加会议。

1931年

1月15日　吴县县商会召开全体会员大会，施魁和当选为主席委员。29日，吴县县商会举行成立典礼。

是月　吴县县商会成立提倡国货委员会。

3月11日　吴县县商会召开第一次监察委员会会议，通过《吴县县商会监察委员规则》。

4月28日　吴县县商会推选施魁和为吴县劳资仲裁委员会委员。

7月13日　苏州商团临时自卫队移交城乡区公所，改编为区保卫团。

7月24日　吴县县商会召开会员大会，组织吴县商人团体对日经济绝交委员会，推定戎法琴、程兆栋等7人为筹备委员。

9月21日　吴县县商会致电国民政府，要求严正处理日本侵占东北的九一八事变，呼吁“先息内争，共御外侮”。

12月15日　吴县县商会函送华洋绸布业同业公会、丝边纱绳业同业公会、苏纶纺织厂等公会、厂家《棉纱统税条例》和税率表。

是年　《吴县县商会会刊》第一辑出版，至1936年共出版6辑。

1932年

2月1日　苏州商界捐献慰问品支援淞沪抗战前线十九路军将士。

5月26日　吴县县商会致函淞沪抗日阵亡将士追悼会筹备会，呈上祭文、挽联及银200元。

6月29日　吴县县商会召集各业开会，通过因江苏省政府实行开征特种税，苏州应纳省税一律停缴等决议。

9月17日　吴县县商会通知各公会、各商号于“九一八”国难日降半旗致哀。

11月9日　吴县县商会召集徐肖斋、严庆祥等9名筹备委员开会，讨论成立吴县县商会小贩贷本所，并制定贷款规则和办事细则。

1933年

2月2日　吴县县商会征集各类文化出品参加美国芝加哥博览会。

2月23日　吴县县商会推定施魁和、宋度、程兆栋等7人为校董，办理商业补习夜校，并出台《吴县县商会商业补习夜校简章》。

4月　吴县县商会向各业募集经费洋1974余元、棉马甲100件，支援东北抗日义勇军和北平宋哲元二十九军。

6月8日—24日　中国资方代表、苏纶纱厂经理严庆祥参加在瑞士举行的第十七届国际劳工大会。

8月9日　吴县县商会征集丝绸、布样、茶叶、小麦等物品参加铁路沿线出产货品展览会。

8月21日　吴县县商会委员庞延祚、程兆栋、施魁和等25人发起筹设苏州国货商场股份有限公司，在观前北局开始招股，股额计10万元、5千股。

9月9日　吴县县商会国货陈列馆开幕，出版纪念刊。

12月15日　吴县县商会召开执行委员会议，施魁和连任吴县县商会第二届主席委员。

是年　吴县县商会在木渎、浒墅关等镇成立事务所，处理当地商会会员事务。

1934年

5月21日　江苏省商会联合会第二届会员大会召开，程兆栋当选为执行委员。

8月15日　吴县县商会创办的商业补习夜校在钱业小学开学，宋度担任校长。

10月20日　因施魁和病逝，吴县县商会召开常务委员会议，推举潘子起暂行代理商会主席委员。

11月27日　吴县县商会执监委员联席会议决定补选常务、主席委员，程兆栋当选为主席委员。

1935年

1月31日　吴县县商会函送各会员《抽查印花税规则》《督查印花税规则》。

5月4日　吴县县商会按立法院、江苏省商会联合会要求上报《破产法》草案修改意见。

9月2日　吴县县商会函知会员使用新制度量衡器具。

9月3日　苏州国货商场正式开业。

10月　吴县县商会报送各业经济状况调查表。

12月16日　程兆栋连任吴县县商会主席委员。

12月18日　吴县县商会将国货陈列馆移交给苏州国货商场股份有限公司，易地陈列。

1936年

1月10日　吴县县商会知照各业支持国民政府的币制改革，严禁私运私带银币银类。

2月10日　苏州商团奉令改编，团员按自愿原则加入壮丁守备队或守望所。

2月14日　吴县县商会致函全体会员，告知《印花税法》相关各项规则。

7月9日　《吴县县商会防止走私委员会简则》出台。

8月25日　吴县县商会奉令转知各业对不加入同业公会、不缴纳会费的公司行号的制裁办法。

9月20日 江苏省商会联合会第五次会员大会召开，主席团成员、执委程兆栋与于小川等致电行政院，力争江苏嵊泗列岛隶属不变，与浙省渔区分界线照旧。

11月16日 吴县县商会召开执监委员联席会议，议决专电慰问绥远省主席傅作义将军及前线将士，电请政府援助绥远抗战。28日，吴县县商会援绥募款委员会成立。截至1937年1月29日，共募款12401.22元。

12月17日 吴县县商会致电张学良，呼吁放弃成见，共御外侮，和平解决西安事变。

是月 程兆栋连任吴县县商会主席委员。

1937年

1月18日 吴县县商会知照各业一律采用现行最新簿记方式。

1月26日 吴县县商会致电行政院，要求修正地方建仓积谷募集办法。

2月20日 吴县县商会派员护送物品赴南京参加全国手工艺展览会。

3月17日 吴县县商会征集各业展品送交中国参加巴黎国际博览会上海征收物品处。

6月15日 吴县县商会函知各业凡经营两种以上商店，应以主业加入相应的同业公会。

7月14日 吴县县商会不买卖私货运动委员会举行第一次会议，执行缉私条例。

8月8日 吴县县商会组成物价评定委员会，以稳定非常时期的商市及秩序。

8月13日 中日淞沪会战爆发，吴县县商会工商服务大队担负支前任务；各同业公会成立支前分队，劝募物品，运往上海抗日前线。

11月8日 吴县县商会参加捐金献机活动，募集捐款13185余元，支持抗战。

11月19日 日军占领苏州，肆行烧杀抢掠。吴县县商会停止工作。

1938年

1月19日 经伪苏州自治委员会农工商处要求，吴县县商会原任执监委员开会，成立吴县县商会整理委员会，奮文卿任临时主席。

2月21日 吴县县商会整理委员会发布关于抗战损失登记的通告。5月，据不完全统计，各业商店损失5031939元。

3月21日 吴县县商会整理委员会呈文伪苏州自治委员会农工商处，要求缓征营业税。

是月 吴县县商会整理委员会组织商事调解委员会，制定章则草案。

6月18日 吴县县商会整理委员会改组，成立苏州总商会筹备委员会，程兆栋为筹委会主任。

11月16日 伪江苏省商会联合会整理委员会召开大会，苏州总商会筹备委员丁春芝、季厚柏、徐肖斋出席会议。

11月28日 苏州总商会筹备委员会呈文伪江苏省省长陈则民，要求免征附捐。

1939年

2月26日 因程兆栋病亡，苏州总商会筹备委员会举行会议，推举季厚柏为筹委会主任。次日季厚柏请辞主任。

10月31日 苏州总商会筹备委员会结束工作，改组为吴县县商会筹备委员会，潘子起等16人为筹备委员。

11月4日 吴县县商会筹备委员会发布第一号公告，要求县区域内各业同业公会、各工厂和商号加入商会。

1940年

1月24日　伪吴县知事公署令吴县县商会筹备委员会在伪《工商同业公会法》公布后，指导各业公会改组。

8月25日　吴县县商会筹备委员会召集各业开会，指导恢复各业公会组织。

10月30日　吴县县商会筹备委员会因货运困难召集各业开会，讨论救济办法。

11月13日　吴县县商会筹备委员会呈请伪江苏省财政厅免征营业执照手续费。

1941年

2月24日　吴县县商会筹备委员会致电伪行政院财政部，要求废除《非常时期加倍征收印花税暂行办法》。

3月10日　吴县县商会筹备委员会呈文伪江苏省财政厅，要求修正铜元券收回办法。

7月2日　吴县县商会筹备委员会召开各同业公会会议，议决营利事业、存利事业所得税自7月1日开征，薪给报酬所得税暂缓开征。

7月20日　吴县县商会召开成立大会，改为理事制，推选潘子起为主席理事。

11月20日　吴县县商会与伪江苏省立苏州职业学校等联合成立苏州职业补习夜校，议决商会承担经费，并推潘子起为校董。

1942年

1月17日　吴县县商会函知各业报送业规，以备审核。

3月7日　吴县县商会召集各业代表开会，分摊日伪清乡“竹竿代金”6万元。

4月14日　吴县县商会召集理、监事和各业会员开会，讨论成立吴县县商会集团购米委员会，解决米荒。

5月6日　吴县县商会上报苏州各公会、银行、厂商负责人情况。

是月　吴县县商会制定吴县县商会分事务所组织程序、组织章程和办事规程标准等。

6月5日　吴县县商会向各同业公会、商店会员抄发《江苏省调整特价紧急办法》，定以26日—28日的旧币平均价格为最高标准，依伪中储银行挂牌折合率，一律改为新法币本位。

7月28日　吴县县商会上报《吴县县商会商事调解处章程草案》等。

7月30日　吴县县商会征集牙雕等12种物品参加伪满洲国大东亚建设博览会。

8月4日　吴县县商会调解桐油业门市与批发业务纠纷。

8月25日　吴县县商会理事长潘子起出席日伪第一次中日经济联络恳谈会。

10月16日　吴县县商会第二届代表年会举行，潘子起连任理事长。

12月10日　吴县县商会成立筹集基金委员会，要求各业公会比照全年会费2倍为最低标准筹集基金。至年底共收到基金6万余元。

1943年

3月3日　吴县县商会转请伪吴县民众运动委员会饬令浴业等15家行业加入商会。

5月5日　日本为控制苏州经济，先后操纵成立伪苏州中日工商联谊会、苏州中日工商同业联合会，原各工商同业公会被迫停止活动。

5月21日　吴县县商会召集相关同业公会和苏纶纱厂等单位开会，讨论组织工商同业联合会筹备人选等问题。

11月17日　吴县县商会第三届会员代表大会举行，潘子起当选为理事长，季厚柏当选为监事长。

1944年

5月1日　吴县县商会通知各业，以上年度实际营业总收入或资本额为标准申报营业税。

6月8日　胥门万年桥倒塌，吴县县商会组织捐款修建，于8月15日竣工。

7月22日　吴县县商会要求各业公会捐款给吴县私立孤儿教养院。

12月13日　吴县县商会向各业劝募教师生活补助金，共募捐133.5万元。

1945年

1月　吴县县商会第四届会员代表大会举行，潘子起当选为理事长，沈束璋当选为监事长。

9月9日　中国战区日本投降签字典礼在南京举行。日伪时期社会团体宣告解散，吴县县商会奉令改组，并督促各业发起整理、组织同业公会。

10月1日　吴县县商会整理委员会常务委员刘赓华、范君博、张寿鹏，奉命接收日伪时期吴县县商会文件卷宗等，开始整理工作。

10月5日　吴县商整会向苏州物价管制委员会提出调整军米价格，以利军需民食。

11月23日　吴县商整会向吴县县政府提出由其负责各业整理事项。至12月5日，46家同业公会成立整理委员会。

12月　吴县商整会为吴县县政府向各业公会筹措经费5000万元。

1946年

2月13日　吴县商整会呼吁恢复战前印花税，废止累进制，并一律免征1945年营业税、所得税、过分利得税。

3月27日 吴县商整会致电国民政府主席蒋介石和行政院、财政部，要求免征上年11月至1946年1月营业税，并日用品免税一年。

5月4日 吴县商整会与吴县总工会联合发起尊师募集活动，向各业公会和产业、职业工会募集捐款。

5月20日 吴县商整会要求各业公会及有门市营业的公司行号，对销售商品明码标价、注明商标。

6月4日 吴县商整会函告各业公会、工厂商号，端午节不得解雇工友。

6月16日 吴县县商会召开第四届第一次各业会员代表大会，张寿鹏当选为理事长，范君博当选为监事长。下属公会会员84家、商店会员21家。

7月22日 吴县县商会理事长张寿鹏参加江苏省商会联合会筹备会议，当选为筹备委员会常务委员。

9月11日 江苏省商会联合会召开成立大会，张寿鹏当选为常务理事。

10月22日、24日 吴县县商会协助接收委员会接收中支粮油株式会社、大丸工场、亚细亚化学工艺株式会社。其后又协助接收华中畜产株式会社、上海制纸株式会社等7家单位。

11月1日 中华民国商会全国联合会成立大会召开，议决每年11月1日为全国商人节。吴县县商会监事长范君博参加成立大会，并递交成立国内外商业情报机构的提案。

12月19日 吴县县商会募集商界同人清寒子弟中等学校奖学金，制定奖学金办法，共募集1410万元。

1947年

1月9日 吴县县商会致电常熟、昆山、无锡等江南8家商会，一致呼吁当局停止营业税附征积谷金。

1月11日　吴县县商会与吴县县政府召开联席会议，决定由银行、钱庄组织银团，暂定救济工商经济贷款10亿元，以丝绸、纱布、皮革等11种为抵押物，期限1个月。

4月　吴县县商会围绕组织机构、改组时间、业务情况等几个方面，对各业公会开展业务调查。

5月19日　《吴县县商会年刊》编辑委员会举行第一次会议，通过编委会组织简则。11月中旬正式出版。

5月26日　吴县县商会致电江苏省商会联合会，要求保障资方自由调配职工，禁止店员加入工会组织。

是月　吴县县商会征集精品70余件，参加首都国货展览会。

是月　吴县县商会完善组织架构，理事会下设总务、财务、调查、设计、交际5股，以及商法研究、商务考察、业规审核、商事调解、国货生产5个专门委员会。

6月17日　吴县县商会奉令向胥门外各厂商、公司、行号劝募修建万年桥工程经费3000万元。至10月，县商会募集1584万余元。

10月18日　吴县县商会为恢复面粉市场与吴县参议会沟通。11月20日，吴县面粉麸皮商业同业公会召开面粉市场恢复成立大会。

11月1日　吴县县商会第四届第二次会员代表大会召开，338名会员出席会议。县商会有公会会员98家、商店会员22家。

是年　吴县县商会出台《吴县县商会章程》《吴县县商会办事细则》《吴县县商会税则研究委员会规程》《吴县县商会国货生产委员会组织规程》等。

1948年

1月30日　吴县县商会退出吴县平民小本贷款处股东地位，股资由丰备义仓接收。

2月18日—19日、23日　吴县县商会举行年终结账讲座，2600余名会员参加。

4月　吴县县商会督促并指导各业办理商业登记。

9月11日　吴县县商会与县政府、县总工会联合召开吴县劳资评断委员会会议，估衣业等26个行业代表出席会议，商讨解决劳资纠纷方法。

10月8日、16日　吴县县商会分别函告各业公会、商店会员工商部颁发的《实施取缔日用重要物品囤积居奇办法补充要点》、司法行政部颁发的《取缔违反限价议价条例实施办法》。

10月24日　吴县县商会第四届第三次会员代表大会召开，戎法琴当选为第五届理事长。县商会有公会会员101家、商店会员17家。

11月5日　吴县县商会召开各同业公会理事长会议，决议即日开始筹备工商自卫队。

1949年

1月3日　吴县县商会要求三轮车业同业公会重组。

1月28日　吴县县商会知会全体会员石油业改用公制和所得税起征额、税率等。

是月　苏州工商自卫队成立，在中共苏州地下党的组织支持下开展护厂等工作，维护工商秩序。

2月14日　吴县人民安全保障策进会出台《吴县人民安全保障策进会工商组组务大纲》和《吴县各业生产维护队施行细则》，以解决工商劳资纠纷、维护生产安定。

4月27日　吴县县商会召开理、监事紧急会议，决定继续领导各业公会照常办理各项事务，维持工商稳定。戎法琴、朱宏涌、陶叔南参加吴县人民安全保障策进会工作。

附录二 会员团体

吴县县商会同业公会会员名册

（1949年6月）

编号	公会业别	理事长姓名	公司商号行厂名称	地址	公会会址
1	油	陈君玉	安泰行	胥门外	碧凤坊巷43号
2	鲜肉	倪慎安	杜三珍	阊门外上塘街332号	观前施相公弄
3	华洋什货	伊宝珊	汇源号	观前街98号	文山寺前35号
4	麻	徐寅生	同泰元	西中市30号	北濠弄43号
5	纱线	金深永	存德纱布号	东中市152号	西海岛79号
6	铁钢	朱正卿	源裕铁号	大马路爱河桥	大马路192号
7	木	夏务滋	大丰木号	枣市下塘14号	中街路181号
8	面粉麸皮	严一阳	茂昌粉号	腌猪河头	乐荣坊4号
9	牙骨器	施云龙	华泰象牙号	观前街191号	仓桥弄
10	新药	涂浩泉	太和药房	观前街252号	文山寺前35号
11	南北海货糖	朱日新	万昌祥	南濠街159号	大马路192号
12	石灰砖瓦窑	李和清	永大	齐门外大街151号	
13	电机丝织	徐福庆	利和绸厂	葛百户巷32号	祥符寺巷85号
14	染织	马春霖	美华厂	齐门外东汇路30号	蔡汇河头45号
15	粮食	姚士镇	泳隆米行	娄外下塘62号	小曹家巷20号
16	营造	鲁玉声	鲁永昌	清州观前35号	牛角浜25号
17	皮毛油骨	杨庚安		北濠弄30号	景德路116号
18	丝号	张颂眉	大成治	装驾桥巷45号	
19	西服	王梅映	大华服装号	宫巷33号	玄妙观观音殿
20	国药	张曾祥	沐泰山	上塘街332号	旧学前太和公所
21	保险	吴天孚	太平苏支公司	观前街178号	观前街178号
22	饼馒生面	戴成龙		平江路326号	玄妙观雷祖殿
23	高粱烧酒	张嘉春	张信号酒行	山塘街155号	胥门外小日晖桥15号

续表

编号	公会业别	理事长姓名	公司商号行厂名称	地址	公会会址
24	甕	顾永祥	顾永记	阊门外臭马路	玄妙观
25	水灶	徐斌		学士街190号	碧凤坊
26	浴室	朱贻宏	天一池	阊门外小杨树里	阊门外小杨树里
27	烟	蒋月波	万隆	山塘街829号	北码头
28	烛	范以日	文明香烛店	宫巷70号	
29	民船	周云龙			阊门外南码头41号
30	竹	潘家禄	一大竹号	娄门外大街	干将坊115号
31	皮革制品	戎法琴	戎镒昌	观前街200号	前同仁街40号
32	卷烟	沈继玉	胡其兴	山塘街755号	北码头10号
33	机械厂	周伯钧	琴川厂	南新路38号	南新路106号
34	五金	潘士义	信丰恒	阊门外上塘街365号	文山寺前35号
35	腌腊鱼腿	许顺之	生春阳	观前街250号	半边街永仁里
36	银行	沈泽苍	四明银行	观前街138号	大儒巷
37	丝线	蒋松生	咏德纱线号	北码头3号	宝林寺前55号
38	瓷	祝君硕	祝昌记	南濠街91号	北码头湖北会馆
39	旅社	曹子衡	吴宫饭店	观前街143号	闾邱坊巷
40	纸	朱仲卿	大兴纸行	上塘街353号	宝林寺前22号
41	炭行	袁芝良	永森行	南濠街	南濠街28号
42	猪鬃	费廷锷	公兴猪鬃厂	喇叭弄11号	喇叭弄
43	鬃漆	陈炳生	国泰炳记	中正路487号	斑竹巷15号
44	木器	陈忠廉	中和木器号	范庄前50号	因果巷43号
45	制革	吴惠镗	同升源	齐门内下塘70号	
46	柴行	袁昶之	源兴树柴行	大马路6145号	小太平巷6号
47	菜饭馆	殷志荃	松鹤楼	观前街	宫巷139号
48	汽车	曹树荣	万成汽车行	大马路213号	景德路23号
49	染商	陈顺楚	新联福	桃花坞158号	玄妙观火神殿
50	漆	吴以忻	老恒盛	南濠街135号	宋仙洲巷横街
51	绸缎	孔翔生	元祥绸庄	宝林寺前5号	文衙弄七襄公所
52	桐柏油饼	张学明	福信昌复记号	南濠街280号	中街路181号
53	土布	张公权	达康土布号	西中市113号	中街路148号
54	茶叶	方文泽		东杨安浜15号	小郝弄5号
55	布	朱汝鹏	辛昌布号	西中市40号	宝林寺前29号
56	煤	王秀民	华南森记	南濠街284号	南濠街28号
57	刺绣	范君博	恒泰	西中市111号	神仙庙下塘
58	颜料	赵康候	福大颜料号	鲇鱼墩26号	南濠街129号
59	爆竹	黄谷似	黄义泰	齐门路10号	齐门路20号
60	蛋	姚锡麟	锡记蛋行	葑门安利桥堍	南濠街175号
61	运输	唐士英	协大士记	景德路115号	神仙庙下塘

续表

编号	公会业别	理事长姓名	公司商号行厂名称	地址	公会会址
62	冶坊	黄柱天	炽大冶坊	枣市街23号	中街路181号
63	弹花	倪筱仁	瑞记花庄	养育巷261号	古市巷45号
64	衣	戈志刚	益泰源衣庄	阊门上塘街	塔倪巷25号
65	酱工	吕沅棨	万康顺	大太平巷12号	大井巷12号
66	茶食糖果	金杏荪	金芝斋	观前街	施相公弄15号
67	茶馆书场	黄安武	四海楼	盘门外大马路60号	太监弄吴苑
68	香	吕松泉	仙天云	凤凰街	
69	电器材料	洪长霖	鑫昌电料行	东中市132号	文山寺前35号
70	金银	周永年	天丰恒	西中市65号	刘家浜31号
71	典当	王仁初	鼎隆	斑竹巷5号	清嘉坊
72	猪行	郭润源			莲花斗28号
73	木床棕垫	王仁君	王复兴	因果巷6号	因果巷禅兴寺
74	破布旧货	曹廷标	曹福兴	陆墓镇南桥	西北街100号
75	人力车赁贷	孙兰才	兰记	阊门外张家花园1号对过	干将坊116号
76	山地货	诸叔亮	永丰盛行	胥门外南濠街49号	
77	饴糖	魏俊品	魏同泰	娄门内张香桥	玄妙观火神殿
78	豆腐	吴如泉	吴顺兴	娄门大街105号	玄妙观机房殿
79	帽	朱耀铨	大元帽庄	西中市28号	西海岛成庆公所
80	绍酒	王之亭	王颐和酒坊	娄门外下塘	南濠街禹川里
81	洗染	王友依	华美号	阊门外横马路	施相公弄15号
82	药材行	周松涛	乾大仁	山塘街880号	山塘街847号
83	面馆	赵正行	观振兴	观前街正山门口	宫巷137号
84	茧	周浩然	三丰行	石码头	锦帆路
85	茶花	张福元		虎丘大街407号	虎丘翠荇山庄
86	箔	曹春裕	曹恒泰箔庄	鲇鱼墩51号	鲇鱼墩5号
87	印刷	王兰生	萃盛祥印刷所	府前街16号	
88	制箔	何福荣	正元	胡家墩10号	
89	钟表	胡济民	亨达利行	观前街179号	文山寺前惟勤公所
90	轮船	张宝庆	公茂轮船局	胥门外大洋桥	南新桥堍
91	图书文具笔墨	吴光文	陆益元堂	观前街113号	乔司空巷
92	理发	卢长庆	紫罗兰	宫巷132号	宫巷
93	鲜菜	郁汉章	裕昌新	鲇鱼墩46号	乔司空巷
94	铜锡	张九如	义丰铜锡号	山塘街35号	桃花坞尚义桥12号
95	钱	郑范五	永丰庄	西中市125号	东中市90号
96	机器戽水	夏嘉良			浒关白豸乡
97	织带	张寿康	美纶厂	闾邱坊巷26号	西海岛97号
98	水磨石粉	邵咏青	盛泰隆石粉厂	南濠街298号	南濠街
99	戏院	钱景章	万利	宫巷	宫巷

续表

编号	公会业别	理事长姓名	公司商号行厂名称	地址	公会会址
100	三轮车	柳百忠	大信车行	学士街325号	
101	针织	王效良	苏州袜厂	中正路646号	
102	羊肉	陈祥庆	老庆泰	阊门外大马路	
103	漳绒	李南生	李南记绒号	平江路194号	
104	盐商	吴佩金	顺康盐号	景德路159号	

资料来源：马敏、肖芃主编《苏州商会档案续编第一辑（1949年—1954年）》，第3—6页。

吴县县商会商店会员名册

（1949年6月）

牌号名称	代表人姓名	地址	牌号名称	代表人姓名	地址
泰昌参号	瞿银炳	渡僧桥下塘2号	刘正泰参号	陈柏椿	渡僧桥下塘77号
源康纱厂	吴明德	胥门外小日晖桥	沈仁寿天老二房	沈秉珪	通和坊16号
四川商店	吴湛玉	宫巷84号	集成皮货局	朱世英	西中市51号
升昶炉坊	陈有德	阊门外后宝园街19号	沈氏仁寿天真老二房	沈季青	天官坊2号
复来康益记参号	丁雄白	渡僧桥下塘4号	倪源源珠号	倪眉先	观前街174号
鸿生火柴厂	孙慕颐	胥门外	公大盐号	吕德铭	神道街口
电气公司	张宝桐	观前街130号	苏纶纱厂	浦亮元	盘门外裕棠桥
中南火柴厂	李坤松	阊门外留园马路	顺兴商行	贺全林	临顿路351号
国货公司	刘孚卿	北局	中国编织物品厂苏州工厂	邓常声	盘门外大马路749号
永明纱厂	顾钦文	葑门外北栅头	大中华兴记漂花厂	沈仲元	阊门外八字桥西街33号

资料来源：马敏、肖芃主编《苏州商会档案续编第一辑（1949年—1954年）》，第6页。

苏州市工商界人民团体名册

（1951年6月15日）

团体名称	地址	负责人	团体名称	地址	负责人
工商业联合会筹委会	西百花巷	陶叔南	工商业联合会筹委会东北区工作委员会	齐门路180号	冯小范
工商业联合会筹委会城中区工作委员会	九胜巷	佘民杰	工商业联合会筹委会西南区工作委员会	由斯弄	费声海
工商业联合会筹委会西北区工作委员会	文山寺前	汪哲夫	工商业联合会筹委会临江区工作委员会	菉葭巷	王有三
工商业联合会筹委会平门区工作委员会	祥符寺巷	华一峰	工商业联合会筹委会金门区工作委员会	南新路禹川里	谢惟安

续表

团体名称	地址	负责人	团体名称	地址	负责人
工商业联合会筹委会东南区工作委员会	葑门外东街28号	殷坆源	蛋孵业公筹会	第二联	姚锡麟
工商业联合会筹委会山塘区工作委员会	后小郝弄	陈焕章	茶食糖果业公筹会	第二联	金杏荪
同业公会等一联办处	祥符寺巷	李鸿业	同业公会第三联办处	小曹家巷	唐慎志
丝织业公筹会	第一联	陶叔南	粮食业公筹会	第三联	姚士镇
针织业公筹会	第一联	徐桐生	面粉厂业公筹会	第三联	沈幼丹
棉纺业公筹会	第一联	浦亮元	菜饭馆业公筹会	第三联	陈路易
织带业公筹会	第一联	张寿康	面馆业公筹会	第三联	唐慎志
旧纱扎线业公筹会	第一联	包福卿	馄饨业公筹会	第三联	刘正家
织布业公筹会	第一联	王震瀛	糕团业公筹会	第三联	顾念椿
漳绒业公筹会	第一联	李南生	饼馒生面业公筹会	第三联	丁德昌
家庭毛巾业公筹会	第一联	杨秀琳	面粉麸皮业公筹会	第三联	严一阳
漂棉业公筹会	第一联	陈则义	饴糖业公筹会	第三联	魏晋卿
金融业公筹会	第一联	沈泽苍	同业公会第四联办处	施相公弄	郭润源
机制缝纫业	第一联	李增咏	肉品业公筹会	第四联	朱钦佩、马钧、倪慎安（副）
同业公会第二联办处	大井巷	谢惟安	猪行业公筹会	第四联	郭润源
酱工业公筹会	第二联	吴其发（副）	鲜鱼业公筹会	第四联	褚云卿（副）
鲜果业公筹会	第二联	谢惟安	羊肉业公筹会	第四联	柳春丹（季节性业务，现暂停顿）
山地货业公筹会	第二联	朱杏生（副）	豆腐业公筹会	第四联	朱全坤、孙云凤、朱景阳（副）
榨油业公筹会	第二联	张甸国	腌腊业公筹会	第四联	许顺之
盐业公筹会	第二联	冯文杰	猪鬃业公筹会	第四联	钱星伯
桐柏油饼业公筹会	第二联	洪承明	皮毛油骨业公筹会	第四联	周秉钧
绍酒业公筹会	第二联	金瑞麟	破布旧货业公筹会	第四联	杨家麟
烧酒业公筹会	第二联	于观清	麻业公筹会	第四联	徐寅生、冯振远、刘玉成
南北货糖业公筹会	第二联	陆俊卿、陶冠学、顾正午（副）	成衣业公筹会	第四联	陶永昌
茶叶业公筹会	第二联	陈鹤郫	同业公会第五联办处	宝林寺前文衙弄	孔翔生

续表

团体名称	地址	负责人	团体名称	地址	负责人
绸缎业公筹会	第五联	孔翔生	民船业公筹会	第七联	梁金宝
布业公筹会	第五联	朱汝鹏	轮运业公筹会	第七联	王锐生
衣业公筹会	第五联	蔡寿芝	运输业公筹会	第七联	陆德全（副）
帽业公筹会	第五联	朱耀铨	造船业公筹会	第七联	吴耀祥
皮革制品业公筹会	第五联	冯恒一	旅馆业公筹会	第七联	王伟公
刺绣业公筹会	第五联	华荣寿	机械业公筹会	第七联	黄尧铭
弹花业公筹会	第五联	顾松筠	煤炭业公筹会	第七联	徐仁焕
制革业公筹会	第五联	吴惠镗	同业公会第八联办处	人民商场	蔡渭森
丝线业公筹会	第五联	宗柳堂（委员）	百货业公筹会	第八联	张希贤
洗染织补业公筹会	第五联	张泉林	电料业公筹会	第八联	濮蕴石
染业公筹会	第五联	朱继凤	钟表业公筹会	第八联	孙惠堂
颜料业公筹会	第五联	程甘棠（委员）	眼镜业公筹会	第八联	吴秉南
典当业公筹会	第五联	姬允奎	卷烟业公筹会	第八联	宋延龄
同业公会第六联办处	乔司空巷	佘民杰	骨伞棕刷业公筹会	第八联	刘德发
图书文具业公筹会	第六联	佘民杰	煤油业公筹会	第八联	张秉良
纸业公筹会	第六联	徐粹清	皂烛业公筹会	第八联	郑伯贤
印刷业公筹会	第六联	邵孝谋	五金业公筹会	第八联	罗海珊
文教用品业公筹会	第六联	徐国华	国药业公筹会	第八联	经正祥
照相业公筹会	第六联	吴兆鼐	新药业公筹会	第八联	王缄三
报纸经销业公筹会	第六联	李赓源	药材参燕业公筹会	第八联	周松涛
乐器业公筹会	第六联	夏如椿	纽扣业公筹会	第八联	何晋棠
戏院业公筹会	第六联	夏彭年	同业公会第九联办处	干将坊	黄安武
铜锡业公筹会	第六联	汪可彬（委员）	茶馆书场业公筹会	第九联	黄安武
瓷料器业公筹会	第六联	祝君硕	理发业公筹会	第九联	翁维宏
陶器业公筹会	第六联	陶亮生	浴室业公筹会	第九联	伍华聚
金属制品业公筹会	第六联	黄咏清	柴行业公筹会	第九联	顾企华
度量衡器业公筹会	第六联	胡鉴馀	砻糠业公筹会	第九联	王洲
同业公会第七联办处	南濠街	徐仁焕	水灶业公筹会	第九联	卢文超
人车业公筹会	第七联	姜志诚	香业公筹会	第九联	石德清
三轮车业公筹会	第七联	王东生（业务停顿）	烛业公筹会	第九联	范以日
自由车业公筹会	第七联	顾坤生	爆竹业公筹会	第九联	黄谷似
马车业公筹会	第七联	倪德隆	箔业公筹会	第九联	李世馀
汽车业公筹会	第七联	李长源	制箔业公筹会	第九联	陈永相

续表

团体名称	地址	负责人	团体名称	地址	负责人
甏业公筹会	第九联	谈滋藩	寿器殡墓业公筹会	第十联	董复始
旧货寄售业公筹会	第九联	倪少彰	石粉业公筹会	第十联	王穗清
草织品业公筹会	第九联	叶再寿	木器业公筹会	第十联	李瑞鑫
同业公会第十联办处	牛角浜	黄柱天	木麻棕垫业公筹会	第十联	王仁君
营造业公筹会	第十联	王汉平（副）	盆桶橱柜业公筹会	第十联	谈威
木业公筹会	第十联	程庭桂	竹藤器业公筹会	第十联	于文福
石灰砖瓦业公筹会	第十联	沈志立	树行业公筹会	第十联	吕能勤
竹业公筹会	第十联	冯子范	冶铁业公筹会	第十联	俞俊秀
髹漆业公筹会	第十联	陆元增	白铁业公筹会	第十联	钱德清
漆业	第十联	吴颂其			

资料来源：马敏、肖芃主编《苏州商会档案续编第一辑（1949年—1954年）》，第53—57页。

苏州市工商联筹备委员会直属会员名册

（1952年10月）

牌号	负责人	地址	所属地区	备注
中国蚕丝公司第一丝厂	洪凯	盘门外大马路	南	同业公会第一联办处
中国土产公司苏州支公司	冯友勇	景德路	中	同业公会第二联办处
中国花纱布公司苏州支公司	胡光军	观前街	中	同业公会第一联办处
中国百货公司苏州支公司	王协和	景德路	中	同业公会第八联办处
中国粮食公司苏州支公司	时立德	观前街	中	同业公会第三联办处
苏州企业公司	惠志芳	人民商场二楼	中	
苏州电气公司	张宝桐	胥门外	南	同业公会第一联办处
鸿生火柴厂	王建言	胥门大马路	南	同业公会第八联办处
中南火柴厂	李坤松	留园马路	西	同业公会第八联办处
明华梗片厂	沈仲德	泰让桥河沿17号	南	同业公会第八联办处（已闭）
新光梗片厂	商文海	长船湾43号	西	同业公会第八联办处
大同兴造纸厂	洪宝昌	山塘街	西	同业公会第六联办处
亿华化工厂	杨昌寰	大马路1134号	西	同业公会第八联办处（已闭）
震亚化工厂	茅鲤庭	盘门外大马路皮匠浜	南	同业公会第八联办处
光华水泥厂	王卓然	齐门下塘40号	东	同业公会第十联办处
新华工艺社	盛祥丰	东善长巷3号	南	同业公会第八联办处
大来房地产事务厅	杭寅谷	人民路371号	中	同业公会第十联办处
大陆建筑材料厂	白辉	大马路	西	同业公会第十联办处
苏嘉湖长途汽车公司	袁开先	横马路119号	西	同业公会第七联办处
新苏汽车公司	许宪民	大马路	西	同业公会第七联办处
开源瓷土矿石加工厂	沈宝善	五金滨1号	西	同业公会第十联办处

续表

牌号	负责人	地址	所属地区	备注
新华丝厂		枣市街	南	同业公会第一联办处（包括在企业公司内）
亚东石棉厂	陈云阶	桃花坞138号	北	同业公会第八联办处
中盐公司		南濠街	西	
振兴锡纸厂	杨伟林	瓣莲巷48号	中	同业公会第九联办处
苏州物产贸易公司	程延龄	人民商场	中	
大中植物纤维织造厂			西	同业公会第一联办处
新生麻纺织厂	郑光杨	仓街10号	东	同业公会第一联办处
中蚕公司苏州办事处	孔承先	观前街	中	同业公会第一联办处
天明化工厂	蔡集康	南濠街272号	西	同业公会第八联办处（代表张学明）
三吴化工厂	郑廷荣	东北街116号	东	同业公会第八联办处
新生矿药炼硝工场	朱鸿麒	阊门外胜塘桥	西	同业公会第九联办处（资金2000万元）
天成化工厂		东区叶家弄		

资料来源：马敏、肖芃主编《苏州商会档案续编第一辑（1949年—1954年）》，第9页。

苏州市工商业联合会行业商会协会简表

序号	商会名称	成立时间	办公地址	首任会长	现任会长
1	苏州市广告协会	1988.4.26	苏州市姑苏区竹辉路298号	单国文	李云飞
2	苏州市百货业商会（百货行业协会）	1989.11.30	苏州市姑苏区观前街山门巷4—1号	刘炳生	谢怀清
3	苏州市塑料业商会	1989.11.4	苏州市苏州工业园区通园路198号	乐和清	任俊
4	苏州市食品副食品业商会	1989.12.1	苏州市姑苏区新郭港路128号	栗琪	周家胜
5	苏州市民营科技企业商会	1994.8.1	苏州市苏州工业园区仁爱路99号	汪宏	汪宏
6	苏州市眼镜业同业公会	1996.12.1	苏州市姑苏区干将东路636号丽景苑	钱顺勤	徐士强
7	苏州市房地产业商会	1997.2.18	苏州市姑苏区官太尉桥17号	史建华	史建华
8	苏州市金银珠宝业商会	1998.10.18	苏州市姑苏区五卅路27号	唐庆	唐梦潇
9	苏州市汽车流通行业协会	2001.7.1	苏州市吴中区吴东路1111号	邵鹤鸣	李澄
10	苏州市家居装饰产业商会	2001.7.1	苏州市姑苏区西环路883号	尤东明	李荣
11	苏州市餐饮业商会	2001.12.1	苏州市姑苏区五卅路27号	陈素兴	陈素兴
12	苏州市装修装饰行业协会	2002.10.1	苏州市姑苏区人民路1058号房地产大厦	孔全林	周刚
13	苏州市日用化学品行业协会	2006.3.18	苏州市姑苏区东大街284号	陈子京	徐建成
14	苏州市策划协会	2006.9.13	苏州市姑苏区盘胥路859号姑苏•69阁文化创意产业园	陈维	李芳

续表

序号	商会名称	成立时间	办公地址	首任会长	现任会长
15	苏州市现代物流业商会	2006.12.31	苏州市姑苏区金仓街2号苏州新城投资国际物流大厦	胡建雄	杨正刚
16	苏州市汽配维修业商会	2007.1.1	苏州市姑苏志城北西路1588号新东方汽配城	姜建晖	沈荣兴
17	苏州丝绸行业协会	2008.7.1	苏州市姑苏区人民路2001号苏州丝绸博物馆	黄玉侯	杨伟
18	苏州市自行车电动车业商会	2008.9.5	苏州市姑苏区凤凰街265号恒丰大厦	陈子京	徐钊
19	苏州市医保定点医药机构协会	2008.10.9	苏州市姑苏区道前街138号	戴伟国	叶亮亮
20	苏州市融资担保业商会	2010.3.30	苏州市姑苏区人民路3118号国发大厦	闵文军	杨丽
21	苏州市结婚产业商会	2010.7.5	苏州市姑苏区来运路1号天翼产业园	金耀	赵丽
22	苏州市典当拍卖投资业商会	2010.7.5	苏州市吴中区迎春路288号中国汇融总部	张建平	马伟志
23	苏州市清华企业家商会	2010.10.12	苏州市相城区高铁新城太阳路2266号	瞿晓铧	刘圣
24	苏州市民办教育协会	2010.12.1	苏州市姑苏区学士街361号	马骏	马骏
25	苏州市电梯业商会	2011.2.28	苏州市姑苏区西环路2928号	王友林	王友林
26	苏州市制冷协会	2011.6.28	苏州市相城区安元路318号	杨小勇	王雪元
27	苏州市人力资源服务行业协会	2011.8.11	苏州市姑苏区干将西路298号	庄志	冷忠权
28	苏州市光电产业商会	2011.12.1	苏州市吴中区澄湖路888号恒润国际大厦	崔根良	崔根良
29	苏州市北大企业家商会	2012.5.12	苏州市苏州工业园区苏雅路388号	张亦斌	江必旺
30	苏州市连锁经营商会	2013.5.27	苏州市吴中区苏苑街21号苏苑商务楼	包乾申	包乾申
31	苏州市房地产经纪业协会	2014.3.18	苏州市姑苏区通关坊43号	汪妹玲	程岩
32	苏州市茶业商会	2014.5.1	苏州市姑苏区南环西路25号	蒋智奇	蒋智奇
33	苏州无损检测协会	2014.8.8	苏州市姑苏区西环路1688号	刘金宏	刘金宏
34	苏州市二手车业商会	2014.12.13	苏州市吴中区尹中路299号	李中华	张权
35	苏州市节能减排协会	2014.12.23	苏州市吴中区吴中东路175号天域大厦	赵永明	赵永明
36	苏州市咖啡西餐业商会	2015.1.10	苏州市姑苏区总官堂路555号苏尚新地	郑霞	郑霞
37	苏州市会计服务业协会	2015.2.4	苏州市姑苏区干将东路178号自主创新广场	丁建军	颜廷忠
38	苏州外贸中小企业促进会	2015.3.18	苏州市高新区（虎丘区）滨河路588号赛格数码广场	张斌	张斌
39	苏州市房地产与资产评估行业协会	2015.6.18	苏州市姑苏区人民路1058号房地产大厦	周晓洁	周晓洁

续表

序号	商会名称	成立时间	办公地址	首任会长	现任会长
40	苏州市金融创新服务业商会	2015.7.21	苏州市姑苏区白洋湾街道金储街288号	张玉兰	张玉兰
41	苏州市服装业商会	2015.9.28	常熟市黄山路199号国际汽配城	陈开恩	陈斌
42	苏州市切削工具业商会	2016.6.16	苏州市相城区富阳工业坊10号	徐建	徐建
43	苏州市药品零售业商会	2016.7.1	苏州市高新区（虎丘区）苏州科技城青城山路388号苏州恒鼎物流有限公司	顾正清	顾正清
44	苏州市苏台工商协进会	2016.9.1	苏州市工业园区酝慧路168号星洲大厦	金志峰	李云飞
45	苏州智能制造产业协会	2016.9.5	苏州市苏州工业园区苏惠路88号环球188A座天悦会	施正华	施正华
46	苏州市玉器商会	2016.11.18	苏州市姑苏区白塔东路9号	陈健	陈健
47	苏州市知识产权服务业商会	2016.12.13	苏州市高新区（虎丘区）科技城学森路9号	范晴	范晴
48	苏州市电子制程业商会	2017.5.17	苏州市高新区滨河路687号工业大厦	唐礼兵	唐礼兵
49	苏州市机动车检测协会	2017.8.2	苏州市相城区春申湖东路68号	王剑平	王剑平
50	苏州市礼品业商会	2017.8.11	苏州市姑苏区竹辉路201号恒润大厦	吴松	吴松
51	苏州市机器人产业协会	2018.7.31	苏州市吴中区吴中大道1368号吴中机器人产业园	孙立宁	孙立宁
52	苏州市企业卓越运营协会	2018.8.24	苏州市苏州工业园区苏州大道东278号领汇商务广场	杨洲	杨洲
53	苏州市绿色建筑行业协会	2019.1.9	苏州市吴中区东太湖路99号	蔡波	蔡波
54	苏州城乡基础设施配套服务业商会	2019.1.14	苏州市吴中区东方大道1388号双银国际金融城	杨正权	杨正权
55	苏州市产业园发展促进会	2019.8.16	苏州市苏州工业园区裕新路188号	胡波	胡波
56	苏州市养老产业联合会	2020.9.26	苏州市苏州工业园区旺墩路188号建屋大厦	徐冈	徐冈
57	苏州市冷链行业协会	2021.6.18	苏州市吴中区通达路1875-1号	薛建民	薛建民
58	苏州市中科大企业家商会	2022.7.31	苏州市苏州工业园区唯华路6号金沙商务广场	冉宏宇	冉宏宇
59	苏州市钣金智能制造协会	2022.8.22	苏州市吴中区角直镇龚塘路211号	温俊彪	温俊彪
60	苏州市人工智能行业协会	2022.12.26	苏州市苏州工业园区苏州大道西2号国际大厦	高始兴	高始兴
61	苏州市新时代工商管理企业家联合会	2023.3.27	苏州市苏州工业园区旺墩路269号圆融星座	倪林	倪林
62	苏州市紧固件智能制造商会	2022.5.25	苏州市高新区（虎丘区）嵩山路288号	俞池清	俞池清

资料来源：苏州市工商联会员处提供。

苏州市工商业联合会异地商会简表

序号	商会名称	成立时间	办公地址	首任会长	现任会长	备注
1	苏州市温州商会	2006.12.16	苏州市吴中区石湖景区东门B幢	李　坚	苏琪皓	
2	苏州市湖南商会	2007.9.17	苏州市苏州工业园区科成路2号瑞苏科技园	于长生	蒋乙明	
3	苏州市南安商会	2007.12.18	苏州市姑苏区宝带西路1177号世茂生活广场	蔡成锻	郑加朴	
4	苏州市川渝商会	2008.6.18	苏州市苏州工业园区阳澄湖大道706号青剑湖总部经济岛	谭　勇	刘珍培	
5	苏州市安徽商会	2009.3.30	苏州市姑苏区西环路安徽会馆	赵　明	聂长岐	
6	苏州市江西商会	2009.6.12	苏州市高新区（虎丘区）泰山路2号和枫科创园	邓卫东	胡策昱	
7	苏州市福建商会	2009.7.05	苏州市苏州工业园区群星一路1号辰雷科技园	林　华	庄　志	
8	苏州市辛庄企业家商会	2009.9.20	苏州市高新区广达路8号博森大厦	平小发	陆祥元	
9	苏州市潮汕商会	2009.10.30	苏州市姑苏区道前街130号	黄锡坚	黄锡坚	
10	苏州市山东商会	2009.12.23	苏州市吴中区宝通路4号宝龙电商产业园	吴德合	梅旭明	
11	苏州市河南商会	2010.6.8	苏州市姑苏区桐泾南路1号桐泾公园	曾文园	夏广兵	
12	苏州市淮安商会	2011.7.10	苏州市吴中区枫津南路18号南都广场	刘书华	吴晓涛	
13	苏州市盐城商会	2011.7.16	苏州市姑苏区西环路868号双桥868创意文化产业园	李荣	颜章健	
14	苏州市丽水商会	2011.8.28	苏州市东吴北路288号	李军慧	—	2021年注销
15	苏州市湖北商会	2011.11.30	苏州市相城区旺盛路6号苏州智能制造服务产业园	罗木琼	王华伟	
16	苏州市宿迁商会	2012.9.27	苏州市相城区黄埭镇春丰路420号	陈士刚	—	2024年待撤销
17	苏州市贵州商会	2012.11.16	苏州市吴中区宝带东路399号璞御公寓	秦道标	杨卫民	
18	苏州市徐州商会	2013.4.27	苏州市吴中区石湖东路76号锦都大厦	冯正功	姚骅	
19	苏州市溧阳商会	2013.6.20	昆山市周市镇东方路24号元圣企业	张强生	窦保华	
20	苏州市广西商会	2013.11.12	苏州市苏州工业园区苏桐路103号	覃军	覃军	
21	苏州市陕西商会	2014.3.12	苏州市姑苏区人民路239号苏纶场7号楼	王笃政	李鹏	

续表

序号	商会名称	成立时间	办公地址	首任会长	现任会长	备注
22	苏州市山西商会	2014.3.26	苏州市苏州工业园区春辉路5号跨春工业坊	张　新	张　新	
23	苏州市如东商会	2014.5.28	苏州市苏州工业园区汀兰巷192号	杨仲平	李　翔	
24	苏州市天台商会	2014.8.15	苏州市相城区北桥国际家具材料交易中心15楼	胡卫东	胡卫东	
25	苏州市镇江商会	2014.11.28	苏州市苏州工业园区华云路1号	汪华正	王志新	
26	苏州市连云港商会	2015.4.28	苏州市相城区齐门北大街1422号	韦新余	范习刚	
27	苏州市漳州商会	2015.8.8	苏州市姑苏区苏站路418号官渎大厦	戴春明	林德利	
28	苏州市泰州商会	2015.12.19	苏州市高新区（虎丘区）浒关桑园路10号和祥大厦	刘伯甫	韩中扬	
29	苏州市衢州商会	2017.1.7	苏州市苏州工业园区归家巷222号	翁　康	翁　康	
30	苏州市抚州商会	2017.5.10	苏州市姑苏区人民路3188号万达广场	杨水龙	黄建勇	
31	苏州市滨海商会	2017.5.28	苏州市高新区（虎丘区）安杨路198号浒关工业园	徐建成	徐建成	
32	苏州市通州商会	2017.6.20	苏州市苏州工业园区198号星海大厦	李金华	秦　霞	
33	苏州市扬州商会	2017.09.16	苏州市苏州工业园区翠薇街9号月亮湾国际中心	王志明	陈景庚	
34	苏州市无锡商会	2017.10.25	苏州市苏州工业园区东延路48号兴州大厦	蒋剑波	蒋剑波	
35	苏州市安溪商会	2017.11.11	苏州市苏州工业园区唯新路99号	陈琪祥	郑海山	
36	苏州市芜湖商会	2018.4.22	苏州市姑苏区太湖西路1188号世贸广场南区	潘诗周	潘诗周	
37	苏州市宁夏商会	2018.6.27	苏州市相城区阳澄湖西路1299号	张志雄	张志雄	
38	苏州市辽宁商会	2018.7.18	苏州市苏州工业园区苏州大道西8号中海惠龙大厦	张振凯	张振凯	
39	苏州市甘肃商会	2018.9.06	苏州市吴中区苏蠡路49号先锋创业大楼	康文俊	康文俊	
40	苏州市如皋商会	2018.12.7	苏州市姑苏区金筑街588号	纪福兵	纪福兵	
41	苏州市菏泽商会	2019.12.18	苏州市吴中经济开发区城南街道瑞腾商务大厦	郭庆波	郭庆波	
42	苏州市沭阳商会	2020.10.29	苏州市高新区珠江路858号	周成勇	周成勇	

续表

序号	商会名称	成立时间	办公地址	首任会长	现任会长	备注
43	苏州市河北商会	2020.11.7	苏州市高新区（虎丘区）泰山路2号和枫科创园	王文东	王文东	
44	苏州市浙江商会	2020.12.15	苏州市姑苏区人民路239号苏纶场	李仙林	李仙林	
45	苏州市靖江商会	2021.5.28	苏州市苏州工业园区和顺路33号	戴建钢	戴建钢	
46	苏州市高邮商会	2021.6.28	苏州市苏州工业园区东平街268号园科大厦	陈德阳	毛安元	
47	苏州市南通商会	2023.6.25	苏州市吴中大道越来溪商业广场4号楼	石　磊	石　磊	
48	苏州市吉林商会	2023.12.23	苏州市姑苏区娄门内大街36号平江新筑	惠　飞	惠　飞	
特色	苏州市科技装备商会	2018.8.30	苏州市姑苏区五卅路27号商会服务中心	张建军	朱田中	

资料来源：苏州市工商联会员处提供。

附录三　组织机构

苏州市工商业联合会筹委会暨执委会名录〔1〕（附党组与商会）

苏州市工商业联合会筹备委员会

一、筹备委员会（1949.11—　）

主任委员：陶叔南

副主任委员：沈泽苍　王文进　浦亮元

秘 书 长：沈壮声

常务委员：沈壮声　朱宏涌　朱日新　黄柱天　张寿鹏　朱汝鹏　王兆祥　谢惟安
孔翔生　邵一清　张宝桐　沈继玉　张学明　张甸国　蔡渭森　唐士英〔2〕

筹备委员：徐鸿生　孙宝冲　李祥熏　黄克铭　夏旦初　马春霖　徐桐生　吴惠镗

〔1〕苏州市工商联筹备委员会、执行委员会主任委员（主席、会长）、副主任委员（副主席、副会长）、秘书长，总商会会长、副会长，党组成员等均为常务委员会和执行委员会的组成人员，为避免重复，在常务委员和执行委员名录中不再列入。同样，筹备委员会、执行委员会常务委员则为当然的筹备、执行委员。因此，在筹备、执行委员名录中也不再重复列入。名录中的人物姓名，在不同的历史文献中记载有异，现按晚近官方档案统一处理，如毕炳麐改为毕炳林、惠志芳改为惠志方、王震沄改为王震瀛、卫楚才改为卫楚材、何晋堂改为何晋棠、佘民傑（有时也写作佘明杰，或误作余民杰）改为佘民杰、吕沅棨改为吕源棨、朱宏湧改为朱宏涌等。本名录主要从苏州市档案馆档案资料、市工商联所提供的资料、有关组织史资料、各市（区）档案馆资料及志书中摘录。

〔2〕苏州市工商联筹备委员会成立后，筹委、常委、副主委时有个别调整，常务委员如除名沈壮声，增补佘民杰、唐慎志、徐粹清、方维坤、沈继玉、丁德昌、董复始等。1951年12月，苏州市工商联筹委会第三十五次常委会即通过常委兼副主委冯刚及常委孙奇华、胡志民辞职，增补公营代表惠志方、刘湘为常委，惠志方兼副主委。1952年7月31日，苏州市工商界代表大会通过工商联筹委会调整名单，其中常务委员为：时立德、冯友勇、王协和、刘湘、徐希贞、惠志方、陈晖、由蕴玉、张宝桐、沈泽苍、卫楚材、陶叔南、谢惟安、佘民杰、浦亮元、唐慎志、张甸国、黄柱天、徐粹清、程延龄、虞钧培、俞启溏、陈茂生、范世雄、何晋棠、孙宝冲、严伯錡、邵孝忠、陆锡翔、童勤高、吕源棨、陶君武、潘宜平、蒋振中、徐国华、徐桐生、王震瀛、王建言、洪宝錩、张柱华、程汉章、夏如椿、徐民引、江善先，名额保留摊贩一名。新增常委为当然筹备委员。原任常委中，陶叔南、沈泽苍、浦亮元、张宝桐、张甸国、佘民杰、唐慎志、黄柱天、谢惟安保留；张寿鹏、朱汝鹏、孔翔生、唐士英、蔡渭森、董复始被除名；方维坤、沈继玉、丁德昌、邵一清调出。这次调整以适当调整为原则，具体办法如下：1.除名：因案法办的；“五反”运动处理的五类户、情节恶劣的四类户；完全丧失代表性的，如企业闭歇、本人离苏、死亡及不代表有关同业的。常委中还包括表现恶劣、工作不负责任的。2.调整：适宜于加强区一级工作或工商界有关专业机构的。

刘成文	邵孝谋	佘民杰	张志明	姚士镇	张淳德	袁开先	张曾祥
金瑞麟	丁德昌	崔炳炎	冯焕章	金润保	王仁初	黄安武	吕源棨
范以日	卢长庆	徐仁焕	王树森	潘士义	邵伟成	陆乃康	方维坤
朱企新	华一峰	刘孚卿	董复始	严一阳	王锐生	刘恂介	徐粹清
陈君玉	郭润源	许顺之	蔡渭森	陈焕章	姚锡麟	吴颂其	唐慎志
程鼎元	王仲华	魏俊铭	王坤荣	蔡寿芝	杨家麟	罗长生	赖仁华
吴如泉	黄谷似	顾子坤	何静山	曹树荣	濮蕴石	汪一忱	诸叔亮
孙惠堂	金子庠	陆颂清	谈滋藩	何烁如	冯恒一	朱夏禹	石德清
李和清	王友依	朱继凤	吴家浜	俞静安	冯锦生	王仁君	陈炳生
姚和生	卫仁麟	顾念椿	朱耀铨	陆根泉	俞俊秀	张嘉春	金深永
何福荣	罗耀祥	居新增	黄怀德	唐柏生	王惠民	李风来	

二、筹备委员会（1953.8—1954.6）

主任委员：陶叔南

党组书记：萧　放[1]

副 书 记：王　纪

副主任委员：惠志方　浦亮元　张甸国　谢惟安

秘 书 长：佘民杰

常务委员：

由蕴玉	孙宝冲	黄柱天	唐慎志	卫楚材	童勤高	时立德	冯友勇
胡　平	计新民	徐希贞	郭熙炜	张宝桐	沈泽苍	徐粹清	虞钧培
陈茂生	范世雄	何晋棠	俞启溏	邵孝忠	陆锡翔	陶君武	潘宜平
蒋振中	徐国华	徐桐生	王震瀛	王建言	洪宝锠	张柱华	程汉章
夏如椿	徐民引	高国香	闵锦尧				

筹备委员：

陆颂清	张嘉春	姚锡麟	赖仁华	金瑞麟	冯焕章	顾念椿	魏俊铭
俞静安	郭润源	许顺之	刘成文	杨家麟	罗耀祥	蔡寿芝	朱耀铨
冯恒一	崔炳炎	王坤荣	吴惠镗	王友依	朱继凤	汪一忱	罗长生
袁开先	黄克铭	徐仁焕	张淳德	濮蕴石	孙惠堂	卫仁麟	王颂衡
徐鸿生	潘士义	张曾祥	陈焕章	顾子坤	石德清	黄谷似	谈滋藩
李和清	陈炳生	陆根泉	王仁君	吴颂其	丁德昌	张志明	姚士镇

〔1〕据档案记载，1953年7月8日，中共苏南区苏州市委员会决定成立苏州市工商联党组，任命萧放为书记、王纪为副书记，陈晖、惠志方、时立德、冯友勇、梁柏浩、王德纯为党组委员。

董复始　朱汝鹏　吕源棨　邵孝谋　王锐生

苏州市工商业联合会执行委员会

第一届执行委员会（1954.6—1957.4）

主任委员：陶叔南

党组书记：惠志方[1]

副 书 记：胡光军　靳震嘉

副主任委员：惠志方　浦亮元　张甸国　程延龄　朱汝鹏

秘 书 长：叶元铮（兼）

常务委员：彭　飞　佘民杰　陆锡翔　李永德　王震瀛　姚轩宇　陶君武　叶元铨　洪宝锠　孙宝冲　徐守仁　王建言　李坤松　虞钧培　周根生　潘宜平　邵孝忠　范世雄　夏如椿　叶国桢　张正明　陈茂生　高志成　程汉章　薛国杰　张柱华　毕炳林　徐粹清　俞启溏　孙奎俊　卫楚材　牟汉英　王玉龙　王德墀　董德棠　王子方　郭熙炜　谢惟安　刘玉坤　陈健光

执行委员：计新民　刘井荣　卢燕庭（特邀）　黄柱天（特邀）　沈泽苍（特邀）　贝祖武（特邀）　丁庆田　高吉甫　程梓康　徐桐生　李鸿业　徐鹤亭　任锡荣　张鸿钧　夏定良　蒋怀中　童勤高　郑益清　陈鹤郙　刘敬堂　章聚堂　吴其发　李延秋　于观清　唐慎志　魏俊铭　严鸿高　周秉钧　姚叔威　姬允奎　吴惠镗　蒋松生　陈祖燮　薛温良　訾守甫　华伟明　诸葆良　成焕兴　黄克铭　冯国祥　徐仁焕　袁开先　张学明　何晋堂　徐民引　张曾祥　钱天鹤　杜宗元　蔡宇茂　陈焕章　罗海珊　范子明　范安仁　高国香　闵锦尧

第二届执行委员会（1957.4—1958.5）

主任委员：陶叔南

党组书记：朱武秀[2]

---

〔1〕1954年3月6日，中共苏州市委对苏州市工商联党组进行调整，任命惠志方为书记，胡光军、靳震嘉为副书记，惠志方、胡光军、靳震嘉、彭飞、胡平、刘玉坤、董德堂、计新民、时立德、郭熙炜、刘锦荣为党组成员。

〔2〕1957年1月11日，中共苏州市委统战部研究决定，并报苏州市委，任命朱武秀为苏州市工商联党组书记，彭飞、张振华、张定荣为党组成员。1960年5月9日，经中共苏州市委常委会研究决定，撤销苏州市工商联党组，王玉龙担任市工商联副主委，胡光军兼任社会主义学校副校长、校务办公室主任。

副主任委员：朱武秀　浦亮元　张甸国　程延龄　朱汝鹏　王震瀛　孙奎俊

秘 书 长：叶元铮（兼）

常务委员：王建言　叶元铨　叶国桢　卢燕庭　孙从琦　孙宝冲　华伟明　牟汉英　毕炳林　李永德　李坤松　李延秋　吴定祺　严庆禄　严柏筠　周根生　陈茂生　陈寿彭　陆锡翔　邵孝忠　俞启溏　娄尔昌　胡　敏　姚轩宇　范世雄　洪宝錩　姜中轩　徐守仁　徐粹清　唐德生　夏如椿　高志成　高吉甫　张正明　张荣骏　张柱华　陶景媛　陶君武　郭熙炜　程汉章　彭　飞　闵锦尧　经正祥　虞钧培　董德棠　潘宜平　钱觉民　薛国杰　戴浩良

执行委员：丁庆田　丁德昌　于冠清　卫楚材　王　蕲　仇南言　朱钦佩　任锡荣　成焕兴　刘敬棠　李鸿业　李忆良　吴永琴　吴养真　吴其发　吴锦春　杜宗元　余伯安　何晋棠　贝祖武　沈泽苍　严鸿高　庄家瑞　周静涛　金云乔　金培元　罗海珊　陈路易　陈祖燮　陈鹤邨　陈焕章　范安仁　胡镜清　胡腾伯　施家琛　郑益清　姚叔威　徐人杰　徐桐生　徐仁焕　徐鹤亭　徐民引　夏定良　夏彭年　唐慎志　祝森元　凌玉亭　袁开先　章聚堂　曹征祥　陶松华　陶冠学　姬允奎　盛振亚　张学明　张鸿才　张桂棠　张东泉　张曾祥　张寿康　程庭桂　程梓康　黄克铭　黄柱天　童勤高　冯国祥　訾守甫　蔡宇茂　蒋振中　诸葆良　钱志创　钱天鹤　薛温良　薛凤城　萧祥鸿

第三届执行委员会（1958.5—1960.6）

主任委员：陶叔南

副主任委员：胡光军　浦亮元　张甸国　程延龄　朱汝鹏　孙奎俊

秘 书 长：张甸国（兼）

常务委员：王缄三　叶元铨　卢燕庭　牟汉英　华伟明　李永德　严庆禄　杜宗元　陆锡翔　陈志超　陈昌明　娄尔昌　胡　敏　范世雄　姚轩宇　徐粹清　高志成　唐德生　秦立兴　陶君武　陶冠学　陶景媛　张柱华　张荣骏　张英霖　薛国杰　戴浩良

执行委员：丁庆田　丁德昌　王建言　王德丰　王　蕲　刘承泰　成焕兴　毕炳林　李怀德　李延秋　李坤松　李毓麟　李鸿业　何晋棠　吴永琴　吴其发　吴定祺　吴锦春　余伯安　严柏筠　汪朝倜　贝祖武　金培元　陈茂生

陈焕章　陈德磬　陈鹤邨　季馨甫　邵孝忠　胡腾伯　姚叔威　施家琛
范安仁　范芝清　洪宝锠　姜振亚　祝森元　徐守仁　徐鹤亭　唐慎志
夏如椿　夏定良　袁开先　凌玉亭　姬允奎　曹征祥　章聚堂　张令德
张秀娟　冯友勇　冯国祥　訾守甫　程汉章　程庭桂　程梓康　富梅方
经正祥　潘宜平　蔡宇茂　诸葆良　钱志创　萧祥鸿　高吉甫　虞钧培
周兴根

第四届执行委员会（1960.6—1963.5）

主任委员：陶叔南

副主任委员：王玉龙　浦亮元　张甸国　程延龄　朱汝鹏　孙奎俊

秘　书　长：张甸国（兼）

常务委员：王缄三　叶元铨　卢燕庭　孙德川　华伟明　牟汉英　李永德　严庆禄
杜宗元　陆锡翔　陈隆德　陈志超　娄尔昌　范世雄　姚轩宇　姜振亚
徐粹清　高志成　秦立兴　陶君武　陶冠学　陶景媛　张柱华　张荣骏
张秀娟　程　炯　谢惟安　薛国杰　戴浩良

执行委员：丁庆田　丁德昌　尤仁桢　王建言　王　蕲　王恭傑　王德丰　方沛然
田梅芬　刘承泰　成焕兴　毕炳林　李怀德　李延秋　李坤松　李毓麟
李鸿业　何晋棠　吴永琴　吴其发　吴定祺　余伯安　沈继玉　严柏筠
汪朝倜　贝祖武　金培元　陈茂生　陈焕章　陈德磬　陈鹤邨　邹尚启
季馨甫　邵孝忠　周兴根　周伯钧　胡腾伯　姚叔威　施家琛　施中林
范安仁　洪宝锠　祝森元　徐守仁　徐鹤亭　俞　琦　唐慎志　夏如椿
夏定良　袁开先　凌玉亭　姬允奎　曹征祥　章聚堂　张令德　张炳奎
马毓琴　冯友勇　冯国祥　訾守甫　程汉章　程庭桂　程梓康　贺岳明
经正祥　潘宜平　诸葆良　钱志创　高吉甫　虞钧培

第五届执行委员会（1963.5—　）

主任委员：陶叔南

副主任委员：王玉龙　浦亮元　张甸国　程延龄　朱汝鹏　孙奎俊　严庆禄　姚叔威

秘　书　长：张甸国（兼）

常务委员：王缄三　叶元淦　卢燕庭　孙德川　华伟明　牟汉英　李永德　杜宗元
陈志超　陆锡翔　娄尔昌　姚轩宇　范世雄　徐粹清　高志成　秦立兴

陶君武　陶冠学　陶景媛　张秀娟　张柱华　张荣骏　程　炯　谢惟安
薛国杰　戴浩良

执行委员：丁庆田　尤仁桢　王建言　王德丰　王　蕲　王恭傑　田梅芬　刘承泰
朱家元　成焕兴　毕炳林　李怀德　李坤松　李毓麟　李鸿业　何晋棠
吴永琴　吴其发　吴定祺　余伯安　沈继玉　严柏筠　汪朝倜　贝祖武
金培元　陈茂生　陈焕章　陈德磬　陈鹤邨　邹尚启　季馨甫　邵孝忠
周兴根　周伯钧　胡腾伯　施家琛　施中林　范安仁　洪宝锠　祝森元
徐守仁　徐鹤亭　俞　琦　唐慎志　夏如椿　夏定良　袁开先　凌玉亭
高吉甫　高光彩　姬允奎　曹征祥　章聚堂　张令德　马毓琴　冯国祥
訾守甫　程汉章　程庭桂　程梓康　贺岳明　经正祥　雷忆萱　虞钧培
潘宜平　诸葆良　钱志创　濮涛珍

第六届执行委员会（1980.7—1984.12）

主任委员：浦亮元

副主任委员：惠志方　叶元铮　朱汝鹏　曹镇榕　钱小铮　王震瀛

秘 书 长：叶元铮（兼）

常务委员：贝祖武　王缄三　汪仁彪　李永德　李鸿业　张秀娟　张柱华　陈志超
陈德义　杜宗元　严柏筠　陆锡翔　范世雄　周根生　金培元　娄尔昌
秦立兴　高志成　高吉甫　顾厚鼎　徐鹤亭　陶景媛

执行委员：马毓琴　尤仁桢　仇南言　王德丰　王沂荪　王建言　叶元铨　冯国祥
冯秉钧　田梅芬　朱剑敏　任锡荣　吴大本　吴永琴　吴其发　李怀慈
李坤松　李毓麟　陈寿彭　陈焕章　陈茂生　余伯安　邵孝忠　邹尚启
范安仁　於振锠　季馨甫　施中林　施家琛　洪宝锠　贺岳明　袁开先
徐桐生　夏如椿　夏定良　凌玉亭　唐慎志　曹征祥　黄柱天　姬允奎
程庭凯　程梓康　韩静芬　董耀祖

第七届执行委员会（1984.12—1989.6）

主任委员：叶元铮

副主任委员：毛柏生　沈鹤寿　王震瀛　钱小铮　朱丹初　薛国杰　毕炳林　施家琛

秘 书 长：毕炳林（兼）

常务委员：王雨生　王缄三　叶元淦　冯国祥　任锡荣　孙宝冲　孙剑青　朱剑敏

朱家元　陈士超　陈渭泉　陈志超　陈德义　李永德　李鸿业　张秀娟
严柏筠　於振锠　金培元　姚玲云　俞启溏　秦立兴　凌玉亭　高吉甫
陶冠学　陶景媛　谈维明　唐慎志　管鸿斌

执行委员：干永熙　马宏仁　王于良　王沂荪　王定甫　仇南言　艾金康　田梅芬
孙心存　孙芝轩　孙菊堂　阮庆昌　江伯勋　吴大本　吴其发　余伯安
陈柏森　陈寿彭　陈茂生　陈锡培　陈路易　陈焕章　陈鹤屏　李志明
李怀慈　李嘉麟　张良清　张炜民　张荣奎　邹尚启　周云芳　周味绅
周福坚　祝三多　饶金宝　贺岳明　俞维德　姬允奎　徐仲华　徐国华
徐泉源　曹征祥　谢绍林　程胜驺　程梓康　解恒修　韩静芬　虞琴霞
商文海

第八届执行委员会（1989.6—1994.12）

主任委员：叶元铮

党组书记：葛晋德（1992.2—1994.12）[1]

副主任委员：王震瀛　毕炳林　沈同文　沈鹤寿　吴思齐　施家琛　钱小铮　徐炳清
薛国杰　葛晋德（1992.2—1994.12）

秘 书 长：毕炳林（兼）

常务委员：马宏仁　叶元铨　乐和清　刘炳生　许耀亚　阮庆昌　朱家元　朱剑敏
孙水土　严柏筠　陆　咸　陆锦南　陆慕烈　陈匡厚　陈德义　陈志超
於振锠　林骏章　金建泰　孟忠兴　周士敏　周国杰　闻银龙　姜兴鼎
姚玲云　凌玉亭　谈维明　常家龙　彭世涛　程觉初　解恒修　顾进明
顾元悦[2]

执行委员：干永熙　王于良　王定甫　毛建民　冯明圣　叶可仁　艾金康　庄忠烈
孙菊堂　沈福元　吴大本　吴其发　李志明　李嘉麟　张良清　张炜民
陈路易　陈锡培　陈鹤屏　郑小安　杨高霖　金永明　金志贤　周芸芳
周福坚　饶金宝　袁俊才　倪培德　徐仲华　徐国华　徐泉源　俞维德
商文海　蒋祥川　程国华　程胜驺　谢绍林　谢国树　虞开泉　虞琴霞
濮涛珍　唐　庆　高鹤鸣[3]

---

〔1〕1960年5月中共苏州市委撤销苏州市工商联党组，至此重设，苏州市委统战部部长葛晋德调任党组书记，并增补为市工商联执委、常委、副主委。

〔2〕1993年3月4日，增补顾进明、顾元悦为常务委员。

〔3〕1993年3月4日，增补唐庆、高鹤鸣为执行委员。

第九届执行委员会（1994.12—1997.7）

会　　长：叶元铮

党组书记：葛晋德

副 会 长：葛晋德　沈鹤寿　钱小铮　毕炳林　施家琛　徐炳清　黄忆祖　孙茂钧

秘 书 长：毕炳林（兼）

常务委员：马宏仁　王连元　王振富　乐和清　刘炳生　朱家元　朱剑敏　沈扣宝　李正达　吴国梅　张中道　张友信　陈念祖　陈振国　陈德义　陈志超　於振锠　金建泰　周国忠　孟忠兴　姚玲云　凌玉亭　钱顺保　黄惠祥　曹守忠　彭世涛　解恒修

执行委员：干永熙　卞仪文　王于良　王定甫　王志豪　叶承森　艾金康　庄忠烈　刘育灵　阮庆昌　朱杏元　孙纪洪　汤海清　李明生　李炳生　李志明　李苏明　吴培祖　时惠德　张良清　张炜民　张建东　陈锡培　陈鹤屏　武根林　郑小安　周　卫　周芸芳　周福坚　郁纪孙　饶金宝　徐仲华　徐国华　徐高仁　俞维德　秦幼君　顾　秦　顾景云　商文海　韩焕泉　蒋一宁　程国华　傅承熙　谢国树　虞琴霞　濮涛珍

第十届执行委员会（1997.7—2002.6）

会　　长：黄忆祖

党组书记：金铁峰

副 会 长：金铁峰　颜久勇　孙茂钧　童小平　金鱼林　张友信

秘 书 长：颜久勇（兼）

常务委员：王立占　卞仪文　左克俭　刘承培　汝仰高　李正达（1997.7—1998.3）　吴念博　吴谦善　沈扣宝　沈晓春　陈念祖　陈振国　林　农　周国忠　金建泰　栗　琪　倪苏平　高祖兴　蔡玉俊　薛霞云　汤海清（1998.3—2002.6）　陈建华（1998.3—2002.6）　陈素兴（1998.3—2002.6）　杨淑珍（1998.3—2002.6）　须建明（1998.3—2002.6）

执行委员：于云洲　马季华　王玉南　王招根　石　炜　包建成　庄忠烈　刘育灵　李明生（1997.7—1998.3）　杨振槐　时惠德　吴国梅　吴　洁　邱国平　何钧发　沈坤元　张明亮　陈永康　陈吉春　陈伟明　邵荣林　武根林　茅晓初　金龙兴　周　卫（1997.7—1998.3）　单　昶

钟掌华（1997.7—1998.3）　夏伟量　顾　秦　钱顺勤　郭素珍　堵百洲
黄爱萍　葛　华　傅承熙　谢元根　谢国树　裘学梁　鲍陈仓
吴宗源（1998.3—2002.6）　张银英（1998.3—2002.6）
曾　南（1998.3—2002.6）　徐声波（1998.3—2002.6）

第十一届执行委员会（2002.6—2007.1）

会　　长：姚东明
党组书记：金铁峰（2002.6—2003.12）　孟家栋（2003.12—2007.1）
副 会 长：金铁峰（2002.6—2006.7）　颜久勇　王仲钧　贝聿综　陈栋贤　高德康
张亦斌　盛友泉　李兴华　王立占　沈晓春　孟家栋（2004.3—2007.1）
秘 书 长：颜久勇（兼）
常务委员：马季华　王玉南　卞仪文　左克俭　华筱寅　汤海清　许　华　许庆华
孙福林　吴金岳　吴念博　沈扣宝　宋福荣　陈　斌　陈　镇　陈建华
陈素兴　邵荣林　金龙兴　周小雄　周国忠　须建明　栗　琪　唐　庆
凌阿九　陶国平　韩伟民　韩锦途　舒亚丁　谢怀清　虞国荣　戴正平
执行委员：马卫明　尤东明　石　炜　卢义忠　叶志荣　包建成　朱兴良　朱斌芳
刘　钢　刘文保　刘旭东　刘国忠　刘敦健　孙晓红　严德林　李秋萍
李森林　杨和兴　杨洪根　杨振槐　吴金岳　吴念博　吴宗源　邱国平
邱桂生　汪利明　沈锦亚　宋达华　宋福荣　张亦斌　张银英　陆伟明
陆雪观　陈　华　陈永康　陈伟明　陈林传　陈栋贤　林　农　金龙兴
金国涛　周月英　周惠明　郑松献　夏伟量　顾三官　顾美君　钱顺勤
侯品全　徐家栋　徐绪炯　高鹤鸣　郭次仪　崔玠珈　蒋　敏　蒋　元
谢元根　虞永俊　鲍陈仓　蔡春江

第十二届执行委员会（2007.1—2011.10）

会　　长：姚东明
党组书记：孟家栋（2007.1—2007.11）　王根伟（2007.11—2011.10）
副 会 长：孟家栋（2007.1—2008.2）　邱良元　陈丽新　徐华东　邵鹤鸣　高德康
张亦斌　盛友泉　李兴华　王立占　沈晓春　陶国平　许　华　须建明
顾振华　徐仁华　宫长义　龚国钧　王根伟（2008.2—2011.10）
秘 书 长：邱良元（兼）

常务委员：马卫明 马克勤 马季华 马建平 尤东明 王玉南 王江海 王建军
史建华 左克俭 孙福林 朱兴良 朱克明 朱斌芳 朱锦南 汤卫明
宋福荣 张建平 李 坚 李惠芳 汪利明 沈文明 沈扣宝 沈锦亚
绍荣林 闵文军 陆雪观 陈 斌 陈素兴 周国忠 金明德 胡炳元
凌阿九 唐 庆 夏建国 栗 琪 莫林弟 谈义良 钱月宝 陶建明
顾三官 顾美君 高门中 崔玠珈 梁亚兰 蒋 敏 蒋元生 谢怀清
韩伟民 韩国民 韩锦途 虞国荣 蒋 松

执行委员：卜 秋 王亚芳 王振明 包建成 史佩杰 叶 健 成三荣 朱 巍
许细访 邢伟德 吴 克 李森林 杨洪根 邵鹤鸣 陈 华 陈 清
陈云明 陈解法 单建华 周 荣 周建平 周瑞华 郑松献 金国涛
金振荣 徐 萍 徐华东 徐家栋 徐晓峰 莫建平 袁富根 钱顺勤
钱群益 顾轶群 高鹤鸣 黄 涛 虞永俊 缪晓航

第十三届执行委员会（2011.10—2016.12）

主席（会长）：姚东明

党组书记：谢正才

副 主 席：谢正才 邱良元 陈丽新 徐华东 沈天荣 张亦斌 王立占 陶国平
许 华 顾振华 徐仁华 宫长义 谢怀清 左克俭 沈伟林 李 坚
钱月宝 邹建良 崔根良 王玉南

副 会 长：李兴华 莫林弟 陈素兴 唐 庆 史建华 顾三官 蒋元生 王亚芳
单建华 金志峰 沈孝丰 赵 明

秘 书 长：马克勤

常务委员：徐卫袁 卢惠兴 朱克明 马建平 黄浩忠 周 辉 吴卫东 孟林玮
黄松林 周黎敏 金 澄 张乃东 周 静 谢佐君 冯 凌 华 丽
韩国民 陈 清 潘 文 徐 萍 梁亚兰 程武军 孔永林 尤东明
王江海 孙福林 周国忠 谈义良 孙 雨 汪利明 沈文明 陈 斌
韩伟民 虞国荣 薛 松 林 华 吴德合 平小发 谭 勇 李 荣
周家胜 柯小荣 王友林 胡建雄 赵东明 袁永刚 顾轶群 叶 锋
王春华 黄庭明 陈留杭 黄 涛 顾振其

执行委员：丁 艾 马 骏 尤泉元 王 怡 王进兴 王学良 王招根 王润德
邓卫东 冯正功 包建华 包建成 史佩杰 叶 锋 刘书华 刘富强
华 敏 庄 志 朱兴良 许进良 许学雷 许细访 邢伟德 严晓君

吴　克　吴卫东　吴金祥　吴菊方　宋七棣　张　琴　张从俊　张升珠
张伯生　张陆飞　张佩琢　张建平　李军慧　李菊坤　杨小勇　杨莉萍
汪妹玲　沈大弟　沈锦亚　邱俊杰　陈解法　周　辉　罗木琼　范崇德
郑　林　郑　炜　金　耀　金双元　金勇良　俞　峰　姜建辉　柯小荣
胡德霖　赵荣全　钟明庆　夏伟量　夏扣林　徐声波　徐阿大　徐家栋
钱培新　顾明华　曹宏伟　萧泰来　黄小马　黄锡坚　曾文园　程武军
虞坚东　管明华　缪晓航　蔡成锻　蔡志远　裴振华

第十四届执行委员会（2016.12—2022.1）

主席（会长）：李　赞[1]

党组书记：谢正才（2016.12—2021.3）　王益冰（2021.3—2022.1）

副 主 席：谢正才　邱良元　周显芳　钱　玲　崔根良　宫长义　单建华　金志峰
沈　彬　王春华　顾振其　金振荣　王友林　袁永刚　周　荣
邵振江（2019.12，免职）　刘召贵　王　专　王孝忠
王益冰（2021.3—2022.1）　郁霞秋（2021.3—2022.1）
孙　洪（2021.3—2022.1）

副 会 长：王立占　谢怀清　李　坚　陈素兴　赵东明　李建华　谭　勇　郭进林
刘书华　曹　健　陶　冶

秘 书 长：周显芳（兼，2016.12—2019.7）　范崇德（2019.7—2021.3）
申　霖（2021.3—2022.1）

常务委员：马　骏　王玉南　王执晴　王益清　王海燕　王雪元　甘胜泉　石　青
叶　锋　史　亮　包建华　朱克明　乔小力　刘　佾　孙　曦　李　荣
李　澄　李云飞　李菊坤　邱俊杰　汪妹玲　汪　俊　沈向东　宋晓华
张　新　张林元　张雪珍　陈　斌　金永良　周家胜　郑　林　赵荣全
赵唯一　胡文军　胡建雄　俞武军　顾　萍　顾明华　顾建芳　顾轶群
钱玮黎　徐玉芳　高晓东　唐利刚　唐梦潇　陶海斌　黄亚强　黄庭明
曹鹰飞　蒋卫东　蒋立健　管星宇　潘　文　钱　耿　赵　军　孙阿利
江　峰　张春艳　谢明华　林红梅[2]

执行委员：丁建军　王　明　王　蔚　王江海　王进兴　王春生　王笃政　王润德

〔1〕2017年7月，苏州市工商联十四届执委会主席（会长）第一次会议聘请高德康、陈建华、张亦斌、陶国平、许华、顾振华、徐仁华、沈伟林、钱月宝、邹建良、王玉南、李兴华、莫林弟、唐庆、史建华、顾三官、蒋元生、王亚芳、沈孝丰、赵明为名誉会长。

〔2〕2021年3月，苏州市工商联十四届五次执委（扩大）会议增补钱耿、赵军、孙阿利、江峰、张春艳、谢明华、林红梅为常务委员。

王家响　尤东明　尤泉元　毛　辛　邓念群　叶　忠　包建成　包乾申
冯正功　朱田中　朱冬亮　朱金元　华　敏　庄　志　刘东洋　刘伯甫
刘金宏　申　霖　许文前　许学雷　孙子元　孙昌春　孙浩元　严晓君
杜　康　李中华　李君图　杨　丽　杨小林　杨仲平　吴　克　吴　敏
吴坤元　吴菊方　吴震宇　何　明　汪　宏　沈建明　沈荣兴　宋建明
张　成　张　宇　张　奇　张　烜　张　斌　张玉兰　张建华　张艳民
陈　健　陈小杰　陈开恩　陈学深　林　同　杭林生　郁霞秋　金　耀
金双龙　金向华　周国忠　周建明　周晓洁　周善高　郑　炜　荀　标
胡卫东　胡锦霖　俞　峰　秦道标　聂长岐　钱卫波　钱建东　徐　挺
徐阿大　徐金根　徐晓平　徐家栋　殷林根　殷金华　高玉根　高裕弟
郭连坤　唐　军　黄　涛　黄小马　黄伟良　黄美华　黄耀臻　萧泰来
曹立斌　蒋　翀　蒋智奇　韩伟民　覃　军　喻四海　鲁　云　曾文园
曾炳海　虞国荣　蔡成锻　裴振华　潘天柱　潘锦超　戴春明　范崇德
杨莉萍　张继红　黄黎刚　方惟武[1]

第十五届执行委员会（2022.1—　）

主席（会长）：周　俊

党组书记：王益冰（2022.1—2023.12）　王蓓蕾（2023.12—　）

副 主 席：王益冰（2022.1—2024.2）　王蓓蕾（2024.2—　）　周显芳　吕　瑾
谢文年（2023.7—　）　孙　洪（2022.1—2023.7）
罗　敏（2024.2—　）[2]　钱　玲　沈　彬　崔　巍　吴　毅　朱钰峰
袁永刚　单建华　郁霞秋　王春华　顾振其　王友林　周　荣　高裕弟
高晓东　金向华　莫思铭　王　蔚　陈德强

副 会 长：宫长义　金志峰　刘书华　赵东明　李建华　郭进林　曹　健　冯正功
唐梦潇　朱田中　黄亚强　单　正　杨春雨　陈望宇

秘 书 长：申　霖

常务委员：丁　峰　王一飞　毛剑峰　左　晶　旦巧荣　叶　锋　冯玉川　冯建锋
吕绍林　朱　彬　庄建华　刘　枫　汝继勇　汤文英　许文前　孙　曦

〔1〕2021年3月，苏州市工商联十四届五次执委（扩大）会议增补黄黎刚、方惟武为执行委员。

〔2〕2023年7月，第十五届二次执委会议免去孙洪副主席，增补谢文年为副主席；2024年2月，第十五届四次主席会长会议免去王益冰副主席；2024年2月，第十五届三次执委会议替补王蓓蕾、罗敏为副主席。

李云飞　李　荣　李　澄　吴志祥　吴震宇　沈向东　沈　佳　沈春荣
宋建华　宋银林　张　隽　张　新　陈晓敏　陈　斌　林红梅　卓　有
金　蔚　周一风　周　洲　郑　炜　赵　军　俞　平　施清岛　姚　娟
聂长岐　顾明华　钱林弟　钱　耿　钱新栋　钱群山　钱　瑶　倪祖根
徐金根　徐建成　徐　敏　高苡平　高始兴　唐利刚　曹立斌　屠　澄
蒋立健　蒋剑波　谢明华　解　冰　解志荣　裴振华　管星宇　潘　文〔1〕

执行委员：丁　毅　万　强　马志刚　马　骏　王华伟　王　荣　王海烨　王雪元
王锦程　王　滟　支海波　毛　辛　毛昌海　毛瑞元　方　凯　方惟武
邓敦艾　左　磊　叶　忠　史　亮　包建成　包建华　包乾申　朱　云
朱　叶　朱光辉　朱约辉　朱金元　朱金风　任国强　庄　志　刘　圣
刘　军　刘　忠　刘　斌　刘新成　刘　滨　许学雷　孙友根　孙　彤
纪文翰　严晓君　苏　亮　苏琪皓　杜　康　李仙林　李　骏　李菊坤
杨正权　杨正刚　杨　丽　杨惠珍　杨　蓓　杨豪放　吴　克　吴何洪
吴留生　吴　敏　应辉杰　汪　宏　汪俊华　沈　岗　沈利昌　沈荣兴
沈　淦　沈耀华　张　力　张玉兰　张　宇　张秀卓　张晓良　张　烜
张　斌　陆胜其　陆祥元　陆　骏　陆耀平　陈文源　陈利忠　陈　健
陈祥福　陈景庚　陈新江　邵玉琴　范　晴　林化美　林　冏　林德利
尚东升　罗文哲　金双龙　金成成　金洪正　周成勇　周宏志　周国忠
周忠年　周　剑　周晓洁　周家胜　周鹏飞　郑振晓　赵荣全　胡卫东
胡建忠　胡毓芳　查金荣　柳新荣　施正华　秦健聪　袁春旭　袁　靖
栗　振　夏广兵　夏　瑜　顾建芳　顾轶群　顾　萍　钱卫波　钱建东
徐伟红　徐　建　徐建明　徐　挺　徐　钦　徐　蓉　徐　哲　徐毅明
殷林根　殷金华　唐礼兵　唐华军　唐　军　陶海斌　黄无畏　黄　可
黄美华　黄清喜　黄锡坚　黄黎刚　萧泰来　梅旭明　曹学清　戚春兰
董忠华　蒋春华　蒋　翀　蒋智奇　韩中扬　喻四海　曾炳海　温俊彪
谢　灏　虞国荣　褚宏武　蔡正球　颜章健　潘宏华　潘　旻　潘诗周
潘锦超　薛云萍　薛建民　薛晨洋　丁龙清　闵大勇　谈　华　曹莉莉
霍李均〔2〕

〔1〕2023年7月，第十五届二次执委会议免去王一飞、冯建锋、宋银林、张隽、周一风、姚娟常委，替补屠澄、俞平、解冰、高苡平、徐敏为常委；2024年2月，第十五届三次执委会议免去钱瑶、解志荣常委，替补沈春荣、丁峰为常委。

〔2〕2023年7月，第十五届二次执委会议免去王滟执委，替补薛云萍为执委，增补袁春旭、沈利昌为执委；2024年2月，第十五届三次执委会议免去萧泰来执委，增补丁龙清、闵大勇、谈华、曹莉莉、霍李均为执委。

苏州市各区县（市）工商联（附党组与总商会）简表

区别	成立时间	首届领导班子	现任领导班子
张家港市工商业联合会	1963年4月（沙洲县工商业联合会成立。1986年沙洲县撤县改设张家港市）	主任委员：管鸿斌 副主任委员：王瑞章 秘书长：李士贤	主席（会长）：钱耿 党组书记、副主席（副会长）：丁峰 专职副主席（副会长）：徐松林、彭嫣 副主席（副会长）：沈彬、吴毅、沈学如、郁霞秋、黄庭明、吴建明、李兴华、孙永华、黄和芳 副会长：唐朱发、钟瑞麟、徐蓉、孙伟、张云法、许培新、徐卫明、曹立斌、朱田中、吴银河、熊益新、徐彩君、唐利刚、黄刻松、李刚、缪向阳、金双龙、查小刚、詹新望 秘书长：彭嫣（兼）
常熟市工商业联合会	1953年6月（1949年5月常熟县分设市，市县合署办公，1958年常熟市被撤并入常熟县。1983年撤县设市）	主任委员：毛柏生 副主任委员：宫本阶、刘哲明、周士敏 秘书长：余锦祥	主席（会长）：王春华 党组书记、副主席（副会长）：赵军 专职副主席（副会长）：陈芳勇、罗卫刚、冯文澜、顾群益 副主席：袁瑜、邵志达、殷金华、高晓东、季丙元、包乾申、范立元、金洪正、郭健、包剑、张力、范立义、李伟、赵田力、邱仁明、张晓良、王国平、江建龙 副会长：李澄、陈斌、邓敦艾、金双龙、王卫东、曹建飞、姚向东、钱卫波、欧阳旭频、程建良、杨云龙、余斐君 秘书长：温东海
太仓市工商业联合会	1953年6月（太仓县工商业联合会成立。1993年太仓撤县改市）	主任委员：谢彦章 副主任委员：杨海鲸、孙剑青、张品生	主席（会长）：汤文英 党组书记、副主席（副会长）：毛剑峰 专职副主席（副会长）：蔡峻 副主席：杨春雨、刘枫、管星宇、朱约辉、许惠忠、顾晓磊、黄韵涛、徐义新、潘锦超、叶锋、于万祥、谢东奎、马志刚、顾静良、方凯、闻建中 副会长：顾振其、黄耀臻、郑岳海、魏建良、王宏、卜聪良、陈利忠、宣秋兴 秘书长：施燕秋

续表

区别	成立时间	首届领导班子	现任领导班子
昆山市工商业联合会	1956年3月（昆山县工商业联合会成立。1989年昆山撤县改市）	主任：李慕萱 副主任：纪兆城、陈秉坤、陈渭泉、顾孝延 秘书长：程胜驺	主席（会长）：宋建华 党组书记、副主席（副会长）：高苡平 专职副主席（副会长）：王晓东、钟敏霞、冯星（挂职） 副主席（副会长）：徐康、冯玉川、朱金元、孙友根、沈岗、张亮、金蔚、金成成、夏瑜、钱建东、徐金根、高裕弟 副会长：王海烨、吕仕铭、朱桂荣、刘凤琴、杨伟坚、张鑫、胡艺春、徐刚、黄亚强、梅拥军、廉照才、蔡浩 秘书长：钟敏霞（兼）
苏州市吴江区工商业联合会	1959年7月（吴江县工商业联合会成立。1992年吴江县改设吴江市，2012年改吴江区）	主任委员：王雨生 副主任委员：林钧忠、宋锦涛、徐荣勋（1960.6—）	主席（会长）：沈向东 党组书记、副主席（副会长）：沈春荣 专职副主席（副会长）：王利新 副主席（副会长）：梅峰、徐赟恺、王友林、施清岛、陈志明、钱建林、范福兴、顾栋华、沈向东、蒋雨舟、庄颖杰、莫思铭、吴留生、周剑、吕绍林、陈玉平、沈佳、鲍惠荣 秘书长：张白玉
苏州市吴中区工商业联合会	1986年6月（吴县工商业联合会成立。1995年吴县改设吴县市，2001年吴县撤销，分设吴中区和相城区）	主任委员：姚泳平 副主任委员：王连元、姚洪生、谈维明 秘书长：王连元（兼）	主席（会长）：解冰 党组书记、副主席（副会长）：徐敏 专职副主席（副会长）：吴逸凯、陈春华 副主席：张凌云、向兢、袁永峰、卓有、王春生、蒋云泉、庄建华、蒋元生、胡智勇、吴小翔、钱群山、吴世均、夏靖、张秀卓、韩跃国、陈建、付作军 副会长：李君图、俞浩、吴敏、钱康、潘宏华、顾轶群、方文明、金纯洲、杨国勇、杨海飞、刘斌、杨国舜、金兴仓、钟谷发、朱金凤、归来 秘书长：艾云松

续表

区别	成立时间	首届领导班子	现任领导班子
苏州市相城区工商业联合会	2001年10月（2001年吴县市撤销，析分相城区）	会长：朱斌芳	党组书记、副主席（副会长）：俞平 专职副主席（副会长）：薛云萍、何军 副主席：宫长义、周建明、沈淦、殷林根、金向华、殷永明、顾金学、李菊坤、尤泉元、徐毅明、钱新栋 副会长：刘滨、金红心、周烨箐、朱洪泰、蒋乙明、王建平、徐勇、杜康、万礼、施金明、楼洋、王彩男、胡卫东、顾明华 秘书长：何军（兼）
苏州市姑苏区工商业联合会	2013年4月（2012年平江区、沧浪区、金阊区合并，设立姑苏区，三区工商联随之合并成立姑苏区工商联）	主席（会长）：宫长义 副主席：王华安、王相传、水华、朱传可、孙中心、孙有富、吴宇明、张琴、张从俊、张克苇、郑炜、单建华、钟明庆、夏建国、顾建方、钱彬龙、徐阿大、凌阿九、堵百洲、黄涛、黄小马、康浩、谢怀清、虞国荣、谭勇、潘文、戴龙福 副会长：马建庭、水华、史建华、庄志、刘定伟、汤正才、许学雷、孙哲贤、李荣、杨建渊、张君丽、陈健、金耀、周家胜、孟新鹤、郝煜、胡卫林、倪玮、徐宇、徐钊、徐家栋、唐梦潇、韩伟民、熊鳞文、潘文 秘书长：郑炜（兼）	主席（会长）：单建华 党组书记、副主席（副会长）：王意钢 专职副主席（副会长）：孔颖琛 副主席：钟明庆、李荣、谢怀清、庞志明、王洪轮、顾建方、曹健、郑炜、许学雷、倪玮、唐梦潇、徐钊、薛晨洋、季华勇 副会长：尤炯、包渊秋、苏蔚、鲁云、张玉兰、吴人杰、戚春兰、林冏、徐挺、李芳、汤学秋、孟月华、徐立勇、陈健、唐震中、徐韬、倪文赟 秘书长：郑炜（兼）

续表

区别	成立时间	首届领导班子	现任领导班子
苏州工业园区工商业联合会	2009年1月	主席：顾玉坤 副主席：孔永林、吴宏、王立占、张亦斌、顾三官、金祖铭、蒋元生、李惠芳、朱兴良、冯正功 秘书长：刘刚	主席（会长）：冯正功 党组书记、副主席（副会长）：林红梅 副主席：陈霞、王锋、王立占、金志峰、查金荣、蒋立健、刘圣、王蔚、陈望宇、袁栋、孙曦、戴军、赵东明、黄清喜、丁毅、吴何洪 副会长：陈宏庆、朱志坚、乔永泽、邓浩、吴景贤、陈晓锋、高雷、金朝龙、左磊、刘瑾、刘胜明、陈建华、张金根、姚飞、严晓君 秘书长：林红梅（兼）
苏州市高新区（虎丘区）工商业联合会	2006年11月	会长：徐萍 秘书长：梁亚兰	主席（会长）：谢明华 党组书记、副主席（副会长）：屠澄 专职副主席（副会长）：瞿峰 副主席：陈振明、张雁、董健、慕继武 副主席（副会长）：王进兴、高玉根、徐建成、王荣、徐一华、黄敏、王书庆、刘杨、陈祥福、毛小松、陈晓敏 秘书长：瞿峰（兼）

苏州市撤并各区工商联历届领导班子简表

区别	历届领导班子
平江区（东区）工商业联合会 （东区1951年设区，建立苏州工商联筹委会东区工作委员会。1955年东区改称平江区，观前区、北塔区先后被并入。2012年，平江区、沧浪区、金阊区合并，设立姑苏区）	东区工商联第一届委员会（1953.4—1955.2） 主任委员：毕炳林 副主任委员：余立达、沈明东 平江区工商联第一届委员会（1955.2—1959.4） 主任委员：毕炳林 副主任委员：蒋维然、丁庆田 平江区工商联第一届委员会改选（1959.4—1961.12）[1] 主任委员：张荣骏 副主任委员：史德生、陆敬耿、李钟 平江区工商联第二届委员会（1961.12—　） 主任委员：高志成 副主任委员：史德生、李钟、成焕兴 平江区工商联（商会）第三届执委会（1993.4—1997.3） 主任委员（会长）：杨振槐

[1] 此处信息来自平江区组织史资料，但根据平江区志的有关信息，1961年12月召开的应该是届中会议。1993年5月工商联恢复活动后，才召开了第三次会员代表大会。

续表

区别	历届领导班子
平江区（东区）工商业联合会 （东区1951年设区，建立苏州工商联筹委会东区工作委员会。1955年东区改称平江区，观前区、北塔区先后被并入。2012年，平江区、沧浪区、金阊区合并，设立姑苏区）	副主任委员（副会长）：王德和、叶健、潘荣秋、周国忠、顾祥生 秘书长：叶健（兼） 平江区工商联（商会）第四届执委会（1997.3—2001.12） 会长：杨振槐 副会长：顾雷、叶健、周国忠、赵人骏、刘定国、郑会敏、潘荣秋、顾志浩 秘书长：顾雷（兼） 平江区工商联（商会）第五届执委会（2001.12—2006.10） 会长：杨振槐 副会长：顾美君、叶健、唐庆、顾军雄 、周国忠 秘书长：尤东明 平江区工商联（商会）第六届执委会（2006.10—2011.12） 会长：叶健 党组书记：顾美君 副会长：顾美君、王芳、谢怀清、唐庆、周国忠、钟明庆、陈晓军、沈博文、谭勇、周永耀 秘书长：黄涛 平江区工商联（商会）第七届执委会（2011.12—2013.4） 主席（会长）：谢佐君 党组书记：冯凌 副主席：冯凌、谢怀清、钟明庆、谭勇、黄涛、钱彬龙、郑炜、王小林、王相传、孙中心、张琴、周晔、虞国荣 秘书长：郑炜（兼）
沧浪区（南区）工商业联合会 （南区1951年设区，建立苏州工商联筹委会南区工作委员会。1955年10月南区正式改名沧浪区。2012年，平江区、沧浪区、金阊区合并，设立姑苏区）	南区工商联第一届委员会（1955.1—1955.10） 主任委员：王蕲 副主任委员：王壁臣、戴浩良、黄麟粲 沧浪区工商联第一届委员会（1955.10—1962.1） 主任委员：王蕲 副主任委员：王壁臣、戴浩良、黄麟粲 沧浪区工商联第二届委员会（1962.1—） 主任委员：吴定祺 副主任委员：侯国良、张伯华

续表

区别	历届领导班子
沧浪区（南区）工商业联合会 （南区1951年设区，建立苏州工商联筹委会南区工作委员会。1955年10月南区正式改名沧浪区。2012年，平江区、沧浪区、金阊区合并，设立姑苏区）	沧浪区工商联（商会）第三届执行委员会（1993.2—1996.9） 主任委员（会长）：韩伟民 党组书记：沈兆熊（1993.2）、叶承森（1993.2—1996.9） 副主任委员（副会长）：卞仪文、史金荣、叶承森、吴国梅、吴铁城、胡炳南 党组副书记、副会长：陈伟明（1994.3—1996.9） 副会长：程小留（1994.3—1996.9） 秘书长：叶承森（兼） 沧浪区工商联（商会）第四届执行委员会（1996.9—2001.12） 会长：陈伟明 副会长：韩伟民、程小留、卞仪文 、胡炳南、史金荣、王金根、王自正、陈芸华、朱立戎、秦幼君 沧浪区工商联（商会）第五届执行委员会（2001.12—2006.10） 会长：陈伟明 副会长：唐朔、韩伟民、徐家栋、顾雪康、于德兴 秘书长：吴红 沧浪区工商联（商会）第六届执行委员会（2006.10—2011.12） 会长：卜秋 党组书记：韩国民 副会长：高根宝、唐朔、冯炯、徐家栋、韩伟民 、祝虹、周家胜、尚才华、朱传可、孟新鹤、顾建方 秘书长：吴红 沧浪区工商联（商会）第七届执行委员会（2011.12—2013.4） 主席（会长）：华丽 党组书记：韩国民 副主席（副会长）：韩国民、张新军、冯炯、祝虹、张克苇、康浩、朱传可、戴龙福、顾建方 秘书长：吴红

续表

区别	历届领导班子
金阊区（西区）工商业联合会 （西区1951年设区，建立苏州工商联筹委会西区工作委员会。1955年10月，西区改称金阊区。2012年，平江区、沧浪区、金阊区合并，设立姑苏区）	西区工商联第一届委员会（1955.1—1959.4） 主任委员：薛国杰 副主任委员：华增荣、张荣骏、史德生 金阊区工商联第一届委员会（1959.4—1962.1） 主任委员：夏定良 金阊区工商联第二届委员会（1962.1—　）[1] 主任委员：夏定良 金阊区工商联（商会）第三届执行委员会（1992.12—1997.3） 主任委员：顾志新 党组书记兼副主任委员：吴培祖 副主任委员：吴培祖、朱友兴、侯志勇、沈扣宝、曹盘珍、薛培荣、邹祖耀 秘书长：王文忠 金阊区工商联（商会）第四届执行委员会（1997.3—2001.12） 会长：顾志新（1997.3—1998.6）、刘文保（1998.6—2001.12） 党组书记、副会长：堵百洲 党组副书记、副会长：吴培祖 副会长：王金全、沈扣宝、曹盘珍、薛培荣、袁隽、廖克勤

〔1〕据苏州市档案馆藏金阊区工商联（61）金字第26号《为召开我区工商联第二届会员代表大会报请核批的报告》（1961年12月25日），会期定于1962年1月11日—13日。《金阊区志》（东南大学出版社2005年版）误作1961年1月9日—11日。

后　记

2024年6月，苏州市工商业联合会迎来成立七十周年华诞。《苏州市工商业联合会史事编年（1949—2023）》一书如期付梓，首次以史学著作形式，较为系统、全面地向社会展示苏州市工商联在中国共产党的领导下，自1949年苏州解放以来至2023年走过的筹备、成立、发展、壮大的历程，堪称一份厚重的生日礼物。

本书也是苏州市工商联历史研究的一项基础工程和文化工程。2023年8月，在苏州市政协副主席、苏州市工商联主席暨总商会会长周俊和时任市工商联党组书记王益冰的主持下，邀请苏州历史文化研究会、苏州市档案馆、苏州大学的专家学者进行座谈，广泛征求意见，决定以苏州市工商联成立七十周年为时间节点，立足于档案资料，逐年梳理苏州工商联历史进程中的大事要事，为总结历史经验、推进现实工作提供镜鉴。为此，苏州市工商联与苏州历史文化研究会合作开展研究工作，成立了《苏州市工商业联合会史事编年（1949—2023）》编纂委员会，以《关于建国以来党的若干历史问题的决议》《中共中央关于党的百年奋斗重大成就和历史经验的决议》为指导，强调政治站位，提出总体思路，制定计划方案，组织编纂力量，整合资源，协力推进。

本书编纂组由苏州历史文化研究会会长、苏州大学教授李峰，苏州市档案馆研究馆员沈慧瑛，苏州大学教授王玉贵、许冠亭组成。李峰负责制订编纂计划、统筹协调和统稿定稿，沈慧瑛负责1949—1978年史事编年，王玉贵负责1979—2010年史事编年，许冠亭负责2011—2023年史事编年。为帮助读者全面了解苏州工商团体新旧对比的历史概况，特设附录，由沈慧瑛编纂苏州商会（1905—

1949）大事记，李峰、王玉贵编纂有关行业会员和组织人事名册。编纂人员详细查阅了苏州市档案馆所藏苏州市工商联1949—2010年间的档案，以及其他有关党政机关、政府部门、社会团体、行会商会档案和图书报刊资料，苏州市工商联办公室提供了2011—2023年档案资料，以及该会编纂的《商会志》和历年《苏州市民营经济发展报告》等有关图书文献。编纂人员满怀钦敬之心，审慎研读史料，努力吸收学术界研究成果，力求叙述客观，文字简洁，系统性、准确性、史略性、学术性相结合，尽可能完整地展现出苏州市工商联的发展脉络、历史使命和责任担当。2024年元月本书二稿完成后，周俊等苏州市工商联领导班子成员和各处室负责同志进行了认真审读，提出了具体的修改意见和建议，并召开专门会议，与编纂人员互相研讨，达成共识。经过各方通力合作，数度修改补充，反复统稿审阅，编纂组成员努力克服时间紧促、资料短缺等困难，使全书按计划定稿。

本书编纂过程中，得到了苏州市政协、中共苏州市委统战部和市工商联老领导的指导，得到了苏州市档案馆与吴江等区档案馆和张家港市、昆山市、太仓市、常熟市档案馆及苏州日报报业集团、苏州市地方志办公室（苏州市方志馆）等有关单位的支持和帮助。苏州市工商联各机关处室，特别是宣教信息处和办公室、会员处的同志，为编纂工作热忱服务，全力保障。在此，我们深表谢忱和敬意。

由于本书历史跨度较大，查阅档案资料不全，编纂时间短暂，加之学术水平所限，缺讹在所难免，敬请学者和读者批评指正。

编者

2024年3月